Über dieses Buch Der Autor beschäftigt sich mit den Streitfragen um Schwangerschaft, Geburt, erste Lebensjahre und die späteren Auswirkungen früher Ereignisse auf den Lebenslauf. Das Buch soll die Bemühungen um eine gesunde seelische Entwicklung der Kinder durch eine allgemein verständliche, aber wissenschaftlich genaue und ausgewogene Darstellung der Probleme fördern, und zwar auf dem Wege der Entwicklungsberatung einer Angewandten Entwicklungspsychologie, die über einseitige Positionen, etwa der Verhaltensbiologie, hinausführt. Von den üblichen Eltern-Ratgebern und speziellen Texten für Fachleute hebt sich das Buch durch eine behutsamere Art der Anwendung des Wissens ab. Kinder sollen mehr als bisher »geschont«, gleichzeitig Eltern und Fachleute in ihren Entscheidungen und Handlungen sicherer gemacht werden. Ziel ist der Brückenschlag zwischen Theorie und Praxis. Behandelt werden folgende Themen: neue Bewertungen des Wissens und seiner Anwendung; Theorien zur Frühentwicklung, ihre praktische Anwendung in Fragen der Mutter-Kind-Beziehung; das Bewältigen von Belastungen; Hilfe für behinderte Kinder.

Der Autor Dr. rer. nat. Emil Schmalohr ist Diplom-Psychologe und Professor für Entwicklungs- und Pädagogische Psychologie an der Bergischen Universität-Gesamthochschule Wuppertal. Er hat zahlreiche Arbeiten über pädagogische und psychologische Themen veröffentlicht.

Emil Schmalohr

Den Kindern das Leben zutrauen

Seelische Gesundheit in Lebensereignissen
Angewandte Entwicklungspsychologie und -beratung

Fischer
Taschenbuch
Verlag

Geist und Psyche
Begründet von Nina Kindler 1964

Originalausgabe
Veröffentlicht im Fischer Taschenbuch Verlag GmbH,
Frankfurt am Main, März 1986

Umschlaggestaltung: Graupner & Partner GmbH
Gesamtherstellung: Clausen & Bosse, Leck
Printed in Germany
1680-ISBN-3-596-42280-9

Inhalt

Für Monika

Eure Kinder sind nicht *eure* Kinder,
es sind die Söhne und Töchter von des Lebens
Verlangen nach sich selber…

(*Kahlil* Gibran, Der Prophet. 1923)

Vorwort

Die psychologische Erforschung der frühkindlichen Entwicklung in der Schwangerschaft und in den ersten Lebensjahren hat im letzten Jahrzehnt geradezu eine Explosion unseres Wissens herbeigeführt. Im Widerspruch dazu stehen die Streitfragen in der Praxis über die bestmögliche Betreuung, Pflege und Erziehung der Kinder in dieser Zeit. Ob eine Hausgeburt oder die Klinikgeburt geboten ist, ob die Mütter an einer Brutkastenversorgung zu beteiligen sind, ob die Kinder durch die herkömmliche Familie, alleinerziehende Eltern oder in alternativen Familienformen mehr belastet werden und viele andere Fragen, die in dem Buch aufgegriffen werden, sind umstrittener denn je. Eigentlich müßten solche Streitfragen mit wachsenden Erkenntnissen doch beigelegt und das Entscheiden und Handeln mit dem Wissenschaftsfortschritt doch leichter gemacht werden. Warum ist das nicht so?

Zur Erklärung dieses Widerspruchs wird in dem Buch angenommen, daß es nicht so sehr die Wissenschaft in ihrem Erkenntnisstreben, sondern die Anwendung der Wissenschaft ist, die uns in diese Schwierigkeiten führt. Die Arbeit beginnt deshalb mit einer Analyse der bisherigen Anwendungen der Entwicklungspsychologie bei dem Versuch, Praxisprobleme zu lösen. Es lassen sich, und das wird zu belegen sein, überzogene Anwendungen aufdecken, die dadurch entstehen, daß globale Theorien oder Theorie-Elemente, vereinzelte Ergebnisse und Wissensbestandteile als Entscheidungsgrundlage dienen. Deshalb muß sich die Entwicklungspsychologie inzwischen damit beschäftigen, Probleme zu lösen, die durch eine fehlgeschlagene Anwendung ihrer Theorien und Ergebnisse in die Welt gesetzt worden sind. Das zeigt sich bei einer Vielzahl von Praxisfragen, die in dem Buch behandelt werden. Die Wissenschaftler haben über ihren Erkenntnisinteressen oft die Anwendungsinteressen aus dem Blick verloren.

Jedenfalls soll in dem vorliegenden Ansatz einer Angewandten Entwicklungspsychologie der frühen Kindheit das Anwenden und Vermitteln von Wissenschaft für den Gebrauch in der Praxis als eigenständige Aufgabe anerkannt werden, eine Aufgabe, die im Wechselspiel von Theorie und Praxis zu lösen ist. Dazu wird es als notwendig angesehen, zunächst einmal das Anwenden selbst in der Wissenschaft zum Forschungsgegenstand zu erheben. Die Absicht ist, durch eine verbesserte und angemessene Anwendung in den Praxisproblemen eine neue Sicherheit zu gewinnen und zu neuen Lösungsmöglichkeiten zu kommen. Das ist der Hauptgrund, warum das Buch geschrieben wurde. Es macht hoffentlich auch für »reine« Forscher mit »harten« Methoden erkennbar, daß Grundlagen- und Anwendungsfragen, die oft als gegensätzlich angesehen werden, in eine fruchtbare Wechselwirkung eintreten können.

Der Beitrag ist aus Bedürfnissen in der Praxis und aus Fragen an die Entwicklungspsychologie hervorgegangen. Am Anfang standen Einladungen zu Vorträgen und wissenschaftlichen Beratungen, die ich nicht zuletzt meinem Buch über »Mutterentbehrung« zu verdanken habe. Dieses Buch möchte ich hier, vor allem was die Anwendungsfragen angeht, ergänzen, revidieren und weiterführen. Für den Text wurden zwischen 1977 und 1984 gehaltene und zum Teil veröffentlichte Vorträge überarbeitet. Sie gaben den Anstoß zu diesem Entwurf einer Angewandten Entwicklungspsychologie, der als Werkstattbericht mit vorläufiger Systematik zu verstehen ist. Er bleibt für geänderte Erfordernisse offen und soll weitere Arbeiten anregen. Die Antwortversuche wurden mit Eltern, Wissenschaftlern, Fachleuten und Studierenden in der medizinischen, psychologischen, sozialen und heilpädagogischen Praxis und mit Politikern diskutiert und auch angesichts von Praxisprojekten verbessert.

Viele Menschen haben in diesen Diskussionen und in den Lehrveranstaltungen an der Universität sowie in der beruflichen Fortbildung durch ihr Interesse, ihre Zustimmung und ihren Widerspruch zu den hier vorliegenden Auffassungen beigetragen und meine Arbeit möglich gemacht. Hervorheben möchte ich die Förderung in den Beratungsgesprächen mit Eltern und Fachkollegen in einem Schulpsychologischen Dienst und nicht zuletzt die Gespräche mit Freunden. Ich danke allen für Anregungen, Unterstützung, Ermutigung und Hilfe. In den Dank beziehe ich meine Sekretärin und die studentischen Hilfskräfte ein, die bei der Arbeit an den verschiedenen Fassungen des Buches geholfen haben.

Zum Schluß sei noch angemerkt, daß Teile des Manuskripts in einer Sendereihe »Frühentwicklung und seelische Gesundheit« im Juli 1984 verwendet worden sind, für die ich dem Süddeutschen Rundfunk Stuttgart, Studio Heidelberg-Mannheim, Wissenschaftsredaktion Jörg Tröger, danken möchte und deren Hörer hier einen erweiterten und vertiefenden Text vorfinden.

Wuppertal/Neuss, im Mai 1985

E. S.

Lesehinweise

Es wurde versucht, das Buch so zu schreiben, daß der Leser ihn interessierende Themen auch einzeln herausgreifen kann; sie sind in sich geschlossen dargestellt.

Die Einführung beginnt zur Orientierung mit Grundkonzepten der Forschung, von denen das Buch seinen Ausgang nimmt und die in der Angewandten Psychologie der frühen Kindheit in den einzelnen Fragestellungen konkretisiert werden.

Der erste der vier Hauptteile stellt methodische Gesichtspunkte und Kriterien der Anwendung dar. Die Anwendungsprinzipien werden in den nachfolgenden Abschnitten bei der Behandlung der inhaltlichen Einzelfragen eingesetzt, wobei auf den Anwendungsteil immer wieder Bezug genommen wird.

Die drei folgenden inhaltlichen Teile des Buches behandeln Risiken, Belastungen und Behinderungen in der Frühentwicklung, einschließlich Beratungsfragen. Im Schlußteil werden die Fragestellungen des Buches zusammengefaßt und der weitere Ausbau einer Angewandten Entwicklungspsychologie und Entwicklungsberatung skizziert.

Ein Sachverzeichnis schlüsselt die Themen des Inhaltsverzeichnisses weiter auf. Die Literaturangaben im Text mit Verfassernamen und Jahr des Erscheinens und das dazugehörige Literaturverzeichnis enthalten u. a. Hinweise auf Lehrbücher, auch auf umfangreichere und spezialisierte englischsprachige Titel. Es wird ersichtlich, daß für manche der in dem Buch angesprochenen Einzelthemen inzwischen ganze Monographien oder Beiträge von Spezialisten in Sammelwerken vorliegen, die für die Zwecke dieses Buches auf den Anwendungsertrag, der meist nur am Rande behandelt wird, ausgewertet wurden. Übersichtsreferate werden bevorzugt, wenn es bei den verschiedenen Einzelthemen um die Beurteilung der Forschungslage geht. Als Belege für die zitierten Ergebnisse und als Hinweise für ein intensiveres Studium sollen die zahlreichen meist englischsprachigen Arbeiten aus den Fachzeitschriften dienen. Die Auswahl kann bei der unübersehbar gewordenen Spezialliteratur und den Bestrebungen nach interdisziplinärer Orientierung keinen Anspruch auf Vollständigkeit erheben und richtet sich nach Gesichtspunkten der Praxisnähe. In den Berichten über Forschungsarbeiten sind die meisten methodischen und inhaltlichen Details ausgelassen, um die Argumentation nicht zu verzetteln und den Blick auf die Anwendung zu konzentrieren.

Im Text wurde versucht, bei aller Einfachheit nie die psychologische Problemstellung zu vernachlässigen, für Eltern und Professionelle, auch für Nicht-Psychologen, verständlich und anregend zu sein und ihnen, soweit das durch ein Buch möglich ist, in den Anliegen der Kinder einen Weg zueinander zu öffnen.

Einführung: Ausgangspunkte

Was können wir tun, damit ein Kind von Anfang an seelisch gesund heranwächst und für die weitere Entwicklung im Lebenslauf gut gerüstet ist?

Diese praktische Frage, die viele weitere nach sich zieht, drückt bei Eltern, Fachleuten und in der Gesellschaft die Sorge um das seelische Wohlergehen der Kinder aus, eine Sorge, die auch im Mittelpunkt der Interessen des Buches steht. In dieser Einführung wird dieser Fragenkomplex nach verschiedenen Seiten ausgefaltet, um die Ansatzpunkte für die beabsichtigte Angewandte Entwicklungspsychologie der frühen Kindheit zu kennzeichnen.

Mit der seelischen Gesundheit ist das Ziel unserer Anstrengungen genannt, das mehr langfristiger Natur ist, obschon wir es täglich mit den Kindern verfolgen. In unserem Alltagsverständnis denken wir an dieses Ziel meistens nicht ausdrücklich. Wir lassen das meiste auf sich beruhen, wenn die Kinder auf vielerlei Art groß werden und wir uns auf verschiedenste Weise um sie kümmern. Und sicherlich tun wir gut daran, wenigstens solange alles gutgeht.

Wenn jedoch nicht alles nach Wunsch verläuft und sich Dinge ereignen, die von unseren gewöhnlichen Vorstellungen abweichen, wenn wir in unserem Tun und Lassen unsicher und ratlos werden, dann setzt die Sorge um eine seelisch gesunde Entwicklung ein. Dann wird unser Fragebedürfnis wachgerufen, und wir mobilisieren unser Wissen. Wir denken dabei an bestimmte Lebensereignisse, die wir im Zusammenhang mit der Entwicklung beim Kind als belangvoll ansehen. Unser Wissen, das dabei ins Spiel gebracht wird, enthält zwei Komponenten, die mehr oder weniger deutlich ausgeprägt sein können und die wir uns gewöhnlich ebenfalls nicht klarmachen. Es handelt sich um unser Alltagswissen, das wir uns in den persönlichen Überzeugungen der eigenen Biographie, im Umgang mit Kindern und durch die Überzeugungen in der Gesellschaft angeeignet haben, und um ein Wissen, das durch Erkenntnisse der Wissenschaft vermittelt ist und das dann, wenn wir es aufnehmen und verstehen, mit unseren persönlichen Überzeugungen ein Ganzes bildet.

Wenn wir im Blick behalten, daß wir das Wissen anwenden und bei der Lösung von Praxisfragen einsetzen, die beim Kind eine gesunde seelische Entwicklung in bedeutsamen Lebensereignissen betreffen, dann sind die Ansatzpunkte des Buches genannt, die im folgenden weiter verdeutlicht werden sollen.

Gesunde seelische Entwicklung

Kinder können in der ersten Lebenszeit über ihr seelisches Wohlbefinden nur indirekt Auskunft geben. Es ist uns deshalb nicht möglich, sie dazu selbst zu befragen. Bevor sie sprechen, artikulieren sie körperliche Beschwerden nur unzulänglich, allenfalls durch Schreien und Weinen. Wenn sie sprechen, klagen sie über »Bauchweh«, was immer tatsächlich dahintersteckenmag. Über seelisches Unbehagen und Leiden können wir von ihnen so gut wie nichts erfahren. Wir sind auf undeutliche Anzeichen und Hinweise angewiesen und bewerten die spärlichen Äußerungen nach unseren Vorstellungen vom Seelenleben des Kindes, um danach zu beurteilen, was zu tun ist. Weil die Informationen, die wir über eine seelisch gesunde Entwicklung erhalten, bei den Kindern so vage sind, entsteht leicht jene Unsicherheit, die uns bei den Fachleuten und der Wissenschaft nach Rat suchen läßt – je jünger die Kinder sind, desto dringender.

Zur wissenschaftlichen Bestimmung dessen, was als seelische Gesundheit und seelisch gesunde Entwicklung zu verstehen ist, sind wir heute immer noch auf Fragen einer gesunden Lebensführung und die damit verbundenen Regeln und Vorschriften angewiesen, die ein Zentralthema der religiösen und ethischen Literatur von der Antike bis zur Gegenwart sind. Sie werden traditionell unter den Begriff Hygiene gefaßt, der »Gesundheit« bedeutet und dabei die Kunst oder Wissenschaft meint, die der Gesundheit zuträglich sind. Dieses Konzept verlagert den Akzent vom medizinischen Behandeln und Heilen auf das Vorbeugen und Vermeiden des Eintritts einer Erkrankung. Die Pflege einer besonderen »seelischen Hygiene« hatte Anfang unseres Jahrhunderts zunächst die Bedeutung, gebesserte psychisch Kranke in ein möglichst normales Leben zurückzuführen (BEERS 1908). Die Bemühungen wurden dann durch die Psychoanalyse als »seelischer Gesundheitsschutz« definiert und auf seelisch nicht gestörte Menschen bezogen, um bei ihnen seelischen Erkrankungen vorzubeugen (MENG 1943).

Seit 1948 nimmt sich die »World Federation for Mental Health« der Fragen der seelischen Hygiene zusammen mit Fragen der körperlichen Hygiene an und arbeitet darin mit der »World Health Organisation« (WHO, Weltgesundheitsorganisation) zusammen. Die Charta der WHO spricht in ihrem Gesundheitsbegriff von einem Zustand vollkommenen körperlichen, seelischen und sozialen Wohlbefindens, der nicht nur in Abwesenheit von Krankheit besteht. Auch seelische Gesundheit bedeutet danach mehr als Freisein von Krankheit.

Neuerdings hat die WHO als Bestandteil eines Programms »Gesundheit für alle bis zum Jahr 2000« eine »Primary Health Care« deklariert, die u. a. bei den frühen Mutter-Kind-Beziehungen ansetzt (World Health Organisation 1978). Der Ausdruck »Primary Health Care« ist schwer zu übersetzen und bedeutet soviel wie »Erste Gesundheitsvorsorge«. Die Diskussion über die genauere Bestimmung dessen, was darunter verstanden werden soll, ist nicht abgeschlossen und wird zur Zeit für verschiedene Regionen in der Welt geführt, in denen die Vorsorge nach den örtlichen Gegebenheiten verschiedene Formen annehmen muß. Was die seelische Komponente angeht, bleibt die grundlegende Annahme bestehen, daß es so etwas wie ein seelisch normales Funktionieren, ein Ungestörtsein gibt, ein Gleichgewicht des psychischen Apparates, und daß Abweichungen davon der Korrektur oder, was natürlich als vorteilhafter gilt, der Vorbeugung bedürfen.

Die Bedeutung der Vorbeugung unterstreichen die heutigen Bemühungen, seelische Gesundheit nicht allein in Abhebung von Krankheit, sondern nach einem positiven Konzept zu fassen (JAHODA 1958). Die Wissenschaftler arbeiten mit Merkmallisten, um die Richtung der Vorbeugung zu bestimmen (BRANDTSTÄTTER, V. EYE 1982). Obschon es dabei Schwierigkeiten gibt, konzentrieren sich die Merkmale auf zwei Bereiche, auf seelisches Wohlbefinden und auf Kompetenzen, seelische Fähigkeiten, die helfen, Situationen zu bewältigen, welche die Gesundheit gefährden. In sogenannten

Risikogruppen, die gefährdet sind, aber nicht als gestört gelten, soll durch Vorbeugung das Auftreten solcher Störungen verhindert werden. Das Ziel ist, durch stützende Entwicklungsförderung die Bewältigungskompetenzen zu erhöhen und damit die seelische Gesundheit zu steigern (DANISH, D'AUGELLI 1980).

Entwicklungspsychologisch werden die Zustände seelischen Wohlbefindens und die Fähigkeiten, seelisch gesund zu sein und zu bleiben, als Ergebnis von Veränderungsprozessen in der Persönlichkeitsentwicklung verstanden. Die Psychoanalyse beschreibt die Entwicklung in der frühen Kindheit als Prozeß, der sich zwischen dem Gegensatzpaar Urvertrauen/Mißtrauen abspielt (ERIKSON 1950). Dabei heben sich »krankhafte« Störungen, in denen der Ausgleich zwischen den Gegensatzpaaren mißlingt, von den »krisenhaften« Phasen dadurch ab, daß die Entwicklung nicht gestört wird, sondern einen positiven Fortgang nimmt. Für die frühe Zeit sieht die Psychoanalyse in den Mutter-Kind-Beziehungen den kritischen Punkt, an dem sich die Entwicklung des sozialen Urvertrauens und damit eine gesunde seelische Entwicklung entscheidet. Dem entsprechen die großen zusammenfassenden Berichte über »Mütterliche Fürsorge« bzw. »Deprivation« und seelische Gesundheit, die von der Weltgesundheitsorganisation vorgelegt worden sind (BOWLBY 1951, AINSWORTH 1962; vgl. auch SCHMALOHR 1968).

Diese Ansätze machen die seelische Gesundheit entwicklungspsychologisch als »Entwicklungsziel« mit bestimmten Merkmalen beschreibbar. Von dieser »beschreibenden« ist die mehr »vorschreibende«, planende Betrachtungsweise zu unterscheiden, bei der seelische Gesundheit als »Entwicklungsaufgabe« definiert wird (HAVIGHURST 1972). Für die höheren Altersstufen wird dazu die Lösung von Lebensfragen der Sexualität, Partnerwahl, Arbeitswelt und Familiengründung aufgeführt. Für die uns interessierende frühe Kindheit sind mit Ausnahme von Aufgaben wie Gehen- und Sprechenlernen die für eine gesunde seelische Entwicklung gestellten Aufgaben nicht hinreichend definiert worden. Bei der großen praktischen Bedeutung dieser Fragen ist es verwunderlich, daß trotz gesteigerten Wissens über die ersten Lebensjahre zu den Stichwörtern seelische Gesundheit oder gesunde seelische Entwicklung in der frühen Kindheit in den einschlägigen Lehrbüchern entweder keine oder nur ganz spärliche Angaben zu finden sind (OSOFSKY 1979, OERTER, MONTADA 1982, WOLMAN 1982, MUSSEN 1983, CAIRNS, VALSINER 1984).

Aus einer genaueren Definition von Entwicklungszielen oder Entwicklungsaufgaben einer seelisch gesunden Entwicklung ließen sich einmal Bewertungsmaßstäbe für Gefährdungen und Beeinträchtigungen dieser Entwicklung und zum anderen Richtlinien für das fördernde und helfende Handeln ableiten. Ein vielversprechender Ansatzpunkt, der in diesen Hinsichten weiterführt, ergibt sich aus dem Konzept von Lebensereignissen, dem nächsten Ausgangspunkt des Buches.

Bedeutsame Lebensereignisse der frühen Kindheit

Vorstellungen von Lebensereignissen, die für eine gesunde seelische Entwicklung belangvoll sind, beschäftigen uns im eigenen Erleben als Erwachsene. Wir können mit ihrem Aufleben rechnen, wenn wir in seelischen Lebensfragen bei der Bewältigung von Entwicklungsaufgaben in Schwierigkeiten geraten und im Bemühen um Abhilfe nach Ursachen suchen. Bezeichnenderweise richten wir dabei unseren Blick in die Vergangenheit und kommen auf Weichenstellungen, die bis in die Gegenwart hineinreichen. Wer hätte dabei nicht schon an Erlebnisse mit den eigenen Eltern, eine Benachteiligung durch ein Geschwister oder andere Ereignisse einer als liebesarm angesehenen Kindheit gedacht, die wir für den Verlauf unseres Lebens oder wenigstens für bestimmte Schwierigkeiten verantwortlich machen möchten. Solche Vorstellungen unserer privaten Psychologie gehen auch in unseren Umgang mit Kindern ein.

Wir denken als Eltern darüber nach, wenn uns in der Schwangerschaft oder ersten Zeit etwas auffällt, ein Kind vielleicht zu früh geboren wird, auffallend viel schreit oder mit dem Kopf schaukelt. Fachleute bringen die private Psychologie in ihr Studium ein und bilden sie durch ihre Erfahrungen in Kliniken, Heimen, Früherkennungszentren und Tagesstätten weiter aus, wenn sie alles tun, den Kindern in diesen Situationen zu helfen. Als Bürger setzen wir unser

Wissen ein und erweitern es in der Verpflichtung, den Kindern durch eine kinder- und elternfreundliche Umwelt beeinträchtigende Lebenssituationen zu ersparen und ihre Gesundheit zu fördern.

Mit solchen Lebensereignissen und Lebenssituationen hat sich die Entwicklungspsychologie seit etwa einem Jahrzehnt intensiver beschäftigt (DOHRENWEND 1974, FILIPP 1981, 1982, CALLAHAN, McCLOUSKY 1983). Anfangs interessierten streßreiche Lebenssituationen wie der Tod eines Familienangehörigen oder eine Scheidung, die mit psychischen Störungen und Krankheiten in Beziehung gesetzt wurden. Die Forschung konzentrierte sich auf die Erschließung kritischer Lebensereignisse im mittleren und hohen Lebensalter. Im folgenden soll das Konzept der Lebensereignisse auf die Entwicklung der frühen Kindheit und die Entwicklungsaufgabe einer gesunden seelischen Entwicklung in dieser Zeit ausgerichtet werden.

Lebensereignisse sind dann seelische Geschehnisse in räumlich und zeitlich begrenzten Lebenssituationen, von denen wir erwarten, daß sie bei Kindern über eine weitere gesunde Entwicklung im Lebenslauf mit entscheiden. In der frühen Entwicklung sind solche Ereignisse schon vor der Geburt in Geschehnissen denkbar, die das Ungeborene betreffen, dann bei und während der Geburt und später im Umweltbezug, vor allem in den Beziehungen zu den Sozialpartnern, angefangen von der Mutter, auf die das Kind in seiner Existenz besonders im Anfang zum Überleben gänzlich angewiesen ist. Die räumlichen und zeitlichen Gegebenheiten bestimmen im frühen Alter Geschehnisse in bestimmten Umwelten, z. B. bei der Haus- oder Klinikgeburt, bei Aufenthalten in Frühgeborenenstationen oder Heimen, denen Bedeutung für die weitere Entwicklung zugeschrieben wird.

Lebensereignis kann alles werden, was sich von dem übrigen, mehr gewöhnlichen Geschehen abhebt, mit dem beim Heranwachsen eines Kindes in einer bestimmten Kultur zu rechnen ist, insbesondere alles, was als außergewöhnliche Belastung gilt. Insofern kann das, was für ein Kind Lebensereignis ist, im Wandel von kulturellen und gesellschaftlichen Bedingungen epochenbedingt umdefiniert werden. In den alternativen Familienformen der Gegenwart mit alleinerziehenden Müttern oder Vätern und Kindern, die in Wohngemeinschaften groß werden, sind Bedingungen für einen solchen Wandel ausfindig zu machen. In der frühen Kindheit haben Lebensereignisse wahrscheinlich besonders viel mit einer Balance im Kind-Umwelt-System zu tun. Im Hinblick auf eine gesunde seelische Entwicklung kann es zu Ungleichgewichten kommen, die einerseits als Belastung wirken, andererseits aber als eine Herausforderung für die Bewältigung erfahren werden, deren Gelingen die Kompetenzen weiter erhöht.

Um die Dynamik und Dramatik im Verlauf zu kennzeichnen, sind Lebensereignisse als »streßartig« (DOHRENWEND 1974), »kritisch« (FILIPP 1981), »nicht regelmäßig« (»nonnormativ« CALLAHAN, McCLOUSKY 1983), »bemerkenswert« (»noteworthy«, REESE, SMYER 1983) oder noch anders genannt worden. Am schärfsten ist die Verwendung des Begriffs »kritisch«, weil mit Krise, wie beim Höhepunkt einer Erkrankung, ein Wendepunkt und die Entscheidung gemeint ist, ob die Entwicklung insgesamt scheitert oder nicht. Nur wenn die Krise überstanden wird, was als ungewiß gilt, bietet sie Möglichkeiten zur Wiederherstellung der gesunden Entwicklung und zum Neubeginn.

In diesem Buch sollen Lebensereignisse in der frühen Kindheit nicht nach den Sichtweisen des Krisenkonzepts behandelt werden, weil darin die Blickrichtung von vorneherein auf mögliche »Krisenherde« und »krankmachende« Ursachen und Wirkungen gelenkt wird. Mit der Annahme von Ursachen wollen wir zurückhaltend umgehen, was im nächsten Ausgangspunkt noch näher begründet wird. Die Lebensereignisse in dieser Zeit sollen statt dessen als »bedeutsam« bezeichnet werden, wodurch Ursachen für bestimmte Wirkungen zunächst einmal nicht angenommen werden müssen. Das Attribut »bedeutsam« soll vorerst nicht mehr aussagen, als daß diese Ereignisse in den Praxisfragen des Alltags von Kindern und Eltern und in der zuständigen Literatur als wichtig hervorgehoben werden.

Ferner sind Lebensereignisse bedeutsam in dem Sinne, daß sie für eine gesunde seelische Entwicklung als belangvoll angesehen werden. Dabei muß noch nicht festgelegt sein, ob im positiven oder negativen Sinne, ob belangvoll für vorbeugende oder mehr korrigierende Eingriffe. Der Blick wird dabei auch nicht von vorneherein auf die Vergangenheit gelenkt, was bei Ursachenannahmen unweigerlich geschieht. Wenn es um beratendes Eingreifen geht, stellt das Konzept eher einen Zukunftsbezug her, bei dem es sich weniger um Vergangenheitsbewältigung handelt als vielmehr um den Aufweis von Möglichkeiten, mit einem Lebensereignis in der aktuellen Situation fertig zu werden und dadurch die künftigen Chancen für eine gesunde seelische Entwicklung zu erhöhen.

Es bleibt das Interesse am Verlauf eines Lebensereignisses mit den Bestandteilen des Ereignisses selbst, den vermuteten Wirkungen und den Folgen, die wiederum Ereignischarakter annehmen und neue Wirkungen auslösen können. Im Einzelfall ist zu bestimmen, welche Geschehnisse es genau sind, die ein derartiges Ereignis ausmachen. Welche Wirkungen sind anzunehmen, wie sind sie zu verstehen, unter welchen Bedingungen sind sie mehr oder weniger gravierend? Wie sehen die Folgen aus, welche Veränderungen werden kurz- oder langfristig erwartet, im günstigsten oder schlimmsten Fall, und in welchem Zusammenhang stehen die eingetretenen Ereignisse mit den auftretenden Wirkungen und Folgen?

Lebensereignisse sind in einer als Balancesystem zu verstehenden Kind-Umwelt-Beziehung mit einer Art Weichenstellung verbunden. Es entscheidet sich, ob der Betroffene weiterhin seelisches Wohlbefinden erreicht und verbesserte Bewältigungsweisen gewinnt oder ob er im ungünstigen Fall im weiteren Verlauf seiner Entwicklung beeinträchtigt ist. Nach Schweregraden unterscheiden wir bei den Beeinträchtigungen zwischen Risiken, Belastungen und Behinderungen mit jeweils verschiedenen Verlaufsformen und Möglichkeiten eingreifenden Handelns. Sie bilden die Ausgangspunkte für die inhaltlichen Abschnitte des Buches. Dabei gewinnt die Frage nach der Zuschreibung von Ursachen für die Lebensereignisse und Beeinträchtigungen einer gesunden seelischen Entwicklung eine besondere Bedeutung und stellt den nächsten Ausgangspunkt dar.

Ursachenzuschreibungen in Wissenschaft und Alltagspsychologie

Der psychologische Zugang zu den Fragen einer seelisch gesunden Entwicklung in bedeutsamen Lebensereignissen bringt neben Vorteilen ein ernstes Problem mit sich, das mit dem Kausalitätsschema der Forschung zusammenhängt.

Wie die Naturwissenschaften in den Wirklichkeitsbereichen, für die sie zuständig sind, sucht auch die Psychologie zum Verständnis der seelischen Wirklichkeit nach Ursache-Wirkungs-Zusammenhängen. Das hat im Falle der Psychologie besondere Konsequenzen, weil die psychologische Erkenntnisbildung in ihrer reflexiven Natur den Menschen gleichzeitig selbst betrifft. Wir haben es mit immer schon vorhandenen Überzeugungen über psychologische Sachverhalte in Form der Alltagspsychologie zu tun. Für die Entwicklungspsychologie der frühen Kindheit bedeutet das zusätzlich den Umgang mit den Alltagstheorien von Eltern, die ihre persönlichen Vorstellungen vom Aufwachsen und Gedeihen der Kinder haben.

Solches Vorwegverständnis von seelischen Erscheinungen und unser Überzeugungswissen von seelischen Sachverhalten finden in der Psychologie unter den Bezeichnungen »Common-Sense-Psychologie«, »Alltagspsychologie«, »naive Verhaltenstheorie«, »subjektive psychologische Theorie« u. a. großes Interesse (HEIDER 1958, WEINER 1979, HECKHAUSEN 1980, KELLEY 1983). Ursachenzuschreibungen, sogenannte Kausalattributionen, stehen im Zentrum dieser Forschungsrichtung. Sie stellen eine Alternative zur Erklärung des menschlichen Handelns durch die Lust-Unlust-Theorien dar, die eine Suche nach Triebfreuden und Glück als beherrschend ansehen. Dagegen versucht die Attributionstheorie den handelnden Menschen zu verstehen, indem sie dessen Suche nach Ursachen für Ereignisse zentralsetzt.

Auf der Suche nach Verstehen wünschen die Menschen zu ergründen, warum bestimmte Ereignisse eingetreten sind. Besonders in außergewöhnlichen und belastenden Situationen fangen sie an zu spekulieren, was dazu geführt haben könnte, daß es ihnen schlechtgeht. Erfreuliche Ereignisse werden leichter akzeptiert und bedürfen aus diesem Grunde auch nicht so dringend einer Ursachenerklärung. Schwierigkeiten dagegen steigern unser Bedürfnis, uns die Welt mit den Ursache-Wirkungs-Verhältnissen so zurechtzulegen, daß sie uns als sinnvoll erscheint. Das führt zu einer Erkenntnisbildung, mit der wir auch unser eigenes Handeln und seine Ergebnisse erklären und die folglich auch für das weitere eigene Handeln nicht folgenlos bleibt.

Was Lebensereignisse in der frühen Kindheit angeht,

macht das Attributionskonzept verständlich, daß Eltern solche Ereignisse bei ihren Kindern in der Weise sehen, daß ihr eigenes Handeln beim Zustandekommen der Geschehnisse mitwirkt (SCHMALOHR 1984b). Solange sich die Eltern dabei als Verursacher einer gesunden seelischen Entwicklung bei ihren Kindern erleben können, bedeutet das eine Steigerung des eigenen seelischen Wohlbefindens. Wenn dagegen beim Kind in dieser Hinsicht etwas nicht nach Wunsch verläuft, verstehen sich die Eltern als Verursacher in der sie selbst belastenden Form, daß sie sich Verantwortung für die Schwierigkeiten des Kindes zuschreiben.

Bezeichnenderweise bedeutet das griechische Wort für Ursache, aitia, von dem der Begriff Ätiologie, Ursachenforschung, abgeleitet ist, gleichzeitig auch Schuld. Die Sprache reflektiert hier Überzeugungen, die nach christlichem Verständnis mit dem Sündenbewußtsein zusammenhängen. Die Gesellschaft hält in diesem Zusammenhang bis heute Erklärungen für viele Sachverhalte bereit, die unsere persönlichen Überzeugungen durchdringen und im Laufe der Zeitepochen einem historischen Wandel unterliegen. Die Erklärungen müssen nur einfach und plausibel genug sein, um unser Überzeugungswissen zu stützen und für unser Handeln erkenntnisleitend zu werden.

In solchem Überzeugungswissen spielen unter den Bedingungen für seelische Veränderungen bei Kindern schon immer die Eltern, ihre Erziehung und andere Faktoren, auf die Eltern Einfluß haben, eine beherrschende Rolle. Dadurch liegt eine Verbindung zwischen Erklärung des Geschehens und Verantwortungs- und Schuldzuweisung auf die Eltern nahe. Hier ist eine Aufklärungsarbeit notwendig, deren Bedeutung für eine gesunde seelische Entwicklung bei Kindern und deren Eltern nicht hoch genug eingeschätzt werden kann.

Deshalb ist das Attributionskonzept der dritte Ausgangspunkt des Buches. Wir fragen, welche Ursachenzuschreibungen bei verschiedenen bedeutsamen Lebensereignissen und deren Bewältigungsweisen naheliegen, welche besonders belastend sind, welche entlastend wirken können. Bei belastenden Zuschreibungsmustern interessiert, ob die Wissenschaft wirklichkeitsangemessene Alternativen wahrscheinlich machen kann, die zu einer Entlastung bei den Eltern beitragen.

In diesem Fall ergibt sich schließlich die Frage, welche Veränderungschancen sich für einmal eingenommene Sichtweisen von kausalen Strukturen ergeben.

Anwenden mittels einer Brückenwissenschaft

Die Aufklärungsarbeit, die zur Beurteilung von Schuldzuweisungen in der Alltagspsychologie wünschenswert ist, bietet sich als geeignete Aufgabe für die Psychologie an.

Viele Wissenschaftler, die diese Aufgabe erkennen, scheuen jedoch vor den Schwierigkeiten zurück, die Verstrikkung von Ursachen- und Schuldzuweisung zu entwirren. Ein Grund für die Schwierigkeiten ist darin zu sehen, daß die Psychologie – wie die Psychiatrie – ursprünglich in den Vorstellungen verwurzelt sind, die noch bis ins vorige Jahrhundert hinein seelische Störungen als Besessenheit verstanden. Bis heute hat es in der psychologischen Praxis auch noch keinen vollen Erfolg gegeben, die Fragen einer seelisch gesunden Entwicklung vom bloßen Moralisieren zu befreien. Die Verbindung zwischen Ursachen- und Schuldzuweisung in unserer Alltagspsychologie ist zu stark und entspricht zu sehr unserem Erklärungsbedürfnis, als daß sie durch die einfache Versicherung unterbrochen werden könnte, die Feststellung von Ursachen solle nicht als Schuldzuweisung mißverstanden werden.

Offenbar müßte die Psychologie, wenn sie hier erfolgreich sein will, mehr für die Anwendung ihrer wissenschaftlichen Erkenntnisse tun. Bislang kann es vorkommen, und das ist als besonders fatal anzusehen, daß sie unfreiwillig kurzgeschlossenen Theorieanwendungen mit Schuldzuweisungen Vorschub leistet. Das passiert in der Form, daß ein Bedingungsfaktor in der Entwicklung, wie etwa die Mutterliebe oder eine Heimerziehung, hervorgehoben und für bestimmte nachteilige Wirkungen als verantwortlich erklärt werden. In dieser und in anderen Hinsichten treffen wir, wie noch zu zeigen sein wird, in vielen Praxisfragen der frühen Kindheit Entscheidungen, die auf einer unzulänglichen und fehlerhaften Anwendung der Psychologie beruhen.

Das ist möglich, weil die Forscher bisher zu wenig für die Anwendung der Entwicklungspsychologie tun und die praktischen Konsequenzen ihres Faches unterschätzen. Das ist jedenfalls die Grundüberzeugung, mit der dieses Buch beginnt. Sicherlich ist es die Aufgabe des Forschers, seinem Erkenntnisstreben nachzugehen, und es gibt in der Wissenschaft als Beruf nichts, was nicht wissenswert wäre oder sein sollte. Die Forscher sind aber inzwischen zu sehr mit immer mehr ins einzelne gehenden Fragestellungen und Methoden beschäftigt, so daß sie sich schließlich in einer Art Überspezialisierung mit fragmentarischen Experimenten und zersplitterten Erkenntnissen immer weiter von der Welt des Kindes entfernen. Wenn die Praktiker darauf vertrauen, daß Wissenschaft und Praxis übereinstimmen und im guten Glauben die wissenschaftlichen Erkenntnisse unmittelbar anwenden, bleiben Fehlschläge nicht aus. Darin liegt auch ein Grund für die wachsende Unzufriedenheit vieler Wissenschaftler mit dem derzeitigen Stand der akademischen Entwicklungspsychologie und das gesteigerte Interesse an der Anwendung des Faches.

Es zeigt sich immer deutlicher, daß es offenbar nicht genügt, bestimmte erfahrungswissenschaftliche Ergebnisse und Theorien als »praktisch bedeutsam« herauszustellen und alles weitere auf sich beruhen zu lassen. Die Entwicklungspsychologie läßt sich auch mit praktisch bedeutsamen Ergebnissen nicht »einfach« anwenden, wenn Einseitigkeiten und Fehlschlüsse vermieden werden sollen. Die Verhältnisse sind erschwert, weil in Fragen wie der nach einer gesunden seelischen Entwicklung mit praktischen Zielsetzungen und Wertungen der Gesellschaft Belange ins Spiel gebracht werden, die über rein erfahrungswissenschaftliches Arbeiten hinausgehen.

Nun ist es keineswegs so, daß das Problem der Anwendung in der Entwicklungspsychologie nicht schon immer gesehen worden wäre. Gerade die Kindespsychologie verdankt wesentliche Impulse der Lösung von Praxisfragen, wie z. B. im Falle der Intelligenztests, die zu Zwecken der Sonderschulüberweisung von Kindern konstruiert worden sind und von daher die Differentielle und Angewandte Psychologie befruchtet haben (BINET, SIMON 1905). Andere Beispiele liefern im deutschsprachigen Raum die Arbeiten der Wiener entwicklungspsychologischen Schule seit den 20er Jahren, in denen etwa Probleme der kindlichen Armut in Arbeitervierteln untersucht wurden, aus denen später die Arbeiten zum

Hospitalismus hervorgingen (SPITZ 1945, SCHENK-DANZINGER 1984). Der Terminus Angewandte Entwicklungspsychologie taucht neuerdings zur Bezeichnung einer Teildisziplin des Faches in Artikeln von Lehrbüchern auf (MONTADA, SCHMIDT 1982). Seit 1980 gibt es in den USA eine Zeitschrift (ZIGLER 1980) und seit 1984 eine Buchserie mit dem Titel »Applied Developmental Psychology« (MORRISON, LORD, KEATING 1984).

Diese Bestrebungen, eine Angewandte Entwicklungspsychologie zu thematisieren, sollen hier aufgegriffen und für das frühe Kindesalter weitergeführt werden. Dazu gehört, in der Anwendung näher an die Alltagswelt der Kinder und Eltern heranzukommen und als Generalthema das Entwicklungsziel bzw. die Entwicklungsaufgabe einer gesunden seelischen Entwicklung zu verfolgen. Bei der komplexen Fragestellung ist die interdisziplinäre Zusammenarbeit vor allem mit Pädiatern, Geburtshelfern, Kinderneurologen sowie Heim- und Früherziehern zu fördern. Es soll das gesteigerte Bewußtsein aufgegriffen werden, praktischen Erfordernissen in einer Gesellschaft zu entsprechen, die immer nachdrücklicher ihr Recht auf praktischen Nutzen der von ihr getragenen Wissenschaft geltend macht.

Was bei alledem bisher vor allem fehlt, ist der Versuch, das Anwenden in der Entwicklungspsychologie der frühen Kindheit zum Forschungsgegenstand zu machen. Das soll als Brückenwissenschaft eine Angewandte Entwicklungspsychologie leisten, die durch eine stabile Konstruktion den gegenseitigen Austausch zwischen den Ufern fördern und die wechselseitigen Grenzüberschreitungen zum Nutzen beider Seiten tragfähiger machen soll. Von der Überprüfung der bisherigen Vorgehensweisen der Wissenschaft und der Praxis wird eine Aufklärung darüber erwartet, was wir bisher falsch gemacht haben, vor welchen Fehlern wir uns hüten müssen und was wir folglich besser machen können.

1. Kapitel: Psychologie schonend anwenden

Von der Entwicklungspsychologie, die Theorie und Praxis miteinander verbinden will, erwarten wir nicht nur Erkenntnisse zum besseren Verständnis des seelischen Werdens, sondern letzten Endes auch eine Hilfe bei der Lösung von praktischen Problemen. Obschon diese Wissenschaft, wie jede andere, zunächst einmal den Erkenntnisinteressen verpflichtet ist, sind in ihr, ebenfalls wie in anderen, verschiedene Annäherungsformen zwischen den Endpunkten Wissenschaft und Praxis entwickelt worden, um Anwendungsinteressen zu dienen.

Wenn wir hier das Anwenden der Entwicklungspsychologie untersuchen wollen, wie es in der Kinderforschung praktiziert wird, sollten wir uns zunächst die bisherigen Anwendungsformen vor Augen führen und fragen, welche Bedeutung jede einzelne von ihnen für das Problemlösen in der Praxis hat. Weiter interessieren in diesem Teil des Buches die Arbeitsweisen einer Angewandten Entwicklungspsychologie, die das Anwenden untersuchen möchte, das Bewerten und die Entscheidungshilfe in der Entwicklungsberatung. Das führt zu Folgerungen für eine Gesamtstrategie der Angewandten Kinderpsychologie, die auch für den praktizierenden Berater Konsequenzen hat, eine Strategie, die in der Überschrift »Psychologie schonend anwenden« angesprochen ist.

Anwenden als Forschungsgegenstand

Daß der Zugriff der Forschung auf die Praxis keine leichte Aufgabe ist, erkennen wir schon an dem Spannungsverhältnis, das auch in der Entwicklungspsychologie zwischen Grundlagenforschung und Anwendung angenommen wird (ZIGLER 1980). Wer sich für praktische Anwendungserträge interessiert, stellt fest, daß das Anwenden und die praktisch verwerteten Ergebnisse bei vielen Wissenschaftlern nicht hoch im Kurs stehen. Es werden Zweifel spürbar, ob Anwenden überhaupt etwas mit Forschen zu tun hat.

Die Grundlagenforschung, die alternativ auch »reine« Forschung heißt, gilt als exakt und schlüssig, sie erfüllt die Standards »harter« Methoden, wobei der Hinweis auf Objektivität, ein hohes Reflexionsniveau und perfekte Ausführung mitschwingen. Es wird nicht offen ausgesprochen, aber was nicht »rein« ist, d.h. die Anwendung, muß dann folglich »schmutzig« sein. Das bedeutet aus der Sicht der »harten« Methoden in der exakten Forschung einen Einsatz bloß »weicher« Methoden in der Anwendung. Mit der Anwendung wird ein bloß intuitives Vorgehen verbunden, das wenn nicht als nachlässig, so doch nicht eigentlich als wissenschaftlich und auch kaum als wert gilt, getan zu werden.

Auf der anderen Seite sieht die Anwendung, die auch »praktisch« heißt, ihre Arbeit als nützlich, als ziel- und auftragsorientiert an, als wirksam und erfolgreich und als am Fortschritt orientiert. Grundlagenforscher sind in dieser Sicht dann ohne Ziele, führen nutzlose Experimente durch, hoffen optimistisch, daß dabei interessante Ergebnisse herauskommen, und bringen aber eigentlich nichts Vernünftiges zuwege, mit dem man etwas anfangen kann.

Die Absurditäten, in die eine solche Gegenüberstellung führen, machen deutlich, daß sich beide Fragestellungen nicht ausschließen, sondern im Grunde ergänzen. In den Übergängen sind fruchtbare Verbindungen zwischen Wissenschaft und Praxis zu erwarten. Aus dem Spannungsverhältnis geht aber auch hervor, daß derjenige, der sich für Anwendungsfragen interessiert, in der Gesellschaft der Wissenschaftler mit gewissen Vorbehalten gegen seine Anwendungsinteressen rechnen muß.

»Reine« Forschung als Anwendung

Als Kennzeichen für eine gute wissenschaftliche Forschung gelten auch in der Kindespsychologie experimentelle und in Laborforschung gegründete Methoden. Ein direkter Zugang zum komplexen Erleben und Verhalten des Kindes wird nicht für möglich gehalten, bevor nicht die einfachen Prozesse untersucht worden sind. Die Forschung schreitet dabei zunächst einmal voran, ohne an die Anwendung in der Praxis zu denken, weil dadurch das Streben nach einfachen Fragestellungen durchkreuzt würde. Das Ziel ist, durch genau abgegrenzte Untersuchungsgegenstände mit möglichst präzisen Verfahren möglichst genaues und immer besser abgesichertes Wissen zu erlangen. Der Erkenntnisgewinn ereignet sich im Wechselspiel der Konstruktion von Theorien und deren Absicherung durch Untersuchungsergebnisse, wobei die Theorien mit Hilfe der Ergebnisse überprüft und fortentwickelt werden.

Schon dieser Prozeß kann, und das erscheint zunächst überraschend, unter dem Gesichtspunkt der Anwendung betrachtet werden, ja ist strenggenommen bereits Anwendung. Das theoretische Problem wird in eine von vielen möglichen Versuchsanordnungen umgesetzt, die sicherlich nicht ideal ausfällt. Für den strengen Experimentalisten muß die Frage entstehen, ob die Anwendung des Problems auf die konkrete Versuchsanordnung einwandfrei und genügend genau ist, eine Frage, die uns noch weiter beschäftigen wird.

Anwendung findet auch statt, wenn bei der Auswertung bestimmte Hypothesen, Erwartungen, überprüft werden, die aus der Theorie abgeleitet sind. Es wird festgestellt, ob sich die Ergebnisse bei der Anwendung auf die Theorie mit ihr vereinbaren lassen. Schließlich geht es um die Frage, ob die Untersuchung und die überprüfte Theorie verallgemeinerbar sind, d. h. auf die im Experiment nicht erfaßte Wirklichkeit angewendet werden können. So gesehen enthält alle wissenschaftliche Forschung im gewissen Sinne Anwendungsaspekte, weil sie überprüfen muß, ob die gefundenen Prinzipien über den engen untersuchten Rahmen hinaus äußere Gültigkeit haben.

In der Erforschung der kindlichen Frühentwicklung ist es besonders schwer, sich in der »reinen« Forschung dem Anwendungsaspekt zu entziehen. Die Frage nach Veränderungen des Seelischen werden in der ersten Zeit unweigerlich im Zusammenhang mit den Mutter-Kind-Beziehungen und den dabei vermuteten Wirkungen der Mutter auf das Kind untersucht. Diese Fragestellung enthält in sich ein Anwendungsproblem, weil sie ohne Beteiligung der betroffenen Mutter gar nicht verfolgt werden kann.

Wenn in der Forschung bestimmte zu erwartende oder optimale Folgen von Erscheinungen in der Entwicklung festgestellt werden, sind damit die Maßstäbe für das Verständnis besonderer Gruppen von Kindern, wie sozial benachteiligte, belastete, behinderte, etwa autistische Kinder, geschaffen. Der normale Entwicklungsverlauf liefert die Wissensgrundlagen und die Suchmuster für Entscheidungen, die wir bei der Diagnose, der Erklärung der Erscheinungen und für das psychologische Eingreifen in der helfenden Praxis treffen müssen. Wir nehmen das Walten universeller Entwicklungsgesetzlichkeiten an, wenn wir die Wissenschaft auf die verschiedenen Fragestellungen anwenden. In diesem Sinne ist das Anwenden ein elementarer Bestandteil auch der »reinsten« Forschung.

Das zeigt sich auch in den Entscheidungen, die der Forscher zu treffen hat, wenn er Zusammenhänge beweisen will und statistische Prüfverfahren anwendet. Er riskiert bei seinen Entscheidungen zwei Arten von Fehlern. Erstens gibt es »Typ-I-Fehler«, in denen der Forscher fälschlich einen Zusammenhang zwischen zwei Merkmalsreihen, z. B. in einem Experiment, annimmt. Zweitens kann der Forscher sich bei seiner Entscheidung auf einen »Fehler vom Typ II« einlassen und Zusammenhänge verwerfen, die in Wirklichkeit bestehen. Er läßt in seiner Beweisführung dann gewissermaßen Vorsicht walten.

Was in der reinen Forschung eine Frage des Forschungsstils ist, kann in der Praxis, wie z. B. der Beratung bei Kindesmißhandlung, harte Realität werden. Manche Forscher nehmen einen ursächlichen Zusammenhang zwischen einem Versagen der Mutter beim Aufbau einer Beziehung zum Kind in den ersten Lebensstunden und dem späteren Auftreten von körperlichen und seelischen Mißhandlungen des Kindes an. Wir werden uns mit dieser Frage noch beschäftigen. Der Forscher schätzt den Genauigkeitsgrad seines Vorgehens ab und wird bei seiner Entscheidung über die Annahme eines Zusammenhangs das Risiko nach einem der beiden Fehlertypen eingehen. Der einer Mutter gegenüberstehende Berater dagegen kann es sich nicht erlauben, die Praxis außer acht zu lassen, die sich aus dieser Entscheidung ergibt. Es ist verständlich, wenn er auf diesem schwierigen Gebiet sein Fachwissen so versteht, daß er nichts unversucht lassen möchte und aus Gründen des »Nutzens« im Sinne des ersten Fehlerrisikos einen Zusammenhang fälschlich annimmt. Aber er muß wissen, daß aus dieser Entscheidung Konsequenzen für den Ratsuchenden entstehen. Die bei der Risikoabwägung auf dem Spiel stehenden »Kosten« wirken sich als Eingriffe aus, die günstigenfalls unwirksam, schlimmstenfalls aber schädlich sind. Der Berater wird in diesem Fall auf die Mutter zugehen und sie von vorneherein für schuldig erklären, ohne nach anderen Möglichkeiten der Verursachung und Auslösung zu suchen, die für das Eingreifen genau so wichtig oder vielleicht noch erfolgversprechender sein könnten.

Anwendung in Feldexperimenten

Zum vollen Verständnis der menschlichen Entwicklung und der Kräfte, die sie gestalten, muß der Forscher seine Laborexperimente auf die Alltagswelt des Kindes zurückbeziehen, die den Schlüssel zu dem enthält, was sich in der Wirklichkeit entwickelt. Sie ist der Prüfstein für die Hauptbeiträge der Entwicklungspsychologie, für die Erkenntnis von Bedürfnissen und Fähigkeiten der Kinder in einer Umwelt, die zu einer gesunden Entwicklung beiträgt. Es besteht Interesse an der Überprüfung von Hypothesen über die Ursachen und Störungen in der Entwicklung, die aus der Grundlagenforschung stammen und dabei meist in der Frühentwicklung gesucht werden. Als Ursache für einfache Verhaltensstörungen wie Kopfschlagen, oder für Probleme wie Jugendkriminalität und selbst für die Schizophrenie als der eigentlichen psychischen Krankheit gelten in bestimmten Theorien Störungen in den Mutter-Kind-Beziehungen.

Aus der Forderung und dem Verlangen, solche Annahmen in der Wirklichkeit zu überprüfen, entsteht die zweite Anwendungsstrategie in der Entwicklungspsychologie, das Feldexperiment. Für die Beweisführung ideal wäre es, wenn in einem Experiment im Feld die fraglichen Bedingungen hergestellt werden könnten, um dadurch die angenommenen Wirkungen hervorzurufen und das Ergebnis zum Vorschein zu bringen. Um die Entstehung einer Verhaltensstörung oder einer Schizophrenie durch Mängel in den Mutter-Kind-Beziehungen nachzuweisen, müßten dann im Experiment diese Mängel eingeführt werden, um durch eine begleitende Längsschnittuntersuchung der Entwicklung die erwartete Erscheinung unter Beweis zu stellen. Es liegt auf der Hand, daß eine solche direkte Überprüfung nicht möglich ist und sich aus ethischen Gründen verbietet.

Manche Forscher greifen deshalb zum Tierexperiment. Wenn die Tierforschung als nicht genügend beweiskräftig angesehen wird, und dafür gibt es gute Gründe (SCHMALOHR 1979), dann müssen die Forscher auf »rückblickende« Untersuchungen ausweichen, in denen vom Ergebnis her nach den bedingenden Faktoren gefahndet wird. Neben der Experimentiergruppe, in der die fragliche Bedingung repräsentiert ist, wird noch eine Kontrollgruppe ohne diese Bedingung in den Versuch einbezogen, welche im Ergebnis die erwartete Wirkung nicht zeigen darf. Bei einer solchen Versuchsanordnung im Feld der natürlichen Gegebenheiten sprechen wir von einem Feldexperiment. Die Schwierigkeit liegt darin, daß andere Faktoren, die beim Zustandekommen des Ergebnisses mitgewirkt haben könnten, dabei nicht kontrolliert werden. Viele Grundlagenforscher sehen deshalb solche Überprüfungen als nicht einwandfrei an und halten die Beweisführungen nicht für stichhaltig. Daran liegt es wohl auch, daß solche Feldexperimente nur selten versucht werden. Wenn es trotzdem dazu kommt, gelingen sie nie so perfekt, daß sie nicht zur Quelle für einseitige und für zu weitreichende Schlußfolgerungen im Hinblick auf die Ursachenfrage werden können.

Angewandte Forschung in der Praxis

Aus der erklärenden Erforschung der Bedingungen, warum und wie Veränderungen in der seelischen Entwicklung eintreten und aus den daraus abgeleiteten Vorhersagen entsteht eine dritte Form der Anwendung in der Forschung. Die Erzeugung von Theorien tritt gegenüber den praktischen Interessen noch mehr zurück, und es wird versucht, der Praxis wirklich etwas zu liefern, was diese auch brauchen kann. Versuche, die direkt in der Praxis durchgeführt werden, z. B. die Betreuung von Kindern berufstätiger Mütter bei sogenannten Tagesmüttern, sollen in ihren Ergebnissen bei der Problemlösung auf breiter gesellschaftlicher Basis helfen. Hier wird in der Kinderpsychologie Angewandte Forschung betrieben.

Das Planungsmuster der Feldexperimente wird zur Angewandten Forschung in der Praxis ausgebaut, wenn die Untersuchung direkt zur Zielerreichung in der Praxis dienen soll.

Die Forschung mit ihren Erkenntnissen wird in die Planung, Durchführung und Kontrolle von Maßnahmen zur Förderung von Kindern umgesetzt. Der Grundgedanke ist, für die Entwicklung bedeutsame Bedingungen so zu gestalten, daß möglichst optimale Ergebnisse entstehen. Die Anwendung, in der Veränderungen planmäßig herbeigeführt werden, nimmt die Form einer Technologie eingreifenden Handelns an. Die Entwicklungspsychologie stellt sich in den Dienst sozialer Veränderungen und einer Förderung der kindlichen Entwicklung, etwa unter der Zielsetzung der seelischen Gesundheit. Das kann in drei Formen geschehen, in der Projektforschung (a), in der klinischen Kinderpsychologie (b) und in epidemiologischen Studien (c).

(a) Als Angewandte Entwicklungsforschung in Projekten sind die Bemühungen zur Förderung benachteiligter Kinder am bekanntesten geworden, die von den USA ausgingen und in den 70er Jahren auch in der Bundesrepublik zu einer staatlich geförderten Angewandten Forschung geführt haben (SCHMALOHR 1971, 1978a, b). Bei einer zusammenfassenden Bewertung kann gesagt werden, daß diese Forschungsanstrengungen ein Beispiel für eine fehlgeschlagene Anwendung der Entwicklungspsychologie darstellen. Sie dokumentieren das gegenseitige Aufeinander-Angewiesensein von Wissenschaft und Praxis.

Als Gründe für den Fehlschlag in der Anwendung können die Vernachlässigung der Theorie und eine sorglose Anwendung der Wissenschaft angesehen werden. Von Anfang an ist nicht deutlich genug herausgestellt worden, daß es sich in den Projekten nicht um die Anwendung gesicherter Erkenntnisse handelte und mit der Erreichung bestimmter Ziele nicht mit Sicherheit gerechnet werden konnte. Die Wissenschaftler selbst verstanden die Projekte mehr als Möglichkeit, bestimmte Hypothesen zu überprüfen, um die noch wenig gesicherten Theorien zu erproben und weiter auszuarbeiten. In der Praxis und in der Gesellschaft dagegen wurden die ausgesprochenen Hypothesen als Versprechungen bestimmter Ergebnisse verstanden. Bei alledem spielten starke politische Interessen eine Rolle, soziale Benachteiligung bei den Kindern auszugleichen. Sie brachten einen Aufschwung der Anwendungsinteressen und Anforderungen an die Entwicklungspsychologie mit sich, denen diese noch nicht gewachsen war.

Man erwartete in den Projekten mit den Kindern eine langfristig wirksame Förderung ihrer Entwicklung, insbesondere eine Steigerung ihrer Intelligenz. Neuerdings wird ein völliger Fehlschlag dieser Art von Angewandter Forschung angezweifelt und von verzögerten Effekten einer frühen Förderung gesprochen (ZIGLER, BEHRMAN 1983). Als besonders wirksam wird es angesehen, wenn die Eltern von Anfang an Ansprechpartner sind und ihre Fähigkeiten steigern, die Kinder zu fördern. Insofern liefern die Vorschulprojekte nachträglich für das psychologische Eingreifen wichtige Anhaltspunkte und ermutigen manche Forscher zu der Forderung, den experimentellen Projektansatz zur Beantwortung von sozialen Fragen weiter auszubauen.

Bei Teenagerschwangerschaften, Kindesmißhandlung sowie im Pflegekinderwesen und bei der Adoption von Kindern kann es zur Zusammenarbeit von Wissenschaftlern und Praktikern in der Form eines Trainings von Forschern in der Praxis und von in der Praxis tätigen Fachleuten in der Theorie und Forschung kommen. Von der Revision und Weiterentwicklung der Theorien bei den Forschern und der Förderung der wissenschaftlichen Kompetenz bei den Praktikern profitieren am meisten die Kinder und die beteiligten Eltern.

(b) Eine zweite Form nimmt die Angewandte Entwicklungsforschung in der klinischen Kinderpsychologie an, in der Pädiater – die Kinderärzte – sich in einer Pädiatrischen Psychologie auf die Anwendung entwicklungspsychologischen Grundlagenwissens zurückbesinnen (ROUTH, SCHROEDER, KOOCHER 1983). Psychologen wenden Verfahren der Verhaltensänderung an, um eine seelisch gesunde Entwicklung bei den einzelnen Kindern und in den sozialen Problemen der Zeit zu fördern. In diesem Zusammenhang werden Kinderängste, soziale Probleme wie aggressives Verhalten, Erziehungsschwierigkeiten, Kinderkriminalität, Autismus, kindliche Schizophrenie und Lernbehinderungen ebenso genannt wie die Vorbeugung bei Berufstätigkeit der Mutter, die Tagesbetreuung der Kinder und Hilfen für Eltern- und Kinderbetreuer (KAZDIN 1979). In der Grundtendenz kommt es zur Abkehr vom alten medizinischen Modell mit der Forderung nach einer »Revolution« in der seelischen Gesundheitspflege, die Gesundheit und Krankheit als komplexen biopsychosozialen Prozeß ansieht. Die Bewegung soll durch einen neuen klinischen Psychologen als Angewandten Entwicklungspsychologen angeführt werden (ALBEE 1978). Das Ziel ist, sich mehr an Gesundheit und Vorsorge als an Krankheit und Störung zu orientieren und eine grundlegende Gesundheitspflege für Kinder einzuleiten, die auch Eltern helfen will, mit gewöhnlichen Entwicklungs- und Verhaltensproblemen umzugehen (ROUTH, SCHROEDER, KOOCHER 1983).

Im klinischen Forschungsansatz werden im Idealfall bei einem einzelnen Individuum Erfahrungen über Jahre gesammelt, die für eine gesunde seelische Entwicklung kennzeichnend sind. Diesen Vorteil einer den Längsschnitt der Entwicklung erfassenden Betrachtungsweise versucht der dritte Ansatz einer Angewandten Entwicklungsforschung systematisch zu nutzen. Anstatt von Individuen geht die Untersuchung dabei von einzelnen Erscheinungsbildern von seelischen Störungen in der Entwicklung aus und untersucht sie nach dem Muster von Körperkrankheiten, die den Charakter von Epidemien haben.

(c) Im Konzept der Epidemie wird die Verbreitung von körperlichen Krankheiten in einer Bevölkerung untersucht, meist das gehäufte Auftreten von Infektionskrankheiten in örtlicher und zeitlicher Begrenzung als sogenannte Seuche. Im Begriff der »Endemie« wird die örtliche Komponente hervorgehoben, sie ist ein Zustand der Dauerverseuchung eines geographischen Gebietes. Für diesen Zustand wird das ständige Vorhandensein von Personen verantwortlich gemacht, die für eine Ansteckung empfänglich sind, z. B. ungeschützte Jahrgänge heranwachsender Kinder, oder das ständige Vorhandensein einer krankheitsauslösenden Umweltbedingung wie z. B. bei Jodmangel, der zu Kretinismus, dem Zwergwuchs, führt, der oft mit Geistesschwäche verbunden ist. Auf die Kindespsychologie übertragen, untersucht der epidemiologische Ansatz die »Verbreitung« von seelischen Störungen durch Aufklärung der Bedingungen, die beim häufigeren Auftreten von Ereignissen wie der Jugendkriminalität, Scheidung, Selbsttötung und Schizophrenie angenommen werden (RUTTER 1982). Die Forscher verfolgen die beobachtbare Entwicklung von Verhaltensstörungen, wie z. B. Bewegungsunruhe, in den Altersgruppen der Kinder bis ins Erwachsenenalter in Abhängigkeit von gesellschaftlichen Normen, ökonomischen, familiären, bildungsmäßigen und anderen Bedingungen. Gefordert ist eine möglichst theoriegeleitete Suche nach den Entstehungs- und Veränderungsbedingungen seelischer Störungen in bedeutsamen Entwicklungsumständen und Lebensereignissen.

Kennzeichnende Merkmale sind demnach neben der längsschnittlichen Betrachtungsweise das Studium von Bevölkerungsgruppen, nicht Individuen, und die Schwerpunktsetzung auf Störungen im Verhalten und in der Entwicklung. Die Aufgabe besteht darin, zum Verständnis von Verläufen dieser Erscheinungen beizutragen, Höhepunkte, auf- und absteigende Tendenzen zu bestimmen, sowie Veränderungen und Verbindungen mit anderen Erscheinungen festzustellen. Vor allem löst sich die Untersuchung von der Fragestellung nach einer einzelnen Ursache. Es wird ein Bedingungsgefüge erforscht, in dem verschiedene Ursachen als einzelne Risikofaktoren greifbar werden und zusammenwirken. Die Risikoforschung hat in der klinischen Kindespsychologie die Aufgabe, solche Individuen aus der Gesamtgruppe herauszufinden, die mit hoher Wahrscheinlichkeit gefährdet sind, im Laufe ihres weiteren Lebens seelische Störungen auszubilden.

Damit werden die Voraussetzungen geschaffen, langfristige Ziele vorbeugenden und eingreifenden Handelns zu verfolgen. Bei der Vorbeugung wird versucht, über die Ermittlung von Risikofaktoren bei bestimmten Individuen Bedingungen auszuschalten oder wenigstens zu verringern, von denen schädigende Wirkungen befürchtet werden. Auf diese Weise wird das Auftreten seelischer Störungen weniger wahrscheinlich gemacht. In akuten Gefährdungssituationen oder bei aufgetretenen Beeinträchtigungen der Entwicklung ergeben sich Anhaltspunkte für ein günstiges Eingreifen in der Entwicklungsberatung.

Erforschung der Anwendung

Wenn eine Angewandte Entwicklungspsychologie, wie die hier beabsichtigte, damit beginnt, das Anwenden selbst zum Forschungsgegenstand zu machen, dann ist dieses Unternehmen durch eine grundlegende Annahme und Bewertung veranlaßt, aus der sich alles weitere ergibt. Es handelt sich um die Einschätzung, daß wir bei der bisherigen Anwendung und Problemlösung in Fragen der Frühentwicklung inzwischen an einem Wendepunkt angelangt sind. Es genügt nicht mehr, ein Weiterkommen bloß von neuem Wissen zu erwarten, das wir in der Forschung und Praxis gewinnen und in Lösungen umsetzen. Viele Streitfragen und unzulänglichen Lösungsversuche in der Praxis werden vielmehr darauf zurückgeführt, daß wir bisher den Prozeß der Anwendung, der in der theoretischen Arbeit wie in der Angewandten Forschung stattfindet, viel zu wenig beachtet haben.

Daraus ergibt sich die Forderung, daß es diese Anwendung selbst ist, die wir in den Blick nehmen, überprüfen und verbessern müssen, wenn wir mehr als bisher aus den Streitfragen und aus der Unsicherheit im Handeln herauskommen und nach besseren Lösungen suchen wollen. Wir brauchen in der Kindespsychologie, ohne die Bedeutung der bisherigen Grundlagenforschung und der Angewandten Forschung dadurch in Abrede zu stellen, eine Anleitung zum rechten Gebrauch des Wissens, ein »Meta«-Wissen »über« den Einsatz der Wissenschaft bei der Problemlösung – kurz gesagt, eine neue Anwendungswissenschaft. Das ist jedenfalls das Hauptargument der hier vertretenen Angewandten Entwicklungspsychologie, die sich als eine Brückenwissenschaft zwischen Theorie und Praxis versteht.

Eine solche Angewandte Entwicklungspsychologie benötigt Experten, die nicht nur in der psychologischen Theorie und Forschung, sondern auch in der Praxis versiert sind. Sie müssen die Fähigkeit entwickeln, gleichzeitig aus der Bewährung des Wissens in der Praxis und aus Erfahrungen in der Praxis für die Fortentwicklung des Wissens zu lernen, um von beiden Seiten für das Problemlösen zu profitieren. Es geht um die Bereitschaft, im Zugehen auf die Praxis den »sicheren« Boden des Erkennens zu verlassen und im Rückbezug des Handelns auf die Theorie den »sicheren« Boden der Praxis zu verlassen, damit von beiden Positionen aus die Verbindung von Wissenschaft und Praxis tragfähiger gemacht werden kann.

Aufgaben einer Angewandten Entwicklungspsychologie der frühen Kindheit

Die Aufgabe der Angewandten Entwicklungspsychologie und der in ihr Tätigen beginnt bei einer bestimmten Fragestellung mit der Analyse des vorliegenden Forschungsstandes und dem Aufweis des Praxisproblems. Bei der Analyse des Forschungsstandes entsteht die Frage, welche der gekennzeichneten Anwendungsformen, die von der reinen Forschung bis zur Angewandten Forschung in der Praxis reichen können, in einer kindespsychologischen Arbeit vorliegt. Daraus ergibt sich die Bewertung, welche Bedeutung den Ergebnissen dieser Untersuchung für die Lösung des Praxisproblems zuerkannt werden kann. Es wird registriert, ob der Forscher in seiner Untersuchung überhaupt an ein praktisches Problem gedacht hat und ob er dazu Stellung nimmt. Wenn es sich um eine rein theorieorientierte Arbeit handelt, in der ein Forscher erfahrungswissenschaftliche Ergebnisse zur Überprüfung bestimmter Hypothesen einsetzt und sich dabei nicht auf ein praktisches Problem bezieht, werden wir die praktische Bedeutung entsprechend vorsichtig einschätzen.

Gehen wir von dem umgekehrten Fall aus, daß der Angewandte Entwicklungspsychologe mit der Analyse des Praxisproblems beginnt, können ebenfalls verschiedene Annäherungsgrade von Wissenschaft und Praxis festgestellt werden. Im Extremfall wird das praktische Problem in Angriff genommen, ohne es in einen bestimmten theoretischen Rahmen zu stellen. Auch das wird bei der Bewertung zu berücksichtigen sein. In diesem Fall ergibt sich daraus ein geringer Zusammenhang mit den bisher gesicherten Erkenntnissen und ein Mangel an Konsens mit der sonstigen Forschung, der ebenfalls skeptisch machen sollte.

Bewertungsfragen sind demnach ein erster Stützpfeiler der Angewandten Entwicklungspsychologie, wenn es um ihren praktischen Ertrag geht. Zweitens ist die Aufgabe gestellt, das auf seine praktische Verwendbarkeit bewertete Wissen bei dem Versuch einzusetzen, ein Problem tatsächlich zu lösen. Dieser Einsatz hat zwei Seiten, auf die wir bereits gestoßen sind, die psychologische Prävention als vorbeugendes und die psychologische Intervention als eingreifendes Handeln. Das beide übergreifende Verfahren ist die Entwicklungsberatung, die wir als Entscheidungshilfe in Fragen einer gesunden seelischen Entwicklung verstehen wollen.

Fassen wir die bisherigen Überlegungen zusammen, so läßt sich folgendes sagen: die Angewandte Entwicklungspsychologie der frühen Kindheit hat die Aufgabe, unter der Zielsetzung einer gesunden seelischen Entwicklung das entwicklungspsychologische Wissen und Anwenden zu bewerten und in der Entwicklungsberatung als Entscheidungshilfe einzusetzen. Die Entscheidungshilfe betrifft Entwicklungsaufgaben in bedeutsamen Lebensereignissen der frühen Kindheit, insbesondere Beeinträchtigungen wie Risiken, Belastungen und Behinderungen, zu deren Vorbeugung und Bewältigung Eltern mit Fachleuten in Beratungsgespräche eintreten.

Die Angewandte Entwicklungspsychologie beginnt mit einer differenzierten Bewertung des in der Forschung gewonnenen Wissens und seiner Anwendung, zu der vorher eine Darlegung der Bewertungsmerkmale gehört. Wir müssen offen aussprechen, welchen Geltungsbereich die Befunde haben, wann wir Grenzüberschreitungen begehen, welche Aussagekraft den Ergebnissen und Theorien für die Lösung praktischer Probleme zukommt und welchen durch den Zeitgeist bestimmten Interessen sie dienen. Dazu gehört auch, frühere Bewertungen, die in ihren Konsequenzen vielleicht nicht bewußt waren, zu präzisieren und – wenn nötig – zu revidieren, wenn die Sachlage es gebietet. Das so aufbereitete Wissen kann dann als Entscheidungshilfe in der Entwicklungsberatung eingesetzt werden.

Bewertung des Wissens und der Anwendung

In der Verwissenschaftlichung unserer Zeit und Gesellschaft haben wir uns in gewisser Hinsicht daran gewöhnt, mit differenzierten Ergebnissen erfahrungswissenschaftlicher Untersuchungen umzugehen. Auch der Streit von Wissenschaftlern über die Interpretation ein und desselben Sachverhalts ist uns nicht unbekannt. Weniger gewöhnt sind wir bisher in der Öffentlichkeit und auch in der Wissenschaft daran, die Frage aufzuwerfen, wie man über die praktische Bedeutung wissenschaftlicher Ergebnisse entscheiden kann. Diese einfach klingende Frage wirft komplizierte methodische Probleme auf und führt in interessante Gebiete der Wissenschaftstheorie und der Theorie des Messens und Interpretierens in den Verhaltens- und Sozialwissenschaften. Wir wollen versuchen, sie hier in möglichst einfacher Form und so weit zum Verständnis zu bringen, wie es für unser Vorhaben erforderlich ist.

Das Ziel ist eine Bewertung, die den Wissenserwerb als solchen und die Anwendung betrifft. Sie beruht auf Grundlagen für Entscheidungen, auf Kriterien, mit deren Hilfe sich eine Einstufung der Bedeutsamkeit von Ergebnissen für die Problemlösung vornehmen läßt.

Unter den zahlreichen Kriterien, unter denen man psychologische Ergebnisse bewerten kann, kommen für unsere Zwecke vor allem folgende in Frage (vgl. HOLZKAMP 1972, HUNT-SULLIVAN 1974, MONTADA 1980, SCHMALOHR 1981):

- innere Gültigkeit (Validität);
- praktische Brauchbarkeit (Relevanz);
- Glaubwürdigkeit im Alltagsverständnis (Plausibilität);
- Tendenzen des Zeitgeistes (Aktualität).

Die nach diesen Kriterien ausgerichteten Bewertungen des Wissens in der Anwendung dienen dazu, das Hauptziel einer verbesserten Anwendung zu verfolgen.

Innere Gültigkeit

Die Frage nach der Gültigkeit des Wissens ist nicht ohne weiteres verständlich, weil wir gewöhnlich nicht auf den Gedanken kommen, daß Ergebnisse der Wissenschaft nicht gründlich abgesichert sein könnten. Den Wissenschaftler interessiert am meisten und vor aller Anwendung, ob seine Untersuchung auch den Anforderungen seines Faches entspricht. Es geht dabei um die Frage der inneren Gültigkeit (Validität), ob sich die Befunde innerhalb der erfahrungswissenschaftlichen Arbeit bewähren, experimentell (a) und durch statistisch gesicherte (signifikante) Ergebnisse (b). Dazu gehört weiter die Prüfung, ob sie der Kritik in theoretischen Zusammenhängen standhalten, wenn es um Erklärungsprobleme geht (c) (vgl. GROEBEN, WESTMEYER 1975).

(a) Was gemeint ist, wird uns sofort klar, wenn wir einmal fragen, auf welche Befunde wir uns eigentlich stützen, wenn wir in der Wissenschaft Feststellungen treffen wie die: daß die Trennung eines Kindes von seiner Mutter schädliche Folgen hat, daß Rauchen sich nachteilig auf die Entwicklung des Fetus auswirkt, Kinder ohne »rooming-in« weniger gut entwikkelt sind, Tagesmütterkinder eher selbständig sind – und wie immer die sich oft widersprechenden Aussagen in den Streitfragen lauten mögen.

Hinter dieser Frage steckt ein prinzipielles Problem des Beobachtens. In der Theorie der Wissenschaften wird uns immer deutlicher bewußt, daß schon eine einfache Beobachtung und Beschreibung eines Ereignisses, wie z.B. der Trennung eines Kindes von der Mutter, im Grunde nicht theorielos geschehen kann, sondern immer schon in das Licht einer Theorie gerückt wird. In der Hospitalismusforschung wurden von der Mutter getrennte Kinder z.B. in der Heimsituation aufgesucht. Die Bindungstheoretiker beobachteten eine Situation, in der ein Kind einem Fremden begegnet. Durch die ausgewählte Situation ist jedesmal eine Vorentscheidung für die Fragerichtung und das theoretische Konzept getroffen worden.

Daraus ergibt sich: Im wissenschaftlichen Handeln – im Beobachten, Beschreiben, Experimentieren und Folgern – wird die Wirklichkeit weniger erkannt als eigentlich erschaffen. Bestimmt durch die Beobachtungs- und Untersuchungsmöglichkeiten entsteht eine Wirklichkeit aus zweiter Hand, die mit der jedermann vertrauten Wirklichkeit oft wenig gemeinsam hat. Alltägliches und wissenschaftliches Wissen treten dabei auseinander. Wissenschaft ist nicht etwas im Objektiven Gegebenes, der Mensch erzeugt erst handelnd die Tatsachen und Theorien.

(b) Es kommt aber noch etwas anderes hinzu, auf das wir aufmerksam werden, wenn wir uns dem zweiten Teil unserer Feststellung zur Trennung des Kindes von seiner Mutter zuwenden, den schädlichen Folgen, die diese Trennung haben soll. Das in der Wissenschaft übliche Verfahren besteht darin, solche Wirkungen aufgrund eines Experiments, eines Vergleiches von zwei Kindergruppen festzustellen, von denen die eine dem Ereignis ausgesetzt war, von dem Folgen erwartet werden, die andere Gruppe aber nicht. Auch hier entsteht zunächst wieder das Problem der Beobachtung und Beschreibung bestimmter Anzeichen (Indikatoren) für die zu erfassenden Sachverhalte – hier der Folgewirkungen –, die einen Teil des wissenschaftlichen Modells ausmachen.

Weiter zeigt sich, daß Zahlen, die in Untersuchungen Ergebnisse repräsentieren, nicht für sich sprechen, sondern der Interpretation bedürfen. Dieses Problem ergibt sich aus der Frage, auf Grund welcher Tatsachen der angeführte Vergleich angestellt wird, der zu der Aussage führt, daß Kinder mit Muttertrennung in der frühen Kindheit geschädigt sind, Kinder ohne dieses Ereignis aber nicht. Als Indikator greifen wir eine Intelligenzprüfung mit Hilfe von Tests heraus. Es liegen dann in einer Vergleichsuntersuchung, dem Feldexperiment, Gruppenunterschiede in den Meßwerten von Tests vor, z. B. Heimkinder durchschnittlich 25 Punkte und Familienkinder 30 Punkte. Mehrere gleichsinnige Unterschiede in verschiedenen Tests zugunsten der Familienkinder veranlassen die Aussage, daß die Heimkinder in der Intelligenz geschädigt, d. h. in der Entwicklung zurückgeblieben sind.

Dieses Vorgehen hat seine Tücken. Die Differenz von fünf Durchschnittspunkten kann nämlich nicht so verstanden werden, daß die Gruppen sich eindeutig voneinander unterscheiden. Vielmehr überschneiden sich die Testwerte etwa in der Form, daß – vereinfacht gesagt – die Testergebnisse der Heimkinder hauptsächlich zwischen 10 und 40 und die der Familienkinder zwischen 15 und 45 liegen. Die meisten Kinder zeigen Testwerte, die im Grunde keine eindeutige Unterscheidung zwischen den Gruppen zulassen. Man kann ihnen auf Grund der Testergebnisse gar nicht ansehen, ob sie nun zu der einen oder anderen Gruppe gehören. Dennoch nehmen wir an, daß die unterschiedlichen Bedingungen des Heims und der Familie bei den Kindern in unterschiedlichen Folgen wirksam werden.

Das tun wir, obschon keine laufenden Messungen über eine längere Zeit vorliegen, wie es die Aussage schädlicher Wirkungen eigentlich erwarten läßt. In den meisten Fällen liegt nur eine einzige Messung vor, die im nachhinein durchgeführt wurde und bei der nicht ausgeschlossen werden kann, daß nicht noch andere Faktoren als die Heimbedingungen wirksam waren. Erst in neueren Ansätzen der Risikoforschung werden die notwendigen längsschnittlichen Wiederholungsmessungen durchgeführt (vgl. RUTTER 1982).

Wie gewagt die einfach erscheinende Aussage über schädliche Folgen ist, geht weiter aus der statistischen Methode beim Vergleich der Gruppenunterschiede hervor. Wir gehen von den zahlenmäßigen Beobachtungsdaten aus und überprüfen, ob zwischen den Gruppen in den Zahlenwerten Unterschiede auftreten. Mit Hilfe statistischer Tests wird gefragt, ob die Unterschiede bedeutsam (signifikant) sind, d. h. groß genug, um mit einer gewissen Wahrscheinlichkeit annehmen zu können, daß die Ergebnisse aus dem gleichen statistischen Kollektiv stammen bzw. bei wiederholten Untersuchungen erneut auftreten. Wichtig ist, daß das statistische Modell nur etwas über die Wahrscheinlichkeit aussagt, nichts über endgültige Wahrheiten.

Über die praktische Bedeutung der Unterschiede ist damit so gut wie gar nichts ausgemacht. Das muß hervorgehoben werden, weil darüber gewöhnlich niemand spricht. Die praktische Bedeutsamkeit muß vielmehr erst noch geschätzt werden, ohne daß die Wissenschaft dafür bisher befriedigende Kriterien hätte. Deshalb ist es nur zu berechtigt, die Frage zu stellen, ob derartige, meist geringfügige Anzeichen für Gruppenunterschiede überhaupt in Aussagen umgesetzt werden dürfen, die von weitreichender Bedeutung sind. Denn unter Umständen gründen wir darauf Entscheidungen, die zu Eingriffen bei einzelnen Kindern, in Familien oder in die gesellschaftlichen Bedingungen führen.

(c) Der Grund, warum wir immer wieder versucht sind, solche Vergleichsergebnisse zum Anlaß für unsere Entscheidungen zu nehmen, ist die falsche Annahme, man habe es bei den Zusammenhängen mit Erklärungen der Ereignisse zu tun. Als Ursache für die spätere Schädigung des Kindes wird z. B. eine frühe Muttertrennung angesehen. Aus einem Zusammenvorkommen dieser Ereignisse wird auf ein Ursache-Folge-Verhältnis geschlossen, das uns in die Lage versetzen soll, die Verhältnisse durch entsprechendes Handeln zu beeinflussen. Unser Kausalitätsbedürfnis spielt uns – auch den Wissenschaftlern – hier gewissermaßen einen Streich. Tatsächlich lassen die beschreibenden Vergleichsuntersuchungen Möglichkeiten für andere Ursachen offen und geben nur einen beschränkten und unzuverlässigen Aufschluß über Folgewirkungen, schädliche oder förderliche. Die beste Statistik erlaubt, entgegen der weitverbreiteten Meinung, auch keine Vorhersage des Einzelschicksals.

Deshalb lassen sich persönliche Schuldzuweisungen, die bei Fehlschlägen der Anwendung in der Frühentwicklung und Früherziehung eine so große Rolle spielen, so wenig rechtfertigen. Wir müßten uns auf echte Ursachenerklärungen stützen können, wenn wir bestimmte Bedingungen oder Personen für bestimmte Folgewirkungen verantwortlich machen wollten. Das aber ist keineswegs der Fall, schon deshalb nicht, weil die Wissenschaft da, wo ihr die Fakten fehlen, zu Theorien greift. Von den Bedingungen und den ihnen zugeschriebenen Wirkungen wird nur im Rahmen grober Theoriekonzepte gehandelt, wie z. B. Trennung und Bindung, in denen die oft so wichtigen feineren Wirkungen in den menschlichen Beziehungen nicht zum Ausdruck kommen. Die persönliche Betroffenheit in Schuldzuweisungen nährt sich infolgedessen vor allem aus der Fehldeutung statistischer Zahlen. Mit diesem Fragenkomplex beschäftigen wir uns bei der Analyse von Theorien noch eingehender.

Praktische Brauchbarkeit

Die praktische Brauchbarkeit (Relevanz) ist im engeren Sinne angesprochen, wenn wir die Übereinstimmung des Wissens mit dem anstehenden Praxisproblem überprüfen. Wir möchten wissen, ob uns die Erklärungen auch helfen, Wege der Zielerreichung zu finden. Wir fragen dann, ob das Wissen zur Verbesserung des Handelns tatsächlich eingesetzt werden kann und praktizierbar ist. Bei diesem Kriterium hat man der inneren Gültigkeit (Validität) die äußere oder »ökologische« Gültigkeit gegenübergestellt. Damit soll ausgedrückt werden, daß die Psychologie ihre Sichtweisen einengt, wenn sie den Menschen aus seiner unmittelbaren Umwelt herauslöst, ein Umstand, den wir aus der Sicht wissenschaftlichen Handelns bereits erwähnt haben. Viele Wissenschaftler möchten heute den Menschen von vorneherein lieber in alltäglichen Lebenssituationen untersuchen als unter den kontrollierten Bedingungen etwa eines Labors oder Feldexperiments, die eher den Bedürfnissen der Forscher als denen der Menschen entgegenkommen, die erforscht werden sollen (vgl. BRONFENBRENNER 1977).

Je komplizierter die Verhältnisse und je konkreter die Praxisfragen werden, mit desto größeren Schwierigkeiten müssen wir bei der Anwendung des Wissens rechnen. Im Wissen suchen wir größere Sicherheit zu erreichen, indem wir den Ausschnitt aus der Wirklichkeit immer weiter einengen, so daß schließlich paradoxerweise am sichersten das Wissen mit dem geringsten Realitätsgehalt für das Handeln wird. Gültigkeit und praktische Bedeutung des Wissens graben sich gewissermaßen gegenseitig das Wasser ab.

Das wird besonders belangvoll in der umgekehrten Blickrichtung, wenn ein wissenschaftliches Ergebnis vom Charakter der erschaffenen Wirklichkeit sich in der Wirklichkeit unseres praktischen Handelns bewähren soll. So sind die Ergebnisse der Heim- und Bindungsforschung auf die Situation der berufstätigen Mutter angewendet worden, wobei man davon ausging, daß das wesentliche Ereignis in allen Fällen die Trennung des Kindes von seiner Mutter ist. Man nahm an, man könnte auch in diesem Fall mit den aus den anderen Situationen bekannt gewordenen Wirkungen und Folgen rechnen. So ganz abwegig ist es ja auch nicht, die Ergebnisse aus der Fremden-Angst-Situation auf die Situation zu übertragen, in der ein Kind einer Tagesmutter übergeben wird, und dabei auch die langfristigen Wirkungen der Heimsituation mit Ersatzeltern heranzuziehen.

Ein solches Vorgehen ist unter dem Bewertungskriterium der Relevanz unzulässig, weil wir damit rechnen müssen, daß in den verschiedenen Situationen unterschiedliche Bestimmungsstücke vorliegen, die zu unterschiedlichen Wirkungen auf das Kind führen. Die besonderen Bedingungen von Lebenssituationen sind einer Wissenschaft verschlossen, der es auf Verallgemeinerungen ankommt, die aber gleichzeitig von ganz besonderen Untersuchungsansätzen ausgeht. In einem Ausbruch von Verzweiflung könnte man sagen, daß psychologische Aussagen entweder viel zu allgemein oder viel zu spezifisch und damit irrelevant sind, als daß sie in unseren Entscheidungen eine Rolle spielen dürften und die Praxis wirksam verbessern könnten. Am ehesten noch sind von Projektarbeiten und epidemiologischen Arbeiten zuverlässige Auskünfte zu erwarten, wenn es auf die praktische Umsetzung ankommt.

Als Ausweg bleibt nur, daß die Wissenschaftler mehr in die Praxis gehen, um besser zu verstehen, was Eltern und Praktiker als bedeutsam ansehen, welche besonderen Situationen sie für wichtig halten und welche Bewältigungsweisen besonders notwendig sind. Um richtig einzuschätzen, was die Ergebnisse der Wissenschaft für konkrete Situationen und Entscheidungen aussagen, müssen wir immer wieder den Eltern, Kindern und den in der Praxis Tätigen zuhören und uns von den Betroffenen sagen lassen, wie sie die Dinge erleben und welche Erleichterungen für sie bedeutsam sind.

Glaubwürdigkeit im Alltagsverständnis

Besonders bei den Fragen, die die Frühentwicklung und Früherziehung unserer Kinder betreffen, handelt es sich um Wissensinhalte, die uns allen – Eltern wie Fachleuten – aus dem Alltag wohl vertraut sind und in denen wir bestimmte persönliche Überzeugungen haben. Dank unserer Lebenserfahrung und Menschenkenntnis fühlen wir uns selbst befähigt, ein zutreffendes Urteil zu haben. Aus solchen Alltagsüberzeugungen heraus handeln und entscheiden wir auch, ohne daß uns das besonders auffallen muß. Gerade dadurch funktioniert unser Handeln auch so reibungslos.

Wir fangen erst an, ausdrücklich die Wissenschaft zu befragen, wenn wir in Bedrängnis geraten und befürchten müssen, unsere Ziele nicht zu erreichen. Wenn dann erwogen wird, neues Wissen aufzusuchen und unser Handeln danach auszurichten, hängt alles davon ab, ob wir dieses Wissen mit unseren bisherigen Überzeugungen in Einklang bringen können, ob wir es als einleuchtend und glaubwürdig, als plausibel ansehen. Der Grad der Übereinstimmung mit der »persönlichen Theorie« bestimmt auch die Wahrscheinlichkeit, mit der wir uns von dem neuen Wissen beeinflussen lassen. Es darf nicht zu fremd sein, sonst scheint seine Verwirklichung unerreichbar, aber auch nicht zu ähnlich, sonst lohnt es sich nicht, es sich besonders zu eigen zu machen und in der Praxis zu verwenden.

Sicherlich sind uns Bestätigungen der eigenen Überzeugung am liebsten. Wir lassen uns nur schwer von dem abbringen, was wir schon immer geglaubt haben, auch wenn wir erkennen, daß es anderes Wissen gibt und wir in »Vorurteilen« befangen sein könnten. Für die Umsetzung in die Praxis ergibt sich daraus die Gefahr von Vereinfachungen, die darin bestehen, daß wir nur solche Theorien oder Bestandteile von Theorien aus der Wissenschaft herauslösen, die unseren Überzeugungen entgegenkommen oder entsprechen. In Zweifelsfällen können wir sogar so weit gehen, das Wissen der Wissenschaft im Sinne unserer Überzeugungen zurechtzubiegen. Komplizierte Fragen legen wir uns so zurecht, daß sie uns plausibel erscheinen. Wir ziehen dann mit Behauptungen durchs Land, die einleuchtend klingen, aber falsch und manchmal gefährlich sind. Es sei nur an das Beispiel erinnert, daß gute Mutter-Kind-Beziehungen einmal als Muttermythos verdächtigt und ein andermal als Hort einer neuen Weiblichkeit verklärt werden.

Täuschungen können nicht nur durch Zurechtbiegen des Wissens im Sinne unserer Überzeugungen entstehen, sondern umgekehrt auch durch scheinbares Anpassen unserer Überzeugung an das neue Wissen. Wir lassen das neue Wissen nicht wirklich an uns herankommen und tun so, als entspräche es schon immer unserer Überzeugung. Diese Rolle übernehmen wir, wenn wir erklären, wir hätten das alles schon längst gewußt und brauchten dieses Wissen nur noch in simple Lehrsätze zu fassen. Im Grunde läuft beides auf das gleiche heraus. Wir können ziemlich sicher sein, daß solche Vereinfachungen in der Fülle und Vielfalt des komplexen Lebens immer und überall falsch sind.

Bei der Anwendung der Wissenschaft müssen wir versuchen, diese Fallstricke unseres Denkens und unserer Überzeugungen aufmerksam im Blick zu behalten, wenn wir uns nicht in die Irre führen lassen wollen.

Tendenzen des Zeitgeistes

Wenn das neue Wissen als plausibel gewertet wird, nicht weil es mit der persönlichen Überzeugung, sondern weil es mit einer bestimmten kulturellen oder gesellschaftlichen Strömung in der Zeit verglichen wird, haben wir es mit dem Bewertungsmerkmal »Tendenzen des Zeitgeistes« (Aktualität) zu tun. Persönliche Überzeugungen und Zeitströmungen können durchaus im Einklang stehen. Spannungen treten auf, wenn die Tendenzen in verschiedene Richtungen gehen, was

z. B. in verschiedenen aufeinanderfolgenden Generationen auftreten kann. Die Wissenschaft wird dann mit den verschiedenen Argumenten, die sie hergibt, benutzt, die Richtigkeit oder Falschheit bestimmter Zeittendenzen zu bestätigen oder zu widerlegen.

Gerade in Fragen der Frühentwicklung und Früherziehung können wir ein Lied davon singen, welche Bedeutung Zeitströmungen für das Aufkommen, die Bestätigung und Widerlegung bestimmter Befunde, Theorien und Beweisführungen der Wissenschaft haben. Es gibt regelrechte Modetrends, die in verschiedenen Zeitepochen aufgetreten sind und bis in die Gegenwart hineinwirken. Oft läßt sich nicht unterscheiden, wer wen beeinflußt, ob die Wissenschaft den Zeitgeist prägt, oder der Zeitgeist die Wissenschaft manipuliert. Vermutlich geht beides Hand in Hand.

Verfolgen wir die Forschungsgeschichte in der Zeit nach dem 2. Weltkrieg – wie das im nächsten Teil des Buches geschehen soll – dann gewinnen wir den Eindruck, daß der Zeitgeist in dieser Epoche bei der Ausgestaltung der Fragen um die Mutter-Kind-Beziehungen eine ganz besondere Rolle gespielt hat. Es fanden erhebliche Veränderungen der gesellschaftlichen Verhältnisse statt, die z. B. mit den Bestrebungen zur Frauenemanzipation einhergingen. Der Hebel zur besseren Gestaltung der Gesellschaft wurde an den Kindern angesetzt, die für jede Zeit die Zukunft sind. In diesen bewegten Jahren schien es oft so, daß in der Einschätzung der wissenschaftlichen Erkenntnisse der Zeitgeist die Oberhand behielt und die Wissenschaft in der jeweiligen Interessenlage nachgeben mußte. Die generelle Verdächtigung, Wissenschaft diene nur zur Verfolgung von Zielen, die den Fortschritt hemmen, spielte dabei eine nicht geringe Rolle.

Zur Verbesserung der Anwendung tun wir gut daran, die Verflechtung, ja Verfilzung der Wissenschaft mit dem Zeitgeist zu reflektieren und uns möglichst aus Ideologiezwängen zu befreien, die für unser Handeln hinderlich sein können, wenn es um Entscheidungen in persönlichen Anliegen und öffentlichen Angelegenheiten geht.

Einsatz des Wissens in der Entwicklungsberatung

Die Bewertung des Wissens und seiner Anwendung, für die wir einige Kriterien erarbeitet haben, soll den Einsatz des Wissens bei unserem Entscheiden und Handeln vorbereiten. Damit wenden wir uns der zweiten Anwendungsaufgabe der Angewandten Entwicklungspsychologie zu. Das in der Anwendung praktizierte Verfahren ist die Entwicklungsberatung, die als Argumentationshilfe bei Entscheidungen in bedeutsamen Lebensereignissen der frühen Kindheit definiert wird. Was hat es mit solchen Entscheidungen auf sich und welche Aufgaben ergeben sich für die Entscheidungshilfe?

Mit der Entscheidungshilfe beim Problemlösen in der Praxis verlassen wir ein Denken, das im Beschreiben und Erklären, in der Bewertung des Wissens und der Anwendung so tut, als wenn wir uns nur als Zuschauer verhielten. Wir gehen zu einem Denken über, das zugleich inneres Handeln ist und erst in der Bewährung für die Lebenspraxis zeigt, was seine »Wahrheit« ist. Solches Denken leitet unser Entscheiden und Handeln bei der Ratsuche. Die Ratsuche betrifft das Vorbeugen, das Fördern und das Helfen in Fragen einer seelisch gesunden Entwicklung in der frühen Kindheit.

Wissen und Entscheiden

Wenn wir bei der praktischen Problemlösung mit Hilfe psychologischen Wissens Rat suchen, dann kann damit nicht gesagt sein, daß dieser Rat sich wissenschaftlich streng beweisen oder zwingend aus der Wissenschaft ableiten ließe oder überhaupt beweisbar wäre. Die Wissenschaft behandelt die Frage »was ist?« und sein wird, was wir erkennen und wissen, d.h. erklären, verstehen und vorhersagen können. Ein Rat dagegen sucht Antwort auf die Frage »was tun?«, eine Frage, die unser Entscheiden und Handeln betrifft und letztlich eine ethische Frage ist. Dabei bedürfen wir des Rats und der Beratung schon immer, um überhaupt handeln zu können. Unser Wissen und die Wissenschaft stellen die Argumente für unser Handeln bereit, die wir bei uns im Selbstgespräch oder mit anderen im Beratungsdialog erörtern, d.h. auf ihre Vernünftigkeit überprüfen, bevor wir uns von ihnen leiten lassen. Das mit sich oder anderen Zu-Rate-Gehen, das Handeln und Entscheiden sind eine Sache für sich, die wir nicht an die Wissenschaft abtreten können und für die wir selbst verantwortlich sind.

Gegen diesen Grundsatz verstoßen wir, wenn wir so tun, als hätte die Wissenschaft ein für alle Male das richtige Rezept zur Hand, nach dem wir uns im Handeln nur zu richten hätten. Diese Auffassung liegt nahe, weil wir in unserer technisierten Welt die fast unbegrenzte Leistungsfähigkeit der Naturwissenschaften bei einfachen Aufgaben erleben. Wir erliegen der Illusion, alle Probleme ließen sich durch Forschung lösen. Wir übersehen leicht, daß die Wissenschaft es schon bei einfachen Problemen immer nur mit »vorletzten« Antworten zu tun hat und bei den immer spezielleren Erkenntnissen die Wahrheit von heute der Spezialfall von morgen ist.

Besonders wenn wir es mit einem so komplexen Bereich wie der Frühentwicklung zu tun haben, müssen wir erkennen, daß die Wissenschaft demjenigen, der sich ihrer Ergebnisse bedienen will, keine unumstößlichen Wahrheiten enthüllt. Auch sorgfältige Bewertungen, die unsere Wissenschaft praktischer machen wollen, können keine eindeutigen Handlungsanweisungen liefern, die im Zweifelsfalle entscheiden, was zu tun ist. Beschreibende und erklärende Forschung sind nicht mit Handeln und Entscheiden gleichbedeutend. Es wäre eine Grenzüberschreitung, wollte man mit dem Erkennen ein Handeln ersetzen oder erzwingen.

Wohl liefert die Wissenschaft neben der Bedingungsanalyse Prognosen. Sie weist Zusammenhänge auf, die er erlauben, die Wahrscheinlichkeit des Eintretens eines bestimmten Ereignisses zu beurteilen. Aber damit ist eine Entscheidung, mit deren Hilfe ein Ergebnis herbeigeführt werden soll, nicht restlos zu begründen. Beim Entscheiden geht es um das Setzen von Zielen und die Auswahl von Wegen und Mitteln, die Ziele zu erreichen, auch um die dabei erwarteten Folgen und Risiken. Bei den Zielen geht es um Wertentscheidungen, die nicht erfahrungswissenschaftlich abgeleitet werden können, sondern letztlich auf Ehtik und Politik beruhen. Die Wissenschaft kann helfen, Ziele eindeutig zu definieren und ihre Praktizierbarkeit unter bestimmten Bedingungen einzuschätzen, aber das betrifft mehr die Voraussetzung der Entscheidung und nicht diese selbst.

Insofern gehen wir von einer vorgefaßten Wertentscheidung aus, wenn wir die Angewandte Entwicklungspsychologie unter der Zielsetzung einer Förderung der seelischen Gesundheit betreiben. Unsere Rechtfertigung besteht darin, daß dieses Ziel in der Öffentlichkeit auf breiten Konsens stößt und damit entsprechendes wissenschaftliches Handeln legitimiert. Wir können uns dazu auf unsere Gesetze und z. B. auf Beschlüsse der WHO berufen, die von unserer Bundesrepublik mitgetragen werden. Damit soll nicht gesagt sein, daß es zu dieser Zielsetzung und vor allem zu den Wegen der Zielerreichung – wie in der Politik, hier der Gesundheitspolitik üblich – nicht kontroverse Meinungen geben kann.

Gesellschaftliche und persönliche Entscheidungen

Die Wissenschaft kann demnach bei allen Anstrengungen das Entscheiden nicht ersetzen. Jedenfalls kann sie es nicht, wenn sie verantwortungsvoll betrieben wird – obwohl viele von ihr eilig abfragbare und verwendbare Resultate erwarten und kurzschlüssige Ratgeber dem entsprechen. Mit seinen Bewertungen bereitet der Wissenschaftler in beratender Funktion lediglich Entscheidungen vor. Die Entscheidungen selbst sind bei persönlichen Entscheidungen den betroffenen Personen und bei Entscheidungen in öffentlichen Belangen den legitimierten Entscheidungsträgern zu überlassen.

Der Wissenschaftler kann z. B. einer Behörde nicht die Entscheidung abnehmen, ob die Plätze in Kinderheimen durch Plätze bei Pflegeeltern ersetzt werden sollen. Hier sind viele Argumente zu berücksichtigen und Rahmenbedingungen zu überprüfen, die in der konkreten Lage zu klären sind. Der Wissenschaftler kann als beratender Experte bei dieser Klärung helfen, indem er auf Grund von praktisch bedeutsamen Untersuchungsergebnissen die vorliegenden Bedingungen zu bewerten versucht. Bei der Entscheidung selbst sollte er davor warnen, mit seinen Ergebnissen Politik zu machen, und darauf hinweisen, daß er in politischen Entscheidungen nicht mehr Kompetenz beanspruchen kann als jeder andere verantwortungsbewußte Bürger auch.

Auch bei persönlichen Entscheidungen kann die Wissenschaft dem Entscheidenden Auskünfte geben. Das geschieht im Beratungsgespräch, in dem es z. B. um zu erwartende oder nicht zu erwartende Auswirkungen und Risiken bei bestimmten Handlungsalternativen geht. Eine Mutter z. B., die eine Hausgeburt plant, dazu Gelegenheit hätte und Beratung sucht, könnte auf die Alternative einer bei Komplikationen weniger risikoreichen Klinikgeburt hingewiesen werden. In der Beratung werden Ziele geklärt, Wege der Zielerreichung und Risiken in Argumenten abgewogen und neue Problemlösungen erprobt. Aber welche Ziele nun beschlossen und welche Wege eingeschlagen werden, darüber soll die ratsuchende Person letztlich selbst entscheiden. Sie muß ja auch selbst den Weg gehen und die Risiken tragen, denn es steht schließlich ihr persönliches Schicksal – und weniger das des Beraters – auf dem Spiel.

Entwicklungsberatung als Hilfe bei Entscheidungen

Die Entscheidungen in öffentlichen Angelegenheiten und persönlichen Anliegen, mit denen es die Angewandte Psychologie der frühen Kindheit zu tun hat, übernimmt die Wissenschaft bzw. der Wissenschaftler also nicht selbst. Die Aufgabe ist vielmehr als Hilfe bei Entscheidungen in der Entwicklungsberatung zu definieren.

Die Entwicklungsberatung stellt auf seine praktische Bedeutsamkeit bewertetes Wissen bereit und hilft, es bei der Problemlösung einzusetzen. Ihre Verwurzelung in der Entwicklungspsychologie und ihre Ausrichtung auf bedeutsame Lebensereignisse macht die Entwicklungsberatung zur Grundlagendisziplin für die Beratung in einzelnen Lebensabschnitten, wie Erziehungs- und Familienberatung, Schulpsychologische Beratung, die Beratung älterer Menschen und die Politikberatung. In allen diesen Fällen steckt die Entwicklungsberatung die allgemeine Zielsetzung ab, die durch eine gesunde seelische Entwicklung gekennzeichnet ist. In Fragen der frühen Kindheit tritt die Besonderheit auf, daß Kinder betroffen sind, die noch nicht selbst Beratungshilfe suchen können. Die Ratsuchenden und deshalb die Ansprechpartner für den Berater sind stellvertretend für die Kinder deren Eltern. Auch Fachleute, die mit den Kindern und deren Eltern arbeiten, sowie die Gesellschaft können jeder für sich um Entscheidungshilfe in der Entwicklungsberatung nachsuchen. Für den konkreten Beratungsprozeß liefert die Entwicklungsberatung mit ihrer Zielsetzung und mit allgemeinen Beratungsstrategien einen Rahmen, der im Einzelfall vom Berater noch weiter ausgestaltet wird. An dieser Stelle geht die Entwicklungsberatung in die Individualberatung über, auf die wir im Rahmen dieses Buches nicht weiter eingehen können.

Die beim Einsatz des Wissens angewendete Strategie der Entwicklungsberatung besteht in einer Hilfe für Menschen, die in bedeutsamen Lebensereignissen wichtige Entscheidungen zu treffen haben. Veranlaßt wird die Hilfeleistung durch komplexe Situationen der Ungewißheit und Unsicherheit, die im Entscheiden und Handeln auftreten, sowie durch Vorurteile und Fehler bei Entscheidungen ohne Hilfeleistungen. Grundlage ist die Annahme, daß im Umgang mit Unsicherheit, Ungewißheit und Komplexität Argumente für eine Entscheidung förderlich sind (FISCHHOFF 1980, DÖRNER u. a. 1983, PITZ, SACHS 1984).

Mit der Inanspruchnahme eines Beraters trifft der Ratsuchende selbst die alles in Gang setzende Entscheidung, wenn er sich als beratungsbedürftig erklärt. Indem er Hilfe sucht, dokumentiert er, daß er in einem bestimmten Problem in seinem Entscheiden und Handeln nicht ohne Hilfe zurechtkommt. In seiner Beratungsbedürftigkeit ist er nicht gänzlich entscheidungs- und handlungsunfähig, weil er sich sonst nicht für die Beratung entschieden hätte. Er erwartet, daß er sein Problem unter Einsatz psychologischen Wissens und psychologischer Verfahren gemeinsam mit dem Berater lösen kann, und beweist damit seine Beratungsfähigkeit.

Als Entscheidungsprozeß stellt sich die Hilfe so dar, daß zunächst einmal das Beratungsproblem zu analysieren ist. Der Ratsuchende definiert sein Anliegen in seiner Sichtweise. Er wird es als hilfreich ansehen, wenn der Berater weiß, wie das Wissen des Ratsuchenden über das Problem am besten offengelegt und strukturiert werden kann. Beide klären weitere Details des Ereignisses, die Annahmen über die Wirkungen und Folgen des Ereignisses und Vermutungen über die Ursachen des Problems. Der Ratsuchende wird ermutigt, seine Argumente für über die Möglichkeiten der Problemlösung mit dem Ziel der seelischen Gesundheit darzulegen, dabei möglichst viele Wege der Zielerreichung zu suchen, um die Entscheidung zur Erprobung eines angemessenen Lösungsversuchs vorzubereiten.

Diese Entscheidung findet als Beurteilung und Gewichtung von Argumenten statt. Die Bewertungen von Lösungsalternativen werden beurteilt und anschließend ausgehandelt. Die Beurteilungen von Bewertungen, die im Konflikt liegen, nehmen die Form der Vorhersage ungewisser zukünftiger Ereignisse an und sind Ausdruck der Bevorzugung einer bestimmten Vorhersage. In den bereits mehrfach erwähnten Streitfragen zur Theorie und Praxis der Frühentwicklung, deren Bearbeitung die inhaltlichen Teile des Buches ausmachen, treffen wir eine Reihe solcher widerstreitender Bewertungen an, die gewichtende Beurteilungen veranlassen.

Ein Modellfall stellt die Analyse von Situationen dar, bei denen es in sozialen oder persönlichen Entscheidungen um die Beurteilung von Risiken geht. Der epidemiologische Ansatz, der im Abschnitt Angewandte Forschung skizziert wurde, zeigte bereits das Bemühen, beim Verständnis von Lebensereignissen und ihren Wirkungen von einer einfachen Ursachenerklärung abzukommen und zur Annahme einer mehrfachen Verursachung überzugehen. Beeinträchtigungen in der Entwicklung nehmen dann die Form einer Gefährdung an, die von verschiedenen bedrohlichen Faktoren ausgehen kann. Um bei dem früher herangezogenen Beispiel der Kindesmißhandlung zu bleiben, werden z. B. neben der Muttertrennung in der ersten Zeit eine Bewegungsunruhe des Kindes und die Erregung der Partner in der Streßsituation in Betracht gezogen, in der das Ereignis auftritt. Bei der Beurteilung werden die verschiedenen Faktoren gegeneinander abgewogen, um zu entscheiden, bei welchem Faktor am besten anzusetzen ist, wenn eine Mißhandlung künftig vermieden werden soll.

Kriterium für eine erfolgreiche Entscheidungshilfe in der Entwicklungsberatung ist das Erreichen des Ziels, dem Ratsuchenden genügend Hilfe zu geben, daß er zu seiner vollen Entscheidungs- und Handlungsfähigkeit zurückfindet und darin möglichst noch für die Zukunft gefördert wird. Es erscheint deshalb wenig sinnvoll, wenn der Berater für den Ratsuchenden die beste Entscheidung vorzuformulieren versucht. Angemessener ist es, nach einer ausreichenden Entscheidungshilfe zu suchen, die den Ratsuchenden unterstützt, sein Problem möglichst selbst zu klären, um sich dann auch mit eigenen Argumenten selbst zu entscheiden.

Wenn die Betonung auf der Klärung des Problems und weniger auf der Planung der Handlung und bei allem auf der Zurückhaltung des Beraters liegen soll, dann ist der kritische Punkt, daß die Hilfe von denen, für die sie gedacht ist, auch angenommen wird. Damit ist eine schwierige Frage der Beratungspsychologie angesprochen, in deren Beantwortung wir noch nicht weit gekommen sind. Im Zusammenhang mit der Entwicklungsberatung wird hier ein Ansatz vorgeschlagen, der von Ursachenzuschreibungen ausgeht. Eine Möglichkeit für den Berater, Fehlschläge zu vermeiden, wäre dann darin zu sehen, daß er nicht nur das Wissen, sondern auch gefühlsmäßige Faktoren berücksichtigt, die mit den Ursachenzuschreibungen beim Verständnis der Lebensereignisse zusammenhängen (SCHMALOHR 1984b).

Allgemein können die Entscheidungshilfen in der Entwicklungsberatung dadurch gefördert werden, daß die Entwicklungspsychologie und die in ihr tätigen Forscher den Anwendungsaspekt stärker ausbauen, ihre Isolation von gesellschaftlichen Problemen weiter aufgeben und den praktischen Erfordernissen noch besser gerecht zu werden versuchen. Ein wesentliches Element zur Verbesserung der Entscheidungshilfe dürfte eine Ausrichtung der Fragestellung auf konkrete Aufgaben des psychologischen Handelns sein, die in bestimmten bedeutsamen Lebensereignissen gestellt sind.

Vermittelndes Eingreifen und Vorbeugung

Wenn von Problemlösung die Rede ist, zu der die Entscheidungshilfe beitragen soll, dann sind damit Handlungen gemeint, zu denen in der Entwicklungsberatung angeleitet werden soll. Es geht dabei im wesentlichen um zwei Arten des psychologischen Handelns, um das vermittelnde Eingreifen (Intervention) und die Vorbeugung (Prävention).

Die Entscheidungshilfe in der Entwicklungsberatung bezieht sich zunächst auf das vermittelnde Eingreifen (DANISH, D'AUGELLI 1980, DANISH, SMEER, NOVAK 1980, REESE, OVERTON 1980). Das psychologische Handeln der Intervention ist nach dem Lateinischen »intervenire« gekennzeichnet, was bedeutet: sich in (Rechts-)Streitigkeiten als Mittler einschalten. Damit soll gesagt sein, daß der psychologisch Handelnde nicht direkt eingreift, sondern nur indirekt, gewissermaßen wie ein intervenierender Diplomat, tätig wird, der sich etwa »protestierend« einschaltet. Mit einem »Einmischen« in Angelegenheiten anderer, das hier anklingt, verbinden wir ungute Gefühle. Wir sehen uns dazu nur in Notfällen veranlaßt. Im Falle der psychologischen Hilfe erhält der Berater durch den Ratsuchenden, durch dessen Erklärung seiner Beratungsbedürftigkeit und Bereitschaft, die Berechtigung für sein Tun.

Wenn dieses Tun als Argumentationshilfe bei Entscheidungen definiert wird, geht daraus hervor, daß die Mündigkeit des Ratsuchenden respektiert und ihm beim Eingreifen des Beraters die Entscheidung nicht abgenommen werden soll. Im Falle der Entwicklungsberatung in der frühen Kindheit kommt hinzu, daß der Berater sich – wie gesagt – nicht direkt an das betroffene Kind wendet, um dessen Anliegen es geht, sondern an die Eltern, so daß ein Verhältnis der »doppelten« Vermittlung entsteht, das sogenannte Mediatorenmodell der Beratung.

Das psychologische Eingreifen bei der Beratung in Fragen der Frühentwicklung des Kindes kann zwei Formen annehmen. Sie lassen sich als Fördern bei der Bewältigung von belastenden Lebensereignissen und als begleitendes Helfen bei Behinderungen kennzeichnen. Diese beiden Formen liegen der Gliederung des Buches zugrunde.

Die zweite Art vermittelnden psychologischen Eingreifens entsteht, wenn der Akzent auf das Vorbeugen verlagert wird. Dabei lassen sich mehrere Formen von Bemühungen unterscheiden (CAPLAN 1974, BRANDTSTÄDTER, v. EYE 1982, FILIPP 1982). Einmal soll das Auftreten bzw. die Wahrscheinlichkeit des Auftretens von seelischen Beeinträchtigungen und Störungen vermindert werden, indem möglichst früh schädigende Faktoren vermieden oder verringert werden. Als solche Faktoren kommen in der frühen Kindheit Umstände wie der Klinikaufenthalt oder belastende Beziehungen zu Personen, vor allem den Eltern, in Frage. Dieser aktiven Vorbeugung steht die passive Vorbeugung gegenüber, der es mehr auf die schützende Funktion ankommt, solche Fähigkeiten der Person zu steigern, die sie gegenüber schädigenden Faktoren und davon ausgehenden Gefährdungen möglichst unempfänglich macht.

Anders als bei diesen Formen einer »primären« Prävention kann die Vorbeugung auch »sekundär« bei bereits eingetretenen Beeinträchtigungen der Entwicklung ansetzen und dann das Ziel verfolgen, die schädigenden Wirkungen möglichst abzukürzen. Durch Maßnahmen der Früherkennung und Frühförderung wird die seelische Gesundheit in der weiteren Entwicklung unterstützt. Die »tertiäre« Prävention ist dann darauf ausgerichtet, die Folgeschäden zu vermeiden oder zu vermindern, die Rückfallquote zu senken und zur Nachsorge bzw. Wiedereingliederung (Rehabilitation) beizutragen. Auf Fragen der primären Vorbeugung läuft der nächste Hauptteil des Buches hinaus, der Theorien der Frühentwicklung und Risikofaktoren behandelt, während Maßnahmen der sekundären und tertiären Vorbeugung in den weiteren Hauptteilen interessieren.

Veränderungsziele und Ursachenzuschreibungen

Dem eingreifenden und vorbeugenden psychologischen Handeln sollen in dem vorliegenden Ansatz der Entwicklungsberatung durch die Anwendung des Attributionskonzepts, das zu unseren Ausgangspunkten gehört, neue Impulse gegeben werden. Dieses Konzept dient uns dazu, das Verständnis des Beratungsprozesses zu vertiefen und für das Vorgehen in der Beratung neue Orientierungen zu gewinnen. Der Beratungsprozeß stellt sich unter diesem Gesichtspunkt als Veränderung von Ursachenzuschreibungen in Lebensereignissen bei einem Ratsuchenden in einem Attributionssystem dar, an dem der Ratsuchende und der Berater gemeinsam arbeiten (SCHMALOHR 1984b).

In der Entscheidungshilfe der Entwicklungsberatung wird versucht, durch Vorbeugen, Fördern und Helfen beim Kind die Auseinandersetzung mit den Entwicklungsaufgaben zu verbessern. Das setzt bei den ratsuchenden Eltern bzw. Fachleuten voraus, daß sie im bisherigen Verlauf des Geschehens Möglichkeiten zu einer Veränderung im Sinne einer Problemlösung sehen. Im Grunde ist eine Intervention nur dann angezeigt, wenn der Betroffene annehmen kann, daß sich die Ereignisse und ihre Wirkungen durch sein eigenes Handeln beeinflussen lassen. Eltern und Fachleute begeben sich auf die Suche nach Veränderungsmöglichkeiten und fragen sich, welchen Einfluß sie ausüben können, um das Problem zu lösen. Sie müssen sich Verantwortlichkeiten zuschreiben, um für die Problemlösung Handlungsmöglichkeiten zu gewinnen.

Das Beratungsproblem wird zur Frage der Sichtweise des Ratsuchenden im Hinblick auf die Veränderungsziele und die Chancen der Zielerreichung. Im Zentrum dieser Sichtweisen stehen die Ursachenzuschreibungen für das Auftreten und Wirken der Lebensereignisse. Es ist beispielsweise ein Unterschied, ob ich das Entwicklungsproblem eines Kindes als durch mich als Elternteil oder als durch das »Schicksal« verursacht ansehe. Die Art der zugeschriebenen Ursache entscheidet die Frage, ob überhaupt eine Änderung möglich und zweckmäßig erscheint. Bei der Annahme einer nicht änderbaren Ursache hat die Beratung keinen Ansatzpunkt für Veränderungen, solange der Ratsuchende an seiner Überzeugung festhält. Jeder Vorschlag eines Änderungsversuchs wird auf Ablehnung stoßen. Im Falle der Schicksalszuschreibung wird der Ratsuchende auf eine Änderung weitgehend verzichten und sich mit den Gegebenheiten abfinden. Wollte der Berater hier eine Änderung beabsichtigen, könnte das als Versuch angesehen werden, das Schicksal herauszufordern, der vielleicht Angst auslöst und damit ein neues Problem schafft.

So gesehen hängen Ansatz und Erfolg einer Beratung von der Möglichkeit des Ratsuchenden ab, zu einer Ursachenzuschreibung zu finden, die Veränderungschancen für eine Problemlösung bietet. Die im Einzelfall gegebenen Veränderungsmöglichkeiten werden von der Art der Beeinträchtigung bestimmt, in deren Rahmen das Beratungsproblem auftritt. Bei einem Beratungsproblem im Kontext eines »belastenden« Lebensereignisses werde ich eher mit einer Änderung rechnen als etwa bei einer Beeinträchtigung der Entwicklung vom Charakter der »Behinderung«.

Aber es kommt entscheidend darauf an, wie das der Betroffene sieht. Eltern erleben sich gerade bei einem in Schwierigkeiten geratenen Kind als besonders verantwortlich und müssen das auch tun, wenn sie das notwendige Engagement aufbringen wollen, um dem Kind zu helfen. Das darf nur nicht so weit gehen, daß die Verantwortungszuschreibung selbst zur Belastung wird. Das kann leicht passieren, weil die Eltern im Zuge der Verantwortungszuschreibung die Neigung haben, die Schwierigkeit eines Kindes mit eigenem Versagen in Zusammenhang zu bringen.

Wenn die Eltern sich dabei so stark belasten, daß darunter ihre Handlungsfähigkeit leidet, werden sie beratungsbedürftig. Die Wahrscheinlichkeit, daß dieser Zustand eintritt, ist besonders groß, wenn die Situation des Kindes wenig Veränderungschancen bietet und dadurch die eigenen Handlungsmöglichkeiten besonders eingeschränkt sind.

Das Ziel der Beratung, die Entscheidungs- und Handlungsfähigkeit wiederherzustellen und zu fördern, muß konkrete Gestalt annehmen. Es besteht darin, dem Ratsuchenden zu Ursachenzuschreibungen zu verhelfen, die entlastend wirken und seiner Entscheidungs- und Handlungsfähigkeit förderlich sind. Der Ratsuchende wird von bisherigen Sichtweisen und Ursachenzuschreibungen absehen und eine Problemlösung in Form einer veränderten und verbesserten Sichtweise und Ursachenzuschreibung anstreben, damit er neue Argumente für sein Entscheiden und Handeln gewinnt.

Diese Zielsetzung der Beratung konkretisiert auch die für den Entwicklungsberater auszubildenden Fähigkeiten (DANISH, D'AUGELLI, HOWER 1981, WERTLIEB 1983). Die Blickrichtung wird auf die Voraussetzungen beim Ratsuchenden gelenkt, auf seine Sichtweisen und Fähigkeiten, sich mit dem Anliegen auseinanderzusetzen und Problemlösungen zu erreichen. Der Berater versetzt sich in den Ratsuchenden und seine Sichtweisen. Er versucht die Fähigkeit zu vermitteln, Sichtweisen zu finden, zu erproben und zu verbessern, die für die Problemlösung beim Kind angemessen und für den Ratsuchenden selbst zuträglich und für sein Entscheiden und Handeln förderlich sind.

Der Ansatz und der Verlauf der Beratung gestalten sich dann weniger nach einem allgemeinen Modell helfenden psychologischen Handelns, sondern werden mehr durch die konkreten Aufgaben bestimmt, die in den einzelnen Bereichen der Entwicklungsberatung und den je verschiedenen Anliegen, Veränderungschancen und Entscheidungssituationen gestellt sind. Diesen Aufgaben gehen die folgenden Teile des Buches nach. Es handelt sich um: das Vorbeugen von Risiken, das Fördern beim Bewältigen von Belastungen und das begleitende Helfen bei Behinderungen.

Zusammenfassung

Gebrauch der Psychologie

Ein Verfahren, das in der Psychologie zur Verhaltensänderung eingesetzt wird, ist die Selbstanleitung (MEICHENBAUM 1977). Der Berater regt den Ratsuchenden an, mit Hilfe einer Anweisung an sich selbst die gewünschte Änderung herbeizuführen.

»Psychologie schonend anwenden«, die Überschrift dieses ersten Teils des Buches, ist als eine solche Selbstanleitung zu verstehen. Damit soll zum Ausdruck gebracht werden, daß die in diesem Grundlagenteil in den verschiedenen Anwendungsformen betriebene »Aufklärung« ihrerseits als Entscheidungshilfe für den Umgang mit der Entwicklungspsychologie gedacht ist. In Frage steht der Gebrauch der Entwicklungspsychologie bei Problemlösungen in der Zeit der Schwangerschaft, der Geburt, der Säuglingspflege und Früherziehung der Kinder. Dieser Gebrauch soll für die betroffenen Eltern und beratenden Fachleute vernünftiger und nützlicher gemacht werden, um im Interesse einer gesunden seelischen Entwicklung der Kinder zu besser begründeten Entscheidungen zu kommen.

Die Empfehlung einer vorsichtigen Anwendung der Wissenschaft bei den Bewertungen und Beratungen ist vor allem als Warnung vor dem Mißverständnis zu verstehen, die Wissenschaft beweise mit der Erforschung von Ursachen eine Verantwortung oder Schuld von Personen, die an dem Zustandekommen eines Lebensereignisses beteiligt sind. Wenn wir wirklich Schuldige verantwortlich machen möchten, dann sollte es die Wissenschaft bei der Suche nicht versäumen, auf den möglichen eigenen Anteil bei der Zuweisung von Verantwortung und Schuld zu achten.

Es gibt übereilte und kurzschlüssige Anwendungen. Wir haben Anlaß, die Betroffenen, auf deren Anliegen die Entwicklungspsychologie angewendet wird, zu schonen, wenn die Suche nach Ursachenerklärungen Verantwortungszuschreibungen Vorschub leistet. Wenn die Wissenschaft als manipulierbar erscheinendes Mittel zur Durchsetzung bestimmter Interessen oder zur Veränderung um des Veränderns willen eingesetzt wird, dann sollten wir die Kinder, ihre

Eltern und die mit ihnen arbeitenden Fachleute mit solcher mißbräuchlichen Art der Anwendung »verschonen«. Eine solche Schonung ist – kurz gesagt – das Ergebnis der hier beabsichtigten verbesserten Anwendung der Wissenschaft.

Die Wissenschaft kann uns nicht »den« Weg oder »die« Lösung zeigen, aber sie kann uns helfen, durch den Aufweis von Wegen der Zielerreichung unser Entscheiden und Handeln zu verbessern. Wenn es um die Ziele geht, werden wir ihre Festlegung nicht von der Wissenschaft erwarten. Wenn das trotzdem versucht wird, werden wir beharrlich nach den Absichten dieses Versuchs fragen und überprüfen, ob die Interessen der Betroffenen gewahrt sind. Es entsteht die Aufgabe, unsere Ziele und den Entscheidungsprozeß offenzulegen. Wir werden nur mit eigens bewerteten Ergebnissen der wissenschaftlichen Untersuchungen argumentieren, um die entsprechenden Beurteilungen und Entscheidungen vorzubereiten. Wir werden in der Entwicklungsberatung nach Hilfen bei Entscheidungen suchen und nicht der Versuchung erliegen, den Betroffenen die Entscheidung abzunehmen und sie zu bevormunden. Unsere Bemühungen sind dabei auf den Gebrauch der vollen Entscheidungsfähigkeit des Ratsuchenden ausgerichtet. Wenn die Entscheidungsfähigkeit bedroht oder beeinträchtigt ist, verfolgen wir das Ziel, sie wiederherzustellen, und versuchen, zu ihrem Gebrauch anzuleiten. Wir müssen uns als Betroffene auf unsere eigenen Kräfte besinnen und als Berater die Mündigkeit der Betroffenen ernst nehmen und dabei neben den Eltern auch an die Kinder denken, die mit zunehmendem Alter auch selbst an den sie betreffenden Entscheidungen immer mehr beteiligt werden können.

Die vorsichtige und schonende Vorgehensweise empfiehlt sich für eine heute manchmal mit der Heilkunst in Konflikt geratene Psychologie, die zwischen »harten« Therapien und dem »sanften« Psychoboom ihren eigenen Weg sucht. In beiden Hinsichten kann man es offenbar übertreiben. Dagegen scheint bei der Anwendung ein eher natürliches Heilverfahren angebracht zu sein, das solche Mittel in Verdünnung einsetzt, die in größeren Mengen bei Gesunden Erscheinungen hervorrufen können wie die Leiden, gegen die sie angewendet werden.

Das Prinzip der schonenden Anwendung wird auch der Leser dieses Buches beherzigen, wenn er auf diesem Wege Entwicklungsberatung und Entscheidungshilfe sucht. Das ist durchaus möglich, wenn die Grenze dieses Weges gesehen wird. Sie ergibt sich beim Lesen eines Buches vor allem durch den Fortfall des Gesprächs mit einem Berater. Mit dem Dialog entfällt das Herzstück der Beratungsbeziehung. Das Buch beschränkt die Mittel der Ratsuche auf die Selbstbesinnung und die Selbstberatung. Wir können uns als Eltern und Fachleute anregen lassen, beim Lesen mit uns selbst zu Rate zu gehen. Wir erhalten dabei vielleicht Hinweise, ob ein Beratungsproblem sich im Rahmen der erwarteten Schwierigkeiten bei der Lösung einer Entwicklungsaufgabe bewegt oder ob es aus diesem Rahmen herausfällt. Ein Buch kann uns auf Lösungen bringen, an die wir noch nicht gedacht haben, oder dazu beitragen, neue Lösungen zu bewerten, um uns für eine zu entscheiden, die wir in Angriff nehmen, erproben, bewerten und verbessern.

Vielleicht ergeben sich auch Anhaltspunkte dafür, daß wir nicht damit rechnen können, mit dem Anliegen, das uns bewegt, allein fertig zu werden, und daß im Interesse des Kindes zusätzliche Hilfe angebracht ist. Die Fachleute in Beratungseinrichtungen stellen nicht selten fest, daß manche Menschen sich zu lange mit Problemen herumschlagen, für die es ziemlich einfache Lösungen gibt, auf die man eher kommt, wenn man die Angelegenheit mit Hilfe eines Beraters etwas distanzierter sehen lernt. Als Leser müssen wir darauf achten, nicht den Punkt zu übersehen, an dem es ratsam erscheint, Gespräche mit den anderen an dem Anliegen beteiligten Menschen zu suchen, mit Freunden zu sprechen oder darüber hinaus fachliche Hilfe in Anspruch zu nehmen. Wenn uns die Frage beschäftigt, ob das eine oder andere angezeigt ist, und wenn wir in dieser Frage nicht weiterkommen, kann das ein Anliegen für eine fachliche Beratung sein.

2. Kapitel: Frühen Risiken vorbeugen

Einen ersten Zugang zu Fragen einer gesunden seelischen Entwicklung vermitteln uns praktische Streitfragen und entwicklungspsychologische Theorien, in deren Mittelpunkt die frühen Mutter-Kind-Beziehungen stehen. Die Diskussion beherrschen vor allem psychoanalytische und verhaltensbiologische Betrachtungsweisen, die hier aus einer entwicklungspsychologischen Grundposition heraus kritisiert und »dialektisch« weitergeführt werden. Die in den theoretischen Konzepten faßbaren Elemente von Lebensereignissen lassen sich in ein Modell von Risikofaktoren überleiten, das als Grundlage für vorbeugende Maßnahmen in der Entwicklungsberatung dient.

Ansätze bei den Mutter-Kind-Beziehungen

Darin sind sich alle einig, auch in der Wissenschaft: unsere Babys und kleinen Kinder sollen seelisch gesund heranwachsen, und wir müssen sie dabei vor Gefahren schützen. Aber sobald wir mehr darüber wissen möchten, beginnen die Streitfragen. Wir möchten wissen, wie das am besten geschieht, das seelisch gesunde Heranwachsen, wie die Teilziele zum Hauptziel aussehen, welche Wege wir einschlagen und welche Mittel wir einsetzen müssen, um die erstrebten Ziele auch zu erreichen. Das sind die Fragen, in denen wir unsicher sind, woran sich die Diskussion entzündet und woran es liegt, wenn wir uns nicht einigen können.

Streitfragen und Alltagswissen

Wir brauchen nur die Tageszeitungen aufzuschlagen, um zu erfahren, für wie bedeutsam z. B. die ersten Beziehungen gehalten werden, die wir zu unseren Kindern aufnehmen, und was wir dabei alles versäumen können. Je früher, desto besser, lautet die Devise. So ist die Erkundung des Seelenlebens des noch ungeborenen Kindes eine neue Forschungsrichtung geworden, die immer mehr Interesse findet. Ultraschallbilder des Fetus werden empfohlen, damit schon Schwangere wesentlich früher als bisher eine innere Beziehung zu dem werdenden Kind aufnehmen. Das wird für so wichtig gehalten, daß die Frage nach einem besonderen Angezeigtsein des Verfahrens und nach möglichen Risiken erst gar nicht gestellt wird. Weiter heißt es, daß nach der Geburt bereits auf die ersten Minuten und Stunden mit dem Kind zu achten ist, wenn nicht der intensive Kontakt versäumt werden soll, der für unerläßlich gehalten wird. Je früher und enger die Bindung, desto besser entwickelt sich das Kind, wird gesagt, die Frauen stillten dann länger und Kindesmißhandlungen werde damit vorgebeugt.

Wer sich von seinem kranken oder frühgeborenen Brutkastenkind vielleicht zuerst einmal trennen mußte, wer als Vater bei der Geburt nicht dabeisein konnte oder als Mutter unmittelbar danach zu erschöpft war, oder wenn Eltern ein Kind adoptieren, dann müssen sie sich nach diesen Überzeugungen ausgeschlossen vorkommen und verantwortlich dafür fühlen, wenn das Kind sich nicht erwartungsgemäß entwickelt. Ganz zu schweigen von den Schäden, die für später prophezeit werden, wenn es an Zuwendung oder Bindung fehlt. Es ist da von Gemütlosigkeit, Jugendkriminalität, Drogengefährdung und seelischen Störungen der verschiedensten Art die Rede.

Aber das alles ist nicht unumstritten. Gegenüber den Warnungen vor der Gefährlichkeit einer Trennung des Kindes von der Mutter oder einer Person, die an ihre Stelle tritt, hören wir ein anderes Mal, daß alles halb so schlimm ist und man sich keine Sorgen machen soll. Die Schlußfolgerungen im Für und Wider der Ratgeber und Expertendiskussionen sind widersprüchlich und strittig. Viele der praktischen Themen lassen sich auf ein Entweder-Oder zuspitzen, wenn es z. B. heißt:

Klinikgeburt oder sanfte Hausgeburt? – Aufbau der Eltern-Kind-Beziehung in den ersten Minuten und Stunden oder auch noch später? – Brustnahrung oder Flaschennahrung? – Mutterschaftsgeld, drei, sechs Monate oder ein Jahr? – Betreuung allein durch die Mutter, »Tagesmütter«, auch den Vater oder nur den Vater? – Berufstätigkeit bei Müttern kleiner

Kinder oder nicht und wenn ja, ab wann? – Frühadoption oder auch spätere Annahme? – Heimplätze oder Pflege-Kinder? – Intensive Bindung: Abhängigkeit oder unerläßlich zur Verselbständigung? –

Die meisten von uns beantworten diese Fragen aus persönlichen Überzeugungen heraus. Uns kommt zum Bewußtsein, daß es sich um Entscheidungen handelt, die über das alltägliche Geschehen hinausgehen und – unabhängig davon, ob wir sonst alles gut und richtig machen und guten Willens sind – für die künftige Entwicklung des Kindes und unsere Erziehung Bedeutung haben können. Gewiß nicht einfacher wird die Situation, wenn wir diese Fragen in unser Engagement für die sozialen und politischen Auseinandersetzungen z. B. um die Frauenemanzipation und Chancengleichheit einbeziehen, wie das immer wieder geschieht. Bei allem nehmen wir Positionen ein, in denen sich bestimmte Bewertungen der Ereignisse und ihrer Folgen niederschlagen. Am liebsten möchten wir uns auf die Autorität der Wissenschaft berufen. Wir suchen nach Ergebnissen neuer, am liebsten der neuesten Untersuchungen, die zitiert werden, um nur ja auf der Höhe der Wissenschaft zu sein, alles richtig zu machen und nichts zu versäumen.

Literaturanalyse

Eine ständig wachsende Fülle an Forschungsergebnissen, die in einer weitgestreuten Literatur zu finden sind, macht es indessen immer schwerer, schlüssige Anworten zu finden. In den USA wurden zwischen 1945 und 1953 zu dieser Thematik 300 psychologische Titel und zwischen 1968 und 1977 1500 gezählt (HUNT 1979). Um das Wissen zu nutzen, wird es desto wichtiger, die herangezogene Literatur und die darauf gestützten Beweisführungen zu überprüfen. Der Vergleich von neueren Sammelberichten kann dabei hilfreich sein (z. B. SCHMALOHR 1968, 1975, RUTTER 1972, CLARK 1976, HUNT 1979, SROUFE 1979, GROSSMANN 1978, WATERS 1982, WACHS-GRUEN 1982).

Fragen wir nach einem gemeinsamen Nenner für das im letzten Jahrzehnt geradezu explosionsartig angewachsene Wissen, so ist man sich allenfalls darin einig, daß die frühe

Kindheit in sich eine faszinierende Zeit ist und Prinzipien aufweist, die für den ganzen Lebenslauf charakteristisch sind. In den Einzelheiten treten aber immer größere Meinungsverschiedenheiten auf, je spezieller unser Wissen und je konkreter unsere Praxisfragen werden. Inzwischen zeichnen sich in der Grundposition zwei Tendenzen ab, die vielfältige historische, auch nichtwissenschaftliche Wurzeln haben. Sie konzentrieren sich auf die Bedeutung früher Lebensereignisse für die spätere Entwicklung und die Frage, ob das Kind wirklich, wie FREUD das ausgedrückt hat, psychologisch »der Vater des Erwachsenen« ist. Viele bleiben neben der Psychoanalyse mit der Verhaltensbiologie, die von frühen Prägungsvorgängen vorwiegend im Tierreich ausgeht, davon überzeugt, daß der erste Schritt, mit dem das Leben beginnt, richtungweisend für die nachfolgende Entwicklung ist. Andere bezweifeln die Bedeutung früher Erfahrungen für den späteren Lebenslauf und vertrauen auf die Plastizität der menschlichen Entwicklung bis ins hohe Alter hinein.

Dadurch entstehen in den Fragen der Alltagswelt der Kinder und Eltern, für die aus den Grundpositionen praktische Folgerungen gezogen werden, die Meinungsverschiedenheiten, denen wir nun im einzelnen nachgehen. Zu wünschen sind Bewertungen dieser theoretischen Ansätze und der daraus gezogenen Konsequenzen, die von zwei Seiten her, der Theorie und der Praxis, zu möglichst soliden und ausgewogenen Stellungnahmen den theoretischen und praktischen Fragen gegenüber führen.

Grundannahmen über die Theorieanwendung

Wir wenden die im Grundlagenteil erarbeiteten Bewertungskriterien auf das Wissen und seine Anwendung an. Es geht um die Zeit nach der Geburt und die ersten Lebensjahre, zunächst unter Hervorhebung der Mutter-Kind-Beziehung und der Gefühlsbeziehungen zu anderen Sozialpartnern im Zusammenhang mit Fragen der seelischen Gesundheit.

In der Analyse unterscheiden wir bei den Lebensereignissen zwischen den Ereignissen selbst, den Wirkungen und den Folgeerscheinungen. Wir gehen – wie üblich – zunächst nach dem Kausalitätsschema von Ereignissen aus, denen bestimmte Wirkungen zugeschrieben werden, die dann ihrerseits zu bestimmten Folgen führen. In den fortschreitenden Theorieentwicklungen werden dann immer zutreffender die wechselseitigen Beziehungen im Mutter-Kind- und Eltern-System berücksichtigt.

Die Analyse nach den Bewertungskriterien zeigt – und das ist unsere erste These –, daß wir die Fragen bisher zu dogmatisch gesehen haben, indem wir uns – geleitet durch unser Alltagswissen und dementsprechende Erwartungen – einseitig auf bestimmte Theorien stützten und diese überbewerteten. In der Anwendung auf die praktischen Fragen sind wir dabei über das Ziel hinausgeschossen und haben dadurch der Sache manchmal eher geschadet.

Eine historische Betrachtung der freilich sehr kurzen Geschichte des Problems führt zu unserer zweiten Annahme, daß unterschiedliche Bewertungen der Verhältnisse in den Mutter-Kind-Beziehungen durch das Zusammentreffen bestimmter psychologischer Theorien mit bestimmten Tendenzen des Zeitgeistes zu verstehen sind. Die Erklärungen schreiben Ursachen Ereignissen zu, die abwechselnd beim Kind, bei der Mutter oder in der Umwelt (z. B. im Heim) angesiedelt werden. Die Bewertungen gleichen den Ausschlägen eines Pendels, das sich zunehmend genauer auf die Realität einschwingt.

An den »Pendelbewegungen« sind folgende theoretische Konzepte beteiligt, denen wir nachgehen: Psychoanalyse, Hospitalismus, Deprivation, Bindung, Interaktion und »unverwundbare« Kinder. Diese Konzepte traten in der Diskussion seit 1945 nacheinander auf und führten zu unterschiedlichen Bewertungen der Ereignisse und ihrer Folgen in den Mutter-Kind-Beziehungen. Daraus ergeben sich unterschiedliche Empfehlungen für die Gestaltung der Praxis und für vorbeugende Maßnahmen, die mit einer gesunden seelischen Entwicklung zusammenhängen. Die früheren Versuche, zu einer ausgewogenen Interpretation der Forschungslage und der praktischen Schlußfolgerungen zu gelangen, sollen hier fortgesetzt werden (SCHMALOHR 1968, 1975, 1981 b, 1985).

Psychoanalyse: Zuschreibung von Verantwortung

Frühe Erfahrungen

Bereits in der Antike wird auf die Bedeutung früher Erfahrungen für die spätere Entwicklung hingewiesen. PLATO schreibt im zweiten Buch der Politeia:

Und es ist der Anfang – wie du weißt – auf den es am meisten ankommt, besonders wenn wir es mit jungen und zarten Wesen zu tun haben. Denn das ist die Zeit, in der ihre Eigenart geprägt und angelegt wird und in der die Erfahrungen, die wir vermitteln, einen dauerhaften Eindruck machen.

In den Schriften von LOCKE, ROUSSEAU, PESTALOZZI und anderen faszinierten in den frühen Erfahrungen schon immer solche Faktoren, die mit den frühen Mutter-Kind-Beziehungen zusammenhängen. Um die Jahrhundertwende war es die einflußreiche psychoanalytische Theorie FREUDS, die hier den Markstein setzte. In seinem 1938 geschriebenen, sein Werk abschließenden *Abriß der Psychoanalyse* schrieb FREUD:

In der »ernährenden Mutterbrust« und der »Körperpflege«... »wurzelt die einzigartige, unvergleichliche, für's ganze Leben unabänderlich festgelegte Bedeutung der Mutter als erstes und stärkstes Liebesobjekt, als Vorbild aller späteren Liebesbeziehungen – bei beiden Geschlechtern« (FREUD 1953, 62f).

FREUDS Vorstellungen hatten Einfluß auf die Kindererziehung in der ganzen westlichen Welt, besonders in der Zeit nach dem 2. Weltkrieg. Für viele Menschen gelten sie bis in unsere Tage als fraglose Wahrheiten. Unter den heute bis 40jährigen gibt es kaum jemanden, in dessen Erziehung nicht ein Anteil von FREUD eingegangen ist und an die Kinder weitergegeben wird.

Mutter-Trauma

FREUD hatte die Bedeutung der frühen Mutter-Kind-Beziehungen für eine gesunde seelische Entwicklung durch die Gefährdungen hervorgehoben, die diese Beziehung für das Kind mit sich bringt. Seine Vorstellungen beruhen dabei auf seinen Erfahrungen in der Behandlung von Erwachsenen. Das Zustandekommen von späteren seelischen Störungen erklärt er durch die Qualität der Mutter-Beziehungen des Kindes in der frühen Zeit. Er weist dabei auf verletzende Erlebnisse hin, die gemeinsam das Mutter-Trauma ausmachen. Im Zusammenhang mit der Entstehung der Angst sieht FREUD die Geburtsangst, die leibliche Trennung von der Mutter, als Urangst an. In der weiteren Entwicklung handelt es sich beim Muttertrauma um den Verlust des ersten erotischen Objekts, der ernährenden Mutterbrust, bei der Entwöhnung und den durch Kastrationsdrohung erzwungenen Verzicht auf den Besitz der Mutter im Ödipuskonflikt.

Besonders den ungelösten Ödipus- bzw. Elektra-Komplex, die Liebe des Kindes zum gegengeschlechtlichen Elternteil, sieht FREUD als das zentrale Erlebnis der Kinderjahre an. Das Gelingen oder Mißlingen seiner Verarbeitung bestimmt – da die Persönlichkeit nach FREUD in den ersten sechs Lebensjahren festgelegt wird – das ganze spätere Leben. Insofern ist alle spätere Angst, die den seelischen Störungen zugrunde liegt, letztlich Trennungsangst. Bleiben diese Beziehungen zur Mutter, die bei Mädchen besonders kompliziert sein können, unbewußt und unverarbeitet, kommt es zur gestörten Entwicklung, die in der Psychoanalyse aufgearbeitet werden muß. Prophylaktische Maßnahmen bestehen darin, die verletzenden Erlebnisse in der frühen Kindheit durch Verständnis für die kindliche Situation und den Erhalt einer vertrauensvollen Beziehung zu mildern. Bleiben die Mutterbeziehungen trotz der kritischen Ereignisse in dieser Zeit befriedigend, so bilden sie einen Schutz vor allen weiteren Gefährdungen. Es wird verständlich, daß in dieser Sicht die Mutter zum Schicksal für das Kind erklärt worden ist (SCHOTTLÄNDER 1949).

Die Psychoanalyse FREUDS hat die Pendelbewegungen in den Bewertungen der Ereignisse und ihrer Folgen in Gang gesetzt, indem sie der Mutter in ihrem Tun und Lassen die ganze Last der Verantwortung aufgebürdet hat. Hilfe erhält die Mutter dabei vom Psychoanalytiker, wenn dieser aufgetretene Schwierigkeiten durch Aufdecken ihrer unbewußten Quellen zu beheben sucht.

Heutzutage gibt es den Versuch, die FREUDsche Sichtweise durch eine neue Psychoanalyse in Frage zu stellen, in der die Analytiker aufgefordert werden, ihre eigene Rolle bei der Hilfeleistung zu reflektieren. In ihrer neuen »aufdeckenden« Analyse entlarvt ALICE MILLER (1979, 1980, 1981) einen »Elternschutzbund«, der in der Kindertherapie zwischen Eltern und Therapeut bestehen soll. Die Tatsache, daß bei Schwierigkeiten die Veränderung beim Kind ansetzt, wird als Zuweisung angesehen, daß die Ursache für die Schwierigkeit im Kind gesehen und das Kind damit zum Schuldigen erklärt wird. Dieser Schutzbund muß – nach MILLER – entmachtet werden, wenn die Kinder aus der Gewalt einer »schwarzen Pädagogik« – »Am Anfang war Erziehung« – befreit werden sollen. Die Unterdrückungsmechanismen, die in der Erziehung zum »Drama des begabten Kindes« führen, können nur unter der Devise »Du sollst nicht merken« aufrechterhalten werden und finden im Sprechzimmer des Analytikers ihre Fortsetzung, wenn den Kindern als Objekten der Therapie die Schuld an allen Schwierigkeiten zugeschrieben wird. Es wird gefordert, mit den Veränderungen bei den wahren Schuldigen zu beginnen, den Vertretern der »falschen« Pädagogik und Therapie. Ähnlich ist die sog. Verführungstheorie zu verstehen und zu bewerten, wonach seelische Störungen vor allem bei Mädchen auf eine sexuelle Mißhandlung in der frühen Zeit, häufig durch den Vater, beruhen. Diese früh aufgestellte Hypothese hat FREUD später fallengelassen, was ihm heute vorgeworfen wird (MASSON 1984).

Ohne auf diese Ansätze in den weiteren Einzelheiten einzugehen, interessiert hier die Tatsache, daß sich in der bisherigen Bewertung der Ereignisse durch die Psychoanalyse eine Veränderung ankündigt. Die vorliegenden Schuldzuweisungen gehen von bestimmten Erklärungsmustern aus und provozieren die Frage: Wer ist denn nur der »wahre« Schuldige, die Eltern, der Therapeut oder vielleicht doch auch das Kind? Oder ist hier am Ende eine einseitige Sicht am Werk und eine falsche Frage gestellt? Die Frage könnte deshalb falsch gestellt sein, weil sie unbeantwortbar ist, durch die Belastungen niemandem nutzt, am wenigsten den Kindern, und die beabsichtigten Veränderungen und Verbesserungen eher verhindert.

Aber bevor wir zu solchen Folgerungen kommen – wie sie in dem Buch beabsichtigt sind –, müssen wir uns noch mit mehreren anderen theoretischen Konzepten und ihrer Sicht des Geschehens auseinandersetzen.

Hospitalismus: der »Heimbazillus«

Wenn heute jemand annimmt, daß ein kleines Kind allein durch den Aufenthalt in einem Säuglings- oder Kinderheim und die damit verbundene Muttertrennung seelisch und körperlich geschädigt wird, kann er sich auf die Ergebnisse der Hospitalismusforschung berufen. Diese Forschungsrichtung wurde nach 1945 wiederbelebt, als sich die Kinderheime in vielen Ländern infolge des Krieges mit einer großen Zahl geflüchteter und vertriebener Kinder füllten, die ihre Eltern verloren hatten. Damals alarmierten die Untersuchungen von ANNA FREUD mit BURLINGHAM (1944) und von SPITZ (1944) die Öffentlichkeit. ANNA FREUD berichtete über die Kinder in der Londoner Luftkriegsevakuierung und SPITZ über Schäden, die Kinder bei Heimaufenthalten erlitten.

Heimschäden und Muttertrennung

Die Hospitalismusforschung hatte bereits eine längere Tradition. Sie erinnert uns daran, daß die Findelhäuser und Kinderheime in früheren Zeiten selbst eine vorbeugende Maßnahme darstellten. Oft war es die letzte Rettung, ein Kind vor Aussetzung und Tod zu schützen, wenn es in die »Drehlade« eines Findelhauses gegeben oder vor der Haustür von barmherzigen Schwestern abgesetzt werden konnte. Den Kampf gegen das Kindersterben setzten dann die Ärzte in den Säuglings- und Kinderheimen vor allem durch die Behandlung der Infektionskrankheiten fort.

Wenn die Kinder körperlich und seelisch schlecht gediehen, sah man darin sogenannte Hospitalismusschäden am Werk, »ungeklärte Momente« in der Anstaltspflege des Krankenhauses (Hospital), die der österreichische Kinderarzt von PFAUNDLER bereits 1925 beschrieben hatte. Der Hospitalismusbegriff wurde dabei teilweise in einer Bedeutung verwendet, die er heute noch hat, wenn damit Schäden durch resistente Erreger in Spitälern gemeint sind. Aber von PFAUNDLER hatte als einer der ersten neben der Anhäufung von Säuglingen und Bakterien sehr deutlich schon eine andere Quelle der Schäden ausgemacht. Er beobachtete, daß die Kinder mit der Infektionskrankheit im Krankenhaus ohne Mutter nicht so gut fertig wurden wie in der häuslichen Pflege durch ihre Mütter. Auch ohne aseptische Maßnahmen gediehen sie besser, wenn man nur ihre Mutter an die Pflege heranließ. Ihre Anwesenheit schien die Kinder gegen eine Art unentdeckter Hospitalbakterien zu schützen. Durch die Ideen FREUDS erhielten diese Vorstellungen neue Inhalte. Ausgangspunkt war die uns bekannte Traumatheorie, in deren Mittelpunkt Trennungserfahrungen von der Mutter stehen. Wenn das Trauma der Entwöhnung und des ödipalen Verzichts dem Kind schon in der Familiensituation gefährlich werden kann, wieviel größer muß dann die Gefahr sein, wenn es zu einer Muttertrennung bei einem Aufenthalt des Kindes im Krankenhaus, einem Säuglings- oder Kinderheim oder zu einem dauernden Mutterverlust kommt?

Damit war der Grund für das psychoanalytische Hospitalismuskonzept gelegt, in dem die Folgen der Muttertrennung in düsteren Farben geschildert werden (SPITZ 1944). Die Angst und Trauer der Kinder bei kurzer Trennung, die Depression und der fortschreitende Entwicklungsrückstand bis hin zum körperlichen Verfall bei einem längeren Klinik- oder Heimaufenthalt fanden eine einleuchtende Erklärung.

Ein partieller Entzug, bei dem das Kind das Liebesobjekt nach drei bis fünf Monaten wiedererhält, bewirkt eine »anaklitische Depression«, die bei einer Wiedervereinigung mit der Mutter zur Rehabilitation führt. »Hospitalismus« entsteht, wenn das Kind im ersten Lebensjahr länger als fünf Monate ohne Ausgleich von der Mutter getrennt wird, wodurch es zu bleibenden Schäden kommen soll. Psychosomatische Störungen wie Nahrungsverweigerung, Schreien, Erbrechen, Ekzeme, Schaukelbewegungen und Kopfschlagen, Haarausreißen und Nägelbeißen werden im Zusammenhang mit dem Heimschicksal gesehen. Die Kinder sollen dort als Folge des seelischen Mangels einen körperlichen Verfall, den sogenannten Marasmus, erleiden und schließlich in erschrekkend hoher Zahl sterben. In den gelinden Formen gibt es zwei beherrschende Verhaltensmuster: die Unfähigkeit, zu den

Betreuern soziale Beziehungen aufzubauen, und den sog. Affekthunger, d. h. einen unersättlichen Wunsch nach Anerkennung und Zuwendung.

Als einziges Mittel, diese verhängnisvolle Entwicklung zu stoppen, sah man die Abschaffung der Heime alter Art und die Einführung des Familienprinzips mit ständigen Betreuungspersonen z. B. in den Kinderdörfern an. Wenn die Kinder – wie im Zweiten Weltkrieg – ihre Mütter und Väter verloren hatten, sollten sie wenigstens Gelegenheit erhalten, eine Beziehung zu einer Ersatzmutter aufzubauen.

Was die Bewertung des Geschehens und die Lokalisierung der schädigenden Faktoren angeht, erkennen wir im Hospitalismuskonzept die Tendenz, nicht nur die Muttertrennung, sondern die Verhältnisse in den Kliniken und Heimen für nachteilige Wirkungen verantwortlich zu machen. Aber wie z. B. YARROW (1971) in einer 10jährigen Studie zeigte, brauchen wir nicht mit so gravierenden Folgen zu rechnen, wie sie ursprünglich befürchtet wurden.

Körperliche Ursachen

Kritiker des Hospitalismuskonzepts hielten es von Anfang an für unwahrscheinlich, daß die beschriebenen verheerenden Folgen allein der Muttertrennung und der Heimsituation zugeschrieben werden können. Dabei schlug das Pendel wieder zu einer mehr medizinisch orientierten Auffassung zurück.

Als erstes wurde angenommen, daß unter den Kindern, die nicht in Familien untergebracht werden konnten und deshalb längere Zeit im Heim blieben, vermehrt von Anfang an beeinträchtigte und rückständige Kinder mit geringeren Entwicklungsmöglichkeiten waren (FIELD 1979). In den ursprünglichen Untersuchungen fehlte eine Kontrolle von Schäden um die Geburt, als deren Folge wir heute bei den sogenannten Risikokindern minimale Hirnfunktionsstörungen annehmen, die sich nachteilig auf die psychische Entwicklung auswirken können. Solche und andere Wirkungen bei »schlecht gedeihenden Kindern« darf man nicht allein der Heimerfahrung anlasten. Was z. B. das erwähnte Kopfschlagen und Körperschaukeln angeht, das viele Menschen als Zeichen für eine Kindheit ohne Liebe ansehen, wissen wir heute, daß es bei 15 bis 20% aller kleinen Kinder unabhängig von

Heimaufenthalten vorkommt und normalerweise nach dem 3. Lebensjahr von selbst verschwindet. Zur fortdauernden Gewohnheit scheint es leichter auf der Basis einer minimalen Hirnschädigung zu werden (YANCY 1981).

Als besonders erklärungsbedürftig erscheint auch heute noch der körperliche Verfall des sogenannten »Marasmus«. Hier sind vielleicht unentdeckt gebliebene Ernährungsmängel in Rechnung zu stellen, die den Widerstand gegen Krankheiten herabsetzen und dadurch zu körperlichen Schäden beitragen. Jedenfalls klassifizieren wir heute als »infantilen Marasmus« die Eiweißunterernährung, die zu Gesundheitsschäden mit Wachstumsrückständen bis in die kindliche Gehirnentwicklung hinein führt (LIPSITT, FIELD 1982). Diese Schädigungen sind in der Armutsbevölkerung unserer Tage weit verbreitet – in Uganda z. B. sind nach Schätzungen 50 % der unter 4jährigen davon betroffen. Wenn wir die ganze Welt betrachten, muß hierin wahrscheinlich der heute wirksamste Feind der menschlichen Entwicklung gesehen werden. Seine Bekämpfung sollte am Anfang aller weiterer Bemühungen um eine gesunde seelische Entwicklung stehen.

Als Ursache für die hohe Sterblichkeitsrate der 1- bis 2jährigen Kinder bei SPITZ denken wir neben Infektionskrankheiten – über die SPITZ z. B. nicht berichtet und die vielleicht durch Ernährungsmängel begünstigt waren – unwillkürlich auch an das Phänomen des plötzlichen Säuglingstodes, der auch Krippentod genannt wird. Diese Todesart wird bei Risikokindern mit von Anfang an schwachen Atemreflexen in Zusammenhang gebracht. Die Kinder sind anscheinend unfähig, durch Husten und Schnaufen die Atemwege frei zu bekommen und sich selbst vor der Bedrohung zu schützen. Die Ursache soll ein fehlgeleitetes Lernen auf der Grundlage einer Hirnfunktionsstörung sein, die zu plötzlichem Atemstillstand führt (LIPSITT 1978). Der Hergang gibt aber weiter Rätsel auf. Kinder, bei denen diese Todesart diagnostiziert wird, sollen z. B. bereits als Neugeborene im Schlaf ein abweichendes Atemverhalten zeigen. In einer Studie, in der 137 Neugeborene über Monate auf Verhaltensweisen untersucht wurden, die als Vorzeichen für den plötzlichen Kindestod gelten, zeigte es sich im Rückblick, daß eine solche Beobachtung bei einem tatsächlich derart gestorbenen Kind nicht gemacht werden konnte. Auffallend war nur, daß das Kind

Schulter und Nacken nicht so gut wie andere Kinder heben konnte. Erfahrenen Säuglingsschwestern war das Kind als passiv, zu ruhig und eher gedrückt aufgefallen. Sein Lallen war mit Atemanhalten durchsetzt und das Schreien durch solches Anhalten unterbrochen. Das im Alter von 5 Monaten und 3 Wochen gestorbene Kind wachte eine Woche vorher mit blauen Füßen und Händen auf (YOUNG, FEDERMAN 1980).

Inwiefern die Luftverschmutzung, die neuerdings für den Krippentod verantwortlich gemacht wird (z. B. DER SPIEGEL Nr. 2, 1984), im Ursachenbündel als zusätzlicher Risikofaktor in Frage kommen kann, bedarf weiterer Abklärung, sollte aber vorsorglich bei der Entwicklungsberatung in öffentlichen Angelegenheiten mitbedacht werden.

Neue Bewertungen

Wenn wir die genannten körperlichen Faktoren aus dem Ursachenbündel ausklammern, kommen wir zu einem bereinigten Hospitalismuskonzept, das viel von seinem Schrecken verliert und zu einer neuen Bewertung der Heimerfahrungen führt. Wir müssen heute auch bedenken, daß die Verhältnisse der Massenpflege, auf die sich die Schilderungen der Ärzte von PFAUNDLER und SPITZ bezogen, weitgehend der Vergangenheit angehören. Natürlich sind noch immer Wünsche offen. Aber nicht zuletzt durch das Verdienst dieser und anderer Forscher haben sich die Betreuungs- und Erziehungssituationen grundlegend gebessert, wobei z. B. die Ernährung und Körperhygiene, kleine Gruppen und das Familienprinzip zu nennen sind.

Nach Kenntnis des vermehrten Vorkommens von Risikokindern in den Heimen sollte in der Vorbeugung wieder mehr die medizinische Versorgung in ihr Recht gesetzt werden. Die Früherkennung von geschädigten Kindern und ihre anschließend angemessene Förderung durch sonderpädagogische Hilfen ist ein wichtiges Thema in der Prävention und der Förderung der seelischen Gesundheit in den Kinderheimen.

Was die psychologische Wirkung der Heimerfahrungen angeht, wissen wir heute, daß alles von den Einzelheiten in den Bedingungen der Betreuung und Erziehung abhängt. Daß sich die Verhältnisse heute gebessert haben, geht aus einer Untersuchung hervor, in der Kinder von Geburt an 8 Jahre im Heim blieben und dabei jeweils durch die Hände von immerhin 50 bis 80 Erziehern gingen. Die Längsschnittstudie fand in Londoner Heimen in den 70er Jahren durch TIZARD und HODGES (1978) statt. Die Kinder zeigten eine nur geringfügig beeinträchtigte Intelligenzentwicklung, die im Normalbereich lag. Im Sozialverhalten fielen die Heimkinder allerdings auf, weil sie sich im Vergleich zu Familienkindern mit 2 Jahren mehr anklammerten, mit 4 Jahren mehr Beachtung suchten und mit 8 in der Schule häufiger ungehorsam, unruhig und bei den Mitschülern unbeliebt waren.

In einer auf die Bedürfnisse der Kinder abgestellten speziellen Heimerziehung kann es jedoch gelingen, sogar bei Risikokindern die Verlangsamung der Entwicklung zu mildern, die bei ihnen sonst beobachtet wird (BELSKY, STEINBERG 1978).

Sicherlich bleiben in jedem Fall Unterschiede zur Familienerziehung, die auch bei günstigen Heimbedingungen nicht bezweifelt werden können. Aber es sind im Verhältnis zum früheren Hospitalismussyndrom vergleichsweise geringfügige Risiken, die wir bei Entscheidungen über den Aufenthalt von Kindern den Risiken der zur Verfügung stehenden Alternativen, z. B. wechselnde Pflegestellen, gegenüberstellen müssen. Da die Heimerziehung in vielen Fällen als einzige Möglichkeit bleibt, ist es sehr wichtig, das Ansehen der Einrichtungen und der in ihr tätigen Erzieher zu verbessern und die Heime selbst als Angebot für das Kind attraktiv zu machen. Diese Überlegung gilt auch für die oft angefeindeten Kinderkrippen. Sicherlich ist es erschreckend zu hören, daß bei Kindern, deren beide Eltern berufstätig sind, der »Marsch durch die Institutionen« oft schon im Alter von 8 Wochen in sog. »Liegekrippen« programmiert wird, an die sich »Laufkrippen« und der Kindergarten mit Hort für Drei- bis Fünfjährige anschließen. Aber wir müssen auch hier an die Alternativen denken, die ohne diese Hilfe bleiben, denn nicht überall kann die Betreuung der Kinder durch rüstige Großeltern oder Tagesmütter übernommen werden.

In der Forschung wird das Hospitalismuskonzept kaum mehr verwendet. Es hat seine Anziehungskraft verloren, weil sich das Interesse auf das Deprivationskonzept verlagert hat. In dieser neuen Forschungsrichtung finden wir weitere Hinweise, wie die Betreuung und Erziehung der Kinder unter der Heimbedingung und Muttertrennung verbessert werden können.

Deprivation: soziale oder kognitive Ursachen?

Im Deprivationskonzept – von deprivare: berauben –, das von BOWLBY (1951) eingeführt wurde, interessierten gegenüber den körperlichen Ursachen, die zuletzt im Hospitalismussyndrom Beachtung gefunden hatten, jetzt wieder psychische Wirkungen von Ereignissen in der Umwelt des Kindes. Im Ursachenbündel wurde zunächst die Heimbedingung vernachlässigt und die Aufmerksamkeit allein auf die Trennung des Kindes von der Mutter gerichtet. In Gestalt des Konzepts der sensorischen Deprivation kam es dann anschließend zu einem Rückschlag des Pendels.

Mütterliche Deprivation

In dem von BOWLBY verwendeten Konzept der »mütterlichen« Deprivation wird gegenüber der Heimbedingung zunächst ausdrücklich die Muttertrennung unter den Ursachen hervorgehoben. Den Ausgang bildete eine Arbeit, in der längerdauernde Muttertrennungen in den ersten fünf Jahren in die erste Reihe der Ursachen für die »Diebstahlssymptomatik« bei Jugendlichen und den »gemütlosen Charakter« eingeordnet wurden (BOWLBY 1944).

Weiteres Aufsehen erregte BOWLBY (1951) mit einem Bericht, den er im Auftrage der Weltgesundheitsorganisation vorlegte. Er sah – wie FREUD – die mütterliche Pflege für das Kind als unersetzbar an und erklärte, daß für die seelische Gesundheit die frühe Mutterliebe so unerläßlich wie Vitamine und Eiweiß für die körperliche Gesundheit seien. Nach seiner beeindruckenden Analyse aller bis dahin vorliegenden Arbeiten wurde die mütterliche Deprivation zum Feind Nummer eins aller Bemühungen um eine gesunde seelische Entwicklung bei kleinen Kindern erklärt.

Unter Deprivation verstand BOWLBY das Ereignis einer vorübergehenden Muttertrennung oder einer längerfristigen Entbehrung der Mutter in den ersten Lebensjahren des Kindes. Dazu gehört, daß keine Gelegenheit besteht, eine neue Beziehung zu einer ständigen Betreuungsperson an Stelle der Mutter aufzubauen. Mit dem Terminus »Deprivation« sind neben dem Ereignis auch die Auswirkungen angesprochen: Bei kurzfristiger Trennung beschrieb BOWLBY eine dreiphasige Zustandsfolge: Protest, Verzweiflung, Abkehr und Kummer. In der Langzeitwirkung sah er bei den Kindern und Jugendlichen, die durch die Hände mehrerer Pflegemütter und Ersatzeltern gegangen waren, als unweigerliche Folge die Entstehung von Intelligenzschäden, von Charakterschwäche und Gemütlosigkeit, Sozialschwäche und Jugendkriminalität. Unterstützt wurde er durch den Folgebericht der Weltgesundheitsorganisation, in dem seine Schülerin AINSWORTH (1962) die weiteren Arbeiten zum Thema zusammenfaßte.

Damit hatte BOWLBY die Argumente geliefert, die in einer inzwischen 35jährigen Bewegung gegen die mütterliche Deprivation verwendet werden. Das Familienprinzip in den Heimen wurde als nicht ausreichend angesehen. Vielmehr sollten die Heimplätze drastisch reduziert und Frühadoptionen sowie das Pflegekinderwesen energisch gefördert werden. Es wurde gefordert, die Mütter von einer Berufstätigkeit abzuhalten, damit sie bei ihren kleinen Kindern bleiben könnten, und zum Ausgleich die Einführung eines Mutterschafts- bzw. Erziehungsgeldes verlangt.

Sensorische Deprivation

Einige Forscher haben BOWLBYS Annahmen über die Wirkung der Muttertrennung zurückgewiesen, weil sie glaubten, daß bei den Heimkindern ein Mangel an Sinnesreizen und kognitiver, d. h. geistiger Anregung ausschlaggebend sei (YARROW 1961, CASLER 1968, CLARKE-STEWARD 1973). Ihre Argumente bezogen sie aus der lerntheoretischen und neuropsychologischen Forschungsrichtung (HEBB 1949, HUNT 1961, 1979). Vorwiegend in Tierexperimenten ging es um die Wirkung von empfindungsmäßigen Reizverarmungen und Reizanregungen. Die Forscher wußten zwar, daß es in den Tierversuchen und nach den ersten Ergebnissen unmöglich war, eindeutig zu entscheiden, ob ein Rückstand allein auf Muttertrennung, sensorische Deprivation, sonstige Umweltveränderungen, noch andere Faktoren oder auf alle Faktoren gemeinsam zurückzuführen ist. Sie waren sich auch der Problematik von Schlußfolgerungen aus dem tierischen Bereich bewußt. Trotzdem übertrugen sie die Befunde versuchsweise auf den Humanbereich und kamen dabei zu einem neuen Erklärungsmuster der Forschungsergebnisse zum Hospitalismus und zur Mutterdeprivation. Die Annahme lautete, daß der Haupteffekt bei den schädlichen Folgen nicht von der Mutterentbehrung, sondern einer »Beraubung« von kognitiven Anregungen ausgeht.

Diese Annahme traf mit der Zeitströmung der Frauenemanzipation zusammen, die an einer »Entmythologisierung« der Mutterrolle interessiert war. Das Konzept der Mutterdeprivation stellte für die Frauenbewegung eine Provokation dar, man sah den Zwang zur Mutterrolle festgeschrieben. Demgegenüber bot die Erklärung der sensorischen Deprivation die Möglichkeit einer Befreiung aus diesen Zwängen. Man konnte es nun als gefahrlos ansehen, wenn Mütter bald nach der Geburt ihres Kindes wieder berufstätig wurden und die Kinder in der sogenannten Mehrfachbemutterung Ersatzmüttern überließen. Eine persönliche Beziehung galt als überflüssig, wenn nur ein Anregungsmangel vermieden wurde.

Diese Auffassung unterstützte eine zweite Zeitströmung, die – wie erwähnt – zu der Angewandten Forschung in der Vorschulerziehung führte (HUNT 1961, BLOOM 1964). Sie stellte in Aussicht, durch frühes Eingreifen eine kognitive Förderung vor allem zur Herstellung von Chancengleichheit bei benachteiligten Kindern zu erreichen. Dabei wurde angenommen, daß in den ersten Jahren eine Zeit beschleunigter Intelligenzentwicklung vorliegt, die genutzt werden muß. Dazu waren Anregungen von verschiedenen Personen gerade recht. Eine persönliche Beziehung zu einer Mutter – oder eine einzelne an ihre Stelle tretende Person – wurde zunehmend als Verarmung und als überflüssig angesehen. Man glaubte vielmehr, die persönliche Beziehung durch ein Bündel an taktilen, visuellen, akustischen und verbalen Reizen ersetzen zu können.

Die Frage ist, ob in der Verfolgung der Erklärungsmuster der mütterlichen und sensorischen Deprivation im Namen der Wissenschaft nicht manchmal des Guten zu viel getan worden ist. Inzwischen hat es jedenfalls in der Bewertung der beiden Konzepte eine deutliche Trendwende gegeben.

Was die mütterliche Deprivation angeht, sah sich BOWLBY einige Jahre nach seiner erfolgreichen Schrift aus dem Jahre 1951 veranlaßt, seine Schlußfolgerungen abzumildern. In einer Langzeitbeobachtung hatte er bei 60 Kindern, die vor dem 4. Lebensjahr in einem Tuberkulosekrankenhaus längere Muttertrennungen erfahren hatten, die Deprivationswirkung nicht im erwarteten Ausmaß feststellen können (BOWLBY u. a. 1956).

Differenziertere Untersuchungen führten inzwischen zu der Auffassung, daß im Ursachenbündel nicht allein die Muttertrennung zu beachten ist und daß es unterschiedliche Folgen bei bestimmten Ereignissen und individuelle Verarbeitungsweisen bei den Kindern gibt (LANGMEIER, MATEJECK 1963, SCHMALOHR 1968). RUTTER (1979) konnte in einer Überprüfung der ursprünglichen Arbeit BOWLBYS (1944) zur Jugendkriminalität und Gemütlosigkeit zeigen, daß dafür weniger eine Muttertrennung als vielmehr belastete und gestörte Familienverhältnisse und damit einhergehende Sozialschwäche und Mängel in der Normaneignung verantwortlich zu machen sind (vgl. TIZARD, HODGES 1978).

Was die sensorischen Deprivationsfolgen angeht, rückt in der Kritik die geringe wissenschaftliche Gültigkeit der aus den Tierversuchen abgeleiteten Argumente ins Bewußtsein. In differenzierter Betrachtung kommen Anregungsmängel vorwiegend für die Erklärung von Intelligenzrückständen, aber nicht von sozialen und emotionalen Defiziten in Frage. Zu einer Ernüchterung in der Einschätzung der Möglichkeiten, die Mutter-Kind-Beziehung durch sensorische und kognitive Reizanregungen zu ersetzen, haben auch die Ergebnisse in der vorschulischen Frühförderung beigetragen. Gemessen an den euphorischen Erwartungen des Head-Start-Projekts in den USA mit einem Start vor der Schulzeit erwiesen sie sich als Fehlschläge, und die methodischen Ansätze BLOOMS (1964) wurden kritisiert (McCALL 1977,

SCHMALOHR 1975, 1978). Deshalb war es nicht verwunderlich, daß in der entwicklungspsychologischen Forschung neue Impulse entstanden, die zu einer Revision der Vorstellungen führten und die Mutter-Kind-Beziehungen in neuem Licht erscheinen ließen.

Welche Korrektur dem Zeitgeist nach in unserer Bundesrepublik dieses Mal notwendig erschien, kündigte sich in einer »Initiative gegen frühkindliche Deprivation« an, als die sich eine im Jahre 1977 gegründete »Deutsche Liga für das Kind« versteht (SCHAEFER 1981). Diese Vereinigung rief zur »Vermeidung der für jede Gesellschaft störenden, ja oft deletären (d. h. verderblichen, tödlichen) Folgen der Deprivation« auf, »ohne deren Realisierung kein gesellschaftliches Leben möglich ist«. Es geht ihr um das Ziel, »die bestehende Gesellschaft nach Möglichkeit vor Verfall zu retten, z. B. Delinquenz (Kriminalität) und Devianz (abweichendes Verhalten) der kommenden Generation zu verhindern«. Dazu wird gefordert, die gesellschaftliche Lage, in der sich »die Einstellung zur Familie... nicht zuletzt durch die Berufstätigkeit der Frau« verändert hat, »Schritt für Schritt zu korrigieren«, wobei »biologische Tatsachen von erheblicher Bedeutung sind«.

Bindung: durch Prägung verursacht?

Dem Konzept der sensorischen Deprivation lagen lerntheoretische Auffassungen zugrunde, in denen die Ursache für Schädigungen vorwiegend in Faktoren der Umwelt gesehen wurde. In der Folgezeit schlug das Pendel erneut auf innere Bedingungsfaktoren zurück, auf Ereignisse, die wieder der Mutter – mehr indirekt und mehr direkt – Ursachen zuschrieben. Der Auslöser war einmal mehr BOWLBY (1969), der seine Bindungstheorie vorlegte und für sein früheres Konzept der mütterlichen Deprivation gewissermaßen die Theorie nachlieferte.

Zunächst wurden die Schäden der Trennungserfahrungen durch Bindungsvorgänge im Kind erklärt. Es entstand eine neue Blickrichtung, weil man nicht mehr wie beim Hospitalismus und der Deprivation von den schädlichen Wirkungen ausging, sondern vielmehr von positiven Entwicklungsereignissen in der Herstellung neuer Beziehungen zwischen Mutter und Kind. Für die präventiven Überlegungen eröffneten sich damit Möglichkeiten, neben der Vermeidung von schädlichen Wirkungen an die Stärkung der positiven Entwicklungskräfte, d. h. hier die Bindung zu denken, um die seelische Gesundheit zu fördern.

Für die Mutter entstand die Aufgabe, für den Aufbau einer Bindung beim Kind zu sorgen. Später sah man als eine Voraussetzung für diese Aufgabe an, daß die Mutter ihrerseits eine Bindung zum Kind herstellt. Für ihre Bindung zum Kind erschien die Mutter direkt und für die Bindung des Kindes zu ihr indirekt verantwortlich.

Bindung an die Mutter

Mit der Bindungstheorie wurden die Folgewirkungen einer Mutterdeprivation durch das Unterbrechen einer biologisch verankerten Bindung erklärt. Die Argumentation stützte sich auf die Ethologie, die vergleichende Verhaltensforschung bei Tieren, und verwendete die Konzepte der Prägung und der kritischen Phasen (WATERS 1982). Im Lichte der Anpassung in der Entwicklung der Arten sollte eine Vielzahl von Verhaltensweisen bei Kindern besser verständlich gemacht werden. Die Hauptthese lautete, daß eine relativ kurze Zeit über die Prägung des Kindes durch die Mutter und damit eine lebenslang wirksame Bindung an sie oder eine an ihre Stelle tretende Person entscheidet. Diese Bindung soll vor seelischen Entwicklungsschäden schützen, ihre Unterbrechung aber die Deprivationsfolgen herbeiführen. Bei der Prägung auf die Mutter helfen angeborene Faktoren auf seiten des Kindes, das Anklammern an die Mutter, das Saugen, Schreien, Lächeln und Nachfolgen. Diese Verhaltensweisen wurden in Analogie zu instinktiven Verhaltensweisen beim Tier gesehen. Danach erhöht die von Anfang an bestehende Angst des Kindes vor einer Trennung von der Mutter bei Tierjungen wie bei Menschenjungen die Überlebenschancen.

Das Bindungskonzept hat zu der weiteren Annahme geführt, daß eine Bindung an die Bezugsperson auf die Dauer unselbständig machen kann. Aus lerntheoretischer Sicht besteht die Gefahr, daß das Kind in seiner Bindung bekräftigt wird und deshalb bei jedem Schritt von der Mutter weg in Angst gerät. Tatsächlich kennen wir Kinder, die sich anklammern und sich nicht trauen, Kontakte zu Altersgenossen und anderen Menschen aufzunehmen. AINSWORTH (1978) und ihre Mitarbeiter haben zu dieser Frage im Rahmen des Bindungskonzepts Experimente zur Fremdensituation durchgeführt, in denen das Verhalten der Kinder ihrer Mutter und einem Fremden gegenüber miteinander verglichen wurde. Sie unterschieden dabei zwischen sicherer und unsicherer Bindung. Das Anklammerungsverhalten und die Ängstlichkeit Fremden gegenüber werden bei Kindern mit einer unsicheren Bindung beobachtet. Bei einer sicheren Bindung mit befriedigenden Beziehungen ist das Kind für künftige Trennungserfahrungen besser ausgestattet und bereit, seine Sozialbeziehungen zu erweitern.

Durch diese Arbeiten kam es auch zur zeitlichen Festlegung der kritischen Phasen, die in der Bindungstheorie angenommen werden. Danach gilt als besonders gravierend eine Unterbrechung der Bindung zwischen 6 Monaten und 2 Jahren, wenn sie durch die mit 8 Monaten auftretende Fremdenangst vertieft wird. Diese Angst zeigt an, daß das Kind die anfangs relativ unspezifische Bindung zu einer ganz persönlichen Bindung an eine bevorzugte Person, die nicht die leibliche Mutter sein muß, ausgebaut hat. Die Fremdenangst wird überwunden, wenn die Kinder zunächst positiv auf Altersgenossen reagieren, aber gegenüber älteren Kindern und Erwachsenen noch vorsichtig bleiben.

Auf die hier genannten Vorgänge und Zeitpunkte ihres Auftretens werden bis heute Maßnahmen ausgerichtet wie: die gemeinsame Aufnahme von Mutter und Kind und verlängerte Besuchszeiten im Krankenhaus, die Mutterschutzzeit und Zahlung eines Mutterschafts- oder Erziehungsgeldes und der Beginn einer Berufstätigkeit der Mutter nach der Geburt eines Kindes.

Bindung an das Kind

Eine neue Sichtweise entsteht, wenn man sich klarmacht, daß es schließlich die Mutter ist, die eine Bindung herstellt und sie gestaltet. Es hilft dem Kind wenig, eine Bindung aufzubauen, wenn nicht umgekehrt auch die Mutter in der Beziehung aktiv wird. Die Mutter nimmt z. B. ihr Kind eher an, wenn die Schwangerschaft erwünscht war. Unserem Alltagsverständnis kommt weiter die Annahme entgegen, daß der Aufbau einer Beziehung gefördert wird, wenn die Mutter das Kind gleich nach der Geburt sehen und an ihren Körper kuscheln kann. Viele Mütter berichten, daß in diesem Augenblick ihre Mutterliebe gewissermaßen erwacht.

Andererseits wissen wir, daß manche Mütter gefühlsmäßig noch gar nicht richtig mitzuschwingen vermögen, wenn sie ihr Kind zum erstenmal im Arm halten. Sie berichten davon, daß es bis zum 3. Monat dauert, ehe sie gewiß sind, ihr Kind zu lieben. Offenbar brauchen sie einen längeren vertrauten Umgang, bevor sie in ihrer neuen Rolle Sicherheit gewinnen. Das zu wissen, ist für die Mütter wichtig, damit im Anfang nicht unnötig Schuldgefühle entstehen, wenn der Aufbau der Beziehung nicht gelingt. Besonders schwer haben es dabei offenbar Mütter von Frühgeborenen, wenn ihnen die Kinder zur besonderen ärztlichen Versorgung sofort nach der Geburt weggenommen werden und sie mit ihnen deshalb wenig Umgang haben.

Solche Erfahrungen in der Alltagswelt wurden durch zwei Wellen von Forschungsbewegungen vor allem in den USA bestätigt, die zur Erweiterung des Bindungskonzepts führten.

(a) Zunächst wurde das Bindungskonzept durch tierpsychologische Untersuchungen gestützt, vor allem durch Experimente an Rhesusaffen, die in Isolation gehalten wurden und dadurch in ihrem sozialen und geschlechtlichen Verhalten und später vor allem auch in ihrem mütterlichen Verhalten beeinträchtigt und gestört waren (HARLOW 1966, SCHMALOHR 1968, RUPPENTHAL 1976). Es gab aber von vorneherein Warnungen vor einer unzulässigen Übertragung der Ergebnisse auf den menschlichen Bereich. Trotzdem haben diese Studien unsere Alltagspsychologie unerwartet stark beeinflußt und das Bindungskonzept gefördert.

In der Praxis der Sozialarbeit, der Pädiatrie und Kinderpsychiatrie und der entsprechenden Fachliteratur wurden Fehlschläge in der Bindung der Mutter an das Kind zur Erklärung von Fehlentwicklungen herangezogen. Es galt als ausgemacht, daß Fehlformen in der Erziehung aus einer fehlgeschlagenen Bindung herrühren und diese nicht nur für Verhaltensstörungen beim Kind, sondern auch bei der Mutter z. B. für Kindesmißhandlungen verantwortlich sind. Dieses

Muster diente zur Erklärung für die Entstehung von allen möglichen anderen Entwicklungsstörungen bis hin zur Jugendkriminalität und Schizophrenie. Die Beweise wurden mit Hilfe der vergleichenden Verhaltensforschung geführt.

Die Behauptung solcher Zusammenhänge stellte für die entwicklungspsychologische Forschung der 70er Jahre eine Herausforderung dar. Die Kritik begann mit einem einflußreichen Artikel, der vor allem den Anteil des Kindes am Geschehen hervorhob und eine gradlinige Wirkung von Elterneinflüssen in Frage stellte (BELL 1968). Die Untersuchungen zur Deprivations- und Bindungstheorie mit ihren Annahmen über schädigende Wirkungen wurden methodisch und inhaltlich neu bewertet (z. B. RUTTER 1972, 1979). Man erkannte, daß die Deprivationswirkungen bei Tieren durchaus aufhebbar waren und auch schwere Störungen für spätere Lernerfahrungen offen sind (MASON, LOTT 1976, SCHMALOHR 1979). Es zeigte sich ferner, daß die Bindungsmuster der sicheren und unsicheren Bindung, die als Prägungsergebnis galten, kulturellen Abwandlungen unterworfen sind. Nur wenige Kinder einer Bielefelder Untersuchung erreichten die bei Kindern in den USA gewohnte »sichere Bindung« (GROSSMANN 1981). Andere Forscher hoben Temperamentseigenschaften auf seiten des Kindes hervor, um in Längsschnittstudien zu zeigen, welchen Einfluß überdauernde Eigenschaften des Kindes auf seine spätere Entwicklung haben (THOMAS, CHESS 1977). Es wurde wahrscheinlich gemacht, daß die überdauernden Eigenarten der sicheren und unsicheren Bindung der AINSWORTHschen Fremdensituation ihre Grundlage nicht in Prägungen, sondern in Temperamentseigenschaften der Kinder haben (WATERS 1978). In Literaturübersichten wurden andere theoretische Konzepte zum Verständnis der frühen Entwicklung ins Spiel gebracht (SAMEROFF 1975, CLARKE 1976).

Diese Forscher stimmten einhellig darin überein, daß die Erfahrungen des Kindes in den ersten Lebensjahren einschließlich der Mutter-Kind-Beziehungen keine große Vorhersagekraft für das spätere Verhalten des Kindes haben. Zwar wurde ein Einfluß der Mutter nicht bestritten, aber andere Faktoren wurden als ebenso bedeutsam angesehen, der Vater, die Geschwister, die Situation in der Familie und ihre Auswirkungen auf das Kind und die Einflüsse aus der sonstigen Umwelt. Die Entwicklung, so wurde angenommen, schreitet unter Einwirken aller dieser Einflüsse fort, ohne daß einem Faktor oder einer bestimmten Altersperiode eine alles beherrschende Bedeutung zugewiesen werden kann.

Aber diese Fortschritte in der Forschung in den USA haben die Diskussion in unserem Land nicht richtig erreicht. Vielleicht waren wir noch zu sehr mit dem Deprivationskonzept und seinen politischen Verwicklungen beschäftigt. Was uns wohl erreicht hat, ist der neue Ansturm von Vertretern der Bindungstheorie, die den hergestellten Konsens wieder aufhoben und mit neuen Argumenten und Formulierungen die These wiederaufleben ließen, daß eine frühe Bindung zwischen Mutter und Kind von entscheidender Bedeutung für die seelische Zukunft des Kindes ist.

(b) Diese zweite Welle der Bindungstheorie ersetzte den früheren Ansatz einer kritischen Periode im ersten Lebensjahr durch die neue Festlegung auf die ersten Tage, ja Stunden nach der Geburt. Es waren die amerikanischen Kinderärzte KLAUS und KENNELL (1976), die die Bindungstheorie aufgrund ihrer Arbeit mit Frühgeborenen und Risikokindern in dieser Weise zuspitzten. Ihr Buch wurde 1983 in deutscher Sprache herausgegeben und schlug in die gleiche Kerbe wie die verhaltensbiologisch orientierten Arbeiten und die »Initiative gegen frühkindliche Deprivation« (HASSENSTEIN 1972, SCHAEFER 1981, HEMMINGER, MÜLLER-WITT 1983).

KLAUS-KENNELL sahen bei den Schwierigkeiten von Frühgeborenen und Risikokindern in ihrem Fortkommen als entscheidend die Tatsache an, daß zur ärztlichen Versorgung im Brutkasten sofort nach der Geburt eine Muttertrennung notwendig war. Sie gingen bei den Müttern von einer kritischen Phase für den Aufbau der Bindung in den ersten Stunden und Tagen aus und propagierten: Je früher die Herstellung einer Bindung, desto besser gedeiht das Kind und desto mehr liebt die Mutter das Kind. Eine frühe Bindung sollte vor allem bei kranken und behinderten Kindern die erste und als am wirksamsten angesehene vorbeugende Maßnahme sein. Von den Müttern wurde gefordert, sich an der Pflege und Versorgung von Frühgeborenen und Risikokindern durch angemessene Anregungen von Anfang an zu beteiligen, wenn die Kinder noch im Brutkasten liegen. Der Aufbau einer Bindung – so hieß es – ist bei diesen Kindern besonders wichtig, um Kindesmißhandlungen vorzubeugen, die bei den geschädigten Kindern gehäuft vorkommen. Wie sind diese Erkenntnisse zu bewerten?

Pseudo-Erklärungen

Es sind im wesentlichen zwei Annahmen, die in der Bindungstheorie zu einer Zuschreibung von Verantwortung auf die Mutter führen. Als Ereignis wird eine Prägung der Mutter in einer sogenannten kritischen Phase (a) und als Wirkungsfolge einer gestörten Bindung eine gestörte Verhaltensweise wie die Kindesmißhandlung angenommen (b). Zur Bewertung der Argumente aus der vergleichenden Verhaltensforschung und ihrer Anwendung werden hier entwicklungspsychologische Sammelreferate herangezogen (RUTTER 1972, 1979, BISCHOF 1975, CLARKE 1976, BRONFENBRENNER 1977, SVEDJA, CAMPOS, EMDE 1980, SCHMALOHR 1981b, CHESS, THOMAS 1982, HERBERT, SLUCKIN 1982).

(a) Im Tierreich ist besonders bei Schafen bekannt, daß eine Mutter durch die Geburt nur ihr eigenes Kind und kein anderes annimmt. Nach der Bindungstheorie wird das so verstanden, daß die Begegnung der Mutter mit dem geborenen Kind – die Begegnung in einer sensiblen Phase – zu einer Zuwendung, zur Bindung der Mutter an dieses Kind führt. Es wird gefolgert, daß dies nicht nur bei Schafen und anderen Tieren, sondern auch beim Menschen der Fall ist. Die vergleichenden Verhaltensforscher unterscheiden dieses Phänomen als »mütterliche Prägung« von der klassischen Prägung des Kindes.

Das genaue Zustandekommen einer solchen mütterlichen Prägung ist inzwischen in einer Reihe von Untersuchungen an Schafen und Ziegen weiter aufgeklärt worden. Dabei zeigte sich als erstes, daß die Mütter jedes fremde Junge akzeptieren, wenn es nur nicht zu lange bei einer anderen Mutter gewesen war. Die Annahme des Jungen hing nicht so sehr von einer sensiblen Phase ab, auch nicht von einer Prägung der Mutter. Vielmehr kam es auf die Anwesenheit oder Abwesenheit von Markierungen bei den Tierjungen an, die sie von anderen Müttern erhalten hatten, besonders durch den Geruch und durch deren Milch. Diese Art und Weise, ein

Junges zu akzeptieren oder abzulehnen, ist nicht als Prägung zu verstehen und dokumentiert andersgeartete Entstehungsbedingungen der Beziehung zwischen der Tiermutter und dem Jungen.

Der Frage, ob auch bei Menschenkindern eine Mutterprägung nachzuweisen ist, sind nur wenige Arbeiten nachgegangen. KLAUS und KENNELL (1972, 1974) entdeckten Unterschiede im mütterlichen Verhalten bei Frauen, die mit ihren Neugeborenen intensiven und weniger intensiven Kontakt hatten. Einen Monat nach der Geburt verbrachten die Mütter mit intensivem Kontakt beim Füttern mehr Zeit damit, die Kinder anzuschauen und zärtlich zu ihnen zu sein. Nach einem Jahr unterschieden sich die Mütter mit weniger Kontakt in ihren Antworten auf Interviewfragen und waren in einer körperlichen Untersuchung des Kindes weniger engagiert. In den beobachteten Interaktionen zwischen Mutter und Kind sowie in einer Spielsituation konnten keine Unterschiede beobachtet werden. Man wundert sich darüber, daß KLAUS und KENNELL diese Ergebnisse als Beweis für eine Mutterprägung interpretieren. Wiederholte Untersuchungen bestätigten die Befunde nicht (BRONFENBRENNER 1977).

Bei Müttern, die zu ihrem Frühgeborenen im Brutkasten keine Beziehung aufnehmen konnten, war im Vergleich zu Müttern mit voll ausgetragenen Kindern kein Unterschied im Augenkontakt festzustellen (LEIFER u. a. 1972). Auch bei der Überprüfung in größeren Zeitabständen und in anderen Hinsichten ließen sich keine eindeutigen Beziehungen zwischen mütterlichem Verhalten und einer späteren Bindung herstellen (SVEDJA u. a. 1980).

Die Kritiker kommen zu der Schlußfolgerung, daß es nicht gelungen ist, eine mütterliche Prägung zu beweisen und daß Unterschiede im Ausmaß der frühen Zuwendung sich auf das spätere mütterliche Verhalten nicht auswirken. Bei solchen Unterschieden wurde an folgende Faktoren gedacht: zu junges Alter von Teenagermüttern, schwere Schwangerschaften und Geburten, die das Zuneigungsverhalten erschweren, und Verstimmungen und Depressionen bei den Müttern. An den Arbeiten der KLAUS-KENNELL-Forschungsgruppe wird noch besonders kritisiert, daß die Ergebnisse durch die Sozialschicht der Mütter beeinflußt waren. Die Mütter aus den Armutsvierteln hatten mehr als von einer Mutterprägung von der sorgfältigen medizinischen und psychologischen Betreuung im Projekt profitiert.

(b) Wenn durch eine längere Trennung vom Kind der Aufbau der mütterlichen Bindung fehlschlägt, so behaupten die Bindungstheoretiker, sind die späteren Beziehungen unaufhebbar gestört. Bei Müttern, die später zu Kindesmißhandlungen neigen, wird im Rückblick angenommen, daß es sich um Mütter handelt, die sich gleich nach der Geburt nicht an ihr Kind binden konnten. Erste Untersuchungen, die dieser Frage nachgingen, sprechen gegen die Annahme dieses einen bestimmenden Faktors für das Zustandekommen der Kindesmißhandlung. Freilich kamen in Familien mit Kindesmißhandlungen Trennungen von Mutter und Kind durch Komplikationen bei der Geburt ziemlich oft vor, aber bei der Beweisführung fielen andere damit kombinierte Faktoren noch mehr ins Gewicht, vor allem Konflikte und Belastungssituationen. Es sind vor allem Belastungen durch instabile familiäre Verhältnisse sowie psychische Störungen und Unreife der Eltern, die als Vorläufer der Kindesmißhandlung neben den bisher überbewerteten Trennungserfahrungen in Frage kommen.

Die Schlußfolgerungen für die Praxis sind so problematisch, weil nicht nur die Ergebnisse so wenig eindeutig sind, sondern weil die Begriffsbildung so schwierig ist. Wir können von einer gelungenen oder gestörten Bindung nicht so sprechen, als wenn es sich um eine eindeutig bestimmte oder bestimmbare Tatsache handele. Die Anzeichen, die in Untersuchungen für eine Bindung, eine Zurückweisung oder Feindseligkeit verwendet werden, sind zu abstrakt und zu grob, um die subtilen Nuancen in den Mutter-Kind-Beziehungen zu kennzeichnen. Die Schwierigkeiten, vor denen wir in der Fremdensituation von AINSWORTH (1978) zur Bestimmung des kindlichen Bindungsverhaltens stehen, wiederholen sich hier bei den Indikatoren für das mütterliche Verhalten. Aber es kommen noch weitere Komplikationen hinzu. Wenn eine Mutter wenig Zuneigung, sprich Bindung an den Tag legt und mit geringer Gefühlsbeteiligung erzieht, kann es trotzdem sein, daß sie besonders sorgfältig auf die Bedürfnisse des Kindes achtet, weil sie sich ihrer Art der Zuwendung vielleicht bewußt ist. Was die Wirkung auf das Kind angeht, kann das

Verhalten optimal sein. Es gibt auch Mütter, die ihre Kinder innig lieben und die sie dennoch in Augenblicken der Empörung und Verzweiflung schlagen. Wir haben keine Belege, wie viele Mütter mit Trennungserfahrungen ihre Kinder nicht schlagen. Offenbar kommt es bei allen diesen Bestimmungen sehr auf die individuelle Situation an. Die in diesem Zusammenhang immer wieder interessierende Kindesmißhandlung wird im nächsten Teil des Buches weiter aufgeklärt.

Wie notwendig eine differenzierende Betrachtungsweise ist, wird uns bewußt, wenn wir bedenken, daß wir die entscheidenden Ereignisse im Bindungsgeschehen im Grunde gar nicht erfassen und auch wohl kaum erfassen können. Die Vorgänge würden als Entwicklungsphänomene eigentlich erst dann greifbar, wenn wir ihre Resonanz im Erleben des Kindes selbst beobachten könnten (KAGAN 1979). Die Sicht des Kindes, seine Überzeugungen und Ursachenzuschreibungen angesichts der Geschehnisse sind die eigentlich interessierenden Phänomene, über die wir so wenig Genaues wissen.

Bewertung

Zusammenfassend ist zu sagen, daß das Bindungskonzept keine Theorie darstellt, sondern allenfalls hilfreich ist, den Stand der Angelegenheit bei einem Kind zu beschreiben. Zur Aufdeckung von Ursache-Folge-Wirkungen und entsprechenden Vorhersagen ist das Konzept untauglich und liefert allenfalls Pseudoerklärungen und Pseudovorhersagen. Das Bindungskonzept wird uns nicht von der Einschätzung abbringen, daß die Zeit der Kindheit die künftige Entwicklung nicht unweigerlich bestimmt, sondern allenfalls beeinflußt. Selbst Evolutionsbiologen sehen es heute als höchst unwahrscheinlich an, daß eine so wichtige Beziehung wie die Mutter-Kind-Beziehung durch eine sensible Phase in einer bestimmten Zeit derart festgelegt sein soll, wie das manchmal behauptet wird. Eine gute Beziehung entsteht nicht nur punktuell und in den ersten Stunden und Tagen. Sie entsteht langsam und kann auch später noch aufgebaut werden. Vor allem sollte auf die Bedeutung späterer Erfahrungen und die Möglichkeit von Korrekturen durch spätere

Einwirkungen auf eingetretene Rückstände hingewiesen werden (SCHMALOHR 1979).

Mit dieser Bewertung soll das Bindungskonzept als Forschungsansatz nicht gänzlich verworfen werden. Aber wir können die Grenzen des Modells genauer beachten und die praktischen Konsequenzen mehr als bisher bedenken. Eine prinzipielle Änderung dieser Situation zwischen Forschung und Anwendung ist nicht zu erwarten, weil es sich um programmatische Forschung quasi ohne Ende handelt (KUHN 1962, AINSWORTH u. a. 1978). Ein Forschungsansatz, der nach einem bestimmten Modell strukturiert ist, kann in seinen Annahmen nicht durch einzelne Untersuchungen oder durch unzulängliche praktische Anwendungen widerlegt werden. Die Forscher halten trotz der Schwierigkeiten und angesichts von Enttäuschungen daran fest, weil es sich um ein Modell und eine Leitlinie für die Forschung handelt. Für das Verständnis der Zusammenhänge und für die Hypothesenbildung erweist sich dieses Modell trotz der Vorbehalte auch in neuen Untersuchungen immer wieder als fruchtbar.

Die hier vorgetragenen Bedenken richten sich deshalb auch weniger gegen den Forschungsansatz als solchen, sondern vielmehr gegen eine Unterschätzung der Fragwürdigkeit der Aussagen in diesem Bereich. Gleichzeitig richten sie sich gegen überhöhte Erwartungen, daß sich aus dem Konzept ohne weiteres praktische Lösungen ergeben, wenn man nur auf die Herstellung einer Bindung achtet.

Abbau von Anschuldigungen

Die soeben dargelegten Bewertungen versetzen uns in die Lage, bisher aus dem Bindungskonzept gezogene Schlußfolgerungen kritisch zu beleuchten. Es gilt vor Illusionen zu warnen, denen manche Fachleute und Eltern heute noch unterliegen, wenn sie ihre Entscheidungen nach dem Bindungskonzept auszurichten versuchen.

In unserer Gesellschaft ist eine glückliche Mutter-Kind-Beziehung mit einer gewissen Mystik versehen. Sie gilt als Symbol für alles Gute und Wünschenswerte. Die Forschungen zum Bindungskonzept präzisierten diese Vorstellungen und konnten deshalb zu einem wichtigen Bestandteil unserer Alltagspsychologie werden.

FREUD hatte die Mutterliebe in den ersten fünf Lebensjahren als entscheidend für die Persönlichkeitsentwicklung erklärt. Für BOWLBY waren es in seinem WHO-Bericht im wesentlichen die beiden ersten Lebensjahre, in denen die Mutterliebe »wie Vitamine und Eiweiß« wirken sollte. Jetzt wurden erste Tage, ja Stunden genannt, in denen es darauf ankommen soll, daß die Mutter für eine Bindung zu ihrem Kind zu sorgen hat. Auch was die Folgen angeht, wenn eine Bindung nicht gelingen sollte, wurden die Angaben immer mehr eingeengt. FREUD sprach noch allgemein, aber nicht weniger drohend von Persönlichkeitsstörungen, zu denen die unbewußten, unverarbeiteten neurotischen Angstkonflikte führen. BOWLBY hob als Folgen des Bindungsmangels bei den Kindern Jugendkriminalität, Intelligenzschäden und Verwahrlosung hervor. Und in der neuen Version wurden nach einer fehlgeschlagenen Bindung bei der Mutter eine Neigung zur Kindesmißhandlung und bei den Kindern Kriminalität und Störungen bis hin zur Schizophrenie prophezeit.

Damit lag für die soziale, pädiatrische und kinderpsychiatrische Praxis sowie für die Vorbeugung der Ansatzpunkt auf der Hand. Um etwas für eine seelisch gesunde Entwicklung zu tun, sahen es die Fachleute als ihre wichtigste Aufgabe an, die Mütter auf diese Zusammenhänge aufmerksam zu machen.

Es ist nicht zu bestreiten, daß mit Argumenten, die aus der Bindungstheorie abgeleitet wurden, in der Praxis viele Verbesserungen vor allem für frühreife und kranke Kinder erreicht worden sind. Neugeborenen- und Säuglingsstationen waren früher unpersönlich und steril und für die Eltern mit der Begründung der Infektionsvorbeugung verschlossen. Wir wissen heute auch genauer, was eine gute Beziehung ausmacht und sind nicht mehr so sehr wie früher auf mystische Vorstellungen von einer unbewußten und unkontrollierbaren Mutterliebe angewiesen.

Aber um welchen Preis sind diese Fortschritte erzielt worden? Der Glaube an eine Prägung durch die Mutter oder das Kind und die Annahme einer kritischen Phase lastet der Mutter eine Verantwortung auf, von der nicht bekannt ist, wie sie damit umgehen soll. Die Verantwortungszuschreibung ist um so problematischer, als es sich bei den Geschehnissen um biologische Prozesse handeln soll. Wenn mit der biologischen

Verankerung ernst gemacht wird, dann sind die Prozesse dem willentlichen Einfluß der Mutter weitgehend entzogen, und man muß sie deshalb einfach hinnehmen. Der Appell an die Mutter, ihre Verantwortung wahrzunehmen, stellt eine Überforderung dar. Er verlangt, ein natürliches Geschehen zu steuern, das nicht oder nur wenig kontrollierbar ist.

Aber auch abgesehen davon ergeben sich schwerwiegende Fragen. Was sagen wir zu einer Mutter, die wegen ihres eigenen Zustandes nach der Geburt oder wegen einer Schädigung des Kindes unvermeidbar daran gehindert ist, sofort jenen Hautkontakt aufzunehmen, der für so wichtig gehalten wird? Soll eine Mutter, die von ihrem Kind in der Neugeborenenzeit getrennt bleiben mußte, alles verloren geben? Und wenn später Kinder abweichendes Verhalten zeigen, sollen die Mütter dann daraus folgern, daß sie in der ersten Zeit versagt haben, daß sie nicht sensibel auf die Signale des Kindes eingegangen sind, daß sie ihre mütterlichen Aufgaben nicht erfüllt haben und als Mutter untauglich sind?

Das sind keine rhetorischen Fragen. Es gibt genügend Mütter, die sich mit Angst und mit Schuldgefühlen herumplagen, wenn sie von den Forderungen hören, die sich für ihr Verhalten aus dem Bindungskonzept ergeben. Viele Mütter können wegen ihrer Hausarbeit und Berufstätigkeit nie erwarten, diese Standards zu erfüllen.

Solche Überlegungen werden uns vor eilfertigen Ratschlägen bewahren, mit denen wir nur zu schnell die Mütter für alles verantwortlich machen möchten. Die wissenschaftliche Beweislage muß mehr als bisher eine heilsame Wirkung auf die üblichen Anschuldigungen haben. Wir müssen anerkennen, daß die Schwierigkeiten von Kindern viele Ursachen haben können. Wenn es Müttern und Kindern im Anfang nicht gelingt, eine Beziehung aufzubauen, so liegt damit nicht schon für die Zukunft alles fest. Frühe Fehler sind nicht unwiderruflich, und auch später noch sind Korrekturen erreichbar. Eltern müssen nicht heroisch hinter einem nie erreichbaren Ideal, perfekte Eltern zu sein, herrennen und sollten mit mehr Gelassenheit an die Kindererziehung herangehen. Sie sollten von unnötigen und destruktiven Ängsten und Schuldgefühlen ablassen, was nicht nur ihnen, sondern vor allem den Kindern zugute kommt. Als Beispiel für den Ausgleich früher Entwicklungsrückstände von Heimkindern gilt eine spätere Adoption (SKEELS 1966). Kinder brauchen im Anfang nicht nur mit einer Person verbunden zu sein, sie können eine bevorzugte Bindung schon bald durch Mehrfachbindungen ablösen und sich dabei gut entwickeln (RUTTER 1979).

Mit alledem soll, das sei noch einmal ausdrücklich hervorgehoben, nicht gesagt sein, daß Verbesserungen, die das Bindungskonzept gebracht hat, wie das Rooming-in oder die Beteiligung von Eltern an der Brutkastenversorgung eines Kindes als bedeutungslos anzusehen ist. Es soll nur vor einer Panikmache gewarnt werden, die Gefährdungen zu übertreiben und die Hoffnung aufzugeben, wenn in der ersten Zeit nicht alles nach Wunsch verläuft.

Diese Zuversicht wird durch das Interaktionskonzept unterstützt, das eine große Spielbreite im Aufbau der Beziehungen und die Wirksamkeit auch späterer Lernprozesse wahrscheinlich macht.

Interaktion: das Zusammenspiel entscheidet

Die Bindungstheorie baut darauf, daß das Kind in den wechselseitigen Beziehungen arteigene Signale ins Spiel bringt, auf die umgekehrt die Mutter mit arteigenem Verhalten eingeht. In dieser Weise scheinen Vorgänge wie das Füttern, Schreien und Lächeln evolutionär weitgehend abgesichert zu sein. Neue Beobachtungstechniken, vor allem Zeitlupenstudien, machen jedoch deutlich, daß hier auch Lernprozesse am Werk sind und daß das Geschehen von Anfang an von Interaktionen zwischen Mutter und Kind bestimmt wird. Dabei wurde entdeckt, wie groß der Anteil des Kindes am Geschehen ist.

Der Pendelausschlag, der in der Bindungstheorie schließlich zu einer Überbewertung der Mutterkomponente geführt hatte, betont in der Gegenbewegung die Kindkomponente und die wechselseitigen Beziehungen der Interaktionspartner. Da es sich um direkte Beobachtungen an Müttern und Kindern handelt, ist die wissenschaftliche Gültigkeit der dabei gewonnenen Ergebnisse im Vergleich zu den abgeleiteten Argumenten aus der ethologischen Bindungstheorie, die sich an Tierexperimenten orientiert, wesentlich höher zu veranschlagen.

Die neuen Beobachtungen zeigen, daß Mutter und Kind von Anfang an einen großen Einfluß aufeinander ausüben, die Beziehung also nicht in Form einer Einbahnstraße funktioniert. Die Mütter beeinflussen nicht nur ihre Kinder, sondern die Kinder beeinflussen vielmehr ihre Mütter (BELL 1968, LEWIS, ROSENBLUM 1974, BRAZELTON u.a. 1974). Wir müssen von den früheren Vorstellungen loskommen, daß das Kind bloß passiv und ein hilfloses Wesen ist, das in einem »ersten dummen Vierteljahr« allein auf die Zuwendung von außen und auf Prägungen reagiert. Wir wissen heute, daß die Kinder von Anfang an aktiv auf die Welt zugehen und nach Kontakt, anregenden Erfahrungen und Bestätigung regelrecht suchen.

In einer gesunden Entwicklung fördern die Partner sich gegenseitig und bilden damit ihre sozialen Fähigkeiten aus. Es genügen nicht beliebige Anregungen oder instinktmäßig festgelegte auslösende Reize. Alles hängt vielmehr vom sensiblen Eingehen auf ganz individuelle Verhaltensmuster und von sich gegenseitig steigernden Aktivitäten ab. Im gegenseitigen Sich-Anschauen, beim Füttern, beim Gurren des Kindes und der Imitation durch die Mutter, beim Lächeln, immer entsteht ein persönlicher Austausch, der als Verhaltensdialog, Kommunikationsspiel und Tanz bezeichnet worden ist. In den wechselseitig fortschreitenden, »reziproken« Verhaltensänderungen werden die jeweiligen bestehenden Beziehungen überschritten und auf eine neue Basis gestellt. SAMEROFF (1975) spricht hier von Fortschritten nach dem »transaktionalen« Beziehungsmuster.

In den Zeitlupenstudien gibt es erste Hinweise darauf, daß es von Geburt an unwillkürliche Reaktionen beim Kind und bei der Mutter gibt, die ein erstes Erkennen und Abheben der Partner von anderen Personen wahrscheinlich machen. Das Kind kennt die Mutter offenbar früher, als das bisher angenommen wird. Mit 2 Wochen sollen die Kinder das Gesicht der Mutter eindeutig länger anschauen als das anderer. Mit 2 Monaten konnte man Unterschiede in der Reaktion auf Fremde, den Vater und die Mutter erkennen. Was die Versuche zur Imitation elterlicher Ausdrucksbewegungen wie Lächeln und Mundöffnen durch die Neugeborenen angeht, die auch in diesen Zusammenhang gehören, gibt es allerdings eine »kontroverse Befundlage« (NEUBERGER u. a. 1983).

Inzwischen mehren sich aber die Hinweise, daß die individuellen Verhaltensdialoge zwischen Mutter und Kind mit dem Leben des Kindes beginnen. Manche sehen es als fruchtbar an, von den vorgeburtlichen Geschehnissen oder dem Erleben der Geburt beim Kind selbst auszugehen (SCHINDLER 1979). Wenn wir uns an die Zeit nach der Geburt halten, fängt alles an, wenn die Mutter ihr Kind nach der Geburt anschaut und im Arm hält. Es wird verständlich, wenn man zur Überbrückung aus dem vorgeburtlichen Leben dem Herzrhythmus der Mutter Bedeutung beimißt. Die nach der Geburt fortgesetzte Wahrnehmung des Herzschlags wirkt vermutlich beruhigend, womit man das bevorzugte Halten des Kindes im linken Arm der Mutter in Zusammenhang gebracht hat (SALK 1973). Die Verhaltensdialoge des Anschauens, Fütterns, Schmusens, lautlichen Austauschs und des Lächelns bauen die Beziehung weiter aus. Der Austausch ist desto fruchtbarer, je mehr jeder Partner für Bestätigungen und Erfahrungen des anderen sorgt.

Wenn wir annehmen, daß die Beziehungen früher aufgebaut werden, durch die Entwicklung weniger abgesichert sind und individuellere Gestalt annehmen, als wir das nach der Bindungstheorie angenommen haben, dann müssen wir das Beziehungsgeschehen auch als wesentlicher störanfälliger als früher ansehen. Dabei können Gefährdungen, die nach Möglichkeit vermieden werden sollen, sowohl vom Kind als auch von der Mutter ausgehen.

Einfluß des Kindes

Erfahrungen der Reziprozität und Transaktion in der Beziehung mit einer Betreuungsperson gehören vermutlich zu den bedeutsamsten frühen Ereignissen, von denen man Wirkungen auf das Verhalten des Kindes annehmen kann. Wenn das Kind von Anfang an aktiv auf die Welt zugeht und auf der Suche nach anregenden Erfahrungen ist, dann muß es für sein Fortkommen erfolgreich die Aufmerksamkeit der Mutter und ihre kooperative Anregung erreichen. Es erfährt dabei Bestätigung und wird durch sensible Antworten der Mutter auf sein Verhalten gefördert.

Aber es gibt auch gegenseitige Hemmungen und Behinderungen in der Interaktion, und die Anregungen können mißlingen. Schwierig wird z. B. die Situation, wenn auf seiten des Kindes eine Bestätigungssuche gar nicht erst aufkommt. Hier zeigt sich die Bedeutung angeborener Faktoren für den Aufbau der Beziehung. Die inneren Mechanismen für die Kontaktsuche können unterbrochen bzw. von Anfang an nicht vorhanden sein. Mit einem solchen vermutlich angeborenen und wenig beeinflußbaren Defekt versuchen wir heute eine der schwersten psychiatrischen Störungen in der Kindheit zu erklären, den frühkindlichen Autismus. Es wird keinerlei Beziehung aufgebaut, und auch alle späteren Bemühungen sind zum Scheitern verurteilt (FIELD 1979).

Die gelinderen Formen einer schwach ausgeprägten sozialen Kontaktbereitschaft können z. B. bereits in Aversionen gegen den anfänglichen Auge-in-Auge-Kontakt zum Ausdruck kommen. Damit ist unter Umständen der Anfang von Verhaltensweisen des Sich-Zurückziehens, der Indifferenz und einer generellen Abneigung gegen andere gesetzt.

Es gibt auch Kinder, deren Verhalten bei der Kontaktsuche so geartet ist, daß negative Reaktionen hervorgerufen werden. Hier ist zu denken an temperamentsmäßig agile Kinder, die viel schreien und dabei nicht beruhigt werden können. Kinder, die auf diese Weise ihren Interaktionspartner in Schwierigkeiten bringen und sehr deutlich negative Reaktionen hervorrufen, sind manchmal auch mißhandelte Kinder. Mütter und Väter, die über solche Vorkommnisse meist sehr unglücklich sind, fühlen sich bezeichnenderweise selbst von ihrem Kind mißhandelt und lassen sich deshalb zu solchen Handlungen hinreißen. Mit diesen Zusammenhängen beschäftigen wir uns in einem späteren Abschnitt, wenn wir auf die Frage der Kindesmißhandlung zurückkommen.

Einfluß der Mutter

Auf seiten der Mutter – oder der in der Interaktion an ihre Stelle tretenden Person – nehmen wir in der Beziehung ebenfalls ein kontakt- und bestätigungsuchendes Verhalten an. Das Kind steigert in der Interaktion die Antwortbereitschaft der Mutter und die Sensibilität für seine Bedürfnisse. Damit die Mutter eine förderliche Rolle spielt, muß sie die Signale des Kindes wahrnehmen, richtig interpretieren und eine angemessene und schnelle Antwort finden. Dabei sind die Wirkungen des Kindes auf die Aktivitäten der Mutter sehr eindrucksvoll. Je mehr das Kind schaut, lächelt oder die Mutter angurrt, desto gefühlsbezogener und liebevoller wird diese zum Kind und desto sensibler reagiert sie auf die Forderungen des Kindes.

Wenn die Antwortbereitschaft der Mutter aus irgendeinem Grund verringert ist, werden die Möglichkeiten des Kindes eingeschränkt. Liegt es daran, daß die Mutter bei ihrem Kind wenig erfolgreich ist, eine Antwort auf ihre Bemühungen zu finden, weil das Kind beeinträchtigt – etwa behindert – ist, dann wird sie bald erlahmen und dem Kind keine weiteren Anregungen geben. Bietet die Mutter selbst von Anfang an keine oder zu wenig Gelegenheiten, daß das Kind seine Signale anbringen kann, und geht sie auf die wachsenden sozialen Fähigkeiten nicht genügend ein, dann kann sich beim Kind eine Art gelernter Hilflosigkeit und Apathie entwikkeln. Durch dieses Erklärungsmuster kann ein neues Verständnis für die Hospitalismus- und Deprivationserscheinungen gefunden werden.

Zuschreibung von Verantwortung

Die Studien zum Bindungskonzept führen zu der Annahme, daß die Entwicklung in einem Rahmen stattfindet, der durch Verhaltensfolgen und instinktgesteuerte Bindungsprozesse evolutionär einigermaßen abgesichert ist. Das Interaktionskonzept macht dagegen wahrscheinlich, daß die Partner innerhalb dieses Rahmens eigene Initiativen entwickeln müssen und ganz individuelle Verhaltensmuster zwischen Mutter und Kind das Geschehen steuern. Es entsteht ein System, das sich fortschreitend selbst organisiert und die Kontinuität in der Entwicklung aufrechterhält.

Da das Gelingen der Interaktion von einem reichen Beziehungsgeflecht abhängt, wird das System aber gleichzeitig anfälliger gegen Störungen. Für den Ansatz von Interventionen oder für vorbeugende Maßnahmen wird die Ausgangslage damit komplizierter. Die Partner fördern sich in der Art, wie sie ihr Verhalten gegenseitig günstig zu beeinflussen versuchen. Sie tun das z. T. durch unwillkürliche Anregungen und

Nachahmungen in einer Weise, die sie unter bewußter Kontrolle gar nicht leisten könnten (PAPOUŠEK 1979). Für den Fortgang der Beziehung sind vermutlich ganz persönliche Muster die tragenden Säulen, in denen die Balance zwischen einer gewissen überdauernden Gleichförmigkeit und einem Austausch an Reizanregungen gehalten wird.

Der Mutter können wir dabei einen gewissen Spielraum zubilligen, innerhalb dessen sie – oder eine Betreuungsperson – das Zusammenwirken zu steuern vermag. Durch die unterschiedlichen Entwicklungsgrade der Persönlichkeiten haben wir es im Beziehungssystem von Mutter und Kind nicht mit einer gleichrangigen Partnerbeziehung, sondern mit einer ungleichrangigen, auf die Mutter zentrierten Beziehung zu tun, in der diese führende Pflege- und Erziehungsaufgaben hat. Wir können Lernprozesse annehmen, in denen die Mutter ihre Empfänglichkeit für die Signale des Kindes und das eigene Verhalten im Interesse des Zusammenspiels verbessert.

Wenn wir von Verantwortlichkeiten sprechen wollen, dann wird die Mutter nach Möglichkeiten der Erweiterung ihrer Interaktionsfähigkeiten suchen. Fachleute können ihr dabei, wenn sie es wünscht, zu helfen versuchen. Für das Gelingen sind alle gemeinsam verantwortlich, im Rahmen der Zurechenbarkeit auch das Kind mit seinen Fähigkeiten und Möglichkeiten. In Schwierigkeiten sollte kein Anlaß für Schuldzuweisungen gesucht werden, die die Beziehung nur zusätzlich belasten würden. Schwierigkeiten lassen sich vielmehr als Herausforderung verstehen, das Zusammenspiel und seine Förderung noch besser zu verstehen und dementsprechend zu handeln.

Ermutigt werden wir zu einer solchen Sicht vor allem auch durch die Lernvoraussetzungen beim Kind. Wäre das Kind zur Aufrechterhaltung der Beziehung nur auf die Anregungsgehalte von außen angewiesen, die hauptsächlich die Mutter gewährleistet, dann müßte das System bei einem Wechsel der Betreuungsperson unweigerlich zusammenbrechen. Das ist aber nicht der Fall. Offenbar können wir darauf vertrauen, daß Kinder über Kräfte der Selbstorganisation verfügen, die für die Stabilisierung ihres Lebenslaufs über wechselnde Interaktionsmuster hinweg sorgen. Nur so wird es verständlich, daß sie so viele Belastungssituationen bestehen können, denen sie ausgesetzt sind. Besonders lehrreich sind in diesem

Zusammenhang Studien über Kinder, die keine Schäden davonzutragen scheinen, wenn ihre Lebensbedingungen auch noch so schwer sind.

»Unverwundbarkeit«: Risiken und Schutzfaktoren

In den bisher erörterten Konzepten ging es immer um Ereignisse, die auf die Kinder schädliche Wirkungen ausüben können. Neuerdings beschäftigen sich die Forscher noch intensiver mit den Kindern selbst und ihren Fähigkeiten, solchen Wirkungen zu widerstehen. In den Pendelbewegungen der Bewertung der Geschehnisse wird die Komponente Kind unterstrichen, aber ohne den Kindern – und das ist für die Möglichkeiten der Schuldzuweisung wichtig – eine Verantwortung anzulasten, wenn die Entwicklung nicht den gewünschten Verlauf nimmt.

Konzeptbildung

Mit dem neuen Ansatz wird die Voreingenommenheit der bisherigen Forschung aufgedeckt, sich in Theorie und Praxis an Fehlanpassungen und Störungen zu orientieren, wenn eine gesunde seelische Entwicklung erreicht werden soll. Statt dessen interessieren sich Entwicklungspsychologen und Kinderpsychiater jetzt für Anpassungsfähigkeiten und Kompetenzen von Kindern, mit widrigen Verhältnissen besser fertig zu werden, um Anhaltspunkte für die Prävention zu gewinnen.

Es handelt sich um die sogenannten unverwundbaren Kinder und die bei ihnen angenommenen Fähigkeiten, Heimerfahrungen, Muttertrennungen, gestörten Bindungen und Beziehungen der Mutter sowie anderen Streßerfahrungen und Gefährdungen nicht zu erliegen, sondern sie ohne Schaden zu überstehen. In der Literatur kommen neben dem Begriff »Unverwundbarkeit« Bezeichnungen vor wie Widerstandsfähigkeit oder Spannkraft, Elastizität der Persönlichkeit oder Streßresistenz. Der Terminus »Unverwundbarkeit« läßt an den Schutzpanzer eines Helden denken, an »Superkinder«, und verspricht dann mehr, als er halten kann. Diese Heroisierung schwingt auch mit, wenn diese Kinder »zwar als verwundbar, aber nicht besiegbar« bezeichnet werden (WERNER, SMITH 1982). Hier soll der Terminus Unverwundbarkeit wegen seiner Anschaulichkeit in der Bezeichnung eines provozierenden Forschungsansatzes beibehalten werden (ANTHONY 1975, RUTTER 1979, GARMEZY, TELLEGEN 1984).

Forschungsansatz

Man kann sich denken, daß das Konzept der Unverwundbarkeit großes Interesse gefunden hat. Wer zum erstenmal davon hört, denkt sofort, daß er so etwas kennt und es sich vorstellen kann. In den Medien ist ein Image von Heldentum unter grausamen Umständen aufgebaut worden. Erzieher hören gern die Botschaft, daß sie Kindern helfen können, deren Familien durch Krankheit, Armut, Tod eines Elternteils oder Trennung der Eltern erschüttert sind. Eltern schöpfen Hoffnung, daß sie trotz aller Bedrängnisse Fähigkeiten fördern können, die ihre Kinder aus dem Zustand der Gefährdung herausführen. Die Forscher fasziniert, daß nun nicht weiter nur schädigende Wirkungen und die seelische Verletzlichkeit unter Belastungen und Streß untersucht werden, sondern mehr positiv die bisher vernachlässigte Unverletzlichkeit interessiert.

Bei der großen praktischen und theoretischen Bedeutung ist es verwunderlich, daß auf diesem Gebiet verhältnismäßig wenig geforscht worden ist. Erste Anhaltspunkte gibt es aus Untersuchungen von Kindern, die besonders gefährdet schienen, weil ihre Mütter unter seelischen Störungen litten. In anderen Untersuchungen ging es darum, bei belasteten Kindern die Entwicklung ihrer sozialen Fähigkeiten zu verfolgen. Es zeigte sich, daß die Befürchtung, durch ungünstige Umstände in der Kindheit müsse die künftige Entwicklung gestört sein, durch Anpassungen der gefährdeten Kinder im Jugendalter widerlegt wurde.

Warum die unverwundbaren Kinder mit den größten Belastungen fertig werden, welche Eigenschaften sie auszeichnen und wie man solche Eigenschaften fördern kann, darüber wissen wir noch sehr wenig. Ihre Haupteigenschaft scheint darin zu bestehen, daß sie gegen verschiedenartige pathologische Einflüsse aus der Umwelt immun zu sein scheinen und daß Schwierigkeiten sie geradezu herausfordern. Trotz der Ungunst in den Umweltbedingungen und persönlichen Verhältnissen – so heißt es – machen sie einen ziemlich gelösten Eindruck im sozialen Kontakt, und man fühlt sich in ihrer Gegenwart wohl. Sie verstehen es, die Aufmerksamkeit der Erwachsenen auf sich zu ziehen und zu nutzen. Sie meistern ihre Umwelt aktiv, haben ein Gespür für die eigene Kraft, denken selbständig und entwickeln früh im Leben einen hohen Grad an Autonomie. Besonders aufschlußreich waren Untersuchungen bei Kindern mit einem Elternteil, der an Schizophrenie erkrankt war. Bei der Beobachtung bis ins Erwachsenenalter hinein zeigte es sich, daß diese Kinder später in Arbeit und Ehe ein normales Leben führten und glücklich wurden. Neben psychiatrischen Störungen bei den Eltern wurden noch andere Risikofaktoren in die Betrachtung einbezogen, deren Zusammenwirken interessierte: z. B. schwere Ehestreitigkeiten, große Familien auf kleinem Raum, Kriminalität des Vaters und Aufnahme eines Familienangehörigen in eine Pflegeanstalt oder eine Heimversorgung.

In einer Arbeit von RUTTER (1979) zeigte es sich, daß Kinder mit einem Risikofaktor später von psychiatrischen Störungen nicht häufiger betroffen waren als Kinder, bei denen kein Risikofaktor vorlag. Aber schon wenn zwei beliebige dieser Faktoren zusammentrafen, stieg das Risiko auf das Vierfache an, bei größeren Anzahlen auf ein Vielfaches. Unter noch größeren Belastungen bricht schließlich auch das unverwüstlichste Kind zusammen. An welchen Punkten in der Entwicklung Hilfen am wirksamsten sind und ob es einen Punkt gibt, von dem an nichts mehr zu retten ist, darüber wissen wir bisher leider so gut wie nichts.

Aus solchen Arbeiten zu Risikofaktoren kann man heute allenfalls schon schließen, daß es durchaus sinnvoll sein kann, dem Kind nur eine einzige Belastung zu nehmen, selbst wenn andere Belastungen bestehenbleiben. Das könnte es dem Kind erleichtern, mit dem Streß der Probleme aus eigener Kraft besser fertig zu werden.

In diesem Zusammenhang interessiert besonders, ob es auch bei einem hohen Risikograd schützende Faktoren gibt. Einige Hinweise lassen sich aus Untersuchungen ableiten, die den familiären Kontext betreffen. Aus einigen Heimuntersuchungen geht hervor, daß Kinder, die eine enge Beziehung zu einer betreuenden Person – die nicht ein Elternteil sein muß – aufrechterhielten, später weniger soziale Schwierigkeiten hatten. Bei Ehezerwürfnissen und elterlichen Belastungen mit psychiatrischen Störungen hatten solche Kinder später deutlich weniger Schwierigkeiten, wenn sie zu einem Elternteil eine gute Gefühlsbeziehung herstellen konnten, die vor allem frei von heftigerem Kritisieren war. Ebenfalls weniger Schwierigkeiten hatten Kinder, die wegen schwerer Familienprobleme in Pflegefamilien gekommen waren, aber nur dann, wenn diese Pflegefamilien als harmonisch angesehen werden konnten. Adoptionseltern sind in den meisten Fällen mit der Adoption zufrieden, was als Anzeichen dafür gewertet werden kann, daß ihre Kinder, die meist ein sehr schweres Schicksal haben, sich in der Familie wohl fühlen, in der sie hilfreiche und verständnisvolle Eltern haben.

Offenbar müssen bei unverwundbaren Kindern die negativen Einflüsse stets von einem bestimmenden positiven Einfluß ausgeglichen werden. Die Kinder brauchen zumindest eine Beziehungsperson innerhalb oder außerhalb der Familie, die ihnen Zuneigung und Verständnis entgegenbringt und Zuversicht vermittelt. Vermutlich sind die Kinder deshalb so widerstandsfähig, weil sie die Belastungen nicht nur als Mangel, sondern als Herausforderung ansehen, mit Schwierigkeiten fertig zu werden. Dadurch werden sie früh selbständig, sind durch Selbstsicherheit vom Selbstmitleid abgelenkt und fähig, selbst Verantwortung zu übernehmen und Hilfe zu leisten.

Fragen an die Forschung

Aber das alles sind Vermutungen aufgrund der ersten Hinweise in den Untersuchungen, die noch keine Schlußfolgerungen zulassen und mehr als Fragen an die Forschung zu verstehen sind. Nur so viel scheint sicher, daß viele Kinder auch durch große Belastungen nicht unterzukriegen sind. Sie widerlegen alle Vorhersagen aufgrund von Gefährdungen und Risikofaktoren und zeigen später alle Merkmale einer geglückten Entwicklung in den Beziehungen zu Altersgenossen, den Schulleistungen und in der Übernahme von Pflichten des Erwachsenenlebens.

Wir wissen noch zu wenig darüber, warum das so ist. Um das zu erforschen, sind Längsschnittuntersuchungen über den Lebenslauf geeignet (HONZIK 1984). In der Pionierarbeit der »Kinder von Kauai« (WERNER, BIERMAN, FRENCH 1971, WERNER, SMITH 1982) wurde der Verlauf der Entwicklung von der vorgeburtlichen Zeit bis zum 18. Lebensjahr bei 690 Kindern verfolgt, die in Armut lebten und zahlreichen belastenden Lebensereignissen ausgesetzt waren. Jedes fünfte Kind entwickelte in den zwei Jahrzehnten erhebliche Verhaltensprobleme. Im ersten Jahrzehnt waren die Jungen anfälliger gegen körperliche Krankheiten und Lernprobleme. Später sank die Zahl der Jungen mit Lernproblemen, während die der Mädchen anstieg. Die Kontrolle von Aggressionen machte mehr den Jungen und der Umgang mit gefühlsmäßiger Abhängigkeit von Personen mehr den Mädchen zu schaffen.

Folgende Faktoren trugen zur Widerstandsfähigkeit bzw. »Unbesiegbarkeit« der Kinder bei: der Zusammenhalt der Familie, die Beziehungen zu Freunden in der Verbindung mit einer Kinderzahl unter 4 Kindern, ständige Betreuung, auch wenn es andere Personen als die Eltern waren, angemessene Arbeitsbelastung der Mutter und die Zuwendung zum Kind. Die Familien mit günstigen Einflüssen waren zwar materiell arm, aber es waren feste Bande zwischen den Kindern und ihren Betreuern geknüpft. Die »unverwundbaren« Kinder zeichneten sich durch körperliche Robustheit, Aktivität und soziale Aufgeschlossenheit aus und hatten keine Zeit langer Abwesenheit von der Familie durchgemacht. Das Gefühl der Zusammengehörigkeit und des Vertrauens schien die Hauptsache zu sein, wenn die Kinder mit den unweigerlichen und belastenden Lebensereignissen gut fertig werden sollten.

Wenn wir in solchen den Lebenslauf umspannenden Arbeiten fragen, welches Kind seine Lage meistert und welches nicht, kommen wir über die kennzeichnenden Merkmale zur Bestimmung von Risiken und schützenden Faktoren. Die Frage nach den Zusammenhängen erhellt die Geschehnisse weiter und gibt in den Ereignissen und ihren Wirkungen Hinweise auf Möglichkeiten der Hilfe. Es stellt sich die Frage der Prävention, was wir tun können, um den Risiken vorzubeugen und die schützenden Faktoren wirksam werden zu lassen.

Im nächsten Teil des Buches sollen solche Fragen weiter erörtert werden. Wir nehmen an, daß dabei die Verhältnisse in konkreten Lebenslagen und individuelle Verarbeitungsmöglichkeiten beachtet werden sollten. Deshalb gehen wir auf diese Fragen im Zusammenhang mit bestimmten Belastungssituationen ein.

Zusammenfassung und Entwicklungsberatung

Pendelbewegungen von Theorien

Blicken wir auf die Erörterungen zu den Theorien in der Frühentwicklung zurück, in denen eine dogmatische Sicht und Pendelbewegungen in der Anwendung der Theorien belegt werden sollten, dann läßt sich zusammenfassend folgendes sagen:

In der Hospitalismusforschung, die nach dem Zweiten Weltkrieg das Elend der Kinder in den Heimen offenbarte, schien alle Gefahr von einem unbekannten Heimbazillus mit seelischen Wirkungen auszugehen, der mit dem Entzug der mütterlichen Pflege im Zusammenhang zu stehen schien. Das Geheimnis wurde gelüftet, als für die schweren Hospitalismusfolgen die Möglichkeit vorhergegangener körperlicher Schäden wahrscheinlich gemacht werden konnte. Das Konzept der mütterlichen Deprivation verlegte den Akzent wieder nach außen in das Ereignis der Muttertrennung. Unter dem Druck von Bestrebungen der Frauenbewegung und Berufstätigkeit von Müttern wurde die Ursache dann in äußeren sensorischen Anwendungsmängeln gesucht. Man nahm an, diese Mängel könnten von beliebigen Ersatzbetreuern vermieden werden, die an die Stelle der Mutter treten.

Das Bindungskonzept betonte mit der Annahme von Prägungen und sensiblen Phasen erneut die Bedeutung der Muttertrennung und leitete durch die Annahme zweigleisiger Wirkungsmechanismen eine neue Betrachtungsweise ein. Es wurden Störungsmöglichkeiten aufgedeckt, die verschiedene Formen annehmen, wenn sie vom Kind oder von der Mutter ausgehen. Das Interaktionskonzept wies weitere Beziehungsmuster und Lernmöglichkeiten auf, wobei die Einblicke in die Störanfälligkeit und in den Anteil der Kinder am Geschehen weiter vertieft wurden.

Neue Ansatzpunkte bietet das Konzept der unverwundbaren Kinder, bei dem gesunderhaltende Faktoren im Kind und Risikofaktoren in der Umwelt und bei den Interaktionspartnern gegenübergestellt werden. Dadurch entstehen neue Möglichkeiten in der Bewertung von vorbeugenden Maßnahmen.

Was die Schädigungsrisiken angeht, die als Ansatz für vorbeugende Maßnahmen interessieren, kann die bisherige Forschung als ein Prozeß fortschreitender Entmythologisierung angesehen werden. Abwechselnd wurden in drei Ereignisfeldern äußere Ursachen in der Mutter und der Umwelt des Kindes und innere Ursachen im Kind selbst als Quelle für Gefährdungen ausgegeben. In den Pendelbewegungen der Bewertungen werden gröbere Irrtümer durch immer feinere abgelöst. Ohne die extremen Pendelausschläge wäre aber wahrscheinlich die Verbesserung der Entwicklungsbedingungen in den Heimen, den Neugeborenenstationen und in anderen Situationen nicht zustande gekommen. Umgekehrt sollten uns die Pendelausschläge vor extremen praktischen Schlußfolgerungen bewahren.

Bedingungsgeflecht

Der Überblick über die verschiedenen Forschungsansätze warnt uns davor, alle Aufklärung von einer einzigen Ursache zu erwarten und die Maßnahmen nur auf die frühe Zeit auszurichten.

Wie wichtig die erste Zeit für eine gesunde seelische Entwicklung auch immer sein mag und wie notwendig es ist, bei der Vorbeugung von Schäden an die Verletzlichkeit des Kindes in der Frühentwicklung zu denken, wir dürfen die frühen Gefährdungen nicht überbewerten und nicht die späteren Möglichkeiten übersehen, etwaige Beeinträchtigungen auszugleichen. Die Überprüfung des Bindungskonzepts macht wahrscheinlich, daß wir ein Kind, das früh traumatische Erlebnisse davontrug, nicht als hoffnungslosen Fall ansehen müssen, der durch Liebesmangel zu einem Leben als gemütloser »Psychopath« verurteilt ist, wie das behauptet wird. Frühe Erfahrungen sind nicht allein deshalb wichtig, weil sie früh gemacht wurden, und hinterlassen in der plastischen menschlichen Entwicklung wahrscheinlich nur selten – wenn überhaupt – unauslöschliche Spuren. Das schränkt nicht die Forderung nach guten Beziehungen und sozialen Anregungen ein, sondern soll vor Fatalismus warnen, auch davor, die Bedeutung späterer Wirkungen zu unterschätzen. Kinder sind auch in späteren Jahren nicht unverletzlich und brauchen für eine gesunde Entwicklung weiter gute Erfahrungen.

Der Ansatz bei einzelnen Theorien und bei Ereignissen wie Heimaufenthalt und Muttertrennung hat zu vorschnellen Kausalerklärungen verleitet, die in dem komplexen Bereich problematisch sind. Wenn die Entwicklung von den Ergebnissen her zurückverfolgt wird, wie das in den meisten Arbeiten geschehen ist, in denen Korrelationen verwendet wurden, legt man sich leicht auf eine bestimmte Ereignis-Folge-Kette fest. Andere Bedingungsfaktoren, die ebenso in der Lage wären, die Folgen zu erklären, werden leicht übersehen. Das liegt besonders dann nahe, wenn in bestimmten Strömungen des Zeitgeistes Interesse an bestimmten Schlußfolgerungen besteht. Um solche Fehlbewertungen möglichst auszuschließen, wären Längsschnittstudien in Form von Feldexperimenten erwünscht, um die Hypothesen und darauf begründete Strategien der Vorbeugung von Risiken einer strengeren Prüfung zu unterziehen. Solche Arbeiten sind jedoch sehr schwierig, weil es methodische Probleme bei ihrer Durchführung gibt. Aussichtsreicher scheint es zu sein, statt bei den schädigenden Faktoren bei den Bewältigungsstrategien in Belastungssituationen anzusetzen, wie das im nächsten Teil des Buches versucht werden soll.

Entscheidungshilfe

Bei alledem haben wir gelernt, die Unterschiede zwischen Erkennen und Handeln zu beachten. Beschreibende Forschung geht von einer Variablen aus und führt zu Wahrscheinlichkeitsaussagen über Zusammenhänge zwischen Ereignissen und Folgen. Für »präskriptive« – »vorschreibend« normative – Entscheidungen in der Beratung bei einem einzelnen Kind im Praxisfeld werden nur Hinweise für das Abwägen von Risiken und nicht Entscheidungen selbst geliefert, wenn es um vorbeugende Maßnahmen geht.

Insgesamt sind wir, was die Möglichkeiten der Vorbeugung angeht, mit fortschreitendem Wissen in der Bewertung der Risiken immer vorsichtiger geworden. Wir haben noch keine genauen Antworten, aber wir finden Wege, die Fragen beantwortbar zu machen. Wenn wir fragen, was passiert, wenn ein Kind in ein Heim eingewiesen und von der Mutter getrennt wird, einen Bindungsverlust erleidet oder in einer Interaktionsbeziehung gestört wird, so lautet die heutige Antwort: es hängt von allem Möglichen ab, und es kommt ganz auf die Einzelheiten an.

Eine Heimerfahrung z. B. muß nicht traumatisch sein, wenn das Kind angemessen darauf vorbereitet werden kann und die Heimprozeduren die Trennungsangst mildern. Vieles hängt vom Alter des Kindes, dem Vorhandensein einer sicheren Bindung, der Dauer des Aufenthalts und der nachfolgenden Erfahrung ab. Unter dem Gesichtspunkt der Muttertrennung kommt es darauf an, weshalb sich Mutter und Kind trennen, wie die Bedürfnislage der Mutter ist, wie der Vater dazu steht und wie das auf die Mutter wirkt, ob dem Kind die Trennung verständlich gemacht werden kann, wie gut die Ersatzperson in die vorhergegangenen Interaktionsmuster einzusteigen versteht, ob das Kind sich persönlich angesprochen fühlt, seine Bestätigungssuche weiter ausbauen kann und wie die Familienbeziehungen während und nach der Trennung aussehen.

Die professionellen Berater müssen hilfesuchenden Menschen gegenüber offen zugeben, daß wir im Einzelfall nicht immer wissen, was für ein bestimmtes Kind gut oder am besten ist. Wir wissen wohl, daß die Kinder heranwachsen und daß Entscheidungen getroffen werden müssen, wie das geschehen soll. Die wissenschaftlichen Ergebnisse können dabei immer nur einen groben Rahmen abstecken. Vor allem können sie dem Betroffenen die Entscheidung nicht abnehmen. Das Wissen liefert nur Argumente bei dem Versuch, im Einzelfall vor Ort die Risiken konkret gegeneinander abzuwägen. Es ist als Hilfe gedacht, den Eltern in der Beratung angemessene persönliche Entscheidungen zu erleichtern, denen eine Beurteilung der Risiken vorangeht.

Wenn wir die Annahme aufgeben, daß der Eintritt eines bestimmten Ereignisses – z. B. in einer Mutter-Kind-Beziehung – in einer kritischen Zeit – erste Jahre, Tage oder Minuten – über das spätere Schicksal eines Kindes entscheidet, dann erscheinen viele praktische Fragen in einem neuen Licht.

Zunächst sollten für die persönliche Entscheidungshilfe und Entwicklungsberatung die Belastungen bedacht werden, die eine unkritische Anwendung eines theoretischen Konzepts für Betroffene mit sich bringen kann. Es gibt z. B. den Fall, daß eine Mutter oder ein Jugendlicher ihre Biographie als Folge einer fehlgeschlagenen frühen Bindung verstehen und sich als Opfer schädlicher Wirkungen ansehen. Wenn bis dahin keine negative Wirkung eingetreten ist, der Glaube daran wird sie hervorrufen. Lähmende Ursachenzuschreibungen zur Erklärung von Schwierigkeiten könnten etwa lauten: ich bin so, weil ich nicht geliebt worden bin – ich kann keine Bindung eingehen – meine Mutter ist an allem schuld – ich bin das Opfer der Fehler meiner Eltern – ich kann mich nicht ändern, weil ich so geprägt bin und alles festgelegt ist.

So werden durch das Deprivationsmodell oder Bindungskonzept Verarbeitungsweisen nahegelegt, die für eine positive Konfliktbewältigung und einen gesunden Umgang mit sich selbst hinderlich sein können. Demgegenüber sind für die seelische Gesundheitsführung Zuschreibungen erforderlich, die dazu anleiten, mit dem Leben fertig zu werden und in einem positiven Selbstkonzept eigene Verantwortung zu übernehmen.

In diesem Zusammenhang ist auch an Überzeugungen professioneller Helfer zu denken, die ihr Handeln dogmatisch an einem theoretischen Konzept orientieren. Die Einflüsse können sehr subtil sein. Eine Säuglingsschwester, die zur Förderung der Bindung ein Verfechter der Brustnahrung ist und bestimmte Erwartungen hat, wie eine gute Mutter sich zu ihrem Kind zu verhalten hat, wird auf die Mutter fast unmerklich Druck ausüben. Die Mutter wird eher verunsichert, und es wird verhindert, die Möglichkeiten der alternativen Flaschennahrung zu verbessern.

Es gibt viele praktische Entscheidungen, bei denen heutzutage bestimmte Überzeugungen den Ausschlag geben, die mit

Theorien über die Mutter-Kind-Beziehungen zusammenhängen und zu einer Fehleinschätzung von Risiken führen. So werden bei der Entscheidung für die Hausgeburt, die im Sinne des Bindungskonzepts bevorzugt wird, die Risiken für die körperliche Gesundheit von Mutter und Kind weit unterschätzt. In den Bestrebungen zur medikamentenfreien Geburt wird der Vorteil, daß die Mutter – wenn alles gutgeht – wachbleiben und sofort eine Beziehung zu ihrem Kind aufnehmen kann, in seiner Bedeutung leicht überschätzt. Eine »sanfte«, medikamentenfreie Geburt mit Mann und Säuglingsbett neben der Mutter sollte weniger als romantische Vorstellung verfolgt werden, sondern im Beratungsgespräch mit dem Arzt unter Abwägen der Risiken genau bedacht und geplant werden. Es kommt auf den Verlauf der Schwangerschaft, die Erreichbarkeit klinischer Hilfe und andere Gesichtspunkte an, für deren Beurteilung der Geburtshelfer zuständig ist.

Es gibt Anlaß, in der Schwangerschaftsbetreuung und Geburtshilfe regelrecht den Glauben zu bekämpfen, eine Mutter, die anfangs keine Gelegenheit zum Kontakt mit ihrem Kind hatte, müsse in der Zukunft mit einer gestörten Beziehung und fürchterlichen Folgen rechnen (LEIDERMANN 1982). Es wäre verhängnisvoll, spätere Bemühungen erst gar nicht aufzunehmen oder vorzeitig aufzugeben. Eltern und Ärzte brauchen keine Angst- und Schuldgefühle zu entwikkeln, wenn sie bei einem Frühgeborenen oder kranken Kind der körperlichen Gesundheit den Vorrang geben und in den ersten Wochen eine Muttertrennung in Kauf nehmen. Es sind keine Vorwürfe angebracht, wenn eine Mutter auf das Zusammensein mit ihrem Neugeborenen im gleichen Zimmer von vorneherein verzichten möchte oder sich nach der Geburt dafür entscheidet, um sich von der Erschöpfung besser zu erholen und sich dann dem Kind gekräftigt zuzuwenden.

Sicher können die Beziehungen der Mutter zu ihrem Kind durch das Gefühl eines liebevollen Verbundenseins gefördert werden und ihre Fähigkeit erhöhen, künftig besser für das Kind zu sorgen. Aber daraus zu folgern, ein früher Mangel an solchen Kontakten würde den Aufbau einer Beziehung verhindern und spätere Fehlentwicklungen programmieren, steht in krassem Widerspruch zu den Millionen Müttern und

Kindern, die sich unter den bisherigen Bedingungen seelisch gesund entwickelt haben.

Wenn wir mit der Vorbeugung und dem helfenden Handeln allein auf die Mutter angewiesen wären, würden die Bemühungen oft schnell in Resignation enden und andere Möglichkeiten ungenutzt bleiben. Oft sind die betroffenen Mütter nicht in der Lage oder fähig, eine Änderung herbeizuführen. Oder es sind ihnen Grenzen gesetzt, die ihren Ursprung in der Vergangenheit haben, an der sich nichts ändern läßt. Wenn wir jede Schwierigkeit des Kindes und der Mutter mit Fehlschlägen in der Beziehung in Zusammenhang bringen, versäumen wir es, andere Faktoren gründlich zu prüfen. Führen wir z. B. eine Kindesmißhandlung auf eine fehlgeschlagene Bindung zurück, was sollen wir in Zukunft ändern? Um Änderungen herbeizuführen, müssen wir nach Faktoren suchen, die sich kontrollieren lassen und einem Eingriff Aussicht auf Erfolg geben. Dabei sind Faktoren in Rechnung zu stellen, die sich wenig oder nicht ändern lassen und die dann die Suche nach anderen Möglichkeiten des Eingreifens nötig machen.

Zu solchen Möglichkeiten gehört die Aufnahme eines Kindes in eine Pflegefamilie oder die Adoption, die Annahme an Kindes Statt. Die soziale Praxis folgt dabei oft dem Bindungskonzept, wenn an Stelle einer Heimaufnahme für das Kind eine Pflegefamilie oder Adoptionsfamilie gesucht wird. Um die erwünschte frühe Prägung an die neuen »sozialen« Eltern zu erreichen, treten Verhaltensbiologen für eine Frühadoption bzw. eine frühe Aufnahme des Kindes in die Pflegefamilie ein (z. B. HASSENSTEIN 1972). Eine Revision des Bindungskonzepts trägt dazu bei, auch hier übertriebene Befürchtungen abzubauen, wenn das Kind erst später in eine neue Familie aufgenommen werden kann. Glücklicherweise hat die Literatur über das Bindungskonzept auch bisher schon nicht die Praxis verhindert, daß Kinder auch später in Pflegefamilien gegeben oder adoptiert werden. Wenn die Alternative lautet, daß das Kind im Heim verbleiben oder auch noch später vermittelt werden soll, dann wird nach Abwägen der Risiken eine Entscheidung nicht schwerfallen. Wir werden eher das Fehlerrisiko eingehen, daß das Kind in einer Pflege- oder Adoptionsfamilie vielleicht doch nicht die erwartete positive Entwicklung nimmt. Damit soll nicht gesagt sein, daß es nicht Fälle geben kann, in denen die Heimerziehung für ein Kind besser ist.

Die Bewertung von Risiken hat die Form einer Wahrscheinlichkeitsschätzung, die für die Argumentation in der Beratung nur einen groben Rahmen absteckt. Im Einzelfall geben die Anliegen der betroffenen Eltern und ihre persönliche Entscheidung den Ausschlag. Ratsuchende und Berater müssen möglichst nahe an das persönliche Problem und die individuelle Situation herankommen, die in Frage stehen.

Die praktischen Maßnahmen, die der Vorbeugung und dem Umgang mit bestimmten Situationen dienen, sollten bei den Bewältigungsmöglichkeiten ansetzen, die die Eltern für ihr Kind und sich selbst sehen. Wenn z. B. die Entscheidung für einen Heimaufenthalt getroffen worden ist, sollten wir den Kindern und Eltern helfen, für diese Situation ein positives Selbstbild zu entwickeln. Die Gefühle und Vorstellungen der Eltern, besonders der Mütter, und ihre Auffassungen über die Ursachen der Schwierigkeiten und die Möglichkeiten der Abwendung von Gefahren bilden eine wichtige Richtschnur für die Beratung. Das Ziel ist oft der Abbau von entstandenen Ängsten oder Schuldgefühlen über Versäumnisse in der Vergangenheit. Es muß zu einer Blickwendung in die Zukunft mit ihren positiven Möglichkeiten kommen. Bei aller Sorge um die hilfsbedürftigen Kinder ist immer ein Schuß Vertrauen in ihre autonomen Kräfte heilsam, mit denen wir wahrscheinlich immer rechnen können.

Diese Kräfte werden uns auch davor bewahren, angesichts des Elends vieler Kinder pessimistisch in die Zukunft zu schauen. Vielmehr gibt es auch Gründe zum Optimismus. Durch die Milderung von belastenden Faktoren, die wir inzwischen kennen und auf die wir im dritten Teil des Buches näher eingehen, kann im Einzelfall viel getan werden, einem in Not geratenen Kind mit seiner Mutter und seinen Eltern zu helfen.

3. *Kapitel:* Belastungen bewältigen

In diesem dritten Teil des Buches fragen wir nicht mehr zuerst nach theoretischen Konzepten und den Bewertungen des Wissens und der Anwendung, um daraus Entscheidungshilfen für die Praxis zu gewinnen. Vielmehr gehen wir jetzt in umgekehrter Blickrichtung von praktischen Fragen aus, genauer von konkreten Belastungssituationen des Kindes und seiner Eltern, um die Beiträge der Psychologie zu deren Verständnis und zur Entscheidungshilfe in der Entwicklungsberatung einzusetzen. Die Belastungssituationen werden in der zeitlichen Reihenfolge dargestellt, in der sie im Lebenslauf wahrscheinlich belangvoll werden.

Ansatz bei praktischen Fragen

In der Praxis der Betreuung und Erziehung kleiner Kinder werden Fragen einer gesunden seelischen Entwicklung auf den verschiedensten Gebieten angesprochen.

Können Gefühle der Mutter vor der Geburt das ungeborene Kind belasten? Wie wirken sich Erwartungen auf ein Wunschkind und Furcht vor einem kranken Kind aus? Welche Sichtweisen für einen Schwangerschaftsabbruch gibt es?

Ist es zum Aufbau einer förderlichen Beziehung wichtig, auf der Wöchnerinnenstation das Neugeborene zusammen mit der Mutter zu betreuen (»rooming-in«)? Oder brauchen das Neugeborene und die Mutter außerhalb der Fütterungszeiten Ruhe in getrennten Zimmern?

Woher kommt es, daß Kinder mißhandelt werden? Was bedeuten solche Ereignisse für das Kind und die Eltern? Wie kann man dem vorbeugen?

Entstehen durch alternative Familienformen besondere Belastungen für das Kind und die Eltern, wenn ja, welche?

Was passiert mit Kindern berufstätiger Mütter? Werden sie durch die zeitweilige Abwesenheit der Eltern geschädigt? Gibt es einen Zeitpunkt oder Umstände, die eine Abwesenheit harmlos oder gar förderlich machen?

Welche Wirkung hat eine Scheidung der Eltern auf das Kind? Ist eine Scheidung weniger verletzend als das Leben in einer Konfliktfamilie? Was bedeutet die Entbehrung des Vaters?

Und zum Schluß eine Frage, die bei der Geburt eines Kindes in einer Ausländerfamilie und bei der Adoption eines Ausländerkindes interessiert: Kann das Kind durch den frühen Erwerb einer zweiten Sprache in seiner Entwicklung geschädigt werden? Kann man Zweisprachigkeit des Kindes erreichen?

Bei allen diesen Fragen stehen Entscheidungen an, die Eltern beim Heranwachsen ihrer Kinder treffen. Im einzelnen sind auch Fachleute, Richter und Gesetzgeber beteiligt, wenn in einer der genannten Situationen für persönliche Probleme der Kinder und ihrer Eltern oder in öffentlichen Angelegenheiten eine Lösung gesucht wird. Die Entscheidungen berücksichtigen die Bedingungen in den Situationen und die gefühlsmäßigen Gegebenheiten beim Kind, die daraufhin zu analysieren und bewerten sind, ob und unter welchen Voraussetzungen es den Kindern und Eltern möglich ist, die damit verbundenen Belastungen zu meistern. Maßgebend, ob es sich für das Kind um eine Belastungssituation handelt, sind seine gefühlsmäßige Belastbarkeit und seine Bewältigungsstrategien. Wir nehmen im allgemeinen an, daß es sich bei den hier behandelten Fragen um entwicklungsgefährdende soziale Belastungssituationen handelt (SCHMALOHR 1985).

Die hier getroffene Auswahl von Belastungssituationen bezieht sich auf Lebensereignisse in der vorgeburtlichen Zeit, bei der Geburt, bei einer Kindesmißhandlung, in alternativen Familienformen, bei der mütterlichen Berufstätigkeit, Ehescheidung der Eltern und dem frühen Zweitspracherwerb. Bei der Bewältigung dieser Belastungssituationen stehen Entwicklungsaufgaben der Kinder und Eltern auf dem Spiel (ERIKSON 1950, HAVIGHURST 1972). Die Eltern möchten ihre Kinder und die Fachleute möchten beide bei der Meisterung dieser Aufgaben fördern. In welcher Weise das geschehen kann, hängt von vielen Besonderheiten in den einzelnen

Situationen ab. Die herangezogene Forschungsliteratur, die diese Auswahl der Themen mitbestimmt hat, bezieht sich überwiegend auf den amerikanischen Sprachraum, weil auf diesem Gebiet bei uns kaum Forschungsansätze vorhanden sind (GROSSMANN, LÜTKENHAUS 1983). Durch den kulturellen Kontext ergeben sich gewisse Grenzen für die Gültigkeit der Ergebnisse, die nicht in jedem Einzelfall diskutiert werden. Gewöhnlich kann man beobachten, daß die gesellschaftlichen Veränderungen in den USA, die in den einzelnen Fragestellungen zum Ausdruck kommen, einige Jahre später das westlich orientierte Europa erreichen.

Im übrigen soll bei der begrenzten und konkreten Zielsetzung der Beiträge deutlich werden, wie schwer es ist, in komplexen Problembereichen zu praktischen Lösungen zu kommen. Wir erkennen, wie hart das Ringen ist, Kriterien für eine gesunde Entwicklung bei kleinen Kindern zu finden und die seelische Gesunderhaltung abzusichern.

Vorgeburtliche Zeit

Die erste »soziale« Situation des Kindes ist das Dasein im Mutterleib im Zustand vor der Geburt. Das Kind wird dort getragen, nimmt an den Bewegungen des Körpers der Mutter teil und ist in der Gebärmutter vielfältigen Einwirkungen seiner Umwelt ausgesetzt. Für das Kind entsteht die Entwicklungsaufgabe, im Mutterleib heranzuwachsen, um sich auf die Geburt und den Eintritt in die Welt vorzubereiten.

Daß in dieser Situation körperliche Einflüsse von seiten der Mutter zu körperlichen Gefährdungen für das Kind werden können, ist heute allgemein anerkannt. Ohne bestimmte Krankheiten der Mutter und z. B. Einflüsse von Drogen sind manche Mißbildungen nicht zu erklären, wobei man nur an die Conterganschäden zu denken braucht. Auf diese und andere Schädigungsmöglichkeiten, die auch bei anderen Gelegenheiten, z. B. während der Geburt, auftreten, gehen wir im 4. Teil des Buches näher ein, der sich mit den Behinderungen beschäftigt.

Wie steht es also mit den seelischen Einflüssen in der vorgeburtlichen Zeit? Gibt es überhaupt ein Seelenleben des Ungeborenen?

Zu den eindrucksvollsten Bildern, die im Fernsehen gezeigt wurden, gehören die erstaunlichen Aufnahmen vom Verhalten ungeborener Kinder im Mutterleib und vom Verhalten Frühgeborener im Brutkasten. Aufnahmen aus dem Mutterleib macht die neue Ultraschalltechnik möglich und sind auch in Elternzeitschriften und Illustrierten zu sehen.

Zur Erklärung der Verhaltensweisen der Kinder werden die Verhaltensembryologie und die vorgeburtliche Psychologie herangezogen. Vorgeburtliche Psychologie nennt sich ein neuer Forschungszweig, der auf Spekulationen angewiesen ist, aber im letzten Jahrzehnt auf großes Interesse stößt, das von einer Internationalen Gesellschaft für Pränatale Psychologie gefördert wird (GRABER 1974, SCHINDLER 1979, 1982).

Die Schlagzeilen in den Medien lauten: Die Wissenschaft entdeckt die Psychologie des ungeborenen Kindes – Erlebnisse im Mutterleib – schon vor der Geburt hat das Kind ein starkes Seelenleben – Eltern formen die Persönlichkeit ihres Ungeborenen. Sind das Behauptungen, die auf Sensationsmache aus sind, mit der wir heute immer rechnen müssen? Was bleibt, wenn wir vermeiden, Spekulationen als Tatsachen auszugeben?

Zum Beweis, daß die Frage, ob das Ungeborene ein Seelenleben hat, mit »Ja« zu beantworten ist, führt die Pränatale Psychologie zunächst einmal die Verhaltensentwicklung während der Schwangerschaft an. Bereits in den 20er Jahren hat der Neurologe MINKOWSKI diese Entwicklung zuerst an Schafembryonen untersucht. Die Forschungen zur menschlichen Entwicklung in den 30er Jahren stellte der Amerikaner ARNOLD GESELL (1945) in seiner »Embryologie des Verhaltens« gegen Ende des Zweiten Weltkrieges zusammenfassend dar. Damals gab es noch keine Ultraschalluntersuchungen, und die Forscher waren auf Beobachtungen bei Schwangerschaftsabbrüchen und bei Frühgeborenen angewiesen. Aber die heute bekannten Stufen der Verhaltensentwicklung hat GESELL damals schon sehr genau beschrieben. Er hat auch bereits Photos von Verhaltensweisen der Kinder veröffentlicht, die gleich nach einem Schwangerschaftsabbruch oder nach einer Frühgeburt aufgenommen wurden. Bei einem solchen Verfahren würden wir heute vorher eine Ethikkommission zu der Frage hören, ob hier Forschungsarbeiten vorliegen, die man ethisch vertreten kann.

Wenn wir das Seelenleben als beobachtbares Verhalten definieren, sieht die seelische Entwicklung des Ungeborenen wie folgt aus, wie das heute auch im Fernsehen und in Bildreportagen dokumentiert wird. Beim Keimling, in der sogenannten germinalen Phase der ersten beiden Wochen nach der Befruchtung des Eis, wird das Verhalten durch die Organisation eines Wachstums grundgelegt, in dem sich die menschliche Leibesgestalt abzuzeichnen beginnt und die Leitungen für das Nervensystem entstehen. In dieser Zeit weiß die Mutter von ihrer Schwangerschaft noch nichts. In der anschließenden Phase des Embryos bis zur 8. Woche erreichen die Organsysteme im Alter von 4 Wochen mit einer Größe von 4 mm einen Zustand, der dem eines Erwachsenen vergleichbar ist: die Haut und das Gehirn sind gebildet, Herz, Leber, Lungenanlage, Darm und Genitaltrakt, auch das Skelett und die Muskulatur werden erkennbar.

Verhalten im eigentlichen Sinne, das für uns beobachtbar ist, legt erst der menschliche Fötus an den Tag, wie das ungeborene Kind zwischen dem 3. und 9. Monat in der 3. Phase genannt wird. In dieser Zeit erlebt die Mutter vom 4. Monat der Schwangerschaft an die ersten Kindsbewegungen. Dieses Ereignis verleiht dem Geschehen eine neue persönliche Qualität. Viele Frauen sehen das Kind nun als ihr Kind an und akzeptieren es. Kurz vorher, nämlich in der 12. Woche, liegt nach unserer Rechtsprechung der letzte Termin für einen Schwangerschaftsabbruch bei sozialer Indikation. Für viele Menschen, die im 3. Monat noch an eine ungeformte Gewebsmasse denken, sind die Bilder von Ungeborenen in diesem Stadium ein schockierendes Erlebnis. Eine Frau, die einen Schwangerschaftsabbruch plante, reagierte spontan und sagte: Ich fühle, daß dies ein menschliches Wesen ist, an einen Abbruch könnte ich jetzt nicht mehr denken.

Den Bewegungen des fötalen Ungeborenen liegen Reflexe zugrunde, die immer weiter ausgebildet werden: z. B. das Strecken und Krümmen des Körpers, die Veränderungen der Lage, das Bewegen des Kopfes in Richtung einer Berührung der Wange, das später das Auffinden der Brustwarze erleichtert, und das asymmetrische Muster des Nackenreflexes. Dieser Reflex führt beim Seitwärtsbewegen des Kopfes zum Strecken des Arms in Blickrichtung und zum Beugen des Arms auf der anderen Seite und ist für die späteren Bewegungsmuster grundlegend. Wir sprechen z. B. auch vom fötalen Wachstumsgreifen, das unabdingbare Voraussetzung für den vielzitierten Klammerreflex des Neugeborenen ist.

Bis zum 7. Monat sind alle Organe so weit ausgebildet, daß das Kind bei einer vorzeitigen Geburt zur Not lebensfähig ist. Das hängt im wesentlichen davon ab, ob die Atmung auf die Kohlesäurespannung des Bluts anspricht. Reicht die gewöhnliche Atmung noch nicht aus, kann das Kind heutzutage auch bei einer früheren Geburt im Brutkasten durch Sauerstoff- und Nahrungszufuhr so lange versorgt werden, bis die Organe nachgereift sind. Es treten hier zwar Risiken für das Überleben auf, mit denen wir uns im Abschnitt über Behinderungen noch beschäftigen müssen. Aber es ist heute zunehmend wahrscheinlicher, daß ein solches Frühgeborenes körperlich und seelisch völlig gesund heranwächst. Das sei bei dieser vergleichsweise starken Belastung hervorgehoben, weil vielfach die Tendenz besteht, die Gefahren der Frühgeburt zu übertreiben.

Nun begnügt sich die pränatale Psychologie aber nicht damit, Einblick in das Wunder der Entstehung der Verhaltenssysteme zu gewinnen. Es geht ihr vielmehr um den Nachweis vom Seelenleben des Ungeborenen im Sinne von Erleben. Dabei sind praktische Interessen maßgebend, weil geprüft werden soll, ob eine seelische Verletzlichkeit des Ungeborenen denkbar ist, die über sein Erleben im Mutterleib wirksam wird. Die Bilder aus der Schwangerschaftszeit sollen die neue Erkenntnis belegen, daß ungeborene Kinder nicht wie menschliche Kaulquappen sind, die bloß dahinvegetieren.

Dazu werden verschiedene Hinweise gegeben (GRABER 1974, SCHINDLER 1982). Eine erste Gruppe von Argumenten bezieht sich auf Träume von Erwachsenen und Erfahrungen in der psychotherapeutischen Hypnose, in denen die Erinnerung bis in die Zeit vor der Geburt, nach den Annahmen der sogenannten Primärtherapie sogar bis zum Zeitpunkt der Zeugung zurückgehen soll. Aber Träume und Hypnosen gelten nicht als ausreichende Beweise. Es bieten sich Erklärungen an, in denen an spätere Informationen gedacht wird, die von den wissenden Erwachsenen in die frühere Zeit vorverlegt werden.

Näher heran an die Erfahrungen des Ungeborenen selbst führen Hinweise, die sich auf das Nervensystem beziehen. Dessen Entwicklung soll die Voraussetzungen schaffen, daß im letzten Drittel der Schwangerschaft die Umwelt im Mutterleib ertastet, gehört und geschmeckt werden kann, daß die eigene Lage innerhalb der Gebärmutter registriert wird, wenn die Mutter sich z. B. bewegt oder eine bestimmte Stellung einnimmt. Das Kind soll »fühlen«, wie die Mutter sich bewegt und ihm dabei Behagen oder Unbehagen bereitet. Die Mutter und indirekt über die Mutter auch der Vater sollen dabei das Erleben des Kindes beeinflussen, im guten oder – was besonders interessieren muß – in belastender Weise. Das Kind spüre an seinem Wohlbefinden, so heißt es, ob es geliebt oder abgelehnt oder gar gehaßt wird. Um ein positives Erleben beim Ungeborenen hervorzurufen, genüge es bereits, wenn die Schwangere häufig an ihr Kind denkt, besonders wenn das in liebevoller Weise geschieht. Deshalb soll die Mutter mit dem Ungeborenen auch sprechen.

Vorsichtige Vertreter der Pränatalen Psychologie geben zu, daß wir nicht genau wissen, wie weit das ungeborene Kind mit seinem zum jeweiligen Zeitpunkt funktionierenden seelischen System bereits tatsächlich erlebt, ob es z. B. wirklich fühlt, was mit ihm geschieht, daß es geliebt wird oder vielleicht noch unerwünscht ist. Sicher ist nur – und in diesem Grundsatz stimmen die Pränatalen Psychologen überein –, daß es dieses vorgeburtliche Leben gibt, und vor allem, daß es Folgen für das spätere Leben des Kindes hat. Und die Beachtung der möglichen Folgen in der Abwägung des Risikos, sie nicht zu berücksichtigen, wird zur Vorbeugung von Schäden für so wichtig gehalten, daß im Grunde Spekulationen über die Tatsache und den Anfang des Erlebens bei Ungeborenen für überflüssig gehalten werden. Es bleibt die Warnung vor seelisch schädigenden Einflüssen, wenn unser Erleben das Erleben des Ungeborenen verletzt.

Aus der Sichtweise der Angewandten Entwicklungspsychologie soll hier eine andere Position zur Diskussion gestellt werden. Die Argumente der Pränatalen Psychologie sind in den beschriebenen Ereignissen, den Wirkungen, die darauf beruhen, und den erwarteten Folgen angreifbar. Spätere Folgen von Lebensereignissen wie den angenommenen vorgeburtlichen Erlebnissen können wir erst dann vermuten, wenn die Folgen selbst, die verursachenden Ereignisse und ihre Wirkungen eindeutig zu bestimmen sind. In allen drei Hinsichten ergeben sich aber bei einer Überprüfung der Pränatalen Psychologie nach dem Anwendungskriterium der wissenschaftlichen Gültigkeit erhebliche Bedenken. In der Beurteilung nach der praktischen Brauchbarkeit ist bei der Abwägung von Risiken daran zu denken, daß die seelische Gesundheit auch dann beeinträchtigt werden kann, wenn wir übervorsichtig und überängstlich sind und uns vor Gefahren schützen wollen, die entweder nicht vorhanden oder nicht vermeidbar sind.

Da wir über das in Frage stehende Ereignis, das die vermuteten Wirkungen haben soll – nämlich die Erlebnisse des Ungeborenen im Mutterleib –, selbst so gut wie nichts wissen, vielleicht nie etwas wissen können, lassen sich auch die Annahmen über die Wirkungen nicht aufrechterhalten. Mit der geforderten Sicherheit können wir weder annehmen, daß beim Ungeborenen Erlebnisse durch Gefühle oder Gedanken der Mutter hervorgerufen werden, noch daß diese von außen hervorgerufenen Erlebnisse in der späteren Entwicklung schädliche Einflüsse auf das Kind ausüben. Die Annahmen der Pränatalen Psychologie sind im Grunde nur durch die Überzeugung aufrechtzuerhalten, daß es Gedankenübertragung gibt. Eine unmittelbare Übertragung zwischen Nervensystem der Mutter und Nervensystem des Ungeborenen scheidet jedenfalls aus, weil die Nabelschnur keine Nervenstränge enthält.

Wie sich die Pränatalen Psychologen die Gedankenübertragung vorstellen, kann man an der Empfehlung deutlich machen, die Mutter solle sich die Ultraschallbilder ihres ungeborenen Kindes ansehen. Wenn das rechtzeitig geschehe, beginne die innere Bindung wesentlich früher und nicht erst bei den ersten Kindsbewegungen, und das komme dem Kinde zugute. Dieser Rat läßt sich aus der dem Leser bekannten Bindungs- und Prägungstheorie ableiten, die dem besseren Verständnis des Aufbaus seelischer Beziehungen des Kindes nach der Geburt dienen soll. Der Grundsatz lautet: Je früher und enger die Bindung, desto besser entwickelt sich das Kind und desto größer ist der Schutz vor künftigen Gefährdungen. Dieser Grundsatz wird auch hier angewendet. Gefürchtet wird ein Liebesmangel der Mutter, von dem eine negativ prägende Wirkung ausgehen soll.

Wir haben in unserer Analyse der Bindungstheorie festgestellt, daß diese Annahmen schon bei Kindern in der nachgeburtlichen Zeit problematisch sind. Noch problematischer werden sie bei einer Übertragung auf angenommenes Erleben bei Ungeborenen. Wenn der Aufbau einer Bindung in die vorgeburtliche Zeit vorverlegt wird, muß dabei auf das erforderliche Gegenüber eines Sozialpartners verzichtet werden, das für die Prägung aber als unerläßlich anzusehen ist. Es entsteht für die Pränatale Psychologie eine Beweislast, die wohl nie einzulösen ist. Größer ist da schon die Wahrscheinlichkeit einer anderen Wirkung, die Wirkung von mütterlichem Streß auf die körperliche Entwicklung des Kindes und auf diesem Wege womöglich auf das Verhalten des Kindes.

Streß der Mutter

Körperlichem Streß der Mutter Einfluß auf den Organismus des Ungeborenen zuzuschreiben, wird heute als gesichert angesehen. Hier ist an eine übermäßige körperliche Beanspruchung zu denken, bei der die inneren Regulationsmöglichkeiten überschritten werden, an Krankheiten und auch z. B. an Rauchen und Alkohol (LANDESMANN, DWYER 1979, STEISSGUTH 1977). Neuerdings wird in diesem Zusammenhang auch auf seelische Erschütterungen der Mutter während der Schwangerschaft hingewiesen, die auf die Entwicklung des Kindes Einfluß haben können. Es gibt Hinweise, daß fast ebenso stark wie das Rauchen belastende Lebensereignisse wirken können, die von Arbeitslosigkeit, drastisch vermindertem Einkommen und Krankheiten von Angehörigen ausgehen, besonders wenn sie im letzten Drittel der Schwangerschaft auftreten. Allerdings sind die angenommenen

Wirkungen bisher fast ausschließlich an den Folgen festgestellt worden, die sich im Geburtszustand des Kindes hauptsächlich in einem niedrigen Geburtsgewicht zeigen sollen (FIELD 1979, LIPSITT, FIELD 1982, STECHLER, HALTON 1982).

Wie der Streß der Mutter auf die Kinder wirkt, darüber gibt es Annahmen über körperliche Vorgänge auch bei seelischem Streß, die auf eine Beeinträchtigung der Hormonfunktion der Gebärmutter hinauslaufen. Der vermittelnde Faktor zu den belastenden Lebensereignissen wären dann die Gefühlszustände, die sich auf das körperliche Geschehen zuerst bei der Mutter und dann beim Kind auswirken (SONTAG u. a. 1969, HURLOCK 1980). Wir nehmen bei seelischem Streß körperliche Begleiterscheinungen wie Änderungen im Herzrhythmus und in den Muskelbewegungen an, die sich von der Mutter auf das Kind übertragen. Dabei wird der Erregungszustand des Fötus beeinflußt, der sich in den Kindsbewegungen äußert. Es ist denkbar, daß die Einflüsse in ihrer Intensität und Dauer eine gewisse Toleranzschwelle des kindlichen Organismus überschreiten und dann auch beim Kind Streß hervorrufen. Es gibt zwar nur wenige Untersuchungen des mütterlichen Streß in der Schwangerschaft, aber es ist verständlich, daß spätere Anzeichen eines »schwierigen« Kindes, wie übermäßige Bewegungsunruhe und exzessives Schreien, damit in Zusammenhang gebracht werden.

Die auf diese Weise wirksam werdenden belastenden Gefühle der Mutter sind nicht nur in äußeren Lebensereignissen begründet, sie können ihre Quelle auch in den Gedanken und Gefühlen haben, die bei der Mutter im Zusammenhang mit ihrer Schwangerschaft auftreten. Wenn die Mutter davon überzeugt ist, daß ihr ungeborenes Kind seelisch erlebt und daß ihre eigenen, vielleicht belastenden Gedanken und Gefühle auf das Kind übertragen werden, dann kann dadurch eine weitere Streßbelastung entstehen. Es gibt viele Möglichkeiten anzunehmen, daß ein Ungeborenes, wenn es erlebt, sich nicht genügend geliebt fühlt. Der Gedanke an das vermeintliche Gefühl des Ungeborenen löst dann unter Umständen einen Streß aus, der tatsächlich gefährdend wirkt.

In diesem Sinne wird die Frage, ob der Gefühlszustand der Mutter die Entwicklung des Ungeborenen beeinflussen kann, noch in einem anderen Zusammenhang diskutiert. Es gibt z. B. den traditionellen Glauben, daß bestimmte körperliche

Mißbildungen eines Kindes durch bestimmte erschreckende Eindrücke hervorgerufen werden, die die Mutter während der Schwangerschaft hat. Die Mutter sieht einen Brand, das Kind ist »gebrandmarkt«, durch eine Mißbildung, ein Feuermal. Als »Feuermal« wird eine selten vorkommende, tiefrote Hautmißbildung der Gefäße bezeichnet, die nichts mit Gefühlen der Mutter zu tun hat und meist operativ behandelt werden kann. In den meisten Fällen handelt es sich um das völlig harmlose sogenannte »blasse« Feuermal, den sogenannten Storchenbiß, der im Nacken öfter bestehenbleibt und keiner Behandlung bedarf (CZERMAK 1982).

Das menschliche Erklärungsbedürfnis sucht angesichts ungewöhnlicher oder schockierender Zeichen Auswege, die durch Angst vor dem Geheimnisvollen und Schuldgefühle geprägt sein können. Um solche belastenden Ursachenzuschreibungen abzuwehren, hat man darauf hingewiesen, daß Mißbildungen auch bei niedrigeren Lebewesen vorkommen, bei denen solche mütterlichen Gefühle nicht anzunehmen sind. Außerdem ist noch einmal daran zu erinnern, daß es keine direkte nervliche Verbindung zwischen Mutter und Fötus gibt.

Auch wenn solche Einflüsse unwahrscheinlich sind, können Eltern trotzdem irgendwelche Auffälligkeiten bei ihrem Kind mit irgendwelchen Ereignissen in Zusammenhang bringen, für die sie sich verantwortlich fühlen. Die Folge kann z. B. eine Überbehütung des Kindes sein, um den vermeintlich zugefügten Schaden auszugleichen. Ähnlich belastend können Erwartungen der Eltern sein, wenn sie z. B. überzeugt sind, durch bestimmte Maßnahmen einen Nachkommen eines bestimmten Geschlechts zeugen zu können. Wenn der Erfolg ausbleibt, gibt es Verarbeitungsweisen dieser Enttäuschung, die nach der Geburt fortwirken und ein Kind z. B. in einen Geschlechtsrollenkonflikt hineintreiben können. Je besondere Erlebnislagen entstehen bei einer unerwünschten Schwangerschaft, gleich aus welchen Gründen sie eintritt, beim Glauben an die besonderen Eigenschaften eines »Wunschkindes« sowie bei gewissen freudigen oder furchtsamen Erwartungen bei Zwillingen.

Die Schwangerschaft bringt Erwartungen und Veränderungen mit sich, die die Mutter erfreuen, aber auch belasten, sie nervös, reizbar und störbar machen können. Körperliches

Unbehagen, geänderte Partnerbeziehungen, Eifersucht, Befürchtungen wegen finanzieller Probleme, Unterbrechung der Ausbildung und beruflichen Karriere, alles kann mit entsprechenden Ursachenzuschreibungen als Streß wirken, dazu der Glaube an die schädigende Wirkung.

So gibt es für die Mutter viele Möglichkeiten, emotionalen Streß in der Zeit der Schwangerschaft auf die nachgeburtliche Zeit des Kindes zu übertragen. Die Annahmen machen es verständlich, wenn wir spätere Anzeichen eines schwierigen Kindes auf frühere Erfahrungen zurückführen und dabei auch an verletzende Erlebnisse denken, die wir dem Ungeborenen zugefügt haben könnten. Ein solcher Glaube wird durch das Gefühl genährt, daß wir uns nicht genügend gut kontrollieren können, um es auszuschließen, einem Kind mit unseren Gedanken Schaden zuzufügen, und das macht uns besonders hilflos.

Schwangerschaft als Entwicklungsaufgabe

Eine Schwangerschaft ist die für den Menschen grundlegende Entwicklungsaufgabe und das entscheidende Lebensereignis, weil es das menschliche Leben in die Existenz setzt. Für die Eltern entsteht die Aufgabe des Erwachsenenalters, Vater und Mutter zu werden. Beim ersten Mal wird diese Werdensaufgabe von jungen Menschen als Beendigung des Jugendalters und, je nach den Gegebenheiten, auch als Krise erlebt. Die Beantwortung der Frage, ob eine belastende Lebenskrise entsteht, hängt für die werdenden Eltern zunächst einmal davon ab, ob die Schwangerschaft geplant war oder nicht, ob es sich um die erste Schwangerschaft handelt und wie sie dieses Ereignis selbst definieren. Dabei kommt es auch auf die Einstellungen ihrer Umwelt an, ihrer Freunde und Verwandten bis hin zu den Einstellungen der Gesellschaft, die sich im jeweiligen Zeitgeist niederschlagen, der den Wert und die Bedeutung des Kinderhabens und Kinderaufziehens mitbestimmt. Der Frage, welche Bedeutung in diesem Zusammenhang alternative Familienformen haben, gehen wir in einem späteren Abschnitt nach.

Die Bestätigung einer geplanten Schwangerschaft durch den Arzt ruft Freude auf das Kind hervor, vor allem wenn das Ereignis länger auf sich warten ließ. Auch eine ungeplante

Schwangerschaft kann als erfreuliches Ereignis erlebt werden, wenn die Eltern durch die Wende in ihrem Leben zu einer Neudefinition ihrer Ziele und zu neuen Wertorientierungen kommen. Vielleicht entscheiden sich jugendliche Eltern zu heiraten und machen neue Pläne für das berufliche Fortkommen. Ein Kind kann unser Leben verändern, die Beziehungen bereichern und neue Zukunftshoffnungen wecken.

Eltern, die bereits Kinder haben, werden sich auf ihre früheren Erfahrungen stützen, stellen vielleicht Unterschiede fest, wie sie sich dieses Mal fühlen, die Kindsbewegungen erleben und sich auf die Geburt vorbereiten. Manchmal werden bestimmte Anzeichen als Hinweise auf das Geschlecht, die Größe oder das Temperament des neuen Kindes gedeutet.

Bei Eltern mit dem ersten Kind stehen keine vorhergehenden Erfahrungen zur Verfügung, die als Hilfe wirksam sein können. Über die vorgesehene ärztliche Betreuung hinaus knüpfen viele künftige Eltern Verbindungen mit Verwandten, Freunden und Nachbarn, die auch ein Kind erwarten oder gerade ein Kind zur Welt gebracht haben. Manche erweitern über solche Kontakte ihren Erfahrungshorizont durch die Lektüre von Büchern, den Besuch von Mütterschulen und Elternkursen. Bei der ersten Schwangerschaft eines Elternpaares kommt es nicht selten vor, daß die Übernahme der neuen Entwicklungsaufgabe, Eltern zu sein, die ehelichen Beziehungen strapaziert. Das bisherige Verständnis von der eigenen Entwicklung und Zukunft muß sich ändern und erscheint bedroht, vor allem wenn die Schwangerschaft nicht geplant war. Es passiert aber nicht oft, daß eine ansonsten stabile Ehe durch eine unkomplizierte erste Schwangerschaft gefährdet wird. Die meisten Belastungen verkraften die Eltern ohne weitere Konsequenzen.

Gelegentlich entstehen Probleme, wenn ein kinderloses Ehepaar eine oder mehrere Fehlgeburten oder Totgeburten hatte. Vielleicht befürchten die Eltern, wenn die Mutter schwanger wird, daß mit den Genen etwas nicht stimmt, und haben das im Hinterkopf, ohne darüber miteinander zu sprechen. Viele Eltern – solche, die es zum ersten Mal werden, und auch erfahrene – drücken ihre Sorge über die Gesundheit ihres ungeborenen Kindes aus. Sie haben vielleicht von Kindern gehört, die geschädigt oder behindert zur Welt kommen.

Die Furcht, ein krankes oder ein behindertes Kind mit Erbschäden, insbesondere ein mongoloides Kind zu haben, ist nicht selten. Das läßt sich an der Nachfrage nach vorgeburtlichen Fruchtwasseruntersuchungen ablesen, mit deren Hilfe es möglich ist, solche Schädigungen schon in der Schwangerschaft zu erkennen. Inzwischen stellen Humangenetiker fest, daß nicht nur Frauen mit einem erhöhten Risiko in die Beratungsstellen drängen. Vor allem junge Frauen, die einen Beruf ausüben und Kinder haben wollen, fürchten, daß ihre Zukunftspläne durch ein geschädigtes Kind nachhaltig beeinträchtigt werden. Das Angezeigtsein solcher Fruchtwasseruntersuchungen und die Abschätzung der hier in Frage stehenden Risiken, wozu auch Komplikationen bei der Untersuchung gehören, sind Angelegenheiten der ärztlichen Schwangerschaftsberatung und -betreuung. In diesem Zusammenhang entsteht die Frage eines Schwangerschaftsabbruchs, bei der die Sichtweisen von Frauen große Bedeutung haben. Fragen eines Schwangerschaftsabbruchs bei drohender Behinderung des Kindes greifen wir im 4. Teil des Buches wieder auf.

Schwangerschaftsabbruch und Verantwortungszuschreibung

Wenn wir an die gefühlsmäßigen Belastungen für die Eltern denken, dann ist wie bei einem behinderten Kind mit einem belastenden Lebensereignis zu rechnen, wenn die Eltern planen, eine Schwangerschaft abzubrechen. Dazu müssen die gesetzlichen Voraussetzungen einer medizinischen oder sozialen Indikation erfüllt sein, wozu auch die Inanspruchnahme einer Beratung gehört. Für das werdende Kind geht es um das lebensentscheidende Beratungsanliegen. Die ganze Schwere der Entscheidung wird offenbar, wenn dem ungeborenen Kind das Leben versagt werden soll. Die mit dieser menschlichen Grenzsituation aufgeworfenen ethischen, religiösen und rechtlichen Fragen können hier nur angedeutet werden. Die katholische Kirche vertritt in der religiösen Bewertung unter Berufung auf das Naturrecht des Lebens den Grundsatz der Unantastbarkeit des Lebens Ungeborener. Das ist nicht nur zum Verständnis unseres Wertsystems wichtig, sondern auch bei den seelischen Wirkungen zu beachten, mit denen möglicherweise bei der Mutter und dem Vater zu rechnen ist. Wir dürfen auch nicht vergessen, daß nach unseren Gesetzen ein Schwangerschaftsabbruch nur bei bestimmten Indikationen erlaubt ist und straffrei bleibt. Bei der rechtlichen Begründung mit Begriffen wie »Notlage« und »Unzumutbarkeit« bei der sozialen Indikation bedeutet die Straffreiheit nur die Entschuldigung der Tat, nicht aber ihre Rechtfertigung.

Diese Rechtslage schränkt die persönliche Verantwortung der Eltern nicht ein. Sie entzieht auch einer persönlichen Schuldzuweisung der Eltern, auch Selbstvorwürfen nicht den Boden, wenn es zu dieser Entscheidung kommt. Vielleicht hat das große Interesse an Fragen des Seelenlebens beim Ungeborenen hier eine seiner Wurzeln. Wir sollten wissen, daß die Vertreter der Pränatalen Psychologie oft entschiedene Gegner von Schwangerschaftsabbrüchen sind. Insofern spielen in diese Forschungsrichtung auch soziale Bewertungen, Tendenzen des Zeitgeistes und gesellschaftspolitische Probleme hinein. Darin liegt eine gewisse Gefahr, daß bestimmte Ergebnisse tendenziell hochgespielt und im Sinne bestimmter Interessen ideologisiert werden.

Wenn wir bei einem Schwangerschaftsabbruch zu einem bestimmten Zeitpunkt beim Ungeborenen seelisches Erleben annehmen, dann kann das bei den normativen Entscheidungsfragungen nicht unberücksichtigt bleiben. Bei der Frage nach dem Beginn des menschlichen Lebens geht es um Zeitpunkte, vor denen bei einem Schwangerschaftsabbruch kein Eingriff in das Leben, hier das seelische Leben vorliegen soll. In diesem Zusammenhang werden oft die erwähnten Kindsbewegungen genannt, die die Mutter vom 4. Monat der Schwangerschaft an spürt. Dieser Richtwert könnte zu dem Argument führen, vorher läge beim Kind kein Leben vor, das würde hier heißen, kein seelisches Leben im Sinne von Verhalten, und infolgedessen sei ein vorheriger Schwangerschaftsabbruch zu erlauben.

Es wird hier deutlich, daß Fragen des Schwangerschaftsabbruchs in unsere Überzeugungen und Verantwortungszuschreibungen eingebettet sind. In einer Untersuchung an jungen Frauen in Familienberatungsstellen der USA konnte in den Stellungnahmen über den Schwangerschaftsabbruch zwischen zwei Konzepten unterschieden werden (SMETANA 1983). Die Frauen sahen darin entweder ein moralisches oder ein persönliches Problem. Personen, die darin ein moralisches Problem sahen, sprachen dem Embryo bei der Konzeption ein menschliches Wesen zu und verneinten deshalb die Rechtfertigung, ihm das Leben zu nehmen.

Für Personen, die in einem Schwangerschaftsabbruch ein persönliches Problem sahen, war die körperliche und seelische Unabhängigkeit des Kindes von der Mutter, die mit der Geburt beginnt, das Kriterium für die Entscheidung. Das Ungeborene wird hier erst mit dem Zeitpunkt der Geburt als menschliches Leben anerkannt. Infolgedessen gibt es eine Unterscheidung zwischen einem Schwangerschaftsabbruch und der Tötung eines geborenen Menschen. Das Ungeborene wird in der Schwangerschaft als körperlicher und seelischer Bestandteil der Mutter angesehen und damit der Verfügung über ihren Körper überantwortet. Bei der Beurteilung wird die Kontrolle der Mutter über ihre Fortpflanzungsfähigkeit und die Notwendigkeit ihrer autonomen Entscheidung hervorgehoben. Eine dritte Gruppe von Frauen versuchte, die beiden Denkweisen zu koordinieren und kam dann zu einer Definition, dem Embryo zwischen dem 3. und 6. Monat der Schwangerschaft Leben zuzusprechen.

Das Handeln der Frauen entsprach diesen Überzeugungen fast perfekt. Frauen, die ihre Schwangerschaft als moralisches Problem ansahen, trugen ihr Kind mit wenigen Ausnahmen auch aus. Frauen mit der Interpretation des Schwangerschaftsabbruchs als persönliches Problem wünschten bis auf wenige Ausnahmen eine Abtreibung. In der dritten Gruppe mit der koordinierten Denkweise setzte über die Hälfte der Mütter die Schwangerschaft fort, obschon diese Frauen einen Schwangerschaftsabbruch in den ersten drei Monaten als persönliches Problem ansahen. Frauen, die nicht schwanger waren, unterschieden sich in ihren Stellungnahmen nicht von den Frauen mit einer Schwangerschaft. Das läßt bei den Frauen auf eine hohe Übereinstimmung zwischen Denken und Entscheidungshandeln in dieser Frage schließen.

Für die persönliche Beratung können die Befunde über die geschilderten Denkweisen von Frauen praktische Bedeutung erlangen. Bei einer unerwünschten Schwangerschaft sollten sich die betroffenen Frauen, die Männer und die Berater bewußt sein, daß Frauen im Dilemma eines Schwangerschaftsabbruchs verschiedene Lösungskonzepte bereithalten. Es ist damit zu rechnen, daß die Art des Denkens über die Schwangerschaft Konsequenzen für die seelischen Folgeerscheinungen nach einem Schwangerschaftsabbruch hat. Ein Schwangerschaftsabbruch als moralisches oder persönliches Problem zu sehen, gibt Hinweise auf die Risiken bei einer Frau, die vor der Entscheidung steht und sich später mit der entstandenen Situation auseinandersetzt. Bei der »moralischen« Sichtweise ist die Wahrscheinlichkeit als besonders hoch einzuschätzen, daß die Frau später unter Schuldvorwürfen leiden wird. Bei der koordinierten Denkweise wird eine Vorhersage der Belastung durch die Entscheidung für oder gegen einen Abbruch der Schwangerschaft besonders schwierig. Im Einzelfall sind natürlich die näheren Umstände, der Zeitpunkt und vor allem auch die Auffassungen des beteiligten Mannes mit zu berücksichtigen.

Ein Schwangerschaftsabbruch hat nicht nur Bedeutung für die persönliche Beratung und führt zu Fragen an die Psychologie in öffentlichen Belangen. Wenn die psychologischen Argumente darauf hinauslaufen, mit der Annahme von seelischem Erleben beim Ungeborenen vorsichtig zu sein, sollen daraus keine Konsequenzen im Sinne der Befürwortung eines Schwangerschaftsabbruchs gezogen werden. Das Risiko, einen anderen Zeitpunkt als den der Zeugung zum Anfang des menschlichen »Seelenlebens« zu bestimmen, kann die Psychologie mit ihren Methoden nicht mittragen. Jedenfalls liefert die Angewandte Entwicklungspsychologie, aus deren Sicht hier argumentiert wird, mit den Bewertungskriterien, die ihr zur Verfügung stehen, keine Möglichkeit einer zeitlichen Festlegung. Die Versuche scheitern daran, bestimmten Arten von Wachstum und Verhalten seelische Qualitäten zuzusprechen und anderen nicht und dabei Kriterien für ein Verhalten zu definieren, das seelisch nicht belebt ist.

Weitere Fragen, die sich einer psychologischen Bearbeitung entziehen, entstehen durch die medizinische Praxis, einen Schwangerschaftsabbruch als Krankheit zu behandeln. Das gilt auch für die Konsequenzen aus der Praxis, Ultraschallbilder und Fruchtwasseruntersuchungen der Entscheidung für oder gegen einen Schwangerschaftsabbruch zugrunde zu legen. Die Unsicherheit bei den Diagnosen ist noch immer beträchtlich, und es entstehen bei der Auswertung der Befunde Fristen, die einen Schwangerschaftsabbruch an die Grenze einer Frühgeburt heranführen, bei der ein Kind heute schon von der 24. Woche an überleben kann.

Die Psychologie muß hier das Feld der Medizin, aber auch der Ethik, der Religion und Rechtsprechung überlassen, und im Rahmen der gesetzlichen Vorschriften letztlich der persönlichen Entscheidung der aufgeklärten Eltern. Wie kompliziert die Verhältnisse werden können, geht aus der Frage hervor, wo die Grenze zwischen einer Fehlgeburt und einem Abbruch besteht, der zu einer extrem vorzeitigen Entbindung wurde. Wie muß sich der Arzt verhalten? Juristen haben schon vermutet, daß dem überlebenden Kind, das durch den Abbruch geschädigt wurde, Schadenersatzanspruch gegen den Arzt nicht aus der Nichtverhinderung von Leben, wohl aber aus dem im angelsächsischen Sprachraum geläufigen Rechtsgrund eines »fälschlichen Lebens« zustehen könnte.

Die psychologische Lebensereignisforschung kann nur zum Verständnis zu bringen versuchen, warum ein Schwangerschaftsabbruch für viele Menschen belastend ist und eine Krise auslöst. Meistens gibt nicht allein das Ergebnis einer medizinischen Untersuchung, z. B. einer Ultraschalluntersuchung den Anstoß, wenn sich der Verdacht auf eine Schädigung des Kindes bestätigte. Eine Frau, die ihre Entscheidung für oder gegen das Kind trifft, handelt sehr oft unter dem Eindruck von Ereignissen, die mit ihrer eigenen Lebenssituation zusammenhängen, z. B. mit dem Partner, der sie zu verlassen droht, und denkt weniger an das Kind. Oft sind die späteren Seelennöte, die im Falle eines Abbruchs zu erwarten sind, nicht bekannt, z. B. die spätere Trauer um das Kind. Diese Fragen sind – wie gesagt – Gegenstand der persönlichen Beratung, die bei der Planung eines Schwangerschaftsabbruchs vorgeschrieben ist. Die Kirchen, die sozialen Träger und die Einrichtungen von Pro Familia, einer überparteilichen und überkonfessionellen Gesellschaft für »geplante Elternschaft«, bieten solche Beratungen an. Die Eltern sollten wissen, daß sie durch die Wahl der Einrichtung mögliche Zielsetzungen der Beratung mitbestimmen, wie z. B. im Falle einer katholischen Einrichtung oder von Pro Familia.

In der letzten Zeit beschäftigen Fragen der sozialen Indikation wieder vermehrt die Politik, seit versucht wird, mit finanziellen Anreizen die Situation alleinstehender Mütter zu verbessern und für mehr Schutz des ungeborenen Lebens zu sorgen. Bestimmte Gruppen der Frauenbewegung sehen hier eine Manipulation am Werk, bei der Mutter das Recht der Verfügung über den eigenen Körper in Frage zu stellen. Man braucht nicht an seelisches Erleben des Ungeborenen zu glauben, um die Problematik dieser Argumentation zu erkennen. Aber vielleicht geht es vielen Frauen, die so denken, im Grunde nur darum, die Notlagen bei einer sozialen Indikation als Herausforderung für den Sozialstaat anzusehen, als Appell an die Verantwortung der Väter und an persönliche Hilfeleistungen für die Mutter. Eine Frau erfüllt mit der Geburt eines Kindes die entscheidende Lebensaufgabe und übernimmt im Aufziehen des Kindes für unsere Gesellschaft eine der wichtigsten Zukunftsaufgaben.

Unsere zurückhaltenden Überlegungen zum Seelenleben des ungeborenen Kindes finden eine Bestätigung in der reproduktiven Strategie der Natur. Das Menschenkind kommt in einem hilflosen und unentwickelten Zustand zur Welt. Die Biologie argumentiert seit den Arbeiten von PORTMANN (1956), daß menschliche Babys auch beim normalen Geburtstermin nach neunmonatiger Schwangerschaft der Art nach Frühgeburten sind. Sie kommen so früh zur Welt, damit sie außerhalb des Mutterleibes gewissermaßen im sozialen Mutterschoß der Familie ihr Seelenleben in weltoffener Weise entfalten. Damit werden frühe menschliche Lernmöglichkeiten geschaffen, die dem Dialog in der menschlichen Beziehungsstruktur, der Sprache und der Kultur entsprechen.

Die Geburt als Entwicklungsaufgabe

Die Geburt stellt dem Kind die Aufgabe, als Einzelwesen außerhalb des Mutterleibes seine Existenz zu beginnen. Das Kind kann dabei nur durch die Fürsorge und Zuwendung anderer Menschen, insbesondere der Mutter, überleben. Nur wenn die Eltern ihrerseits die Entwicklungsaufgabe übernehmen, für das Kind zu sorgen und ihm gute Eltern zu sein, indem sie es fördern und ihm helfen, wird das Kind die zur Erfüllung seiner Lebensaufgabe notwendigen Kräfte entwikkeln.

Der Grad der körperlichen und emotionalen Belastung durch die Geburt geht aus der hohen Säuglingssterblichkeit in der Zeit um den Geburtstermin hervor. Sie steht im Zusammenhang mit dem Geburtsvorgang selbst, mit dem das Kind den Mutterleib verläßt. Bei der Stärke des Wachstums von Gehirn und Kopf in der vorgeburtlichen Zeit wird der Durchgang durch den Geburtsweg zu einer Strapaze für das Kind und die Mutter. Die Mutter würde kaum in der Lage sein, ein Kind länger auszutragen und zu einem späteren Zeitpunkt als dem gewöhnlichen Geburtstermin zur Welt zu bringen, ohne selbst körperlich noch erheblicher gefährdet zu sein. Der Geburtskanal würde einen viel größeren Kopf einfach nicht passieren lassen. Das menschliche Baby wird geboren, wenn das Gehirn seine größten Wachstumsraten hat. Da der Organismus gleichzeitig der Umwelt ausgesetzt wird, sind damit günstige Möglichkeiten für ein frühes Lernen geschaffen, die das Kind zum Überleben braucht. Ohne dieses frühe Lernen außerhalb des Mutterleibes würde der enorme Lernprozeß des Kindes, in seine Umwelt und Kultur hineinzuwachsen, viel begrenzter sein, und das hätte sicher Folgen für die Entwicklung unserer Menschenart.

Wenn die Mutter durch die Wehen dem Kind zum Austritt aus dem Mutterleib verhilft und das Kind selbst alle Anstrengungen unternimmt, das Licht der Welt zu erblicken, dann haben wir das Urbild des »Stirb und Werde«, d. h. einer Lebenskrise vor uns, wie sie auch für die Entwicklung des Seelischen charakteristisch ist. Wenn das Kind bei diesem Vorgang etwas anderes als einen unheimlichen Schock erlebt, dann müßten es Körpergefühle der Enge und eine schreckliche Angst sein, aus dem es dann nach dem Durchgang befreit wird. Von daher gesehen ist es verständlich, wenn die Geburt als seelisch verletzendes Erlebnis, als Trauma durch die Mutter, und die Geburtsangst als das Urbild aller späteren Ängste gelten. Es handelt sich nicht nur um den Verlust des geschützten Daseinszustandes in der vorgeburtlichen Zeit, sondern nach dem Austritt aus dem Mutterleib um die Entbehrung von wärmender körperlicher Nähe. Was das Kind dabei gewinnt, ist eine von der Mutter getrennte körperliche Existenz, die ihm ein unabhängiges Aufwachsen und schließlich die selbständige Lebensführung möglich machen.

Die Bewältigung der Geburt und der Anforderungen, die das entscheidende Lebensereignis verlangt, hängen nicht zuletzt auch von der gesamten Situation ab, in der sich die Geschehnisse ereignen. Die weiteren Überlegungen werden deshalb in diesem Zusammenhang angestellt.

Rooming-in

Geburten finden heutzutage auch wieder vermehrt zu Hause in der Familie statt. Dazu entschließen sich vor allem Eltern, die in alternativen Familienformen leben. Auf diese Frage kommen wir in einem besonderen Abschnitt noch zurück. An dieser Stelle gehen wir von dem in anderen Familien üblichen Regelfall aus, daß es bei der Klinikgeburt bleibt. Für diese Entscheidung spricht vor allem die Garantie, rechtzeitig klinische Hilfe möglich zu machen.

Die Praxis der Klinikgeburt hat neuerdings durch die Einrichtung des »Rooming-in« Änderungen erfahren. Beim Rooming-in, d. h. Mutter und Kind befinden sich »in einem Raum«, wird Wert auf das Zusammensein von Mutter und Neugeborenem in der Entbindungs- und Wöchnerinnenzeit gelegt, um von Anfang an die Beziehung von Mutter und Kind zu fördern. Damit wird gleichzeitig signalisiert, die Geburt nicht als ausschließlich medizinisch definiertes Geschehen anzusehen, sondern als ein soziales Ereignis, das eine Familie grundlegt. In Verbindung mit verlängerten Besuchszeiten soll der Mutter geholfen werden, mit Gefühlen der Ohnmacht vor dem Geschehen fertig zu werden und die Belastungen zu bewältigen.

Für das Rooming-in ist man schon früher eingetreten, als die Entstehung der ersten lebenswichtigen Beziehung als ein eingleisiger Prozeß angesehen wurde, in dem die Eltern das Kind durch ihre Zuwendung, ihr Vertrauen und ihre Liebe fördern. Neue Argumente ergeben sich durch die Belege dafür, daß der Aufbau dieser Beziehung von Anfang an als zweigleisiger wechselseitiger Prozeß, als Zusammenspiel zu verstehen ist (STERN u.a. 1975, GROSSMANN 1978, PAPOUŠEK 1979).

Wechselseitige Erfahrungen

Solche Erfahrungen treten ein, wenn die Mutter das Kind sofort nach der Geburt umarmen kann. Beim Füttern, Nähe-Suchen, Schreien und Lächeln des Kindes findet ein lebhafter Gefühlsaustausch durch aufeinander abgestimmte Ausdrucksbewegungen bei Mutter und Kind statt. Babys teilen ihre Gefühlszustände in den Gesichts- und Körperbewegungen mit. Wenn sie sich glücklich fühlen, entspannen sie sich, bewegen Arme und Beine, lächeln und bringen gurrende Laute hervor. Über den Gefühlsausdruck ist es für die Mutter auch leicht, etwas über den inneren Zustand des Kindes zu erfahren.

Durch neue Beobachtungsverfahren – vielfach verlangsamte Videoaufzeichnungen – ist es gelungen, die Beteiligung beider Partner am Aufbau der Beziehungen genauer zu studieren. Schon 12 Stunden alte Babys sollen in der Lage sein, ihren Körper in fast perfekter Synchronisation mit den mütterlichen stimmlichen Äußerungen zu bewegen (CONDON 1975). Es ist, als fände eine lebhafte Konversation statt, die von beiden Seiten immer neu angeregt und aufrechterhalten wird. Fast noch wichtiger scheint die nichtsprachliche Kommunikation zu sein. Im Alter von zwei Wochen unterscheiden die Kinder verschiedene Gesichter, mehr noch, sie können Gesichtsausdrücke der Erwachsenen wie Zunge-Ausstrecken, Mund-Öffnen und Lippen-Vorstülpen genau imitieren (MELTZOW, MOORE 1979). Erstaunlich ist, daß sie das können, obschon sie noch nie ihr eigenes Gesicht gesehen haben. Allerdings sei hier an die kritische Nachuntersuchung von NEUBERGER u.a. (1983) erinnert, die bei der Diskussion des Interaktionskonzepts angeführt wurde.

Hat man solche ausdrucksmäßigen Zwiegespräche im Blick, ist es denkbar, daß man im Vergleich mit den herkömmlichen Entbindungsstationen zu einer positiven Bewertung der Entwicklungsbedingungen im Rooming-in kommt. Aber es gibt bisher nur wenige Daten, die belegen, daß die neue Organisationsform tatsächlich vermehrte und verbesserte Beziehungen möglich macht. In einer Untersuchung von GREENBERG u. a. (1973) zeigte sich, daß erstgebärende Mütter unter dieser Bedingung häufiger überzeugt waren, das Schreien ihrer Kinder richtig zu interpretieren als Mütter in herkömmlichen Wöchnerinnenstationen. In der Beurteilung des Schreiens aus Hunger, wegen nasser Windeln, Alleinsein oder weil etwas anderes nicht in Ordnung war, ergaben sich deutliche Unterschiede. Je größer das daraus sprechende Selbstvertrauen der Mutter ist, desto besser kann sie für das Kind sorgen und eine desto sicherere Orientierung ist dem Kind möglich. Wenn es zutrifft, daß die sogenannte Wochenbettdepression, eine »depressive Verstimmung« bei der Mutter, die auf die hormonellen Umstellungen bei der Geburt zurückgeführt wird, infolge des Rooming-in viel seltener vorkommt (CZERMAK 1982), dann liegt hier ein weiteres Argument für die Vorbeugung von Schäden durch das Rooming-in vor.

Entwicklungsberatung

Für die Entwicklungsberatung sei zunächst angemerkt, daß wir hier auf geburtshilfliche Methoden (z. B. DICK-REED oder LEBOYER »Geburt ohne Gewalt«, 1981) nicht eingehen. Auch in anderen medizinischen Fragen ist der Leser auf ärztlichen Rat angewiesen: die Anwendung schmerzdämpfender Mittel bei der Geburt, bei denen an eine körperliche Wirkung auch auf das Kind zu denken ist, die Risiken der Hausgeburt, der »ambulanten« Geburt im Kontakt mit Entbindungsstationen und die Stillpraxis (etwa Stillen nach Bedarf). Sofern Schädigungen des Kindes in Frage kommen, gehen wir darauf im vierten Teil des Buches näher ein. Hier sei nur angesprochen, daß für bestimmte Maßnahmen psychologische Gründe angegeben werden, zu denen die Angewandte Entwicklungspsychologie etwas sagen kann.

Das ist z. B. der Fall, wenn die Anwesenheit des Vaters bei

der Geburt gewünscht und das Neugeborene gleich nach der Geburt der Mutter auf den Leib gelegt wird. In beiden Fällen stützen sich die Argumente auf die Bindungstheorie, vor allem die Komponente »Bindung an das Kind«, mit der wir uns bereits beschäftigt haben.

Sicherlich kann die Wirkung des gemeinsamen Erlebens von Mann und Frau, wenn »eine Familie geboren« wird und die Mutter das Baby in Anwesenheit des Vaters sofort an sich drücken kann, nicht hoch genug eingeschätzt werden. Aber das doch nur dann, wenn die Eltern darauf vorbereitet und damit einverstanden sind. Die Mutter muß z. B. wissen, daß die Haut des Neugeborenen vor dem ersten Bad eine grauweiße, manchmal blutige Auflage hat, wenn sie auf den sofortigen Hautkontakt nicht verzichten möchte. Manche Frauen würden es, wenn sie vom Zustand des Kindes gleich nach dem Austritt aus dem Mutterleib erfahren, vielleicht vorziehen, ihr Baby erst nach dem ersten Bad an sich zu drücken. Die Anwesenheit des Vaters sollte von beiden Partnern gewünscht werden. Es gibt Frauen, die ihren Mann bei der Geburt nicht dabei haben möchten – aus welchem Grund auch immer –, und oft genug Männer, die den an sie gestellten Anforderungen nicht recht gewachsen sind und deshalb bei der Geburt lieber fernbleiben. Es gibt keine vernünftigen Gründe, die dagegen sprechen und den Geburtshelfer oder die Hebamme veranlassen könnten, die Menschen von ihren Absichten abzubringen. In jedem Fall gebührt in der Beratung und Entscheidung dem Wunsch der Eltern der Vorrang vor etwaigen Argumenten aus der Bindungstheorie, weil das Erleben und die Belastungsfähigkeit der Betroffenen den Ausschlag geben müssen. Das im Sinne eines Theoriedogmas erzwungene Handeln ist unnatürlich und deshalb für die Beziehung eher abträglich als förderlich.

Was das Rooming-in als Einrichtung in Kliniken angeht, darf man nicht erwarten, daß eine bloß äußere Umorganisation in jedem Fall eine Verbesserung der Beziehungen herbeiführt. Entscheidend ist, was unter den neuen Bedingungen denn nun wirklich passiert und ob sich die Qualität der Interaktionen verändert. Darüber wissen wir bisher sehr wenig, und die Fachleute sind auf Auskünfte der Betroffenen angewiesen. Manche Mütter fühlen sich sicherlich in der Situation des Rooming-in wohl. Sie finden den rechten Rhythmus zwischen Anregungs- und Ruhebedürfnis beim Kind und sich selber. Vielleicht empfinden sie es auch in einem Mehrbettzimmer als beruhigend, den anderen Müttern und Babys zuzuschauen und Erfahrungen mit ihnen auszutauschen.

Es ist aber auch denkbar, daß das Rooming-in für Mütter eine regelrechte Belastung darstellt und die entspannte Atmosphäre verhindert, die für die erwünschten kommunikativen Zwiegespräche erforderlich ist. Das herkömmliche System bietet ihnen unter Umständen bessere Voraussetzungen, in begrenzten Zeiten ruhig, geduldig und aufmerksam auf das Kind einzugehen. Es gibt Äußerungen von mehrgebärenden Frauen, das Wochenbett lieber wie gewohnt zu verbringen, weil sie sich dann besser erholen und in dieser Verfassung auch besser auf die Bedürfnisse des Kindes eingehen können. Durch die Erfahrungen mit ihren vorhergehenden Kindern brauchen sie nicht erst zu lernen, sich auf die Bedürfnisse des neuen Babys einzustellen und damit umzugehen.

Von daher gesehen wäre es optimal, wenn das Rooming-in als Alternative, wahlweise oder auch zeitweise angeboten werden könnte, was an manchen Orten im sogenannten Teilrooming-in praktiziert wird. Die Möglichkeit einer persönlichen Entscheidung würde sicher von manchen Eltern begrüßt.

Eine wichtige und offene Frage ist es auch, ob schon in der frühesten Zeit etwas getan werden kann, den Müttern bewußte Erfahrungen zu vermitteln, die geeignet sind, zu guten Beziehungen zu ihrem Kind beizutragen. Vor allem wären zur Vorbeugung – z. B. von Kindesmißhandlungen, auf die wir noch eingehen – frühe Interventionen wünschenswert. Die Schwierigkeit ist darin zu sehen, daß im geschilderten Gefühlsaustausch zum größten Teil unbewußte und sehr schnell ablaufende Prozesse am Werk sind. Diese Abläufe kann man durch die erwähnten Aufzeichnungsmethoden zwar beobachtbar machen, auch für die Mutter. Die Frage ist aber, ob und wie man erreichen kann, daß die Aufdeckung unerwünschter Interaktionsformen wirklich einer Verbesserung der Beziehung dient und nicht zu einer zusätzlichen Verunsicherung führt.

Als ersten Schritt zur Einleitung einer entsprechenden Beratung könnte man vielleicht mit einem Versuch beginnen, daß mehrere interessierte Mütter im Rooming-in die Aufzeichnungen von Interaktionen mit ihren Kindern ansehen und miteinander besprechen. Ein gleichzeitig anwesender professioneller Berater könnte auftauchende Fragen aufgreifen. Das sollte aber alles nur auf freiwilliger Basis und bei entsprechenden Anliegen der betroffenen Mütter geschehen.

Auf längere Sicht entstehen Aufgaben für die Beratung von Müttern und Vätern, die in ihr Elternsein immer weiter hineinwachsen und zu einer gesunden Entwicklung des Kindes beitragen möchten. Die »werdenden« Eltern schätzen im allgemeinen beim ersten Kind den Alltag mit einem Säugling falsch ein. Sie rechnen zwar mit zusätzlichen Aufgaben, aber nicht mit einer dauernden Beanspruchung, wie sie die Sorge für das Kind rund um die Uhr erfordert. Dieser »Praxisschock« der Eltern kann sich zunächst auch als Beeinträchtigung der Zufriedenheit mit Ehe und Familie auswirken. Das »freudige« Ereignis wird durchaus als Streß oder Krise erlebt. Die Eltern dürfen ruhig zugeben, daß ihr Baby ihnen gelegentlich auf die Nerven geht, und sich dabei trotzdem weiter als liebevolle Eltern ansehen. Meistens machen sie auch eine Umstrukturierung ihrer Beziehung zueinander durch und müssen beträchtliche zusätzliche Anforderungen bewältigen. Ob und in welchem Grade ihnen das gelingt, läßt sich an der Wiederherstellung der Zufriedenheit mit ihrer Ehe und an ihrem Verhalten dem Kind gegenüber ablesen.

Als Kriterium für das Elternverhalten kann man das Gelingen der Elternaufgabe ansehen, das Kind seinerseits bei der Entwicklungsaufgabe zu fördern, Vertrauen aufzubauen und ein Gefühl der Sicherheit und der Geborgenheit zu entwikkeln (ERIKSON 1950). Damit diese Basis für eine gesunde weitere Entwicklung geschaffen werden kann, muß das Kind sich angenommen fühlen, so wie es ist. Die Quelle solcher Gefühle sind die Eltern, wenn sie das Kind in seinem Aussehen und allen seinen Eigenschaften akzeptieren, wertschätzen und zu ihm eine positive Gefühlsbeziehung aufbauen.

Durch mangelndes Zutrauen und Vertrauen der Eltern kann beim Kind ein Gefühl der Unsicherheit erzeugt und damit ein grundlegendes Mißtrauen anderen und der Welt gegenüber hervorgerufen werden. So können z. B. zu hohe Erwartungen der Eltern das Kind überfordern und es mit Situationen konfrontieren, die es mit seinen Gefühlen nicht in Einklang bringen kann. Das erschwert den Aufbau eines realistischen Selbstkonzepts, das es dem Kind erlaubt, trotz seiner Grenzen positive Selbstgefühle zu entwickeln.

Durch einen Vertrauensvorschuß und durch Zutrauen helfen die Eltern dem Kind, nicht die positive Sicht über sich selbst zu verlieren, sich selbst und anderen zu vertrauen und sich genügend sicher zu fühlen. Dadurch entstehen nicht nur positive Beziehungen in der eigenen Familie, es wird auch der Grund gelegt für spätere befriedigende emotionale Beziehungsmuster, die das Kind außerhalb der Familie anknüpft.

Kindesmißhandlung

Die Meisterung der Entwicklungsaufgabe des Kindes, nach der Geburt Vertrauen und Zuversicht für die Zukunft aufzubauen, hat die körperliche Gesundheit und Sicherheit zur Voraussetzung. Unter den Gefährdungen in dieser Zeit ist nach körperlichen Krankheiten und Unfällen als eine Form der Gewalt in der Familie die Kindesmißhandlung zu nennen. Dieses Ereignis gehört zu den dunkelsten Themen des menschlichen Gefühlslebens und Handelns. Bei nicht Betroffenen ruft es Unverständnis und Abscheu hervor. Betroffene, die es sich als Handelnde später eingestehen, berichten von Geschehnissen, die unerwartet über sie hereinbrechen, und erleben das Ganze als Entpersönlichung, von der sie sich distanzieren möchten.

Für das Kind steht nicht nur die körperliche, sondern auch die seelische Unversehrtheit auf dem Spiel. Wir müssen annehmen, daß die körperliche Gewalteinwirkung eine Verletzung des Gefühls des grundlegenden Vertrauens mit sich bringt und damit die seelische Entwicklung erschüttern kann.

Das Ereignis wird – wie wir bereits mehrfach hervorgehoben haben – mit Entwicklungstatsachen bei Mutter und Kind schon in der Zeit um die Geburt in Zusammenhang gebracht. Besorgnis ist auch deshalb angezeigt, weil die Altersstufe der bis zu einjährigen Kinder am stärksten betroffen ist und die meisten Kinder, die Opfer elterlicher Gewalt werden, unter drei Jahre alt sind. Wenn es so etwas wie eine Verletzlichkeit des Seelischen in der frühen Zeit gibt, dann müssen wir damit rechnen, daß eine Kindesmißhandlung zu den seelisch am meisten belastenden Lebensereignissen mit der stärksten Wirkung gehört.

Bei dieser Belastung scheitern vermutlich alle Bewältigungsversuche. Das erste Ziel muß deshalb die Vorbeugung sein. Ist das Ereignis einmal eingetreten, gelten die Bemühungen der »Heilung« von entstandenen körperlichen und seelischen Wunden. Das Betroffensein der Kinder im frühen Alter und der Schweregrad der Beeinträchtigung veranlassen uns, dieses Geschehen der Erörterung der folgenden Belastungssituationen voranzustellen.

Konzeptbildung und Forschungsansätze

Bei der Kindesmißhandlung überschreiten Eltern oder Erziehungsberechtigte das Züchtigungsrecht durch Gewaltanwendung. Die Gewalt gegen Kinder wird als Mißhandlung bezeichnet, wenn Schmerzen und Leiden hervorgerufen werden, d. h. im allgemeinen, wenn als Folge körperliche Verletzungen auftreten (TRUBE-BECKER 1973). Die Mißhandlung ist – juristisch definiert – »roh«, wenn sie einer gefühllosen Gesinnung entspringt, und »bösartig«, wenn sie trotz klarer Erkenntnis der Pflicht das Kind in seiner Gesundheit schädigt. Die rohe Mißhandlung, das Quälen und die Vernachlässigung von Kindern durch Eltern und Erziehungsberechtigte wird in unserer Gesellschaft strafrechtlich verfolgt und geahndet. Kindesmißhandlungen erscheinen in der Kriminalstatistik, man spricht von hohen Dunkelziffern, von typischen Verletzungsarten, Erschwernissen bei der Durchführung der Anzeigepflicht, z. B. im Zusammenhang mit der ärztlichen Schweigepflicht, und bei der Verfolgung und Bestrafung.

Die hohe Gefühlsbeteiligung, ohne die sich niemand mit diesem Thema beschäftigen kann, beherrscht auch die psychologische Betrachtungsweise, in der wir uns um das Verstehen des Geschehens bemühen. Die Erregung wird oft durch Tabus verdeckt, die unser Handeln als Eltern und die Erinnerung an die Kindheit betreffen. Manche meinen, es wäre besser, es bei den Tabus zu belassen. Eine rationale Behandlung wird weiter erschwert, wenn die Tabus in der Weise aufgedeckt werden, daß Kindesmißhandlungen ohne weiteres als ausschlaggebende Ursache für psychische Krankheiten, Kriminalität und alles Leid dieser Welt ausgegeben werden. Im Gegensatz dazu sei hier versucht, mit Hilfe der Entwicklungspsychologie einige Zusammenhänge besser verständlich zu machen, die dazu beitragen können, in dieses belastende Kapitel der menschlichen Erziehung und Entwicklung etwas Licht zu bringen.

Wenn wir eine Kindesmißhandlung in ihren körperlichen und seelischen Erscheinungsformen als Lebensereignis beschreiben, lassen sich auch hier das Ereignis selbst, die Wirkungen und Folgen voneinander unterscheiden. Da seelische Mißhandlungsformen noch zu wenig erforscht sind, setzt die Psychologie bei den körperlichen Erscheinungsformen an und untersucht deren seelische Begleiterscheinungen, Wirkungen und Folgen. Die körperlichen Mißhandlungen reichen von einfacher Vernachlässigung über körperliche Verletzungen und sexuellen Mißbrauch bis hin zur Tötung eines Kindes. Man denkt hauptsächlich an aufgebrachte Eltern, die ihre Kinder schlagen, mit allen möglichen Gegenständen traktieren und dabei Knochenbrüche, Blutergüsse und Verletzungen und im Extremfall den Tod herbeiführen. Weniger gemeint sind Mißhandlungen in dem Sinne, daß keine körperliche Gewalt angewendet wird.

Erst Anfang 1960 begann man sich vor allem in den USA intensiver für die Verbreitung der Gewalt gegen Kinder, die verschiedenen Formen, die medizinische Diagnose z. B. unerklärter Haut- und Knochenverletzungen, die strafrechtlichen Probleme, die geschichtlichen, sozialen und gesellschaftlichen Hintergründe sowie für die psychologische Erklärung, Behandlung und Verhütung zu interessieren. Damals beschrieben der Amerikaner KEMPE (1962) und seine Mitarbeiter das Syndrom des »geschlagenen Kindes«. Das öffentliche Interesse wurde geweckt und ist seither gestiegen, nicht zuletzt durch die Massenmedien, die von Zeit zu Zeit über sensationelle Einzelfälle berichten. Die Forschung ist im Zusammenhang mit Praxisprojekten zur Betreuung von Familien gefördert worden, in denen Mißhandlungen vorgekommen sind, wobei freilich noch viele Fragen offenbleiben. Im folgenden wird versucht, den derzeitigen Diskussionsstand vor allem an Hand von Ergebnissen klinischer Einzelfallstudien zusammenfassend darzustellen (HELFER, KEMPE 1974, deutsch 1978, PARKE, COLLMER 1975, KEMPE 1978, auch deutsch, BORGESS 1979, STARR 1979, DIETRICH u.a. 1980, PARKE, LEWIS 1981, LYNCH, ROBERTS 1982, BURGESS, GARBARINO, GILSTRAP 1983).

Mißhandelnde Eltern

Zur Mißhandlung eines Kindes tragen viele Faktoren bei, aber ein Handelnder, hier ein Elternteil, ist immer beteiligt. Anfangs wurden alleine die Eltern für schuldig befunden, manchmal in der gemilderten Version, daß sie die Gewalt ihrer körperlichen Einwirkung unterschätzen, wenn sie ein Kind strafen. Inzwischen weiß man, daß es zu einem Zusammentreffen von zur Mißhandlung neigenden Eltern und einer Krisensituation kommen muß, die mit erhöhtem emotionalem Streß verbunden ist, wenn das Ereignis eintreten soll.

Eines der überraschenden Ergebnisse der Forschung war, daß die mißhandelnden Mütter und Väter früher meist selbst mißhandelt worden sind. Die Gründe für diesen verhängnisvollen Teufelskreis sind noch unklar. Um die sich damit eröffnenden Möglichkeiten der vorbeugenden Intervention bemühen sich heute in den USA viele Forscher. Deutlicher als durch diesen Langzeiteffekt, der das mißhandelnde Elternverhalten in die nächste Generation überträgt, kann eigentlich die Bedeutung von Interaktionen für die Entwicklung des Menschen kaum in Erscheinung treten.

Mißhandelte Kinder scheinen demnach aufzuwachsen, um als Eltern ihre eigenen Kinder zu mißhandeln (PARKE, COLLMER 1975). Wir werden an die Rhesusaffenversuche von HARLOW (1966) erinnert, der fand, daß in ihrer Kindheit durch totale Isolation mißhandelte Weibchen später mißhandelnde oder gleichgültig-unfähige Mütter wurden (vgl. SCHMALOHR 1968). Eine Erklärung für die Übertragung der Mißhandlung auf die nächste Generation kann man darin suchen, daß beim Kind ohne Vertrauen das Erreichen des Erwachsenenstadiums der Intimität und Generativität gefährdet ist. Die Mißhandlung in der nächsten Generation ist als emotionale Störung und als Symptom der seelischen Verkrüppelung des mißhandelten Kindes angesehen worden. Wahrscheinlich hat das mißhandelte Kind sich dabei auch auf dem Wege des Modell-Lernens durch Beobachtung der eigenen Eltern das aggressive und mißhandelnde Verhalten angeeignet.

Unabhängig vom Mißhandlungszirkel in den Generationen hat man nach einem elterlichen Mißhandlungstyp gesucht – wenn es so etwas überhaupt gibt –, um darin eine Antwort auf die Frage zu finden, warum eine Mißhandlung passiert. Aber diese Suche nach einem Ansatz für die Behandlung ist nicht sehr erfolgreich gewesen. Man hat anfangs daran gedacht, daß alle Eltern, die ihre Kinder mißhandeln, psychisch krank sein müssen. Aber der Prozentsatz dieser Krankheiten ist in dieser Gruppe nicht erhöht. Auch Alkohol und Drogen spielen nicht die erwartete Rolle. Der Anteil geistig zurückgebliebener Eltern ist etwas erhöht, aber neben den schwächeren Bewältigungsmechanismen ist bei ihnen auch an ärmliche Verhältnisse zu denken, die Streß und Krisenanfälligkeit ansteigen lassen. Es gibt Hinweise, daß unter den Familienmitgliedern neben den Müttern auch die Männer, vor allem Stiefväter und ältere Brüder beteiligt sind. Aber im Grunde konnten neben der Tatsache, daß mißhandelnde Eltern wahrscheinlich selbst mißhandelt wurden, keine überdauernden Persönlichkeitseigenschaften gefunden werden, die solche Eltern von anderen unterscheiden.

Wichtiger könnte der Hinweis sein, daß extrem hohe Erwartungen der Eltern eine Rolle spielen (STEELE, POLLOCK 1974). Dieses Muster kommt zum Ausdruck, wenn die Mutter eines 16 Monate alten Jungen mit einer Zerrung am Ohr sagt: »Er weiß, was ich meine, und versteht es, wenn ich sage: komm her. Wenn er nicht sofort kommt, gehe ich und ziehe ihn leise an die Ohren, um ihn daran zu erinnern, was er tun muß.« Eine andere Art von Erwartung entsteht, wenn die Eltern auf das Kind schauen, um von ihm Liebe und Zuneigung zu erhalten. Anstatt dem Kind Liebe entgegenzubringen, wird die Aufgabe der Gefühlszuwendung in einer Art Rollenumkehr dem Kind zugeschrieben. Wenn das Kind dann z. B. fortdauernd schreit, meint die Mutter, es würde sie nicht lieben und schlägt es deshalb.

Erwartungen können noch grundlegender enttäuscht werden, wenn ein Kind mit Geburtsfehlern zur Welt kommt oder eine Behinderung offenbar wird. Oft fühlen sich die Eltern dabei schuldig, irgend etwas getan zu haben, was die Fehlentwicklung verursacht hat. Sie können auch ohne solche Gefühle in ihrem Elternstolz verletzt sein. Ausschlaggebender als der tatsächliche Zustand des Kindes ist dabei, daß die Eltern nicht mit dem Gefühl fertig werden, ein auffallendes und von der Norm abweichendes Kind gezeugt zu haben (PARKE, COLLMER 1975). Diese Belastungen senken die Toleranzschwelle, wenn das Kind z. B. viel schreit und nicht zu beruhigen ist, so daß sein Verhalten dann körperliche Bestrafungen auslöst.

Gefährdete Kinder

Die körperliche Verletzung eines Kindes bei einer Mißhandlung ist offenbar, nicht so die Art und das Ausmaß der gefühlsmäßigen Verletzungen und deren spätere Folgen. Da wir einen Zusammenhang zwischen körperlicher, emotionaler und kognitiver Entwicklung annehmen müssen, ist daran zu denken, daß die Verletzung eines Systems die des anderen einschließt. Nach dem Konzept von ERIKSON (1950) ist zu erwarten, daß das mißhandelte Kind mit Problemen belastet wird, die sich auf alle seine Beziehungen erstrecken.

Der Untersuchungsansatz nach Eigenschaften ist auch auf die mißhandelten Kinder angewendet worden. Das könnte als Anschuldigung des Opfers und als Ablenkung von der Tat und dem Täter angesehen werden. Solche Bewertungen sind hier weder bei den Kindern noch den Eltern beabsichtigt. Es erscheint jedoch wichtig, von Vermutungen zu wissen, wonach es Kinder gibt, die aus bestimmten Gründen mehr dazu einladen, mißhandelt zu werden. Welche Rolle eine Mißbildung oder Behinderung des Kindes oder z. B. ein in den Augen der Eltern unattraktives Aussehen spielen können, wurde bereits angedeutet. Aber ist es wirklich nur der Glaube der Eltern, der hier den Unterschied ausmacht oder können nicht tatsächlich Faktoren auf seiten des Kindes bestimmend werden?

Da – wie gesagt – das Alter eine Rolle spielt, liegt es nahe, an frühe Temperamentsunterschiede zu denken, die sich von den ersten Tagen an zeigen und dazu führen, daß manche Kinder im Umgang schwieriger sind und dadurch häufiger Mißhandlungen hervorrufen. Manche Kinder sind von Anfang an sehr aktiv und reagieren sehr aufgeregt auf viele Reize. Sie strampeln unruhig, schreien laut und unaufhörlich, wenn sie naß und hungrig sind, laufen dabei im Gesicht und am Körper rot an, sind durch Nahrung und Pflege nicht zu beruhigen und widersetzen sich jeder Einflußnahme. Solche Kinder, die oft auch kränkeln, sind für alle Eltern schwer zu erziehen. Dagegen gibt es andere Kinder, die in den gleichen Situationen ruhig und gelassen bleiben und wenig Erregung zeigen. Durch die unterschiedlichen emotionalen Reaktionsmuster, die wir als Temperament bezeichnen, liegen hier grundlegend verschiedene Voraussetzungen für die Betreuung und Erziehung durch die Eltern vor.

Über die Auswirkungen von Temperamentsunterschieden auf Verhaltensprobleme gibt es eine aufschlußreiche Längsschnittstudie von THOMAS, CHESS (1977). Bei Kindern, die vom zweiten Monat bis zum sechzehnten Lebensjahr verfolgt wurden, konnten drei Temperamentsgruppen festgestellt werden: leicht zu behandelnde Kinder, schwierige Kinder und »langsam warm werdende« Kinder. Etwa 70% der im Anfang schwierigen Kinder hatten später Verhaltensprobleme, dagegen nur 18% der leicht zu behandelnden. Auf den ersten Blick schien es so zu sein, daß die anfangs schwierigen Kinder für spätere Schwierigkeiten prädestiniert sind und die anderen eine problemlose Zukunft haben. Das war jedoch nicht der Fall. Ein wichtiger Faktor für die Bestimmung, ob ein Kind mit einem bestimmten Temperamentsmuster später Verhaltensstörungen entwickelt, war, ob die Eltern mit dem kindlichen Verhaltensstil umgehen konnten oder nicht.

Manche Eltern regte das Verhalten der schwierigen Kinder auf, sie waren verwirrt oder deprimiert und über die Kinder verärgert. Dementsprechend waren sie negativ gegen die Kinder eingestellt. Andere Eltern hatten die Tendenz, die »schwierigen« Kinder als lebhaft, temperamentvoll und anregend anzusehen. In ihrer Sicht hatten sie mit den Kindern anregende und intensive Begegnungen, die zwar anstrengend waren, ihnen aber besondere Freude machten. Bei den leicht zu behandelnden Kindern fanden manche Eltern die Erziehung so leicht, daß sie wenig auf die Kinder achtgaben, vor allem, wenn sie in der Familie noch ein Problemkind hatten. Die Kinder wurden manchmal regelrecht ignoriert und vernachlässigt, weil sie so wenig auf sich aufmerksam machten und die Eltern so wenig aktivierten.

Man kann sich vorstellen, daß nicht nur Verhaltensprobleme, sondern auch Mißhandlungen häufiger sind, wenn die Eltern mit den Temperamentsmustern ihres Kindes nicht zurechtkommen. In diesen Zusammenhang paßt ein Vergleich, bei dem mißhandelte Kinder im Alter von 1–3 Jahren häufiger auf den Rücken von Erwachsenen kletterten und diese viermal häufiger als andere Kinder traten oder sich sofort abwendeten. Die Altersgenossen griffen sie doppelt so oft an wie andere Kinder und zeigten ihnen gegenüber ein merkwürdig ambivalentes Verhalten: sie krochen in Richtung auf ein Kind zu und wendeten aber gleichzeitig den Kopf ab, oder sie schauten auf das Kind und krochen gleichzeitig weg (GEORGE, MAIN 1979).

In diese Richtung geht auch eine experimentelle Filmstudie, in der Eltern um Angaben gebeten wurden, welche Erziehungsmaßnahmen sie bei bestimmten Fehlverhaltensweisen von Kindern treffen würden (PARKE, COLLMER 1975). Es zeigte sich, daß extrem aktive Kinder häufiger bestraft wurden, daß aber besonders die Art der Antwort der Kinder auf eine erste Strafreaktion das spätere Verhalten der Eltern beeinflußte. Wenn die Kinder – im Film – auf anfängliche Strafen der Eltern mit Ungehorsam reagierten oder sich widersetzten, wie manche Kinder das sicher tun, dann sagten die beobachtenden Eltern, daß sie ihre Bestrafung verschärfen würden. Wenn das Kind auf die anfängliche Strafe zu gehorchen versuchte oder sagte, es würde sein Verhalten bedauern, dann waren die Eltern das nächste Mal nachsichtiger und geduldiger. So scheint es Arten von Verhaltensweisen des Kindes zu geben, die eine schwere Bestrafung durch die Eltern wahrscheinlicher machen.

Gestörter Gefühlsaustausch

Das Kind ist demnach nicht ausschließlich von seiten der Eltern gefährdet, Opfer einer Mißhandlung zu werden. Es kommt offenbar auf der anderen Seite auf einen Beitrag des Kindes an, der im Grad seiner Bereitschaft zu suchen ist, auf die Handlungen der Eltern einzugehen. Wenn das zutrifft, müssen Mißhandlungen bei Kindern gehäuft vorkommen, die daran gehindert sind, eine solche Bereitschaft auszubilden. Das trifft in der Tat zu. Frühgeborene und andere körperlich behinderte Kinder werden eher mißhandelt als rechtzeitig geborene Babys (VIETZE 1980). Und unter den Frühgeborenen waren die schwächlichsten und kränklichsten, die am längsten im Krankenhaus waren, am wahrscheinlichsten unter den später mißhandelten Kindern. Woran kann das liegen?

Die beste Erklärung scheint das Konzept des wechselseitigen Zuneigungsprozesses zu bieten, auf das wir schon eingegangen sind. Die sofortige Zuwendung der Mutter, das Kind zu beruhigen, es anzuschauen und für es zu sorgen, wird bei Frühgeborenen verhindert, weil sie zum Überleben für Wochen und Monate im Brutkasten sein müssen. In dieser Situation wird die Eltern-Kind-Beziehung wahrscheinlich geschwächt. Mütter von Frühgeborenen lächelten ihre Kinder bei der Wiedervereinigung weniger oft an und boten ihnen weniger Gelegenheit zu Augenkontakten (LEIFER u. a. 1972). Die Frühgeborenensituation bringt offenbar Erfahrungen mit sich, die es den Müttern schwerer machen, eine Zuneigung zum Kind zu entwickeln. Dies Erschwernis hängt vermutlich auch mit Verhaltensdefiziten beim Kind zusammen, das im Brutkasten nicht lernt, auf die Zuwendung der Mutter einzugehen und sie zu erwidern.

Wie sehr es bei alledem auf die Bereitschaft des Kindes ankommt, zeigen Erfahrungen bei geistig erheblich zurückgebliebenen Kindern mit Down-Syndrom (Mongolismus). Bei ihnen war die Fähigkeit verringert, auf die beruhigenden Signale der Mutter einzugehen (EMDE 1978). Beim Auftreten des Lächelns ließen sie sich kaum auf Augenkontakte mit der Mutter ein und konnten auf Anregung ihre Aktivität nicht steigern. In einer anderen Arbeit wurden Zwillinge verglichen, von denen einer später als autistisch galt (KUBICEK 1980). Das autistische Kind zeigte von Anfang an ein ärmliches und wenig veränderbares Ausdrucksverhalten, so daß ein Zusammenspiel mit der Mutter unterblieb. Eine gefühlsmäßige Zuwendung wurde aktiv und passiv vermieden.

Auch diese Beispiele zeigen, daß der Aufbau einer gefühlsmäßigen Beziehung nicht eingleisig von der Mutter ausgeht, sondern ein zweigleisiger wechselseitiger Prozeß ist. Die emotionale Verarbeitung der frühen Begegnungen scheint besonders bedeutungsvoll zu sein. Die Mütter der erwähnten Kinder mit Down-Syndrom erlebten ihr Kind selbst nicht als anregend und konnten sich nicht an ihm freuen. Sie stellten ihre Bemühungen enttäuscht ein, weil die Kinder sich ganz anders als erwartet verhielten. Wenn die Seite des Kindes ausfällt, die Bereitschaft fehlt und keine Fähigkeiten ausgebildet werden, dann besteht keine Möglichkeit für eine gefühlsmäßige Zwiesprache, und die Eltern werden nicht eng genug in die Beziehung eingebunden. Es kommt zu einer wechselseitigen Beeinträchtigung, die sich gegenseitig aufschaukelnden transaktionalen Interaktionen (SAMEROFF 1975) erhalten negative Charakteristika.

Gewiß ist dies eine spekulative Erklärung, aber sie macht die Voraussetzungen verständlich, die zu einer Mißhandlung führen können. Besonders eindrucksvoll ist die Tatsache, daß viele Eltern in ihrem Erleben die Ursache ihrer Mißhandlung im Verhalten des Kindes sehen und sich vom Kind regelrecht mißhandelt fühlen. Sie sahen später praktisch gar nicht mehr, daß sie das Kind mißhandelt hatten. Das ist schwer zu verstehen, aber man kann darin einen Beleg für die Lebhaftigkeit des wechselseitigen und sich gegenseitig steigernden Gefühlsaustausches sehen.

Es sind auch sicher nicht alle Fälle so gelagert, und meist kommt eine Häufung von Belastungen vor (GARBARINO 1976): Armut in Verbindung mit einer niedergedrückten, oft alleinstehenden Mutter oder aber eine Mutter mit einer hohen Kinderzahl scheinen besondere Streßfaktoren zu sein. Als erschwerende Bedingungen wirken Krisen, die Anlässe wie den Verlust einer Arbeitsstelle haben können. Ein auslösendes Ereignis mit geringfügigem Anlaß kann dann die Katastrophe herbeiführen. Kein einziger der Faktoren führt notwendig eine Mißhandlung herbei, aber eine Anhäufung erhöht den Streßcharakter der auslösenden Situation.

Im typischen Fall ist eine Mißhandlung deshalb auch kein Dauerzustand, sondern eine vereinzelt auftretende krisenhafte Entgleisung, was jedoch eine Wiederholung nicht ausschließt. Zur Vorgeschichte gehört oft, daß die Eltern das Schreien, Nörgeln oder Quengeln ihres Kindes nicht mehr ertragen können oder sich durch seine Hyperaktivität attakkiert fühlten. Auf die vergeblichen Erziehungsversuche folgen Schläge, unkontrollierter Zorn und Gewaltanwendung. Wenn die Mutter selbst liebesbedürftig und labil ist, möchte sie, daß das Kind sie liebt, seine Dankbarkeit zeigt und ihre emotionalen Bedürfnisse befriedigt. Wenn das Kind schreit, erlebt sie das als eine Ablehnung oder noch schlimmer als einen Hinweis auf das Schicksal, das sie von ihrer eigenen Mutter erfahren hat.

Wir greifen die Berichte von Müttern in den klinischen Studien auf, daß sie die Mißhandlung ihres Kindes in der Erregung gar nicht wahrgenommen hatten oder sich zu den Handlungen veranlaßt sahen, weil sie sich selbst vom Kind mißhandelt fühlten. Beide Fälle lassen sich mit Hilfe des Konzepts der Ursachenzuschreibung weiter aufklären. Wir folgen hier den Ergebnissen zweier Untersuchungen über mütterliche Ursachenzuschreibungen bei Kindesmißhandlungen, die uns erste Aufschlüsse geben (LARRANCE, TWENTYMAN 1983, ROSENBERG, REPPUCCI 1983).

Das Attributionskonzept legt zur Erklärung einer Kindesmißhandlung bestimmte Wahrnehmungen über das Verhalten des Kindes nahe, die eine Mißhandlung durch einen Erwachsenen hervorrufen oder aufrechterhalten. Vermutlich sind es enttäuschte Erwartungen an das Kind und sein Verhalten, die zu einer negativen Wahrnehmung des Kindes führen, wodurch dann die Tat ausgelöst wird. Ursache der Mißhandlung wären dann Interpretationen, die der mißhandelnde Erwachsene vornimmt und die dann die Wahrnehmung verzerren.

Es gibt vermutlich zwei verzerrende Wahrnehmungsweisen, die eine Kindesmißhandlung begünstigen. Ein bestimmtes Verhalten, das der Persönlichkeit des Kindes entspricht, wird von den Eltern als absichtlicher Ungehorsam wahrgenommen, als absichtliches Verhalten, mit dem das Kind gegen die guten elterlichen Absichten opponiert. Diese Zuschreibung von Absicht schließt ein, daß der wahrnehmende Erwachsene glaubt, daß das handelnde Kind über das Wissen und die Fähigkeit verfügt, das gemeinte Verhalten hervorzubringen und zu steuern. Das aber ist nicht der Fall. Die Mißhandlung hat dann zur Voraussetzung, daß die Eltern in bezug auf die Reife des Kindes unrealistische Erwartungen haben und ein Verhalten als absichtlich definieren, bei dem das Kind nicht in der Lage ist, der Erwartung entsprechend mit voller Absicht zu handeln.

Hinzu kommt als zweite Wahrnehmungsweise, daß das Verhalten, das den elterlichen Erwartungen zuwiderläuft, als Anzeichen einer schlechten Eigenschaft des Kindes wahrgenommen wird, als Sturheit, Starrsinnigkeit und Verdorbenheit, die »ausgetrieben« werden müssen. Hier ist die Annahme eingeschlossen, daß das Kind für diese Eigenschaften verantwortlich gemacht werden kann. An die Möglichkeit, daß das Kind ein unerwünschtes Verhalten an den Tag legt, das mit Unreife oder einer Beeinträchtigung seiner Entwicklung zu tun hat, denken die Eltern nicht. Sie nehmen vielmehr an, das Kind könne sein Verhalten den Erwartungen der Eltern gemäß steuern. Sind diese Erwartungen unrealistisch hoch, so ist der Weg zur Mißhandlung geebnet.

Mißhandelnde Eltern scheinen also an der Erklärung »Eigenschaft in Verbindung mit Absicht« zur Begründung des Verhaltens beim Kind festzuhalten. Sie sind daran gehindert, nach anderen Erklärungen für unfolgsames Verhalten zu suchen, die z. B. in Situationszwängen jeder Interaktion zu finden sind. Ein Kind ist vielleicht unfolgsam, weil es von anderen Bedürfnissen beherrscht ist, Hunger hat, sich müde oder krank fühlt, die Bitte der Eltern falsch verstanden hat oder die schrille Stimme des Erwachsenen nicht verkraftet. Die Folgen für das Kind fallen sicherlich anders aus, wenn es zu solchen, das Kind mehr entlastenden Ursachenzuschreibungen kommt.

Wenn die bisher dargelegten Zusammenhänge zutreffen, dann müßten Mütter, die ihre Kinder mißhandelt haben, schlechte Absichten und schlechte Eigenschaften ihrer Kinder öfter wahrnehmen als Mütter ohne Kindesmißhandlung. In einer Vergleichsuntersuchung an je 12 Müttern konnte diese Annahme jedoch nicht bestätigt werden (ROSENBERG, REPPUCCI 1983). Die mißhandelnden Mütter zeigten auch eine unerwartet große Vielzahl an Interpretation der Verhaltensweisen ihrer Kinder. Allerdings ist zu berücksichtigen, daß die Untersuchung an Müttern stattfand, die bereits 3 Monate an einem Programm zur Vermeidung weiterer Mißhandlungen teilgenommen hatten.

In einer anderen Untersuchung wurden 10 Mütter, von denen eine Mißhandlung bekannt war, mit anderen Müttergruppen verglichen, die als »vernachlässigende« und »normal erziehende« Mütter bezeichnet wurden. In den Ergebnissen gab es Tendenzen, die den Erwartungen des Attributionskonzepts entsprachen (LARRANCE, TWENTYMAN 1983). Die Mütter mit Mißhandlung wiesen im Vergleich zu den anderen die am meisten negativ verzerrte Sicht der Kinder auf, denen sie häufiger absichtliche Verweigerungen des Gehorsams unterstellten. Die Kinder wurden eher als Konkurrenten oder ungeliebte Personen angesehen, denen innere und stabile Gründe für ihr verweigerndes Verhalten zugeschrieben wurden. Die Mütter betonten die Verantwortung des Kindes für die Problemsituation und schätzten die Bedeutung von Situationsfaktoren als gering ein. Sie hatten ferner die Neigung, ihre eigene Verantwortung für gering zu halten und demgegenüber die Verantwortung des Kindes zu betonen.

Negative Erwartungen und Ursachenzuschreibungen traten auch in den anderen Gruppen auf, aber in wesentlich geringerem Maße. Bei den vernachlässigenden Müttern gab es an Stelle von Ursachenzuschreibungen ein mehr gleichgültiges Verhalten den Kindern gegenüber, wenn diese Erfolg oder Mißerfolg hatten oder in sozialen Schwierigkeiten von anderen Kindern verstoßen wurden oder selbst andere verstießen.

Die bisherigen Arbeiten geben zu vielen Fragen Anlaß. Die wichtigste dürfte sein, ob Ursachenzuschreibungen, die als Wahrnehmungen und Erwartungen sprachlich geäußert werden, mit den Verhaltensweisen übereinstimmen, die ihnen entsprechen. Weiter interessieren die Mechanismen, die den Wahrnehmungsverzerrungen zugrunde liegen und eine Umsetzung in das elterliche Handeln bewirken. Neben Situationsfaktoren, vor allem Streß, spielt das Selbstkonzept der Eltern wahrscheinlich eine Rolle, wenn sie den Ungehorsam des Kindes als Angriff auf ihren Selbstwert erleben. Schließlich ist bei allen Interpretationen Vorsicht im Hinblick auf die wirklichen Eigenschaften des Kindes geboten. Es muß die Erklärung überprüft werden, daß die Mutter negative Zuschreibungen bei einem Kind entwickelt, das tatsächlich aggressiver, aufgeregter und widerspenstiger ist. Kinder mit Geburtskomplikationen und Behinderungen scheinen eine erhöhte Rate an Kindesmißhandlungen aufzuweisen, ein Sachverhalt, der uns im Kapitel über die Behinderungen weiter beschäftigt.

Bislang können wir ein Modell der Kindesmißhandlung mit vier Stadien annehmen: Die Eltern haben unrealistische Erwartungen an ihr Kind – Das Kind handelt in einer Weise, die den Erwartungen der Eltern widerspricht – Die Eltern schreiben den Handlungen des Kindes falsche Ursachen zu,

Absicht und Boshaftigkeit, um die Eltern zu ärgern und zu quälen – Die Eltern reagieren übermäßig und strafen das Kind mit übermäßiger Härte.

Entwicklungsberatung

In einem Projekt, das sich um Hilfen für Eltern mit Kindesmißhandlungen bemühte, konnten die Betreuer erfahren, daß die Eltern großen Wert darauf legten, als gute Eltern zu gelten (LYNCH, ROBERTS 1982). Sie wollten die Kinder, die vorübergehend in ein Heim aufgenommen worden waren, wieder mit nach Hause nehmen und sahen darin einen Beweis dafür, daß sie sich als gute Eltern verstanden. Sie wünschten sich folgsame Kinder, die sie mehr lieben könnten, und es regte sie auf, daß sie im Zwiespalt von Liebe und Zurückweisung lebten.

Nach einer gewissen Zeit entwickelten viele Eltern das Bedürfnis, über die Tat zu sprechen. Sie vermieden es, Wörter wie schlagen zu verwenden. Sie gaben die Tat zu, wollten aber nicht als »Baby-Prügler« oder Kinderhasser gelten. Die Erregungen beim »strafenden« Schlagen hatten sie als ein Außer-sich-Sein erlebt, sie waren es nicht selbst, es war ein Monster, das aus ihnen heraus handelte. Ein anderer Grad der Verarbeitung ließ die Eltern das Geschehen akzeptieren. Obschon sie sich schämten, betrachteten sie das Ereignis als Vergangenheit und als etwas, mit dem sie in der Zukunft umgehen mußten. Manche Eltern stellten sich die Frage, was sie dem Kind sagen wollten, wenn es fragt, warum es im Krankenhaus und Heim und von zu Hause fort war. Die Berater versuchten, gemeinsam mit den Eltern Lösungsvorschläge durchzugehen, die auf die individuelle Lage abgestimmt waren. Es gab eine Mutter, die ihre Akte über eine Mißhandlung in ihrer eigenen Kindheit sehen wollte, als sie sich auf eine weitere Mutterschaft vorbereitete.

Zur Vorbeugung von Kindesmißhandlungen hat man versucht herauszufinden, ob man dieses Ereignis in einer Familie vorhersagen kann. Es zeigte sich, daß Vorhersagen sehr schwer sind, allein schon deshalb, weil so viele Faktoren beteiligt sind. BISBROW und Mitarbeiter (1977) berücksichtigten die elterlichen Einstellungen zur körperlichen Strafe, ihre Sensibilität für die Bedürfnisse des Kindes und viele andere

Faktoren. Sie stellten eine Gruppe von 38 Eltern mit Mißhandlung einer Gruppe von 58 Eltern ohne Mißhandlung gegenüber und konnten an Hand ihrer Schätzung 80 % der Eltern mit Mißhandlung richtig herausfinden.

Es gibt demnach gewisse Möglichkeiten der Vorhersage, damit ist aber noch nichts über Erfolge der Vorbeugung oder die Chancen einer Beratung der Eltern gesagt, bei denen eine Mißhandlung bekannt geworden ist. Da temperamentvolle schwierige Kinder nicht ohne weiteres zu ändern sind, könnte man versuchen, die Verhaltenserwartung der Eltern zu mäßigen und ihre Toleranzschwelle zu erhöhen. Eine wichtige Voraussetzung für mißhandelndes Verhalten wäre dadurch beseitigt. Man käme dem Ziel näher, Eltern zu befähigen, in einer mehr akzeptierenden Weise mit ihren Kindern umzugehen, um den Generationenzirkel der Kindesmißhandlung zu durchbrechen.

Ein wichtiger Ansatz für eine Veränderung bei den Eltern könnten auch ihre Zuschreibungen sein, wenn sie sich vom Kind mißhandelt fühlen. Es geht um ein besseres Verständnis der Anliegen des Kindes. Bei der Familienbetreuung bleibt als letzter Ausweg, für ein mißhandeltes Kind ein besseres Zuhause zu finden. Einige Untersucher sind erfolgreich gewesen, wenn sie mit den Eltern nach weniger aggressiven Erziehungsmitteln suchten und in den streßhaften Krisensituationen für Gespräche sorgten (GRAY u. a. 1977).

Befürworter von Elterngruppen möchten nicht mit speziell gefährdeten Eltern arbeiten. Sie treten für Veranstaltungen ein, die in der ersten Zeit nach der Geburt beginnen, allgemein auf eine Verbesserung der Kindererziehung ausgerichtet sind und das Problem der Kindesmißhandlung unter anderem mitbehandeln. Fragen wie die Familienplanung und legale Schwangerschaftsunterbrechungen sollten in diesem Zusammenhang mitgesehen werden. In unserer Bundesrepublik steht in Fragen der Kindesmißhandlung der Deutsche Kinderschutzbund beratend zur Verfügung. Die Familie kann bei allem nicht als unabhängige soziale Einheit behandelt werden, sie ist eingebettet in das soziale Netzwerk der informellen und formellen Hilfs- und Beratungssysteme und nicht zuletzt in die Gesamtgesellschaft. Deren Einstellung zu Problemen der Gewalt bestimmt mit, wie wir mit den Bedürfnissen des Kindes und dem Recht auf eine gewaltfreie Erziehung umgehen.

Annahmen über elterliche Einflüsse auf die Entwicklung beim Kind standen in unserer Gesellschaft schon immer im Mittelpunkt des Interesses. Als ideal für die Erziehung des Kindes gilt für viele die herkömmliche Familie, in der die Mutter die Kinder erzieht und den Haushalt führt und der Vater für den Unterhalt sorgt. Ideal ist diese Konstellation, weil sie am besten geeignet erscheint, den Kindern die Sicherheit zu geben, die sie für den Aufbau des Vertrauens und einer selbständigen Persönlichkeit brauchen. Eine Abweichung von dieser Norm wird meistens als Belastungssituation für das Kind angesehen, bei der als Folge eine Beeinträchtigung seiner Entwicklung befürchtet wird.

Die Tatsache, daß wir heute in zunehmend mehr Fällen von der sozialen Norm der herkömmlichen Familienkonstellation entfernt sind, stellt den nächsten Ausgangspunkt unserer Überlegungen dar. Viele Historiker bezweifeln, daß die »ideale« Familie in der Geschichte unserer Gesellschaft so weit verbreitet war, wie diejenigen meinen, die heute ihren Niedergang beschwören und diesen für alles Unheil der Kinder verantwortlich machen. Wir können deshalb mit Recht fragen, ob die veränderten Familienformen wirklich eine so verheerende Rolle spielen, wie das immer befürchtet wird. Um das zu beurteilen, brauchen wir jedoch zuverlässige Informationen über die Wirkung verschiedener Familienkonstellationen auf die Entwicklung des Kindes.

Der Frage, welche Abweichungen von der gewohnten Familienform vorkommen und wie das Wissen zu bewerten ist, das die Psychologie über deren Wirkungen auf die Kindesentwicklung gewonnen hat, gehen wir in den nächsten drei Abschnitten des Buches nach. Drei Arten von abgewandelten Familiensystemen gilt unser Interesse. Wir beginnen mit den sogenannten alternativen Familienformen und behandeln dann gesondert Fragen der Berufstätigkeit von Müttern und der Scheidung von Eltern.

Arten von Abwandlungen

Die verschiedenen Familienformen, deren Wirkungen zu untersuchen sind, ergeben sich aus Abwandlungen der idealen Familie, für die traditionellerweise bestimmte Grundsätze gelten. Dazu gehört, daß Kinder zwei Eltern verschiedenen Geschlechts brauchen, die sich die Verantwortlichkeiten teilen. Das damit definierte Geschlechtsrollenverständnis beruht darauf, die Mutter für besser geeignet als den Vater anzusehen, die von ihr geborenen Kinder auch großzuziehen. Es gilt als ausgemacht, die Erziehung der Kinder als eine Hauptaufgabe der Familie anzusehen, die nicht von anderen Personen übernommen und auch nicht aus dem Haus heraus weggegeben werden sollte.

Von der herkömmlichen Verteilung der Aufgaben und Verantwortlichkeiten hat es in den letzten Jahrzehnten Abweichungen gegeben, die in drei Wellen gesellschaftlicher Veränderungen entstanden sind. Es handelt sich um die zunehmende Berufstätigkeit der Frau in der Zeit nach dem 2. Weltkrieg, die Suche nach alternativen Lebensformen seit den 70er und 80er Jahren und neuerdings um die Möglichkeiten der Medizin, durch Embryoübertragungen eine Schwangerschaft von den natürlichen Eltern unabhängig zu machen. Wir beginnen mit den Retortenbabys und den alternativen Familienformen und gehen auf die Berufstätigkeit der Mütter im nächsten Abschnitt ein.

Retortenbabys

Welche Auswirkungen die künstliche Befruchtung auf die Familienbildung haben kann, zeigt der Fall einer Britin, der kürzlich durch die Presse ging. Die 32jährige Frau brachte Vierlinge zur Welt, die in der Retorte gezeugt worden waren. Die Kinder, 3 Jungen und 1 Mädchen, wurden durch Kaiserschnitt geboren und wogen 1,2–1,5 kg. Dies war im Jahre 1984 der 2. Fall einer solchen Mehrlingsgeburt nach künstlicher Befruchtung. Der Mutter waren vorher insgesamt 6 Embryos eingepflanzt worden, um die Chancen der Befruchtung zu erhöhen.

Was an dem Fall besonderes Aufsehen erregte, waren aber weniger die Technik der künstlichen Befruchtung, die dabei angewendet wurde, sondern die komplizierten Familienverhältnisse, die es danach gab. Die Frau war bereits Mutter von 4 Kindern und hatte sich vor 10 Jahren sterilisieren lassen. In der Presse wurde kritisiert, daß der staatliche Gesundheitsdienst ausgerechnet sie für die teure Behandlung ausgesucht hatte, während Hunderte von kinderlosen Ehepaaren auf eine Schwangerschaft mit Hilfe der Retorte warteten. Den Vater der Vierlinge, mit dem die Frau zusammenlebt, kann sie nicht heiraten, weil sie vom Vater ihrer ersten vier Kinder nicht geschieden ist.

Gewiß ein Einzelfall, aber er wirft ein Licht auf die zukünftigen Möglichkeiten. Durch den neuerdings gelungenen Embryo-Transfer können Paare ihrer Kinderlosigkeit auf verschiedene Weise begegnen. Eine zuvor in der Petrischale befruchtete Eizelle wird zurück in den Leib einer Mutter übertragen. Der Same kann vom Ehemann stammen, es kann aber auch das Sperma eines Spenders verwendet werden, so daß Ehemann und Vater nicht identisch sind. Das gleiche gilt für die weibliche Seite, hier kann dazu noch der Embryo einer 3. Person einer 2. Frau eingepflanzt werden. Es fragt sich, welchen Wert Begriffe wie »Eltern« künftig haben werden und welcher Bauch da eigentlich wem gehören soll, wenn diese Praxis um sich greift. Es wird bereits von Leihmüttern berichtet, die sich weigern, das Kind herauszugeben, von einem behinderten Sprößling, den dann niemand nehmen will, und von einer Mutter, die nach der Scheidung den Samenspender ihres Retortenbabys auf Unterhalt verklagen will. Und was werden diese Kinder aus der Retorte einmal empfinden, wenn sie anfangen, Fragen zu stellen?

Es spricht viel dafür, die zur Zeugung eines Retortenbabys notwendige außerkörperliche Befruchtung auf Ehepaare zu beschränken und von der Übertragung des Spermas eines Spenders sowie der Einpflanzung bei einer Leihmutter abzusehen. Jedenfalls bedarf es weiterer Klärungen der Rechtslage in den Konstellationen außerhalb der Ehe, wenn diese Befruchtungsmethode allgemein erlaubt werden sollte.

Wenn wir alles tun, was uns die moderne Wissenschaft möglich macht, könnten künftig die Grundlagen unseren Zusammenlebens mehr verändert werden, als durch manche Entwicklung, gegen die sich Bürgerinitiativen heute zur Wehr setzen. Es könnten Familienkonstellationen und damit

Bedingungen für das Aufwachsen von Kindern entstehen, deren gefühlsmäßige Auswirkungen wir nur schwer ausdenken können.

Arten alternativer Familiensysteme

Ohne so weit in die Zukunft auszugreifen, wie das die Retortenbabys nahelegen, geht es jetzt um die Überprüfung von Ereignissen und deren Wirkungen, denen Kinder in einigen in unserer Gesellschaft bereits vorhandenen Familienformen begegnen. Haushalte mit alleinerziehenden Müttern, die nicht heiraten oder geschieden sind, Wohngemeinschaften oder kommuneartige Familien, Paarbeziehungen, die auf der Grundlage freier Vereinbarung gebildet werden, und die herkömmliche Familie mit zwei verheirateten Eltern, das sind die von uns sogenannten alternativen Familiensysteme, die hier interessieren. Jeder dieser Haushalte hat ein Kind, das unter den besonderen Bedingungen der charakteristischen Stilform der Familie in einer bestimmten Art und Weise erzogen wird. Aus der Sicht des herkömmlichen Systems entsteht die Frage, ob mit den andersartigen Familienstilen geänderte Bedingungen für die Kinder verbunden sind, welche Folgewirkungen zu erwarten sind, ob Belastungen entstehen und welche Möglichkeiten die Kinder gegebenenfalls haben, diese zu verkraften.

Wir verlassen also die Voraussetzung, daß die Lebensereignisse für die Kinder im Kontext einer herkömmlichen Kernfamilie mit der bekannten Rollenverteilung auftreten. Damit verlassen wir allerdings auch den Boden gesicherter Erkenntnisse der Entwicklungspsychologie, der man vorhalten kann, sie hätte bisher – abgesehen von den Arbeiten über berufstätige Mütter und Scheidungskinder – versagt, die Familienperspektive im vollen Umfang zu erfassen. Zwar wurde in den neueren Arbeiten immer mehr daran gedacht, daß alternative Betreuungspersonen die Aufgabe der Mutter übernehmen können, daß der Vater einen Einfluß ausübt, auch auf dem Wege über die Mutter, und auch die kombinierten Einflüsse beider Eltern wurden dokumentiert. Aber die tatsächlichen Verhältnisse, in die immer mehr Kinder heute hineingeboren werden, die alternativen Familiensysteme, sind noch kaum Gegenstand der Forschung gewesen. Da wir es hier mit sich schnell wandelnden Zeiterscheinungen zu tun haben, wurden bereits nicht wiederkehrende Forschungsmöglichkeiten versäumt. Die folgenden Überlegungen sind an einigen Erfahrungsberichten und Erkundungsstudien orientiert, die in der Bundesrepublik und den USA zustande gekommen sind (vgl. LAMB 1982, EIDUSON, FORSYTHE 1983, SANDER 1983, FTHENAKIS 1984).

Bei der Anwendung der Ergebnisse auf Entscheidungsfragen müssen wir deshalb eher noch vorsichtiger als bisher schon sein. Wir studieren von unseren Bewertungskriterien vor allem die Wirksamkeit von Zeitgeistkomponenten.

Zeitströmungen

Alternative Familienstile entstanden in den späten 60er und ersten 70er Jahren in den westlichen Ländern, als viele junge Menschen nach Lebensweisen suchten, die gleichzeitig eine politische Erneuerung herbeiführen, dem Wunsch nach engeren und intimeren Beziehungen entsprechen und einen neuen Einklang mit der Umwelt herstellen sollten. Es wurde angenommen, daß diese Ziele in der traditionellen Kernfamilie nicht gefördert werden können.

Im Alltag suchten sie den Leistungsstreß und das Konkurrenzdenken abzubauen und dem Gefühlsverlust und der Entfremdung zu begegnen, die sie als den Preis für die Wohlstandsgesellschaft ansahen. Sie wollten alles durch einfühlsamere, warmherzige Beziehungen ersetzen, die mit ihren Erneuerungsvorstellungen besser als der herkömmliche Familienstil übereinstimmten. Die verschiedenen Höhepunkte dieser Alternativbewegung sind vermutlich überschritten, haben sich aber in stabilisierten Familienstrukturen niedergeschlagen, die erhebliche Wirkungen auf die heutige Praxis der Geburt und ersten Erziehung haben. Obschon sie von den Wertvorstellungen der traditionellen Familie abweichen, beeinflussen sie diese weiter vorherrschende Form nachhaltig und üben ihre Wirkung sicher auch künftig aus, ohne daß wir diese Wirkung zahlenmäßig abschätzen könnten.

In unserer Bundesrepublik erinnern wir uns an die 68er APO-Generation, die mit den Kampfparolen der Frauenbewegung anfing, dem Mutter-Mythos abzuschwören. Einzelne studierende Mütter, die unverheiratet waren und in einer damals Kommune genannten Wohngemeinschaft lebten, setzten ihre Kinder bei den Wohngenossen oder in neu gegründeten Kinderläden ab, wenn sie ihrer politischen Tätigkeit nachgingen. Die Kinder lernten von Anfang an, sich auf verschiedene Betreuungspersonen – damals Sozialisationsagenten genannt – einzustellen, Männer und Frauen, die in der sogenannten Mehrfachbetreuung abwechselnd zur Verfügung standen. Die Erziehung sollte von autoritären Zwängen befreien. Das fing damit an, die Kinder nach Bedürfnis zu stillen, auf den Arm zu nehmen und ihren Schlaf finden zu lassen.

Was damals in der Protestbewegung mit den Kindern geschah, war den Eltern der vorhergehenden Nachkriegsgeneration ein Greuel, es sollte ja auch ein Bürgerschreck sein. Der skeptischen Generation, wie sie genannt wurde, und ihrer eher kritisch intellektuellen Art widersprach das Ganze. Den Mutterschaftskult der NS-Zeit hatte sie durchschaut und gewöhnte sich erst langsam daran, die lange verpönten Hautkontakte, das Geschmuse und alle Gefühligkeit nicht mehr als spießig anzusehen. Und das sollte in der Frauenbewegung nun plötzlich alles nicht mehr gelten.

In den jetzigen 80er Jahren entsteht ein durchaus widersprüchliches Bild. Einerseits scheinen die Bestrebungen der 68er Generation eine Ewigkeit her zu sein. In der heutigen Alternativkultur wird es eher als verantwortungslos angesehen, kleine Kinder anderen Personen, etwa Tagesmüttern, oder Krippen zu überlassen. Man mag das Kind kaum aus der liebevollen Umarmung freigeben. Das warme Nest, enger Körperkontakt sind gefragt wie nie, dazu sanfte Hausgeburt – partnerschaftlich mit dem Vater –, Brustnahrung und Säugling im Tragetuch, am besten dazu ein in die Mutterrolle schlüpfender Vater. Vieles scheint sich wieder auf die traditionelle Kernfamilie hin zu entwickeln, auch wenn es sich um ein Leben in der Wohngemeinschaft handelt.

Aber das stimmt nicht ganz. Die Frauenbewegung hat zwar angefangen, die Mutterschaft feministisch zu verherrlichen, ebenso radikal, wie sie vorher als gesellschaftlicher Zwang entlarvt wurde. Frauenbewegung und Sozialstaat haben die Belastungen der alleinstehenden Mutter gemildert, und die Frauen brauchen sich nicht mit einer Nur-Mutter-Identität zufriedenzugeben. Aber es sind neue Motive entstanden, die den Kinderwunsch mehr denn je problematisieren. Es wird gefragt,

- ob man eigentlich guten Gewissens Kinder in diese Welt mit Raketen und saurem Regen setzen kann;
- welche Rolle die Männer und Väter spielen sollen, wenn die Frau ihre autonome Entscheidung verwirklichen will, daß ihr Bauch ihr gehört, und die Männer zögern, ihre Vaterrolle auf diese Weise zu akzeptieren;
- und ob die Wohngemeinschaften in der Kinderpflege und Erziehung als stabile Alternative für die Kleinfamilie gelten können.

Aber allen diesen Fragen gegenüber setzt sich schließlich doch der Wunsch nach einem Kind durch. Die Bereitschaft zur Bindung an einen Partner, ein letzter Mut und eine Risikobereitschaft führen zur Entscheidung für das Kind – daran haben Frauenbewegung und alternative Kulturbestrebungen wenig geändert.

Stilformen

Eltern, die eine alternative Familienbeziehung eingehen, haben als Kinder öfter den Wohnort gewechselt, ihre Eltern haben häufiger zweimal geheiratet, und sie haben ihre Ausbildung öfter unterbrochen als Eltern aus einer herkömmlichen Familie. Das ging aus einer amerikanischen Erkundungsstudie hervor (EIDUSON, FORSYTHE 1983). Weiter zeigte es sich, daß die alternative Gruppe die Tendenz hatte, sich an die eigene Kindheit als eine unglückliche Zeit zu erinnern, im Gegensatz zur traditionellen Gruppe, die diese Zeit eher als glücklich ansah. Eltern in Wohngemeinschaften und freien Paarbeziehungen hatten die meisten Schwierigkeiten mit ihren eigenen Eltern. Alleinstehende Mütter hatten dagegen die besten Elternbeziehungen in den Jugendjahren. Im einzelnen ergaben sich für die alternativen Familienstile folgende typischen Bilder.

Partner, die an Stelle einer legalen Ehe eine Paarbeziehung auf freier Vereinbarung eingehen, übernehmen die Verpflichtung, daß die Beziehung so lange bestehen soll, wie sie gefühlsmäßig Bestand hat. Eine Heiratsurkunde wird eher als Freibrief angesehen, in den Anstrengungen nachzulassen, an der Beziehung zu arbeiten. Wenn die Partner sich für ein Kind entscheiden, führt das zu einem Familienstil mit Elternrollen, die unabhängig vom Geschlecht austauschbar und gleichberechtigt sind. Gearbeitet wird mehr nach Bedarf, hauptsächlich auf seiten des Vaters, und die Mutter bleibt als nicht berufstätig meistens zu Hause, um für das Kind zu sorgen. Das Einkommen ist deshalb niedriger als in anderen Zwei-Partner-Familien. Den Kindern werden enge Beziehungen gewährt, und sie werden selten Babysittern oder anderen Betreuungspersonen übergeben.

Familien mit alleinstehenden Müttern entstehen bei Frauen, die sich entscheiden, ihr Kind auszutragen, obschon sie sich zu einem Schwangerschaftsabbruch hätten entschließen können. Manche suchen sich einen Mann aus, der aus genetischen Gründen der Vater ihres Kindes sein soll, andere haben zeitweilige Beziehungen, wenn sie schwanger werden, und entscheiden sich, das Kind ohne Heirat zur Welt zu bringen. Es gibt Mütter, die sich mit der Frauenbewegung identifizieren, einen guten Beruf haben und allein in einem Appartement leben. Andere möchten trotz Kind erst zu einem späteren Zeitpunkt heiraten, leben vorerst mit anderen Frauen zusammen und beziehen Sozialhilfe, bis sie wieder arbeiten. Eine dritte kleinere Gruppe sind ledige Mütter, wie wir sie bisher schon immer kannten, die meistens eine nicht so gute Ausbildung haben und von den Eltern oder Verwandten unterstützt werden. Oft sind sie in der neuen Lage als Familien-Oberhaupt überfordert und nehmen später noch einmal eine Ausbildung auf.

In Wohngemeinschaften leben Gruppen, die nicht selten durch führende Persönlichkeiten ziemlich streng zusammengehalten werden. Die Beziehungen sind manchmal hierarchisch geordnet und enthalten bestimmte Rollenverteilungen, die variieren können. Diese aus den USA bekannte Form mag bei uns allerdings seltener sein. In anderen Formen bleiben die Kinder in der ersten Zeit bei den Eltern und lernen in der größeren Gemeinschaft deren Normen und Regeln kennen. Manchmal übernehmen auch bestimmte Mitglieder die Pflege, Aufsicht und Erziehung rund um die Uhr, wobei die Beziehungen der Kinder zu den Eltern von der Gruppe kontrolliert werden. Die Wohngemeinschaften können auch gelockerte Formen annehmen, je nach politischer Ausrichtung und zugrunde liegender Philosophie, wie z. B. in bestimmten Öko-Gruppen. Es kommt den Mitgliedern mehr auf Beziehungen wie in einer Großfamilie an, nur daß es sich nicht um Verwandte handelt.

Die herkömmliche Kleinfamilie schließlich hat das bekannte Muster behalten. Die Mutter sorgt hauptsächlich für das kleine Kind, während der Vater einer beruflichen Tätigkeit nachgeht und für den Unterhalt sorgt. Frauen kehren nach der Mutterschutzzeit in eine Teilzeitbeschäftigung – manchmal auch in die volle Berufstätigkeit – zurück. Die Mütter sind hier intensiver berufstätig als in den anderen Gruppen, abgesehen von den alleinerziehenden Müttern. Durch die engen Beziehungen zu den Großeltern des Kindes übernehmen diese in stärkerem Maße als in den anderen Formen die Betreuung des Kindes in der Zeit der Abwesenheit der Mutter.

Wirkungen

Wenn wir nach Ereignissen fragen, bei denen wir einen Einfluß auf die Entwicklung der Kinder vermuten, dann ist unter den alternativen Familienbedingungen vor allem die Häufigkeit von Veränderungen in Betracht zu ziehen. Wir können annehmen, daß das Ausmaß an Veränderung in den alternativen Gruppen größer ist als in den traditionellen. Damit soll nicht gesagt sein, daß es in einer traditionellen Gruppe nicht auch hohe Veränderungsquoten geben kann. Aber im allgemeinen dürften Wechsel in der Wohnung und in der Zusammensetzung der Mitglieder in alternativen Gruppen häufiger vorkommen. Für die Verbindung von Familienleben und Arbeit werden abwechselnd und manchmal in rascher Folge neue Lösungsformen gefunden, um zu bestimmten Zeiten bestimmte persönliche Anliegen zu befriedigen und die Lebensqualität auf verschiedene Weise zu erhöhen. Für die Kinder entstehen durch solche Veränderungen wahrscheinlich zusätzliche Belastungen, die sich mit anderen Gefährdungen zu einer Gesamtbelastung für die künftige Entwicklung aufsummieren.

Man kann vermuten, daß sich bestimmte Belastungsarten besonders häufig mit bestimmten Familienformen verbinden und dadurch für die Kinder bestimmte Risiken für die künftige Entwicklung entstehen. In der erwähnten amerikanischen Erkundungsstudie zeigte es sich, daß hohe Belastungswerte bei einem Kind sich in nachweislich niedrigeren Intelligenztestwerten am Ende des 1., 2. und 3. Lebensjahres niederschlugen. Bestimmte belastende Bedingungen in der Zeit um die Geburt leiteten Veränderungen in den weiteren Lebensereignissen für das Kind ein. Aber auch hier ist Vorsicht in der Interpretation der korrelativen Zusammenhänge angebracht. Es ist plausibel anzunehmen, daß belastende Bedingungen in der Zeit um die Geburt eher in Familien eintreten, die von vorneherein wahrscheinlich weniger stabil sind und in denen das Kind von Anfang an einer stärkeren Veränderung in den Lebensverhältnissen ausgesetzt ist. Von daher gesehen erhöhen vermutlich wechselnde Bedingungen in wenig stabilen alternativen Familiensystemen die Risikowahrscheinlichkeit für ein Kind erheblich.

Aber die meisten Fragen bleiben noch offen. Wir wissen noch zu wenig darüber,
- ob Kinder je nach Familiensystem mehr lebensverändernde Ereignisse mitmachen;
- ob sie in herkömmlichen Familien vor solchen Veränderungen mehr geschützt sind;
- ob bestimmte Folgen in der Entwicklung des Kindes wirklich den Familienformen zugeschrieben werden dürfen;
- ob diese wirklich Risikofaktoren sind und wie diese im Vergleich zu anderen Risiken zu gewichten sind;
- und ob das Alter der Kinder eine Rolle spielt und wie dabei Alter und bestimmte Familiensysteme zusammenwirken.

In diesem Zusammenhang sei an die Überlegungen im 2. Teil des Buches zu Fragen der Mehrfachbetreuung von Kindern erinnert, die uns davor warnten, alles Heil von der Beziehung zu nur einer Betreuungsperson zu erwarten. Wenn erste Forschungsergebnisse vorliegen werden, müssen wir uns bei der Beantwortung der einzelnen Fragen – wie bei den anderen Fragen der Wirkungsforschung – vor Einseitigkeiten und Übertreibungen hüten. Nehmen wir als Beispiel die alternative Familiensituation eines Kindes, das bei einem alleinerziehenden Elternteil, Vater oder Mutter aufwächst (SANDER 1983, FTHENAKIS 1984). Wir können nicht annehmen, daß es die »alleinerziehende Mutter« oder den »alleinerziehenden Vater« als lupenreinen Typus gibt. Die alleinerziehende Mutter, die aus eigener Entscheidung – und nicht durch die Umstände dadurch gedrängt – ihr Kind alleine großziehen möchte und das – vielleicht mit Unterstützung einer stabilen Wohngemeinschaft – ohne weiteres schafft, dürfte auch heute immer noch die Ausnahme sein.

Entsprechendes gilt für den alleinerziehenden Vater, der bewußt und aus freien Stücken nicht nur vorübergehend sein Kind oder seine Kinder ohne die Mutter aufziehen möchte. Positiven Einzelfällen werden wir nicht Abbruch tun wollen, aber wir dürfen die Schwierigkeiten bei den verschiedenen Konstellationen, die meist unfreiwillig entstehen, nicht übersehen. Bei allem wird die Wirkung auf die Kinder durch die Gründe für die jeweilige Situation, die äußeren Bedingungen, unter denen die Familie lebt, und durch die Wahrnehmungsweisen der Alleinerzieher von diesen Bedingungen mitbestimmt.

In ersten Erkundungsstudien in unserer Bundesrepublik zeigte es sich, daß es bei alleinerziehenden Müttern auf das Verständnis der eigenen Rolle in der Restfamilie bei der Bewältigung der Situation ankommt (SANDER 1983). Am besten kamen die Frauen zurecht, wenn sie in einem eigenverantwortlichen Beruf standen, in einer Großstadt lebten und die eigene Beziehung zum Vater des Kindes positiv sehen konnten. Dagegen wirkten sich belastend aus: die negative Selbstwahrnehmung als ungelernte Arbeiterin, eine dörfliche Umgebung, eine negative Wahrnehmung von Eigenschaften des Kindes und eine plötzliche Unterbrechung der Beziehung zu einem Partner durch eine Trennung oder – noch belastender, weil ungewollter – durch den Tod des Partners.

Bei den alleinerziehenden Vätern hingen die Belastungen von entsprechenden Gründen ab, die zur Situation des Alleinerziehers geführt hatten (KUNZE 1983): die Mutter verläßt Vater und Kind informell oder formell nach einer Scheidung, die Mutter ist gestorben oder wegen Krankheit nicht erziehungsfähig, der Vater übernimmt zeitweise die Aufgabe der Kinderpflege und Erziehung, weil die Mutter berufstätig und er arbeitslos ist oder keine neue Partnerin hat, und schließlich, was sehr selten ist, ein alleinstehender Mann adoptiert ein Kind.

Wenn künftig Studien über die Wirkungen solcher Bedingungen bei den Eltern auf die Entwicklung der Kinder zu Ergebnissen führen, werden ähnliche Folgen zu diskutieren sein wie in den Arbeiten zu den berufstätigen Müttern und geschiedenen Eltern, auf die wir in den nächsten Abschnitten des Buches näher eingehen. Im günstigen Fall ist zu erwarten, daß die Kinder auch unter alternativen Familienbedingungen eine besondere Selbständigkeit entwickeln und damit ihre »Unverwundbarkeit« unter Beweis stellen.

Entwicklungsberatung

Junge Eltern, die ihre Kinder in alternativen Familiensystemen großziehen, haben sich gewissermaßen selbst beraten und unter den Möglichkeiten familiärer Bedingungen eine Entscheidung getroffen. Die Beurteilung der herkömmlichen Familienformen ist dabei im wesentlichen negativ ausgefallen, und die Eltern versprechen sich von der gewählten Form des Zusammenlebens für die Kinder und für sich günstigere Voraussetzungen.

Alternative Familiensysteme sind für viele Eltern attraktiv, weil sie von den Mitgliedern in den Gruppen gegenseitige Unterstützung erwarten. Die Gruppen verstehen sich mehr als Selbsterfahrungs- und Selbsthilfegruppen. Bei der Konfliktbewältigung werden Verfahren umgesetzt, wie sie in der nicht-direktiven Psychotherapie und den Encounter-Gruppen ausgebildet worden sind (ROGERS 1970). Wenn beim Austausch von Selbsterfahrungen in den Gruppen Schwierigkeiten auftreten, empfiehlt es sich, fachliche Hilfe zu suchen.

Welche Beratungsfragen in einzelnen alternativen Familiensystemen typischerweise auftreten, darüber liegen kaum Erfahrungen vor, die vermittelt werden können. Eine Aufarbeitung unter der Fragestellung der Entwicklungsberatung ist erwünscht. Einige Hinweise, welche Art von Beratungsfragen sich in den alternativen Familiengruppen ergeben könnten, liefern erste Ergebnisse einer international durchgeführten Studie (LAMB 1982).

Die Befunde lassen darauf schließen, daß je nach Konstellation der alternativen Familiengruppe mit unterschiedlichen Wirkungen sowohl auf das elterliche Verhalten als auch auf die kindliche Entwicklung zu rechnen ist. Die Ergebnisse können in eine Richtung gehen, die vorher nicht vermutet wird. Das zeigte sich bei der Untersuchung der Frage, ob das väterliche Verhalten sich bei Männern ändert, wenn sie von ihrer bisherigen Rolle loskommen und mehr Aufgaben der Kinderpflege und Hausarbeit übernehmen wollen.

Die Väter und Mütter in der schwedischen Untersuchung verhielten sich, gleichgültig ob sie in einer Familie mit herkömmlichem oder alternativem Muster lebten, in der von den Geschlechtern erwarteten charakteristischen Weise (LAMB, FRODI, HWANG, FRODI 1982). Insbesondere gab es durch das Engagement der Väter, die mütterliche Aufgaben übernahmen, keine Veränderung in dem gewohnten typisch männlichen Verhalten kleinen Kindern gegenüber. Das zeigte sich im Umgang mit den Kindern, beim Windelwechseln und beim Spielen. Mütter nehmen z. B. Kinder eher auf, um sie zu versorgen und zu beruhigen, Väter dagegen tun das eher, um mit ihnen zu spielen. Beim Spielen selbst regen Männer die Kinder mehr körperlich an und bevorzugen entsprechende Arten von freien Körperspielen, während Mütter mehr konventionelle Spiele arrangieren und gerne Spielzeug einsetzen. Bei diesen Mustern blieb es, auch wenn die Väter die Kinder zu Hause versorgten und die Mütter dem außerhäuslichen Broterwerb für die Familie nachgingen.

Die Befunde werden als Hinweise interpretiert, daß mütterliches und väterliches Verhalten mit biologisch verankerten Unterschieden zwischen den Geschlechtern oder mit festgefügten Sozialisationsergebnissen zu tun haben. Welchen Ursprung die Unterschiede auch immer haben mögen, die Wissenschaftler versuchten Befürchtungen zu beruhigen, daß ein vergrößertes väterliches Engagement in mütterlichen Tätigkeiten die Geschlechtsidentität der Männer gefährden könnte.

In der australischen Studie ergab sich in einer Nachuntersuchung, daß nach zwei Jahren von den 18 Familien, in denen die Väter die Pflege und Erziehung der Kinder übernommen hatten und die Frauen draußen berufstätig waren, die Hälfte wieder zur traditionellen Aufgabenverteilung zurückgekehrt war und nur in vier Familien sich an den vorher vereinbarten Verhältnissen nichts geändert hatte (RUSSEL 1982). Die Männer und Frauen waren inzwischen weniger davon überzeugt, daß ihr alternativer Lebensstil für sie Vorteile hatte, besonders die Frauen bezweifelten das. Als positiv an ihrem Versuch sahen sie eine Verbesserung der Vater-Kind-Beziehungen und Förderung der elterlichen Beziehungen an, weil die Väter jetzt eher bereit und in der Lage waren, der Mutter bei der Kinderbetreuung auszuhelfen.

Solche Untersuchungsergebnisse sind geeignet, zu realistischen Erwartungen beizutragen, wenn Eltern zur Kindererziehung alternative Familienformen organisieren. In diesem Zusammenhang sei noch einmal auf ein Risiko aufmerksam gemacht, das sich bei der Abwägung der Motive zur Gründung einer alternativen Familiengruppe und der Interessen der Kinder ergeben kann. In den Gruppen gibt es die Überzeugung, daß Veränderungen als solche für die Person und die Familiengruppe einen Wert darstellen. Es gibt Experimentierfreude und Begeisterung, die Wohnung zu wechseln, neue Beziehungen einzugehen und die Arbeit eigenen Bedürfnissen unterzuordnen. Das Bestreben ist, nicht in Situationen zu bleiben, die als belastend erlebt werden, und neue Gelegenheiten zu suchen, um die persönliche Zufriedenheit zu steigern. Aber gerade daraus können sich Probleme vor allem für kleine Kinder ergeben, wenn die Pflege- und Erziehungsbedingungen nicht genügend stabil gehalten werden.

Die alternative Kultur hat uns in vielen Hinsichten gefördert, hat uns die Rolle der Frauen und Männer neu sehen gelehrt, kritikfähiger gemacht und Möglichkeiten neuer Lebensformen eröffnet. Der Wille zum Kind wurde auf neue Art definiert, und die Kindererziehung erhielt neue Impulse. Wir müssen nicht gleich alle alten Institutionen über Bord werfen, um jenen Kern aus dieser Überzeugung herauszugreifen, der uns lebenstüchtiger und offen für neue Erfahrungen macht. Dazu gehört auch ein neuer Umgang mit den Ängsten vor der Zukunft, die in der Umweltbewegung und den alternativen Familienformen eine große Rolle spielen. Diese Ängste sind nicht nur bei jungen Erwachsenen, sondern auch in der älteren Generation heute möglicherweise größer als vor Jahren. Das kann damit zusammenhängen, daß die vertrauten Problemlösungen in Frage gestellt werden und gleichzeitig unsere Fähigkeit, neue Probleme zu sehen, stärker gestiegen ist als unsere Fähigkeit und Überzeugung, sie auch zu lösen. Das als Herausforderung zu betrachten, läßt neue Perspektiven für die Zukunft erwarten.

Mütterliche Berufstätigkeit

Um eine Berufstätigkeit der Mutter als Belastungssituation für das Kind verständlich zu machen und die Entwicklungsberatung vorzubereiten, sind zunächst einige Voraussetzungen für diese Situation in der Gesellschaft und den familiären Bedingungen darzulegen.

Historische und gesellschaftliche Hintergründe

Unter den Wirkungen der gesellschaftlichen Verhältnisse auf die Familie und die Kinder ist als ein Hauptfaktor das Arbeitsleben der Eltern anzusehen. In unserem Jahrhundert verstärkt die Gesellschaft ihre Arbeitskraft fortlaufend mehr durch den Einsatz von Frauen. Nach dem 2. Weltkrieg blieb eine steigende Zahl von Frauen auch nach der Geburt des Kindes berufstätig. Für Mädchen ist heute eine berufliche Ausbildung und anschließende Aufnahme einer Arbeit selbstverständlich geworden, so daß sie als Frauen nach der Heirat und der Geburt von Kindern vermehrt auch berufstätig bleiben.

In der »stillen Revolution« geriet dabei die herkömmliche Rollenverteilung mit außerhäuslichen Aufgaben des Mannes und Aufgaben der Frau in Haushalt und Kindererziehung ins Wanken. Das rief schließlich die alternative Kultur mit einer Umkehrung und Wählbarkeit der mütterlichen und väterlichen Rollen hervor. Während die alternativen Familienformen jedoch nicht sehr häufig vorkommen und eher im Abklingen begriffen sind, wirken die Veränderungen durch die Berufstätigkeit der Frauen und Mütter unverändert fort und werden vermutlich in Zukunft eher noch an Stärke zunehmen. Frauen sehen nicht nur in der innerhäuslichen, sondern auch in der außerhäuslichen Arbeit eine Erfüllung ihres Lebens und suchen dabei gleichzeitig ökonomische Sicherheit und Unabhängigkeit. Man mag solche Veränderungen im Interesse der Kinder begrüßen oder für weniger erstrebenswert halten, die Berufstätigkeit von Müttern stellt inzwischen ein Ereignis dar, mit dem im Leben eines kleinen Kindes zu rechnen ist.

Der Trend hat bis heute die mütterliche Berufstätigkeit zu der am weitesten verbreiteten »Abweichung« vom traditionellen Muster der Familienorganisation werden lassen. Wir nähern uns dem Zustand, daß es mehr Mütter gibt, auch solche mit kleinen Kindern, die außer Hause arbeiten, als solche, die es nicht tun. Wenn ein Verhalten im sozialen Zusammenleben in mehr als 50 % der Fälle auftritt, kann man schlecht weiter von einem »abweichenden« Verhalten sprechen. Berufstätigkeit von Müttern mit kleinen Kindern ist deshalb im Sinne der Häufigkeit des Vorkommens heute als »normal« anzusehen. Wenn eine Frau heiratet und ein Baby bekommt, übernimmt sie die Kinderpflege und kehrt daneben alsbald wieder zur Berufsarbeit zurück.

Die Berufstätigkeit von Müttern ist aber nicht als isolierte Erscheinung zu betrachten, sie steht vielmehr im Zusammenhang mit anderen gesellschaftlichen Veränderungen. Unverheiratet bleibende Mütter waren schon immer gezwungen, zum Unterhalt für sich und das Kind beizutragen. Heute ist die Berufstätigkeit von Müttern durch die dramatisch gestiegene Rate von Ehescheidungen und Trennungen von Partnern gesteigert. Durch eine Scheidung sind auch Mütter gezwungen, in den Beruf zurückzukehren, die ursprünglich nicht geplant hatten, sofort wieder zu arbeiten. Die Prozesse lassen an wechselseitige Bedingtheiten denken. Denn umgekehrt können die vermehrten Belastungen, die durch die gleichzeitige Kindererziehung und die beiderseitige Berufstätigkeit auf die Eltern zukommen, zu einem Zusammenbruch der Beziehungen und zu einer Ehescheidung beitragen. Auf die mit einer Ehescheidung eintretenden zusätzlichen Belastungen der Kinder und Eltern gehen wir gesondert ein.

Familiäre Bedingungen

Nach der Geburt zieht die Mutter ihr Baby zu Hause groß und kehrt über kurz oder lang daneben wieder in die Berufsarbeit zurück. Davon ist die ganze Familie, vor allem das Kind betroffen. Wenn die Mutter nach Entlastung sucht, geschieht das meistens in der Form, für die Kinderbetreuung zusätzlich eine Person ins Haus zu holen, meistens die Großmutter. Eine andere Lösung ist, das Kind tagsüber nach draußen zu anderen Personen, Verwandten oder einer Tagesmutter, oder in Einrichtungen wie Krippen und Horte zu geben. Im Konflikt zwischen Kind und Beruf gibt die Mutter den

Beruf nicht auf. Die Partner waren von Anfang an beide berufstätig, haben zusammen für den gemeinsamen Unterhalt gesorgt und setzen diese Konstellation auch nach der Geburt eines Kindes fort.

Diese Situation kann im Interesse des Kindes aus mehreren Gründen problematisiert werden. Wenn sie eintritt, wird durch die Trennung von der Mutter für das Kind vermutlich nicht die gewohnte Qualität der Betreuung in der Familie erhalten bleiben. Mit der Übergabe an Betreuer oder eine Einrichtung entsteht als weiteres Problem, daß die Aufgaben von Personen übernommen werden, bei denen nicht ohne weiteres angemessene Beziehungsmuster und das gleiche Sich-verpflichtet-Fühlen wie bei den Eltern angenommen werden können.

Schließlich ändert sich innerhalb dieser äußeren Rahmenbedingungen auch die Qualität der Erziehung in der Familie vor und nach der Berufsarbeit der Mutter. Nicht vom zeitweiligen Ausfall der mütterlichen Betreuung, sondern von der mit der Berufsarbeit einhergehenden Rollenüberlastung der Frauen sind die größten Wirkungen zu erwarten (LAMB 1982a). Im einzelnen kommt es darauf an, wie die Mutter selbst ihre außerhäusliche Arbeit sieht, wie ihr Mann dazu steht und wie das auf die Frau zurückwirkt. Danach wird sich bestimmen, ob die praktizierte Lösung unter den Partnern als befriedigend erlebt wird. Einfluß auf die Beziehungen hat die Art der Verbindung von Mutterschaft und Arbeit, wieviel die Mutter arbeitet, und wie flexibel z. B. die Arbeitszeit ist. Wichtig ist auch, in welchem Maße die Berufsarbeit persönlich befriedigt oder als Last und ökonomischer Zwang empfunden wird. Das alles wirkt nicht nur auf die Mutter und den Partner, sondern auch auf das Kind und die Dynamik der Beziehungen im Familiensystem.

Bei der Bewertung der einzelnen Faktoren sind wir bisher auf Spekulationen angewiesen. Die notwendige Forschung ist dringend erwünscht. Daß hier wichtige Aufschlüsse zu erwarten sind, geht aus einer Untersuchung zu der Frage nach der Rolle des Vaters in der Dynamik dieses Systems hervor. Danach waren die Väter früher im allgemeinen zufriedener, wenn die Frau nicht außer Hause arbeitete (LAMB 1982a). Die neu entstandene außerhäusliche Berufsarbeit der Mutter hätte dazu führen können, daß der Vater die Mutter in Haushalt und Kindererziehung entlastet und das als Befriedigung erlebt. Dem Argument, der Vater sei von Natur aus nicht in der Lage, für die Kinder zu sorgen und würde seine geschlechtliche Identität verlieren, wenn er mehr Verantwortung für den Haushalt und die Kinder übernimmt, stehen wir heute nach den Erfahrungen in den alternativen Lebensformen kritisch gegenüber. Aber ändert sich die Rolle der Väter durch die Berufstätigkeit der Mütter heute tatsächlich?

Wenn man die Mutter und den Vater selbst befragt, erhält man meistens zur Antwort, daß die Väter sich trotz ihrer eigenen Berufstätigkeit angemessen an der Kindererziehung und Haushaltsführung beteiligen. Dem widersprechen Ergebnisse in einer Untersuchung, in der nicht nur Selbstschilderungen ausgewertet wurden, sondern auch Beobachter vor Ort in den Familien tätig waren. An der Hauptverantwortung der Mutter bei der Versorgung der Kinder hatte sich trotz der gegenteiligen Überzeugung der Eltern nichts geändert (STUCKEY, McGHEE, BELL 1982). Es handeltte sich um Väter kleiner Kinder, was zu der Überlegung führt, daß es den Vätern vielleicht leichter fällt, bei der Versorgung und Erziehung älterer Kinder mitzuwirken. Auch weil die Untersuchung in einer ländlich-konservativen Umgebung in den USA stattfand, dürfen die Ergebnisse nicht ohne weiteres verallgemeinert werden.

Die Verfassung der einzelnen berufstätigen Mutter hängt sehr von ihren Sichtweisen und entsprechenden Ursachenzuschreibungen ab. Viel liegt daran, wieweit sie die Kindererziehung und Haushaltsführung durch ihre außerhäusliche Arbeit eingeschränkt sieht und wie sie den Einfluß der anderen Personen einschätzt, die für das Kind sorgen. Als Gradmesser kann das Ausmaß an Schuldgefühlen angesehen werden, das die Mutter bei der Abgabe der Verantwortung für das Kind empfindet. Da die gesellschaftliche Bewertung sich verändert hat, haben die Mütter heutzutage wahrscheinlich weniger Bedenken als früher, ausgenommen vielleicht Mütter mit kleinen Kindern. Wenn die Frauen denken, daß die Entwicklung der Kinder unter ihrer Berufstätigkeit leidet, fühlen sie sich besonders schuldig. Das wird durch die Annahme verstärkt, daß die Berufsarbeit selbstsüchtig motiviert ist und aus finanziellen Gründen eigentlich nicht notwendig wäre. Je größer solche Befürchtungen sind, die gesteigert werden, wenn andere sie bestärken, mit desto größeren Wirkungen auf das Kind und die ganze Familie ist zu rechnen. Auch die Entscheidung der Mutter, nicht zu arbeiten, kann die kindliche Erziehung und Entwicklung negativ beeinflussen, wenn die Mutter mit der Situation nicht zufrieden ist. Besonders belastend kann sich auswirken, wenn die Mutter dabei das Kind für verpaßte Chancen der Selbstverwirklichung verantwortlich macht und das Kind das zu spüren bekommt.

Forschungslage

Seit die Anzahl der berufstätigen Mütter angestiegen ist und immer mehr kleine Kinder davon betroffen sind, hat das Interesse an der Erforschung der Wirkung der Ereignisse auf die Kinder zugenommen. Trotzdem – vielleicht auch gerade deshalb – gibt es – anders als bei der Kindesmißhandlung – durchaus keine einhellige Einschätzung dieser Entwicklungsbedingung, sondern im Gegenteil einen regelrechten Streit kontroverser Bewertungen. Die einen sehen in der täglichen Trennung des Kindes von der Mutter eine gravierende Vernachlässigung, die sie in die Nähe der Mißhandlung rücken. Andere halten das für eine maßlose Übertreibung und betonen, daß die Kinder mit der Mutter verbunden bleiben und genügend Anregungen für eine gesunde Entwicklung bekommen.

Die bisherigen Untersuchungen haben die pessimistischen Sichtweisen nicht bestätigt, aber wir können auch nicht sagen, daß die mütterliche Berufstätigkeit keine Wirkung auf die kindliche Entwicklung hat. Die Bewertung der Verhältnisse ist durch die Verquickung mit dem Zeitgeist, insbesondere der Frauenbewegung erschwert. Frauen, die heute weiter Geburt und Kindererziehung als Erfüllung ihres Lebens ansehen, schätzen eine außerhäusliche Berufsarbeit anders ein als Frauen, die eine Mutterschaft als »böse Falle« des modernen »Sklavinnendaseins« und den Beruf als Mittel ansehen, sich aus den Zwängen der Mutterrolle und der Kindererziehung zu befreien. Diese Einstellungen beeinflussen auch die Beurteilung der Wirkungen, die der Berufstätigkeit für das kleine Kind zugeschrieben werden.

Unterschiedlichen Bewertungen wird weiter Vorschub geleistet durch die Tatsache, daß die Forschung auf diesem Gebiet bruchstückhaft ist und Spielraum für unterschiedliche Schlußfolgerungen läßt. Früher begnügte man sich mit einer Übertragung von Ergebnissen der Hospitalismusforschung und der Wirkungsforschung der Heimerziehung. Dabei kam es zu einer negativen Bewertung. Dagegen ist eingewendet worden, daß das Kind einer berufstätigen Mutter nicht behandelt wird wie ein Kind in einem schlecht geführten Heim. Vor allem kann die Beziehung des Kindes zur Mutter durch die täglichen Kontakte erhalten bleiben. Es wurde auch darauf hingewiesen, daß die Kinder in den Betreuungsformen, die die Mütter arrangieren, wahrscheinlich vor den gefürchteten Anregungsdefiziten bewahrt bleiben. Von daher gesehen besteht ein Interesse der Eltern, Erzieher und Politiker an der Wirkung verschiedener Betreuungsmöglichkeiten. Aber wir müssen zugeben, daß wir über solche Wirkungen keine oder nur ungenaue Angaben machen können. Es gibt fast keine Forschung, in der die verschiedenen Arten der Betreuung einwandfrei verglichen werden, und wenn sie vorläge, wäre dadurch für den Einzelfall noch wenig ausgemacht.

Dieser Informationsmangel sollte uns vorsichtig machen, auf Grund von vorliegenden Untersuchungen endgültige Aussagen über irgendwelche Effekte der Berufstätigkeit von Müttern zu verkünden. Die Kinder haben sehr unterschiedliche Erfahrungen, wenn sie im frühen Alter im eigenen Haushalt durch einen Verwandten oder Nichtverwandten betreut werden, den Tag in der Wohnung eines anderen Betreuers – in einer Tagesstätte oder bei einer Tagesmutter – oder in Kinderkrippen oder Horten verbringen. Die Suche nach allgemeinen und durchgängigen Wirkungen ist sehr kompliziert. Wahrscheinlich ist die Qualität der Betreuung bei Abwesenheit der Mütter ausschlaggebend, und die läßt sich nur schwer ermitteln.

Auch die wenigen Vergleichsuntersuchungen müssen kritisch betrachtet werden. Das sei am Beispiel des Tagesmütterprojekts in der Bundesrepublik aufgewiesen, auf das wir noch näher eingehen (PETTINGER 1974). In diesem Projekt wurde ein Vergleich zwischen Familienkindern, die Mütter ohne Berufstätigkeit hatten, mit Kindern durchgeführt, die bei Tagesmüttern betreut wurden und eine berufstätige Mutter hatten. Die Tagesmütter erhielten dabei im Projekt ein zusätzliches Training und eine individuelle Beratung, die nicht berufstätigen Mütter dagegen nicht. Der Vergleich in den Auswirkungen auf die Kinder erscheint wenig überzeugend, wenn diese unterschiedlichen Bedingungen nicht einkalkuliert werden. Das später eingetretene Ergebnis, daß die Tagesmütterkinder im Test nicht schlechter abschnitten, kann nicht als Argument für diese Betreuungsform anerkannt werden. Man hat hier nämlich nicht bloß die Wirkung verschiedener Betreuungsformen untersucht, sondern u. U. den Effekt eines zusätzlichen Trainings der Tagesmütter, dessen Einsatz bei den nicht berufstätigen Müttern unter Umständen noch bessere Ergebnisse erbracht hätte. Man muß auf die Ziele der Untersuchungen und die untersuchten Variablen achten. Die sozialen Fähigkeiten der Kinder im Tagesmütterprojekt hätte man besser mit den Fähigkeiten von Kindern aus Tagesstätten verglichen als mit denen der Familienkinder, die zudem oft Einzelkinder sind. Es wäre nämlich denkbar, daß die Tagesmütterbetreuung in dieser Hinsicht weniger anregend ist als die Tagesstättenbetreuung.

In den folgenden Erörterungen gehen wir zunächst auf die Wirkungen der mütterlichen Berufstätigkeit auf die Kinder ein. Wir unterscheiden zwischen Wirkungen in der frühen Zeit, im Kindergartenalter der 3- bis 5jährigen und im Schulalter. Unsere Argumentation soll die Voraussetzungen für die Entwicklungsberatung klären und ist vorwiegend an psychologischen Übersichtsreferaten orientiert, die unter anderem die geänderten Zeitgeistlagen spiegeln (HOFFMAN 1974, LEHR 1975, HOFFMAN 1979, BRONFENBRENNER, CROUTER 1982, LAMB 1982, CROUTER, BELSKY, SPANIER 1984).

Wirkungen in der frühen Kindheit

Ein Überblick über die Literatur zur mütterlichen Berufstätigkeit zeigt, daß nachhaltige Wirkungen auf die kindliche Entwicklung schon immer befürchtet wurden. Vor zwei bis drei Jahrzehnten hoben die Forscher negative Effekte hervor, und zwar desto nachdrücklicher, je jünger die Kinder waren. Die Meinungen über die jüngeren Kinder gingen am wenigsten auseinander, aber gleichzeitig ist zu betonen, daß es über die frühen Wirkungen damals wie heute wenig Forschung gibt. Eine Berufstätigkeit in der ersten Zeit nach der Geburt wurde vermutlich einerseits als wenig üblich angesehen und es bestanden andererseits an nachteiligen Wirkungen der Abwesenheit der Mutter geringere Zweifel als im Schulalter der Kinder.

In den Arbeiten werden vor allem unsichere Mutter-Kind-Beziehungen bei Berufstätigkeit der Mutter vermutet, die desto wahrscheinlicher auftreten, je jünger die Kinder sind und je länger die Abwesenheit der Mutter dauert. Dagegen werden heute Belege dafür angeführt, daß sich Kinder in Tagesstätten im Alter von 6 Monaten in den Zuneigungsmustern zu den Müttern nicht wesentlich von den Kindern unterscheiden, die bei den Müttern in den Familien geblieben waren (BELSKY, STEINBERG 1978, BELSKY, STEINBERG, WALKER 1982). Dabei wird angenommen, daß Tagesstättenkinder berufstätige Mütter haben. Die Berufstätigkeit der Mütter kann mittelbar über die Wirkung der in Aktion tretenden Betreuer und Einrichtungen überprüft werden. Die Wirkung ist dann eine Frage der Güte der anderweitigen Betreuung, ihrer Einpassung in die Familienerziehung. Wenn beim Vergleich von Tagesstätten- und Familienkindern die Tagesstättenkinder schlechter abschneiden, ist an zusätzliche Belastungen dieser Kinder zu denken. Oft handelt es sich um Kinder alleinerziehender Eltern, so daß z.B. gleichzeitig Scheidungsfolgen wirksam werden. Wenn solche Faktoren in der Untersuchung nicht berücksichtigt wurden, kann man nicht entscheiden, ob die Berufstätigkeit als solche oder zusätzlicher Streß den Ausschlag gaben.

Der Befund, daß Kinder in Tagesstätten mit außerhäuslich berufstätigen Müttern sich nicht von Kindern mit im Haus arbeitenden Müttern unterscheiden, verlangt nach einer Erklärung. Sie kann in dem Ausmaß an Kontakten zwischen Mutter und Kind gesehen werden, das sich nicht automatisch verringert, wenn die Mütter berufstätig werden (GOLDBERG 1977). Allerdings kann damit nur bei Müttern in der sozialen Mittelschicht gerechnet werden. Berufstätige Mütter mit niedrigerem Erziehungsniveau hatten dagegen weniger Zeit für ihre Kinder übrig, je weniger, desto länger sie berufstätig waren. Die Mittelschichtmütter verwendeten bewußt mehr Zeit mit ihren 5 Monate alten Söhnen als nicht berufstätige Mütter (PEDERSON, ANDERSON, CAIN 1980). Interessant war, daß die Väter in diesen Familien weniger Zeit mit ihren Kindern verbrachten als die Väter mit nicht berufstätigen Frauen, die alleine für den Unterhalt sorgten. Das vermehrte Engagement der berufstätigen Mütter bei den Kindern verminderte anscheinend den Zugang der Väter zu ihnen. Insgesamt gesehen werden die Kinder in den günstigen Konstellationen vor nachteiligen Konsequenzen geschützt, die Tagesstättenerfahrungen haben könnten.

Zeitpunkte

Eine oft gestellte Frage, die auch in der politischen Diskussion um ein »Mutterschafts-« oder »Erziehungsgeld« wichtig geworden ist, lautet, ob es eine Rolle spielt, in welchem Alter des Kindes die Mutter wieder mit der Berufsarbeit beginnt. Man erwartet, daß eine Trennung während des ersten Lebensjahres, wenn die Hauptzuneigung ausgebildet wird, belangvoller ist als eine spätere Trennung. Eine genaue Antwort wird oft unter Hinweis auf die Stadien der unspezifischen Zuneigung (0–5 Monats), der spezifischen, mutterbezogenen Zuneigung mit Fremdenfurcht (5–10 Monate) und der mehrfachen Zuneigung (10–24 Monate) gesucht (SCHMALOHR 1975, SROUFE 1979).

Man argumentiert, nach dem Aufbau des mutterbezogenen Zuneigungsverhaltens und nach dem Abbau der Fremdenfurcht sei eine Betreuung durch andere Personen unbedenklich. Davon können wir nicht mehr überzeugt sein, wenn wir den Aufbau der Kommunikationsstrukturen ernstnehmen, den wir bei den Kindern in der ersten Zeit und bei den mißhandelten Kindern kennengelernt haben. Es ist daran zu denken, daß das Kind bei der Übergabe an eine andere Person, mit der jedesmal eine neue Betreuungsform verbunden ist, auf ungewohnte Formen des Gefühlsaustauschs treffen muß. Eine bruchlose Übergabe würde voraussetzen, daß die neue Person die Anregungs- und Antwortmuster der Mutter genau abbildet. Ohne anwesende Mutter fehlt dem Kind auch im Stadium der Mehrfachzuwendung die sichere Ausgangsbasis, von der aus es sich normalerweise auf neue Erfahrungen mit anderen Menschen angstfrei einlassen kann. So ist die Praxis zu verstehen, daß bei der Aufnahme eines Kindes in eine Tagesbetreuung die Mutter in der ersten Zeit bei dem Kind bleibt.

Es sollte auf einen stufenweisen und kontinuierlichen Aufbau der Gefühlsbeziehungen geachtet werden. Die persönlichen Interaktionsmuster in der ersten Zeit, auf die wir bei der Bewertung der Mutter-Kind-Beziehungen und des Rooming-in eingegangen sind, bilden die Grundlage für die weitere Entwicklung. Bei 3 Monate alten Kindern waren die Beziehungen schon so weit ausgebildet, daß STERN (1975) und ihre Kolleginnen in Lalldialogen von Mutter-Kind-Paaren zwei unterscheidbare Kommunikationsmuster fanden. Das erste trat in emotional entspannter Atmosphäre auf. Kinder und Mütter führten ein Zwiegespräch. Wenn das Kind lallte, hörte die Mutter zu, wenn die Mutter sprach, war das Baby ein aufmerksamer Hörer. Im erregten Gefühlszustand trat ein anderes Muster auf, das die Autoren »gemeinsames Singen« nannten, weil bei Mutter und Kind die Tendenz bestand, sich stimmlich gemeinsam zu äußern, gleichzeitig entweder still zu sein oder gemeinsam zu sprechen. Die Paare verhielten sich wie emotional verbundene Menschen, wenn sie zusammen lachen, zusammen singen, gleichzeitig sich ansehen und gleichgelagerte Gesten und Körperbewegungen austauschen. Solche unwillkürlichen ausdrucksmäßigen Zwiegespräche fördern die emotionalen Beziehungen nachhaltig. In solchen Interaktionen kommt zum Ausdruck, wie uns zumute ist, und wir geben Rückmeldungen, wie uns der andere anmutet, welche Gefühle er in uns auslöst und wie wir über ihn denken.

Nimmt man diese partnerbezogenen Kommunikationsformen ernst, entstehen wichtige Fragen. Wie wird die Mutter vor und nach der Berufsarbeit die mit ihrem Kind verbleibende Zeit verbringen? Ist sie in der Lage, noch genau so zu interagieren, wie vorher als nicht arbeitende Mutter? Sie könnte auf Grund ihrer gefühlsmäßigen Einstellung z. B. laxer oder strenger sein, weniger geduldig oder gleichgültiger, so daß sich die Gefühlslage für das Kind verändert und vorher nicht gekannte Belastungen entstehen. Die Einstellung der Mutter zum Kind kann sich ändern, wenn die Arbeit in ihrem Leben neue Akzente setzt, die auch die Position des Kindes betreffen. An solche Veränderungen ist zu denken, wenn Kinder von berufstätigen Müttern aus der sozialen Grundschicht nicht in gleicher Weise gefördert werden wie die Mittelschichtkinder. Wenn die Kinder nicht beeinträchtigt sind, scheint es den Müttern zu gelingen, die Kinder durch zusätzliche oder ausgleichende Bemühungen vor schädlichen Folgen zu schützen.

Ursachenzuschreibungen

Die Berufstätigkeit bringt zwar keine Dauertrennung für das Kind mit sich, aber zwangsläufig wiederholte Trennungen. Das kann die Entwicklung einer dauerhaften Beziehung des Kindes beeinflussen, wenn das Kind z. B. den Grund der Trennung noch nicht versteht. Wir wissen nicht, ob Kinder in dieser Situation ihre eigenen Erklärungsmuster aufbauen, wie sie geartet und eventuell zu beeinflussen sind. Wenn wir von den Interpretationen ERIKSONS (1950) überzeugt sind, kommen die Kinder unter der Belastung nicht verstandener Trennungen zu Deutungen, die Mißtrauen, Unsicherheit, Zweifel und Schuldgefühle grundlegen. Dem entgegenzuwirken, müßte eine Aufgabe für die Mütter, Väter und Betreuer sein.

Wie wichtig dabei die Sichtweisen und Ursachenzuschreibungen der Mütter selbst sind, zeigte sich in einer Untersuchung von Müttern, die zur Berufsarbeit außer Hause zurückkehrten, als ihre Säuglinge 3 Monate alt waren. Im Vergleich mit nicht berufstätigen Müttern wurde beobachtet, wieviel Streßanzeichen die Mütter bei ihren Kindern feststellten. Wenn sie selbst weniger Angst vor der Trennung hatten und der zusätzlichen Betreuungsperson Vertrauen schenken konnten, waren sie davon überzeugt, daß ihre Kinder weniger unter Streß litten (HOCK 1978).

Die Überzeugungen der Mütter spielten auch in einer anderen Arbeit eine Rolle (HOCK u. a. 1980). Es gab Mütter, die empfanden Anzeichen von Kummer bei ihren 3 Monate alten Kindern als persönlichen Affront und beklagten sich über deren Aufgeregtheit. Das war im Vergleich zu nicht berufstätigen Müttern am ausgeprägtesten bei solchen Müttern der Fall, die in der Schwangerschaft nicht geplant hatten, nach der Niederkunft wieder berufstätig zu werden, sich dann aber später anders entschieden. Diese Mütter waren karriereorientiert und entwickelten weniger positive Einstellungen zur Mutterrolle als die Mütter, die nicht berufstätig und zu Hause blieben. Ob die Kinder mit den unterschiedlichen Einstellungen ihrer Mütter verbundenes eigenes unterschiedliches Verhalten zeigten, darüber liegen in der Untersuchung leider keine Angaben vor.

Aufschluß über Sichtweisen der Beteiligten gibt auch eine Untersuchung, in der arbeitende Mütter sich über zu wenig Hilfe von der Familie und ihren Männern beklagen und die Männer die Verhältnisse ganz anders sehen (LAMB 1982b). Die Männer meinten, sie würden ihren Frauen bei der Arbeit mit den Kindern wesentlich mehr helfen, als das die Männer der nicht berufstätigen Frauen taten. Die Zufriedenheit mit den jeweiligen Rollen und Aufgabenverteilungen erweist sich immer wieder als ein wichtiger Indikator für die Verhältnisse in der Familiendynamik und dann auch vermutlich für die Wirkungen auf das Kind.

Kindergarten- und Schulalter

Die Forschung zur Wirkung der Berufstätigkeit von Müttern hat bei älteren Kindern eine Reihe von komplizierten Zusammenhängen aufgedeckt. Wenn die Kinder älter werden, ist damit zu rechnen, daß durch die Berufstätigkeit der Mutter ihre Rollenerwartungen beeinflußt werden, die sie vom männlichen und weiblichen Verhalten entwickeln. Darin wirken sich die gefühlsmäßigen Einstellungen der Mutter zu ihrer Arbeit aus. Die Wirkungen spielen zusammen mit dem Alter und Temperament des Kindes, der Art und der Qualität der Betreuung und der Situation der Mutter. Die Arbeit selbst ist in dem Beziehungsgeflecht nicht der einzige Faktor, wenn verschiedene Entwicklungsbedingungen hervorgerufen werden.

Von der Berufstätigkeit der Mutter wird zunächst einmal eine größere Selbständigkeit und gefühlsmäßige Unabhängigkeit ihrer Kinder erwartet. Allerdings scheinen dabei vorwiegend weniger gebildete arbeitende Frauen erfolgreich zu sein, die in dieser Hinsicht Druck ausüben (WOODS 1972). Gebildete Mütter, die gerne arbeiten, verbringen eher zusätzliche Zeit vor allem mit ihren jüngeren Kindern und vermeiden eine zu frühe Unabhängigkeit.

Diese Kinder sind es auch mehr als Kinder nicht berufstätiger Mütter gewöhnt, im Haushalt zu helfen. Gebildete Mütter verlangen von ihren Kindern allerdings auch dabei nicht so viel, wie das weniger gebildete Mütter tun. Sie entwikkeln auch eher belastende Schuldgefühle, daß sie durch ihre Arbeit die Kinder vernachlässigen, gerade auch dann, wenn sie gerne arbeiten. Weniger gebildete Mütter, die oft gar nicht arbeiten möchten, fühlen sich weniger schuldig, es trotzdem zu tun, besonders natürlich, wenn sie – z. B. als Alleinerzieher – wirtschaftlich dazu gezwungen sind.

Am eindeutigsten ist das Ergebnis, daß das Bild des Kindes von der weiblichen Rolle beeinflußt wird, und das besonders bei Töchtern. Die Töchter sind allgemein leistungsorientierter, wenn die Mutter arbeitet, als wenn das nicht der Fall ist (LAMB 1982a). Wenn die Töchter ihre arbeitenden Mütter bewundern können, möchten sie so werden wie sie und formen das entsprechende weibliche Rollenmuster aus (MARANTZ, MANSFIELD 1977). Dabei ist von Bedeutung, ob die Mutter gerne arbeitet oder das lieber nicht täte. Nur Mütter, die ihre Arbeit positiv bewerten, erzeugen in ihren Töchtern eine höhere Selbsteinschätzung (YARROW u. a. 1962). Bei Söhnen arbeitender Mütter sind gewisse Schwierigkeiten dadurch zu erwarten, daß sie ihre Väter weniger bewundern können als Söhne nicht arbeitender Mütter (PROPPER 1972). Die Tatsache, daß die Mutter arbeitet, kann den Status und die Autorität des Vaters vermindern, so daß er vom Sohn weniger geachtet wird.

Es gibt einige Ausnahmen von der Regel, daß Mütter, die mit ihrem Leben und ihrer Berufsarbeit zufrieden sind, auch gut entwickelte Kinder haben. Söhne aus der sozialen Grundschicht sind eher sozial nicht so gut angepaßt, und Söhne aus der Mittel- und Oberschicht zeigen eher eine geringe Leistungsmotivation.

Die Abhängigkeit der Ergebnisse vom Geschlecht und der Sozialschicht der Kinder können ihre Erklärung in unterschiedlichen Graden an Beachtung finden, die Eltern den Kindern schenken. In Familien mit Müttern, die im Haus arbeiten, wurde den Söhnen in positiver und negativer Hinsicht mehr Beachtung geschenkt als den Töchtern. In Familien mit außerhäuslich arbeitenden Müttern dagegen beachteten die Eltern die Töchter mehr als die Söhne (STUCKEY, McGHEE, BELL 1982). Bei den Töchtern wird das eigene Geschlecht nicht nur durch das kompetente berufliche Verhalten der Mutter außerhalb des Hauses bestätigt, sie werden auch in der Hausarbeit zur Unabhängigkeit ermutigt.

Die Interaktionen innerhalb der Familien mit berufstätigen Müttern scheinen für die Jungen nicht nur wegen der geringen Bestätigung der männlichen Rolle nachteilig zu sein. In ihrer kognitiven Entwicklung zeigen sie niedrigere Leistungen, besonders wenn sie in Familien der Mittelklasse leben. Das ist ein überraschendes Ergebnis, weil solche Benachteiligungen bisher nur aus Grundschichtfamilien bekannt sind. Eine interessante Vermutung ist, daß der schichtspezifische Kontext eine Rolle spielt, in den die Berufstätigkeit der Mutter eingebunden ist (BRONFENBRENNER, CROUTER 1982). In Familien mit niedrigem Einkommen wird die außerhäusliche Berufstätigkeit der Mutter eher zu einer Erhöhung des Lebensstandards führen, der die negativen Konsequenzen verringert, die sonst von der mütterlichen Arbeit erwartet werden. In Familien mit höheren Einkommen dagegen wird der Beitrag der Mutter für den Lebensstandard der Familie nicht so sehr ins Gewicht fallen. Möglicherweise genügt er nicht, um die Vernachlässigung der Schulleistungen bei den Kindern auszugleichen, die durch das Engagement der Mutter in der außerhäuslichen Arbeit entstehen kann.

Die Spekulationen, warum viele Wirkungen nur bei Jungen auftreten, gehen in die Richtung, daß diese mehr den Einflüssen von Altersgenossen erliegen, die von den Schulinteressen wegführen. Für sie scheint auch wichtiger als für Mädchen zu sein, daß sie die Aufsicht erhalten, die nicht berufstätige Mütter ausüben, wenn sie die Hausaufgaben kontrollieren, Freundschaften fördern, die den Schulinteressen nicht abträglich sind, und z. B. die Fernsehgewohnheiten steuern.

Es sind demnach komplexe Bedingungsgefüge, die zum Verständnis der Einflüsse einer Berufstätigkeit der Mutter auf die Entwicklung des Kindes herangezogen werden müssen. Der Statusverlust des Vaters und die damit einhergehenden Wirkungen auf die Kinder des gleichen und anderen Geschlechts spielen bei allem anscheinend eine besondere Rolle.

Unserer Gesellschaft, auch den alternativen Lebensformen, ist es bisher nicht gelungen, ein Problem zu lösen, das mit der Berufstätigkeit von Müttern unweigerlich verbunden ist. Mütter, die arbeiten müssen oder wollen, geben ihre Kinder – beim Fehlen von Lösungsmöglichkeiten innerhalb der Familie – »über Tag« zu Verwandten, Nachbarn, Bekannten oder Fremden in Pflege und Betreuung. Wenn das nicht möglich ist, kommt eine Unterbringung in einer Krippe oder einem Hort in Frage. Niemand spricht davon, daß nach unseren Gesetzen für eine solche Tagesunterbringung des Kindes noch immer die Einwilligung des Jugendamtes erforderlich ist. Bis vor kurzem war es so, daß jemand, der das Jugendamt aufsuchte, meist einige Adressen erhielt und dann seinem Schicksal überlassen wurde.

Was in der folgenden Tagesbetreuung mit den Kindern der abgebenden Eltern passiert, ist nie so recht ins öffentliche Bewußtsein gedrungen. Inzwischen wissen wir über den Gesamtbereich der Tagesbetreuung der 0–3jährigen erheblich mehr, allerdings auch hier vorwiegend durch Untersuchungen in den USA (BELSKY, STEINBERG 1978, BELSKY, STEINBERG, WALKER 1982). In unserer Bundesrepublik gibt es viele Initiativen, diese Betreuung zu verbessern und den Müttern zu helfen. Das ist nicht zuletzt das Verdienst des Modellprojekts Tagesmütter, das von 1974 bis 1977 vom Familienministerium durchgeführt wurde und eine Anregung aus Schweden aufgriff (ARBEITSGRUPPE TAGESMÜTTER 1981). Die Erfahrungen zeigen, daß Kinder in Krippen und Tagespflegeplätzen, in denen berufsmäßige Erzieher tätig sind, sowie bei Tagesmüttern untergebrachte Kinder eine befriedigende Alternative zur Familienerziehung finden können. Allerdings müssen dazu bestimmte Bedingungen erfüllt sein, über die wir z. Z. noch wenig wissen.

Im Falle des Tagesmütterprojekts sind einige Voraussetzungen für eine erfolgreiche Unterbringung herausgestellt worden. Eine Tagesmutter sollte nicht mehr als drei Kinder betreuen, beim Vorhandensein von eigenen Kindern maximal vier. Die Frauen im Projekt erhielten eine Unterstützung durch einen besonderen Berater, der ihnen half, aus der Nur-Hausfrauen-Rolle heraus zu halbprofessionellen Erzieherinnen zu werden. Die Tagesmütter brauchten Hilfe, die verschiedenen Anliegen in Einklang zu bringen und vor anderen zu vertreten: ihre Wünsche, die familiäre Langeweile zu durchbrechen, in der Erziehung fremder Kinder eine sinnvolle Aufgabe zu übernehmen und gleichzeitig in der Betreuung der eigenen Kinder die herkömmliche Mutterrolle auszufüllen.

Im Ergebnis bei den Kindern zeigte sich, daß die von den Tagesmüttern betreuten Kinder in der dreijährigen Untersuchung zumindest nicht schlechter als Familienkinder abschnitten, die zum Vergleich herangezogen wurden. Auffällige Kinder waren in beiden Gruppen etwa gleich verteilt, die Kinder aus dem Modellprojekt wurden jedoch zu einem höheren Prozentsatz als gut entwickelt bezeichnet. Wie früher angemerkt, hatten allerdings die Mütter der Familienkinder kein zusätzliches Training und keine begleitende Beratung erhalten, weshalb der Vergleich nicht so ganz überzeugt. Auch wenn festgestellt wird, daß die Familienkinder weniger autonom waren und die Beziehungen zu den Eltern eher konflikthaft, liegt kein einwandfreier Vergleich vor. Man muß bedenken, daß die Tagesmütterkinder mehr soziale Kontakte mit anderen Kindern hatten als die oftmals ohne Geschwister lebenden Familienkinder und rein von der Zeit her weniger Gelegenheit zu Konflikten mit den Eltern hatten. Überraschend war, daß sich die Vermittlung von Kindern an Tagesmütter zu Beginn des 2. Lebensjahres – auch noch in der zweiten Hälfte des ersten Lebensjahres – als günstiger erwies als eine spätere Vermittlung. Am besten schienen die Verhältnisse geregelt, wenn die Fremdbetreuung des Kindes nur halbtags stattfand. Allgemein kann gesagt werden, daß die Kinder die Doppelbetreuung überraschend gut und auch schon sehr früh verkrafteten.

Das stimmt optimistisch auch für die Krippenerziehung, die trotz Anfeindung heute von verantwortlichen Erziehern verbessert wird. Es sollen auf einen Betreuer möglichst wenige Kinder kommen, wodurch die Verhältnisse sich an die Tagesmüttersituation annähern. Bei allem ist zu bedenken, daß es nicht nur schlechte Krippen, sondern auch gute gibt, wie gute und schlechte Tagesmütter und gute und schlechte Mütter und Eltern.

Auch im Tagesmütterprojekt war einer der kritischen

Punkte die Interessenlage der abgebenden Mütter und Eltern. Der Erfolg hing davon ab, daß die Mutter trotz des Pendelns zwischen der eigenen Familie, der Tagesmutter und dem Arbeitsplatz ein Gefühl der Zufriedenheit entwickelte. Sie mußte bereit sein, positiv zu den Veränderungen zu stehen, die sie an sich selbst und am Kind wahrnahm, das unter zunächst fremden Einflüssen stand.

Entwicklungsberatung

Bei der Entscheidung einer Mutter, nach der Geburt eines Kindes wieder berufstätig zu werden, ist an erster Stelle das Alter des Kindes zu berücksichtigen. Alles andere hängt dann von den Umständen ab. Als Faustregel für das Alter sollte gelten, je jünger das Kind ist, desto eher muß mit unsicheren Mutter-Kind-Beziehungen gerechnet werden, die auch sonst auftreten können, aber eben bei einer Berufstätigkeit der Mutter wahrscheinlicher sind. Je jünger das Kind ist, desto höhere Anforderungen sind auch an die Qualität der Ersatzbetreuung zu stellen, vor allem das angemessene Eingehen auf das Kind. Als weitere Faktoren fallen die wirtschaftlichen Verhältnisse und die persönlichen Bedürfnisse der Mutter ins Gewicht, die ihre Karriere und die Befriedigung aus einer Berufstätigkeit betreffen. Bei älteren Kindern ist vor allem an eine angemessene Beaufsichtigung zu denken.

Da verschiedene Risiken beim Kind und bei der Mutter zu bedenken sind, wird die Entscheidung oft nicht leichtfallen. Die gefühlsmäßigen Belastungen, die für die Kinder entstehen können, sind unter Umständen sehr subtil. Bei allem spielt die Zufriedenheit oder Unzufriedenheit der Mutter mit ihrer Situation eine wichtige Rolle. Mütter, die nicht arbeiten und das nur aus Pflichtgefühl nicht tun und damit unzufrieden sind, können wahrscheinlich keine guten emotionalen Beziehungen aufbauen. Dagegen brauchen Mütter, die Freude an ihrer Berufstätigkeit und Zeit für ihre Kinder haben, nicht zu befürchten, daß sie ihren Kindern gefühlsmäßigen Schaden zufügen.

Im Einzelfall kommt es bei der Entscheidung noch auf die Einstellung des Mannes zur Berufstätigkeit seiner Frau an, ob er die Arbeit schätzt und im Haushalt hilft, auf die Stabilität der Beziehungen und die sozialen Kontextbedingungen, wie

z. B. die Einstellung der Freunde und Verwandten. Die Berufstätigkeit der Mutter muß auch auf lange Sicht keine negativen Effekte auf die Kinder haben, und gewöhnlich ist das auch nicht der Fall, besonders dann nicht, wenn die Kinder schon etwas älter und während der Abwesenheit der Mutter gut versorgt sind.

Die Sichtweisen der Mutter können sehr verwickelt sein und dann verschieden auf die Kinder einwirken. Das zeigte sich beim Vergleich verschiedener Gruppen von Müttern, die berufstätig waren oder nicht (HOCK 1978, 1980). Es wurde überprüft, wieweit die Mütter mit ihrer Arbeitssituation zufrieden waren und wieviel Angst ihre Kinder im Alter von einem Jahr in der Fremdensituation hatten. Die am meisten unzufriedenen Mütter hatten auch die ängstlichsten Kinder. Es handelte sich um Mütter, die arbeiteten, aber davon überzeugt waren, daß ihre Kinder sie zu Hause notwendig brauchten, und um Mütter, die nicht arbeiteten, aber nicht glaubten, daß das im Interesse ihrer Kinder günstig sei.

Der gewünschte und tatsächliche Berufsstatus der Mutter wirkte sich auch bei Kindergarten- und Schulkindern aus (FAREL 1980). Die niedrigsten Schulleistungen hatten Kinder, deren Mütter zu Hause arbeiteten, aber davon überzeugt waren, daß ihre Kinder von einer Berufstätigkeit, die sie nicht ausübten, profitieren würden. Etwas besser schnitten die Kinder ab, wenn die Mütter, die auswärts arbeiteten, dachten, daß die Kinder nichts davon hätten. Noch günstiger waren die Ergebnisse bei Müttern, deren Berufsstatus mit ihren Einstellungen übereinstimmte. Am besten waren allerdings die Kinder dran, deren Mütter zu Hause arbeiteten und gleichzeitig davon überzeugt waren, damit auch für ihre Kinder die beste Lösung gefunden zu haben.

Langfristig spielen in die Frage, ob eine Mutter berufstätig werden soll oder nicht, auch erzieherische und gesellschaftliche Zielsetzungen hinein, die sich auf das Geschlechtsrollenverständnis von Jungen und Mädchen auswirken. Die Söhne und Töchter von berufstätigen Müttern haben nicht mehr die festen Vorstellungen von den herkömmlichen Geschlechtsrollen, daß die Väter draußen arbeiten und die Mütter zu Hause bleiben und für die Kinder und den Haushalt sorgen. In den geänderten Vorstellungen schlagen sich ihre Lebenserfahrungen nieder.

Früher wurde dieses Ergebnis unter dem Einfluß des Zeitgeistes so bewertet, daß die Töchter von arbeitenden Müttern weniger feminin und mehr maskulin sind als die Töchter nicht arbeitender Mütter. Bei den Söhnen arbeitender Mütter hieß es entsprechend, sie wären mehr feminin und weniger maskulin. Damit wurde die Wirkung als nachteilig definiert, weil eine Anpassung an das herkömmliche Geschlechtsrollenverhalten als wünschenswert angesehen wurde.

Im Gegensatz dazu läßt der Zeitgeist heute unter dem Einfluß der Frauenbewegung Konformität mit der traditionellen Geschlechtsrolle nicht mehr als ideal erscheinen. Es gelten eher jene Kinder als gut angepaßt, die hohe Männlichkeit und hohe Weiblichkeit miteinander kombinieren. Damit sind sie auf eine künftige Gesellschaft vorbereitet, in der Frauen nicht allein auf Hausarbeit und Kindererziehung und Männer nicht allein auf Berufstätigkeit festgelegt sind. Die Verantwortungen können auch anders verteilt werden, ohne daß die Männer und Frauen ihre persönliche und geschlechtliche Identität verlieren müßten. So gesehen erscheinen viele der früher als nachteilig angesehenen Wirkungen eher als Vorteil für die Kinder. Die Frage ist, welche Ziele die Eltern und die Gesellschaft haben.

Die Tatsache, ob eine Mutter berufstätig ist, verliert unter verschiedenen Zeitgeistbedingungen an Bedeutung. Sie wird in Analogie zum Familienstand eine Angelegenheit des Berufsstandes mit verschiedenen Möglichkeiten. Der Berufsstand der Mutter ist dann im Lichte der Erkenntnis zu sehen, daß die Kinder am besten zurechtkommen, wenn die Mutter mit der Lösung zufrieden ist, gleich ob sie draußen oder zu Hause »berufstätig« ist.

Scheidung der Eltern

Wenn ein Kind in einer alternativen Familienform oder bei einer berufstätigen Mutter aufwächst, ist in vielen Fällen auch eine Scheidung der Eltern mit im Spiel. Das ist dann vermutlich die Bedingung, die die Ereignisse am heftigsten und nachhaltigsten beeinflußt.

Wenn das Ausmaß an Liebe und Zuwendung durch beide Eltern den Entwicklungsfortschritt des Kindes beeinflußt, dann bedeutet eine Scheidung der Eltern einen gravierenden Eingriff in diese Entwicklung. Nicht nur, daß sich für das Kind die personelle Umwelt verändert, auch der Prozeß der Scheidung selbst stellt eine Belastung dar. Die Kinder können nicht verstehen, daß sie nun mit den Eltern nicht mehr eine Familie sein sollen. Der traumatisierende Effekt kann größer sein als beim Tod eines Elternteils, weil es neben dem Verlust ständig weitere emotionale Belastungen gibt und die Scheidung sozial abgewertet ist.

Die folgenden Überlegungen beginnen mit den Veränderungen, die in den Familienverhältnissen durch die gestiegenen Scheidungsraten in den letzten Jahrzehnten entstanden sind. Diese Veränderungen haben Einfluß auf die Bewertung der Scheidung. Beides wirkt sich auch auf die Forschungsansätze aus, in denen wir schwerpunktmäßig den Wirkungen für die Kinder und den Bedeutungen nachgehen, die die Ereignisse für sie haben. Wir unterscheiden dabei zwischen unmittelbaren Wirkungen und längerfristigen Folgen.

Vor einer Scheidung entsteht die Frage, ob die Wirkungen und Folgen günstiger wären, wenn die Eltern sich nicht scheiden lassen würden und das Kind in einer zwar konfliktbeladenen, aber nicht geschiedenen Ehe lebt. Nach einer Scheidung fragen sich die alleinerziehenden Eltern, was es für das Kind bedeutet, wenn sie wieder heiraten würden und das Kind einen Stiefelternteil und eventuell neue Geschwister erhält. In diesen beiden Fragen kommt die Sorge um das Wohlergehen der Kinder unter den Bedingungen einer Scheidung zum Ausdruck, die schließlich zu der Frage führt, was unter diesen Umständen der Scheidung, der Konfliktfamilie, der allein erziehenden Eltern und der Stiefelternfamilie die gefährdenden und schützenden Faktoren sind, die darüber entscheiden, ob die Ereignisse das Kind beeinträchtigen oder unversehrt lassen und vielleicht sogar fördern.

Neben den Bedingungen, die in diesen Hinsichten die Eltern herstellen, kommt es bei allem auf die Sichtweisen der Betroffenen von den Geschehnissen an. Die Sichtweisen der Eltern und der Kinder bilden die beiden Ausgangspunkte für die Entscheidungshilfe in der Entwicklungsberatung, die neben der Regelung von Sorgerechtsfragen die Familienkonstellationen betrifft, die im Zusammenhang mit einer Scheidung entstehen.

Durch die gestiegenen Scheidungsraten ist es nicht mehr selbstverständlich, daß ein Kind fortlaufend mit beiden Eltern in einem Haushalt zusammenlebt, bevor es das Elternhaus verläßt. Das zeigen die demographischen Trends nach dem Zweiten Weltkrieg. Wegen einer Scheidung oder Trennung der Ehepartner leben z. Z. etwa 20 % der Kinder bei nur einem Elternteil. Das ist aber nicht der gesamte Anteil der Kinder, die eine Scheidung durchmachen, weil viele Scheidungskinder wegen der Wiederheirat der Eltern in einer neuen Familie leben. Insgesamt enden heute etwa 40 % der Ehen mit einer Scheidung, wobei die Geschiedenen in 60 % der Fälle wenigstens ein Kind haben. Es gibt Schätzungen, wonach künftig 40 % der heute geborenen Kinder in ihrem Leben wenigstens eine Zeitlang mit nur einem Elternteil verbringen werden, bevor sie 18 Jahre alt geworden sind. Die Eltern sind offenbar nicht mehr im gleichen Maße wie früher bereit, zum Wohl des Kindes in einer konfliktreichen Familie zusammenzubleiben.

Durch die derzeit übliche Sorgerechtsregelung ist eine Folge der Scheidung, daß bei weitem die meisten Kinder bei ihren Müttern bleiben und den Vater – wenn überhaupt – nur zeitweise sehen. Es ist auch möglich, dem Vater das Sorgerecht zu übertragen. Obschon sich die Zahl der Kinder, die bei den Vätern leben, in den letzten Jahrzehnten vervielfacht hat, ist sie aber weiter sehr gering und geht kaum über ¹⁄₁₀ hinaus.

Etwa ¾ der Geschiedenen heiraten innerhalb von 2 bis 3 Jahren wieder. So erleben viele Kinder nach einer Scheidung schon bald einen neuen Partner der Eltern. Wenn der Elternteil heiratet, bei dem das Kind lebt, führt das zu einer neuen Familienkonstellation mit einem Stiefelternteil und eventuell Stief- und Halbgeschwistern. Meistens handelt es sich um die Konstellation, daß die Kinder, die vorher bei ihrer Mutter lebten, nun einen Stiefvater erhalten. Da diese Kinder wieder in einer Familie leben, verringert sich – wie gesagt – der Anteil der Kinder, die mit einem der geschiedenen Elternteile allein bleiben.

Die Verhältnisse sind meistens ziemlich kompliziert, weil viele Arten von Belastungen und Veränderungen mit einer

Scheidung verbunden sind. Vorangehen Disharmonien zwischen den Eltern, die feindselige Formen annehmen, wenn es schließlich zur Auflösung des Zusammenlebens kommt. Das Kind verliert nicht nur einen Elternteil, meistens den Vater, der die Familie verläßt, sondern tagsüber auch noch die Mutter, die vielleicht wieder berufstätig wird. Die Beziehung zu dem Elternteil, mit dem das Kind nicht zusammenlebt, ist nicht gänzlich aufgehoben, sondern durch die räumliche Trennung und die geänderte Beziehung der Eltern zueinander erschwert, was die Situation für das Kind sicherlich nicht einfacher macht. Viele Kinder kommen auch zwischen zwei Ehen der Mutter zur Welt und bilden dann, je nachdem wer der Vater ist, eine weitere Familienkonstellation. Kinder und Eltern machen eine Reihe von Übergängen und Neuorganisationen in den Familienverhältnissen und Haushaltsstrukturen mit, bis die Verhältnisse sich allmählich wieder beruhigen.

Bewertungen

Was die Bewertung der Scheidung innerhalb und außerhalb der Familie und in der Gesellschaft angeht, gibt es die Tendenz zu extremen und gleichermaßen wenig stichhaltigen Sichtweisen von den eingetretenen Veränderungen. Einmal entsteht das düstere Bild, daß die Folgen einer Scheidung Kinder und Eltern für ihr weiteres Leben zerstören. Ein Haushalt mit nur einem Elternteil wird als ungesunde, gleichsam minderwertige Abweichung von der normalen Familie angesehen. Auf der anderen Seite finden wir einen politischen Standpunkt, von dem aus abgestritten wird, daß es in einer »Familie« mit einem Alleinerzieher außer finanziellen irgendwelche Probleme gibt.

Man kann spekulieren, daß eine hohe Scheidungsrate nicht unbedingt verwerflich ist, weil sie für eine freie Gesellschaft spricht, und gleichzeitig beachten, daß die Folgen bedenklich und unerwünscht sind und man etwas dagegen tun muß. Die Alternative, eine Gesellschaft mit Familien ohne Möglichkeit der Scheidung, könnte ebenfalls problematisch sein. Sie würde bedeuten, daß unglückliche und zerstörerische Beziehungen, z.B. mit Mißhandlungen, nicht aufgelöst werden können, worunter dann die Partner und die Kinder gleichermaßen leiden. Bei einer weiteren Zunahme der Scheidungen könnte es möglich sein, daß sie immer mehr als normales Lebensereignis gilt, mit dem wir im Lebenslauf eines Kindes rechnen müssen. Manche jungen Leute nähern sich solchen Auffassungen, wenn sie sich bei der Beschäftigung mit persönlichen Schwierigkeiten gegenseitig mehr beiläufig erkundigen, ob ihre Eltern auch geschieden sind. Mütter sind schon heute oft der Meinung, daß ihre kleinen Kinder eigentlich wenig von einer Scheidung mitkriegen. Man kann gelegentlich hören, daß die Wissenschaft sich zu sehr auf die schädigenden Folgen und zu wenig auf die positiven Möglichkeiten einer Scheidung konzentriert hat.

Wenn eine Scheidung in der Bewertung der Wissenschaft nicht in gleicher Weise wie etwa die mütterliche Berufstätigkeit als »normales« Lebensereignis angesehen wird, dann hängt das vor allem mit der Vermutung zusammen, daß die Folgen für das Kind unvergleichlich gravierender sind. Anders als bei einer Berufstätigkeit der Eltern erlebt das Kind einen Zusammenbruch der Familie und muß künftig mit komplizierteren und gespannteren Beziehungen zu den Eltern rechnen. Durch die räumliche Trennung verliert es – wie gesagt – gleichsam einen Elternteil, meist den Vater, und wird oft von dem anderen, meist der Mutter, die nach der Scheidung berufstätig wird, zusätzlich tagsüber allein gelassen. Es gibt weitere Belastungen, die mit der Scheidung eintreten, wie eine Verschlechterung der wirtschaftlichen Verhältnisse oder z. B. einen Wohnungswechsel und damit verbundene Streßsituationen. Aus den Untersuchungen geht hervor, daß in unserem Kulturkreis jede Scheidung seelische Verletzungen mit sich bringt. Die Familienmitglieder fühlen sich in ihrem bisherigen Leben mehr oder weniger verraten. Die Auflösung der bisherigen Familie gehört für Eltern wie Kinder neben dem Tod eines Familienangehörigen zu den leidvollsten Erfahrungen.

Für die Bewertung der Situation sind noch die Arbeiten zur vorübergehenden Vaterabwesenheit zu beachten. Wenn die Väter im Krieg oder bei vorübergehender Arbeit im Ausland abwesend sind, kann das ihr Ansehen steigern, was sich in entsprechenden Wertschätzungen der Kinder niederschlägt. Daß die Bewertung weitgehend durch die Einstellung der Mutter festgelegt ist, geht aus unterschiedlichen Ergebnissen der vorübergehenden Vaterabwesenheit bei norwegischen und italienischen Fischern hervor (TILLER 1957, CINCONA 1963). Bei den überbehütenden norwegischen Müttern waren die Söhne in ihrer männlichen Rolle verunsichert und zeigten eine Überkompensation mit übertrieben männlichem Verhalten. Bei den unabhängigen und selbständigen Müttern aus Genua, die im Gegensatz zu den norwegischen Müttern rege Familienkontakte hatten, zeigten sich solche Auffälligkeiten der Söhne nicht. Durch entsprechende mütterliche Bewertungen bei Abwesenheit ihrer Männer konnten die Söhne ihre Väter in guter Erinnerung behalten und mit ihnen gleichsam in Phantasiespielen weiter Kontakt halten.

Wie eine Abwesenheit umgekehrt sozial diskriminierend wirken kann, sieht man bei einem Gefängnisaufenthalt des Vaters. Ähnlich könnte man sich vorstellen, daß es auch im Falle einer Scheidung zu einer unterschiedlichen Bewertung des dauernd abwesenden Vaters durch die Mutter kommen kann, je nachdem welche Ursachenzuschreibungen die Kinder finden oder ihnen – im Regelfall durch die Mutter – angeboten werden. Die Untersuchungen machen es wahrscheinlich, daß diesem Faktor große Bedeutung beizumessen ist.

Forschungsansätze

Trotz des häufigen Vorkommens von Lebensereignissen, die mit einer Scheidung verbunden sind, gibt es nur wenige Studien über die Konsequenzen für die Kinder. Sie sind teils widersprüchlich und bedürfen einer besonderen Bewertung.

In der Literatur werden manchmal aus allgemeinen entwicklungspsychologischen Überlegungen zu den Stadien vor allem der Gefühlsentwicklung Aussagen über die Wirkung und Folgen einer Scheidung abgeleitet. Andere Arten von Arbeiten führen näher an die tatsächlichen Verhältnisse heran. Die Forscher untersuchen die Wirkung der Scheidung auf die Partner und bringen die Ereignisse bei den Eltern mit Merkmalen bei den Kindern in Zusammenhang. Manche Forscher, die sich für die Wirkung der Scheidung auf die Kinder interessiert haben, ließen die Eltern zu dem Geschehen Stellung nehmen. Noch direkter waren Beobachtungen von Situationen, in denen die Kinder aus geschiedenen Familien mit anderen Kindergruppen verglichen wurden.

Die Schwierigkeiten solcher Untersuchungen sind groß,

weil belastende Faktoren, die geschiedene Familien kennzeichnen, wie Konflikte und Streß, mütterliche Berufstätigkeit, Einkommensverluste, auch in vollständigen Familien vorliegen können. Vergleichsuntersuchungen sind besonders fruchtbar, wenn sie solche Faktoren berücksichtigen, die sich über einen längeren Zeitraum erstrecken und die Prozesse zwischen den Kindern und Eltern in den Familien erfassen. Das Bemühen um eine Annäherung an das Studium der Ereignisse, wie sie die Kinder unmittelbar erleben, ist in den einschlägigen Sammelberichten erkennbar, auf die sich die folgende Übersicht stützt (HETHERINGTON 1979, 1981, FTHENAKIS, NIESEL, KUNZE 1982, HETHERINGTON, COX 1982, BLOOM, HODGES, CALDWELL 1983, CROUTER, BELSKY, SPANIER 1984).

In den neueren Untersuchungen gibt es die Tendenz, nach der Scheidung nicht nur – wie bisher – die Mutter, sondern auch den Vater als geeigneten Alleinerzieher für das Kind anzusehen (WARSHAK, SANTROCK 1983). Man versucht, von der früher üblichen Sicht wegzukommen, wonach die Unterschiede zwischen Kindern aus vollständigen und geschiedenen Familien hauptsächlich auf die Abwesenheit des Vaters zurückzuführen sind (HETHERINGTON, DUER 1972, HETHERINGTON, COX 1975, PARKE 1981, FTHENAKIS 1984). Das Pendel des Zeitgeistes, das dabei zu stark ausgeschlagen war, schwingt wieder in die andere Richtung zurück.

Am nächsten an die Wirklichkeit im Erleben bei den Kindern führen Untersuchungen heran, in denen die betroffenen Kinder sich selbst äußern und die Eltern ihre Meinung über die Sichtweise des Kindes kundtun (FREY, LEAHEY 1983, WARSHAK, SANTROCK 1983).

Die Auswertung von Untersuchungsbefunden ist beim Lebensereignis Scheidung besonders schwierig, weil die Ereignisse bei einer Person im höchsten Grade mit den Ereignissen bei den anderen Beteiligten zusammenhängen und in den Wirkungen und Sichtweisen große individuelle Unterschiede entstehen. Solche individuellen Ausprägungen sollten immer mitbedacht werden, wenn es im folgenden um die Wirkungen einer Scheidung auf die Entwicklung der Kinder und um deren Möglichkeiten geht, mit den Ereignissen fertig zu werden. Unter dieser Fragestellung sind die »objektiven« Beobachtungen und Feststellungen von Untersuchern genauso fragwürdig wie die Sichtweisen der Eltern, wenn sie ihr Verständnis über die Erlebnis- und Verhaltensweisen ihrer Kinder von der Scheidung darlegen. Eltern und Kinder durchlaufen außerdem eine Reihe von Veränderungen, die mit der Auflösung und der Neuorganisation von Familienstrukturen und dem Erreichen neuer individueller Lebensformen zu tun haben. Jedesmal ist damit zu rechnen, daß die gleichen Ereignisse, Wirkungen und Folgen für die Beteiligten verschiedene Bedeutung haben und ganz unterschiedlich erlebt und verarbeitet werden.

Auf die Schilderung verschiedener Ausprägungen wird verzichtet, wenn wir uns jetzt zunächst einen Überblick über den Verlauf des Geschehens und seine Bedeutung für das Kind zu verschaffen suchen.

Unmittelbare Wirkungen

Eine Scheidung der Eltern bringt für das Kind gefühlsmäßige Belastungen mit sich, die mit den Konflikten vor der Scheidung, den aufregenden Ereignissen während des Prozesses und der Reorganisation des Familienlebens nach der Scheidung zusammenhängen. Die Belastungen für Kind und Eltern sind so groß, weil eine Scheidung sich am häufigsten in den ersten Ehejahren der Eltern ereignet, die gleichzeitig die frühen Lebensjahre des Kindes sind. Wenn wir ERIKSONS (1950) Modell folgen, wirkt sich eine Scheidung in dieser Zeit belastender als später aus, weil das Kind die ersten Gefühle des Vertrauens aufbaut, die durch eine Trennung besonders enttäuscht werden und dann in Mißtrauen enden können. Es müßte für die Kinder schwer werden, von den Eltern eine angemessene Geschlechtsrolle zu erlernen und ihre Identität zu finden. Da die Kinder meistens bei der Mutter bleiben, müßte es vor allem den Jungen schwerfallen, die männliche Rolle auszubilden. Ausgerechnet dann, wenn das Kind das größte Bedürfnis nach gefühlsmäßiger Nähe und Sicherheit hat und die Eltern am wenigsten in der Lage sind, mit ihren eigenen Problemen fertig zu werden und den Kindern elterlichen Beistand zu leisten, löst sich die Familie auf.

Der Übergang von der Familienkonstellation vor der Scheidung bis zu der Situation, in der das Kind schließlich meistens bei einem Elternteil lebt, durchläuft verschiedene Stadien der Auflösung der Familie und der zunehmenden Stabilisierung der neuen Verhältnisse. Die Untersucher kommen zu einer Unterscheidung von Kurzzeitwirkungen und Langzeitfolgen. In den Kurzzeitwirkungen werden der Verlauf der Trennung und Scheidung sowie die ersten Jahre danach erfaßt, während mit den Langzeitfolgen die späteren Auswirkungen und die Einwirkungen während des Aufwachsens in einem Haushalt mit nur einem Elternteil gemeint sind. Dazu gehört nach einer Wiederverheiratung auch das Aufwachsen in einer Familie mit einem Stiefelternteil.

Um die Wirkung des Geschehens richtig einzuschätzen, ist es nützlich, sich als erstes klarzumachen, daß es sich nicht um ein punktuelles Ereignis, sondern um eine Folge von Erfahrungen handelt, die in das Leben des Kindes eingreifen. Die Belastungen sind mit Hilfe der Begriffe Streß, Konflikt oder Krise interpretiert worden, wobei es wichtig ist, die zeitliche Erstreckung in den Erfahrungen mit wiederholten aufregenden Szenen hervorzuheben. Es finden laufend Veränderungen statt, die neue Unsicherheiten hervorrufen. Das Geschehen wird mit wiederholten Streitereien und Versöhnungen der Eltern eingeleitet, die von den Kindern gewöhnlich genau registriert werden. Das wahrscheinlich am meisten belastende Einzelereignis kommt auf das Kind zu, wenn es unverhofft und plötzlich erlebt, daß die Eltern sich trennen, wobei es auch hier zu einer Folge von Trennungen und Wiedervereinigungen kommen kann. Die der Scheidung voraufgehende Trennung ist für das Kind oft viel schmerzlicher als das Aussprechen der Scheidung selbst, worauf das Kind gewöhnlich vorbereitet wird.

Eine Scheidung beendet unter Umständen unglückliche Familienbeziehungen, entlastet das Kind und macht schließlich vielleicht eine ruhigere Entwicklung möglich. Dennoch erleben die Kinder die Ereignisse als schmerzlich und sind besonders in der Anfangszeit des Übergangs außergewöhnlich belastet. Auch Kinder, die später sagen, daß die Scheidung der Eltern für sie konstruktive neue Möglichkeiten gebracht hat, unterliegen zuerst den leidvollen Erfahrungen. Sie wirken sich als Angst, Depression und Hilflosigkeit aus. Es entsteht das belastende Gefühl, anders als die anderen Kinder zu sein. In Kindergärten wurde beobachtet, daß Kinder zur

Zeit der Scheidung ihrer Eltern vermehrt aufbegehren, in Opposition gehen, anspruchsvoll und aggressiv oder besonders anhänglich sind und viel jammern und weinen. Sonst nicht auffällige Kinder leiden unter Schuldgefühlen und klagen sich an, die Scheidung der Eltern mitverursacht zu haben. Andere werden von Phantasien geplagt, wie die Eltern wieder zusammengebracht werden können.

Wenn feststeht, daß die Eltern sich scheiden lassen, dauert es eine gewisse Zeit, bis die Trennung vollzogen ist. Diese Zeit nimmt das Kind voll in Anspruch. Es kommt hinzu, daß der Familienkonflikt nach der Scheidung zunächst nicht geringer wird, sondern sich im Regelfall im ersten Jahr nach der Scheidung weiter verschärft. Wenn trotz der verbesserten Familienbeziehungen, mit denen 2 Jahre nach der Scheidung zu rechnen ist, die Kinder noch später sozial oder emotional auffallendes Verhalten zeigen, dann wird das meistens der Verschlechterung der Beziehungen im ersten Jahr nach der Scheidung und nicht mehr dem Ereignis selbst zugeschrieben.

Für die einzelnen Beteiligten entstehen individuelle Situationen, in denen die Problemlösungen oft zu Lasten der schwächeren Kinder gehen. Ein treffendes Beispiel liefert eine kleine Gruppe von Müttern in einer Längsschnittstudie mit geschiedenen Müttern, Vätern und Vorschulkindern (HETHERINGTON 1981). Diese Mütter wurden als ich-bezogen und selbstsüchtig eingestuft und hatten sich schnell von den ungünstigen Folgen der Scheidung erholt. Nach einem Jahr hatten sie ihre anfängliche Niedergeschlagenheit abgelegt. Sie konnten die Veränderungen so sehen, daß sie ihr neues Leben dem Verheiratetsein vor der Scheidung vorzogen. Sie fühlten sich befreit, fingen an zu arbeiten und unternahmen alle möglichen Dinge. Diese Zufriedenheit erlangten sie aber gewissermaßen auf Kosten ihrer Kinder, weil diese unter den Kindern verschiedener Müttergruppen am häufigsten Zeichen von emotionalen Störungen aufwiesen. Das wurde wenigstens zum Teil darauf zurückgeführt, daß die Mütter sich bei der Lösung der eigenen Probleme zu wenig um ihre Kinder kümmerten und deren Bedürfnisse und Nöte übersehen hatten.

Man könnte geneigt sein, alle Störungen der Kinder den Konflikten der geschiedenen Eltern anzulasten. Aber wir wollen nicht mit erhobenem Finger auf die Eltern zeigen, sondern auf die Kinder und die besonderen Umstände achten. Die Ergebnisse der Untersuchungen zeigen, daß es besonders die geschiedenen Mütter, bei denen die Kinder meistens bleiben, sehr schwer haben. Sie fühlen sich nach der Scheidung allein gelassen und isoliert, Freunde ziehen sich zurück, und sie geraten in die Rolle des Alleinerziehers, der oft wenig praktische Hilfe und gefühlsmäßigen Beistand erfährt. Meistens stellen sich wirtschaftliche und finanzielle Verschlechterungen ein. Dazu kommen die Schwierigkeiten mit den Kindern, hauptsächlich den Söhnen.

Im Vergleich mit Kindern aus vollständigen Familien waren in einer Untersuchung die Jungen in den ersten beiden Jahren nach der Scheidung auffallend aufsässig, während die Mädchen, die mehr weinerliches Verhalten an den Tag legten, sich in dieser Zeit weitgehend beruhigten. Die Jungen gehorchten den geschiedenen Müttern nicht, sondern quengelten und nörgelten viel, stellten ansprüchliche Forderungen und waren obendrein aggressiver als Jungen in vollständigen Familien. Die Eltern bereiteten den Kindern sicherlich eine harte Zeit, aber die Kinder behandelten besonders die geschiedenen Mütter auch sehr roh. Sie gingen bei den Müttern in Opposition oder ließen sie links liegen, während sie sich bei den Vätern eher fügten. Die Mütter erlebten das Verhalten besonders der Jungen als »Kriegserklärung«, als »Kampf ums Überleben«, so, »als wenn sie auf dem Hühnerhof totgehackt würden«. Dabei ließ sich nachweisen, daß die Mütter es mit desto aggressiveren Kindern zu tun hatten, je mehr sie selbst unter Angst und Gefühlen der Unzulänglichkeit litten. Diese Tendenz, die die mütterlichen von den väterlichen Beziehungen unterschied, ergab sich auch bei nicht geschiedenen Müttern, aber in geringerem Ausmaß.

Erst im 2. Jahr verbesserten sich die Beziehungen zwischen den Söhnen und den geschiedenen Müttern, bis sich die Verhältnisse unter den neuen Umständen meistens vom 3. Jahr an fortlaufend normalisierten.

Bei den Vätern ergaben sich im Laufe der beiden ersten Jahre verschiedene Änderungen in den Beziehungen zu den Kindern. Dabei ist der Umstand zu berücksichtigen, daß sie ihre Kinder und ehemaligen Frauen nach dem Auszug aus dem Haushalt nicht mehr so oft sehen konnten. Zwei Monate nach der Scheidung hatten die Väter mit ihren Kindern genau so oft und lange Kontakt wie die Väter in vollständigen Familien, die ihre Kinder ebenfalls oft nur selten zu Gesicht bekamen. Aber diese Kontakte wurden im Regelfall schnell weniger. Aus einigen Berichten der Eltern geht jedoch hervor, daß die Väter erheblich mehr Kontakt mit ihren Kindern als vor der Scheidung hatten.

Die Mütter gewannen den Eindruck, daß die Väter darauf bedacht waren, ihr Besuchsrecht auszuschöpfen und mit ihren Kindern in Verbindung zu bleiben. Die geschiedenen Väter taten das aus Zuneigung zu den Kindern oder auch den Frauen, aus Pflichtgefühl, um zu versuchen, mit ihren Schuldgefühlen fertig zu werden oder den gewohnten Halt wiederzufinden. Oft waren die Bestrebungen der Väter auch von dem Wunsch diktiert, den früheren Partner zu stören, mit ihm um die Gunst des Kindes zu buhlen oder sich zu rächen. Zwei Jahre nach der Scheidung sah fast die Hälfte der Väter die Kinder einmal in der Woche, andere sahen sie alle zwei, drei oder vier Wochen, wobei sie sich mit den Söhnen etwas häufiger als mit den Töchtern trafen.

Die Väter wünschten, den Kontakt mit ihren Kindern so erfreulich wie möglich zu gestalten. Das stand im Gegensatz zu dem Verhalten der Mütter, die meistens versuchten, ihre Kinder strenger zu kontrollieren. Diese teilten mehr Verbote und Befehle aus, die die Kinder dann aber eher ignorierten oder verweigerten, ohne daß die Mütter konsequent durchgriffen. Die Väter, die anfangs extrem duldsam waren, zogen die Zügel im Laufe der zwei Jahre etwas an, ohne aber je so streng wie die Väter in den vollständigen Familien zu werden. In den Veränderungen des Verhaltens den Kindern gegenüber ergänzten sich die geschiedenen Väter und Mütter. Wenn die Mutter im zweiten Jahr weniger Verbote erteilte, war die Rate der Verbote bei den Vätern hoch. Parallel dazu ergab sich im ersten Jahr bei einer hohen Zahl von Befehlen bei der Mutter eine entsprechend geringere Rate bei den Vätern.

Am Ende des zweiten Jahres erlebten die Kinder bei den Vätern nicht mehr bei jedem Zusammentreffen ein »Weihnachtsfest«, wie das vorher den Anschein hatte. Die Mütter ließen im Alltagsleben mehr von ihrer autoritären Kontrolle ab und konnten erfolgreicher mit ihren Kindern umgehen. Wenn die Kinder älter wurden, appellierten die Eltern in der

Erziehung mehr an den Verstand und versuchten, ihre Anordnungen mit Argumenten zu begründen.

Spannungen nach einer Scheidung dauern auch noch nach zwei Jahren an, aber im allgemeinen kann man sagen, daß sich dann die Eltern-Kind-Beziehungen weitgehend beruhigt haben. In einer Untersuchung berichteten ein Viertel der Väter und die Hälfte der Mütter davon, daß sich die Beziehungen zu den Kindern gegenüber der letzten Zeit in der Ehe, als die Konflikte Eltern und Kinder besonders belasteten, zwei Jahre nach der Scheidung deutlich verbessert hatten. Die Forschungsergebnisse belegen, daß die beteiligten Kinder und Eltern die Krise einer Scheidung nach einigen Jahren verarbeiten können, wenn sie nicht mit fortlaufenden sonstigen Belastungen, wie wirtschaftlicher Not oder Streitereien der Eltern, erschwert wird.

Längerfristige Folgen

Die unmittelbaren Wirkungen der Scheidung scheinen sich überwiegend in mehr gefühlsmäßigen Störungen zu äußern. Davon können die mehr längerfristigen Folgen unterschieden werden, bei denen wir an dauerhaftere Konsequenzen für die Entwicklung des Kindes denken. Solche Folgen werden besser verständlich, wenn wir uns an die Sichtweise erinnern, eine Scheidung weniger als ein Ereignis, sondern vielmehr als einen langwierigen Prozeß anzusehen. Auf seiten des Kindes setzen Entwicklungsänderungen überdauernde Charakteristika der kindlichen Persönlichkeit voraus. Leider hat das neuerliche Interesse an der relativen Verwundbarkeit und Unverwundbarkeit von Kindern noch nicht zu einer systematischen Analyse von Kindern aus geschiedenen Ehen geführt.

Es gibt in der Scheidungssituation Kinder, die in ihrer Entwicklung Schaden nehmen und sicherlich auch andere, die ihr Lebensschiff heil durch alle Turbulenzen steuern und aus den Verwirrungen als lebenstüchtige Menschen hervorgehen. Schlechtere Chancen werden von ihrer Persönlichkeit her belastete Kinder haben, deren Unruhe und Quengeligkeit mit biologischer Labilität beim Schlafen, Essen und in den Ausscheidungsfunktionen bei den Aufregungen der Scheidung erst recht hervorgerufen und gesteigert werden. Verstärkend wirkt die Phase der Desorganisation in der verbleibenden Familie, wenn es im ersten Jahr nach der Scheidung einen Zusammenbruch von Disziplin und Ordnung gibt, was die Eßgewohnheiten, das Schlafen und die Erziehung angeht. In einer Untersuchung wurde beobachtet, daß die Mahlzeiten nicht mehr regelmäßig und eher im Stehen als im Sitzen eingenommen werden. Die Kinder gehen schlafen, wann sie wollen, und werden im Schulalter bei der Erfüllung der damit verbundenen Verpflichtungen wenig beaufsichtigt. Bei einem Kind mit labiler Persönlichkeit entstehen durchgreifende und dauerhaft belastende Wirkungen.

In dieser Zeit wirken sich auch bereits die Versuche zerstrittener geschiedener Eltern aus, die Kinder in feindselige Allianzen zum nicht anwesenden Elternteil hineinzutreiben. Den Anfang bildet der Ärger auf den geschiedenen Partner, der auf das Kind übertragen wird. Es ist nicht ungewöhnlich, daß eine geschiedene Mutter übermäßig reagiert und ihrem Sohn mit einem verächtlichen Unterton erklärt, »Du verhältst dich genau wie Dein Vater«.

Die Prozesse, die sich über längere Zeiträume erstrecken, werfen ein Licht auf die Geschlechtsrollenentwicklung. Wenn sich die Scheidung und damit im Regelfall die Vaterabwesenheit vor dem 5. Geburtstag des Kindes ereignen, ist die Aneignung der Geschlechtsrolle vor allem bei Jungen gefährdet (HETHERINGTON, DUER 1972). Die Söhne sind unsicher, eine angemessene männliche Orientierung zu entwikkeln und identifizieren sich beim Fehlen des Vaters vorwiegend mit der Mutter. Sie bilden eher die mehr mädchenhaften Stile verbaler Aggressionen als die mehr jungenhaften Stile körperlicher Auseinandersetzungen aus. Bei älteren Jungen kommt es entweder zu auffallend mädchenhaftem Verhalten oder zu übertrieben männlichem Gehabe. Das Verhalten kann als Karikatur des männlichen Verhaltens angesehen werden, das den Mangel an Möglichkeiten dokumentiert, angemessene männliche Rollenmuster zu erproben. Wenn den Jungen durch Stiefväter angemessene Modelle vermittelt wurden, waren diese Tendenzen geringer. Aber auch alleinerziehende Mütter, die typisch männliche Verhaltensweisen bei ihren Söhnen bekräftigten und positive Einstellungen zu den Vätern der Söhne gewinnen konnten, hatten Söhne mit unauffälligen männlichen Verhaltensweisen.

Wie langfristig gerade die Geschlechtsrollenproblematik bei einer Scheidung wirksam ist, zeigte eine Untersuchung besonders bei den Mädchen, die durch Vaterabwesenheit nicht im gleichen Maße beeinträchtigt zu sein scheinen wie die Jungen. Das dauerte aber nur so lange, bis sie in die Pubertät kamen. Die Folgen beschränkten sich auf die Beziehungen zu männlichen Jugendlichen und Erwachsenen (HETHERINGTON 1972). Eine Gruppe von 13- bis 17jährigen Töchtern der Mittelschicht, die den Vater durch den Tod oder durch die Scheidung der Eltern verloren hatten, wurden mit gleichaltrigen Mädchen aus vollständigen Familien verglichen. Beide Gruppen hatten Schwierigkeiten im Umgang mit Männern und Gleichaltrigen und produzierten dabei zwei Extreme. Die Töchter von inzwischen gestorbenen Vätern vermieden den Umgang mit Männern, sie waren gehemmt und schüchtern. Im Falle der Scheidung versuchten die Töchter dagegen in provozierender Weise die Aufmerksamkeit von Männern und die Beachtung ihrer Körperlichkeit zu erregen und in näheren Kontakt zu kommen. Verglichen mit den Töchtern aus vollständigen Familien, die zwischen diesen Polen lagen, berichteten die Töchter von verwitweten über weniger, die Töchter von geschiedenen Frauen über mehr heterosexuelle Aktivitäten. Die Mädchen ohne Vater schienen auch etwas abhängiger von Frauen zu sein. Die meisten Schwierigkeiten mit dem anderen Geschlecht traten bei Mädchen auf, die ihren Vater vor dem 5. Lebensjahr verloren hatten. Bei diesen Mädchen zeigte sich auch eine stärkere mütterliche Überbehütung als bei einer Vaterabwesenheit, die nach dem 5. Lebensjahr einsetzte.

Die Töchter von Witwen erinnerten sich an positivere Beziehungen zu ihrem Vater und beschrieben ihn als wärmer und tüchtiger als Töchter aus geschiedenen Ehen. Die geschiedenen Mütter hatten als Gruppe die Tendenz, mehr negative Bilder von ihrem ehemaligen Ehemann und ihren Ehen zu schildern und dem Leben und sich selbst gegenüber negative Orientierungen zu entwickeln. Ihre Töchter zeigten ein geringeres Selbstwertgefühl, während die Töchter von Witwen sich darin nicht von Töchtern aus vollständigen Familien unterschieden.

Warum die einzelnen Wirkungen bei den Töchtern aus geschiedenen Familien zustande kommen, kann verschieden interpretiert werden. So ist z. B. an die Ambivalenz der Mütter ihren früheren Männern gegenüber und das Bedürfnis der Töchter nach einem Ausgleich für den fehlenden Vaterkontakt zu denken. Bemerkenswert erscheint bei allem, daß die Schwierigkeiten der Mädchen bei einer frühen Vaterabwesenheit besonders groß waren, daß sich diese Schwierigkeiten aber erst sehr spät im Jugendalter offenbarten, wenn die Geschlechtsrolle eine besondere Bedeutung gewinnt.

Eine solche verzögerte Wirkung der Scheidung – ein sogenannter »sleeper Effekt« – äußerte sich auch darin, daß die Mädchen ein früheres Heiratsalter als Mädchen aus vollständigen Familien hatten und früher schwanger wurden. Sie waren mit ihren Ehen weniger zufrieden, wechselten öfter den Arbeitsplatz und hatten in der Statistik mehr Konflikte mit der Polizei. Schließlich waren die Ehemänner dieser Töchter geschiedener Eltern mit ihren Frauen weniger zufrieden und waren selbst unreife und impulsive Persönlichkeiten. Die Tatsache, daß die Männer und Frauen als jeweilige Partner keinen so guten »Griff« getan hatten, mag eine Erklärung dafür sein, daß Kinder geschiedener Eltern ein größeres Risiko haben, sich als Erwachsene später selbst scheiden zu lassen, als Kinder aus vollständigen Familien (LANGER, MICHAEL 1963, MUELLER, POPE 1977). Aber das sind Hinweise auf nicht sehr stark ausgeprägte Tendenzen.

Daneben werden Verhaltensstörungen, Jugendkriminalität und Schulversagen als Langzeiteffekte im Zusammenhang mit einer Scheidung diskutiert. Wenn solche Folgen überprüft wurden, fanden sich dafür keine hinreichenden Beweise. Ergebnisse, die in diese Richtung gehen, bedürfen einer näheren Überprüfung. So fand man, daß in sehr armen Familien Jungen geschiedener Mütter häufiger unter kriminell gewordenen Jugendlichen zu finden waren (McCORT 1959). Aber das kam nur bei Müttern vor, die nicht in der Lage waren, für ihre Kinder zu sorgen. In der Gruppe geschiedener Mütter, die in den Armutsvierteln ihren Söhnen beistanden, sie beaufsichtigten und unterstützten, verschwand die Kriminalitätsrate. Danach sieht es so aus, als ob das Verhalten der Mütter ihren Söhnen gegenüber und nicht die Tatsache der Scheidung den Unterschied ausmacht.

Bevor es zu einer Scheidung kommt, wird angesichts der Belastungen oft gefragt, ob die Kinder es besser haben, wenn sie weiter in einer unglücklichen, konfliktbeladenen Familie leben oder wenn die Eltern sich scheiden lassen. Wenn dann nach der Scheidung Schwierigkeiten auftreten, lautet die Frage, ob es die Kinder besser gehabt hätten, wenn die Eltern sich nicht hätten scheiden lassen. Die Rücksichtnahme auf die Kinder ist für die Eltern ein wichtiger Punkt bei der Entscheidung, ob es zur Auflösung der bestehenden Familie kommt oder nicht. Die negative Bewertung einer Scheidung, an der Kinder beteiligt sind, schlägt sich heute weiter in den niedrigeren Ziffern dieser Scheidungen nieder. Die Befürworter der Konfliktfamilie klagen jede Scheidung an, die Fürsprecher für eine Scheidung verdammen die Konfliktfamilie.

Es gibt tatsächlich eine Reihe von Untersuchungen mit dem Ergebnis, daß die Kinder mit alleinerziehenden Eltern weniger Problemverhalten aufweisen als Kinder in unglücklichen konfliktbeladenen vollständigen Familien. Wie läßt sich das mit den Befunden vereinbaren, die von erheblichen Belastungen aller Kinder bei einer Scheidung berichten? Zum Verständnis kann das dargelegte Modell des Scheidungsverlaufs beitragen, das einen komplexen Übergangsprozeß mit zwei Phasen annimmt. In der ersten Zeit gibt es verwirrende akute Wirkungen der belastenden Ereignisse, denen erst später eine Phase der Erholung und Anpassung an die neuen Verhältnisse folgt, die in einen neuen Gleichgewichtszustand mündet.

Beim Vergleich mit den Konfliktfamilien ohne Scheidung ergibt sich, daß die Schwierigkeiten der Kinder nach der Scheidung zunächst einmal nicht abnehmen, wie man sich das gewöhnlich bei einer Trennung von zerstrittenen Parteien vorstellt. Vielmehr steht dem Kind mit dem Verlust und den Änderungen in den Beziehungen ein Jahr bevor, das eine zusätzliche belastende Erfahrung darstellt. In diesem Jahr zeigten Kinder aus geschiedenen Ehen mehr oppositionelles und aggressives Verhalten, konnten sich schlechter kontrollieren, waren mehr verwirrt, stellten mehr Ansprüche und suchten mehr Beachtung als Kinder aus Konfliktfamilien. Nach zwei Jahren hatten sich die Verhältnisse umgekehrt, und die Kinder aus Scheidungsehen waren weniger gestört (HETHE-

RINGTON, COX 1982). Wenn bei den Kindern aus Konfliktfamilien zwischen mehr oder weniger belasteten Gruppen unterschieden wurde, dann zeigten die Scheidungskinder nach 2 Jahren nur im Vergleich zu den stärker belasteten Kindern aus Konfliktfamilien weniger Problemverhalten. Die nicht so stark konfliktbeladenen Familienkinder wiesen im ganzen ein geringeres Maß an Problemverhalten als die Scheidungskinder auf. Die Unterschiede fielen besonders bei den Jungen ins Gewicht und waren am stärksten in einer Gruppe von Jungen aus Scheidungsfamilien, die ein hohes Konfliktpotential aufwiesen.

Auf lange Sicht gab es jedoch bei den Scheidungskindern deutliche Verbesserungen in der Bewältigung der Schwierigkeiten, im seelischen Wohlbefinden und in der Anpassung an die neue Situation. Aber die Kinder erholten sich nur langsam und nicht vollständig. In einer Untersuchung litt nur ein Drittel der Kinder auch 5 Jahre nach der Scheidung nicht unter den Beeinträchtigungen des Selbstwertgefühls, der Vereinsamung und der gedrückten Stimmungslage, die bei den anderen Kindern beobachtet wurden. Wenn bei Kindern aus den Konfliktfamilien mehr Schwierigkeiten festgestellt wurden, dann erst in einem Vergleich, der die Scheidungskinder zu einem Zeitpunkt überprüfte, zu dem sie zwei Jahre nach der Scheidung in ein ruhigeres Fahrwasser eingelaufen waren.

Es ist vermutlich die Flucht aus dem Konfliktbereich der Eltern, die bei Kindern aus Scheidungsehen die beste Entlastung bringt. Ob dem Kind diese Flucht gelingt, hängt weniger von ihm selbst, sondern vielmehr davon ab, ob die Eltern fähig sind, ihre Probleme dem Kind gegenüber im Zaume zu halten und weitere Ausschreitungen und Roheiten zu vermeiden. Manche Eltern können ihre Animositäten gegeneinander vor den Kindern beherrschen und halten die Kinder aus ihren Konflikten heraus. Eltern, die ihre Konflikte einzukapseln verstanden, hatten die am wenigsten gestörten Kinder, gleich ob diese in einer vollständigen Familie oder mit alleinerziehenden Eltern lebten. Am wichtigsten war dabei, daß die alleinstehende Mutter die Jungen mit Versuchen verschonte, feindselige Allianzen gegen den Vater zu bilden. Wenn eine unreife oder abweisende Mutter von solchen Versuchen nicht abließ, waren gute Vater-Kind-Beziehungen dagegen machtlos. Eine Neutralisierung der Partnerkonflikte war die Voraussetzung dafür, das Kind vor weiteren Beeinträchtigungen zu schützen.

Diese Situation besteht vermutlich in den Arbeiten, in denen Kinder aus Konfliktfamilien im Vergleich mit Kindern aus Scheidungsehen und auch Familien mit einem Stiefelternteil keinen Unterschied in den Persönlichkeitseigenschaften, Schulnoten, Anzahlen von Freundschaften und Gemeinschaftsaktivitäten aufwiesen. Die Untersuchungen lieferten weder Beweise dafür, daß eine Scheidung für ein Kind besser, noch daß sie schlechter ist als das Aufwachsen in einer vollständigen, aber unglücklichen Familie. Unter bestimmten Bedingungen gab es Hinweise darauf, daß Kinder »gefühlsmäßig geschiedener« Eltern, die unter einem Dach leben, meistens mehr leiden als bei einer wirklichen Scheidung (BANE 1976, STAKE 1976). Vermutlich sind das Eltern, die auf Dauer zerstritten sind und ihre Konflikte nicht ohne Beteiligung der Kinder austragen konnten, aber dieser Faktor wurde in den Arbeiten nicht kontrolliert.

Was die Familien mit einer Scheidung allerdings in jedem Fall von einer belasteten vollständigen Familie unterscheidet, sind einmal die vorübergehende Desorganisation, ökonomische Probleme und die Abwesenheit eines Elternteils, gewöhnlich des Vaters. Diese Merkmale setzen Unterschiede, deren Wirkung nur im Einzelfall abgeschätzt werden kann.

Stiefeltern

Ähnliche Überlegungen wie bei der Konfliktfamilie vor der Scheidung gibt es nach der Scheidung bei der Frage, ob es dem Kind besser geht, wenn der geschiedene Elternteil sich für eine Wiederheirat entscheidet. Die Scheidung stellt für viele Eltern und Kinder eine Übergangssituation dar, weil die überwiegende Zahl der geschiedenen Väter und Mütter wieder heiratet und anschließend in einer neuen vollständigen Familie lebt. Die Wirkung für die Kinder wird zweispältig bewertet, was schon in den Märchen mit bösen Stiefeltern zum Ausdruck kommt. Manche Autoren sprechen von Vorteilen, vor allem für Jungen, andere sehen die Gefahr, daß mehr Probleme geschaffen als gelöst werden. Bei den Forschungsergebnissen handelt es sich um erste Erkundungsstudien, die manchmal mehr Vermutungscharakter haben (SANTROCK, WARSHAK, LINDBERG, MEADOWS 1981, HETHERINGTON, COX 1982, SANTROCK, WARSHAK, ELLIOT 1982, WARSHAK, SANTROCK 1983).

Die Kinder erhalten meistens einen Stiefvater, weil sie vorher im Regelfall bei der Mutter leben. Bringt der Stiefvater auch Kinder ein, so entsteht eine »komplexe« Stieffamilie, wenn die Kinder nur von der Mutter sind, eine »einfache« Stieffamilie. Werden weitere Kinder geboren, kann es insgesamt drei Gruppen von Kindern mit teilweise verschiedenen Elternteilen geben.

Männer, die sich entschließen, Frauen mit Kindern zu heiraten, treten ihre neue Verantwortung mit unterschiedlichen Gefühlen an. Sie sehen eine schwere Aufgabe vor sich, über die sie manchmal mehr nachdenken als Väter mit eigenen Kindern. Sie messen sich an idealen Vorstellungen von einem Vater und sind deshalb eher selbstkritisch. Von ihnen wird viel Gespür verlangt, weil sie nicht damit rechnen können, sofort anerkannt zu werden. Wenn sie die Vorrechte und Autorität beanspruchen, die herkömmlich mit der Rolle des Vaters verbunden sind, stoßen sie auf Widerstand und Mißtrauen. Die Kinder, die eine Zeitlang mit der Mutter alleine gelebt haben, sind oft sehr selbständig und gewöhnen sich nicht so leicht an einen neuen Menschen in ihrem Haushalt. Außerdem befinden sie sich oft im Konflikt mit ihrem leiblichen Vater, den sie weiter lieben und achten möchten. Stiefväter schätzen ihre Vaterqualitäten oft unnötig niedrig ein und bringen es trotzdem fertig, ihren Kindern gute Väter zu sein.

Trotz der schwierigen Situation, die vor allem im Anfang viel Fingerspitzengefühl verlangt, werden die Erwartungen der wieder verheirateten Eltern, durch die neue Verbindung ihr Leben zu bereichern, im allgemeinen auch erfüllt. Stiefkinder können genau so glücklich sein wie Kinder, die bei ihren leiblichen Eltern leben. Die Eltern sind zwar nicht ganz so zufrieden wie die niemals geschiedenen, aber zufriedener als die geschiedenen Eltern, die nicht wieder heiraten. Daran ändern auch die Schwierigkeiten nichts, wenn die bisherigen Beziehungen der geschiedenen Partner eine neue Form annehmen und durch die neue intime Verbindung abgelöst werden. Besonders die Geburt eines weiteren Kindes fördert die zweite Ehe der Eltern. Wenn der Vater in die zusammengesetzte Familie eigene Kinder einbringt, entstehen leicht Unstimmigkeiten über die Kindererziehung und das elterliche Verhalten bei den verschiedenen Kindern. Die Eltern beklagen dann, daß sie nicht genug Zeit haben, an der Lösung dieser Schwierigkeiten zu arbeiten. Die Stiefväter können außerdem finanzielle Sorgen belasten, wenn ihre erste Frau nicht vor ihnen heiratet und sie praktisch Beiträge für zwei Haushalte leisten müssen. Dazu kommen bei beiden Partnern Belastungen, die durch das Wiederaufleben der Konflikte mit dem ersten Partner entstehen. Die neuen Eheleute können aber schließlich davon profitieren, daß ihre Kinder in dem neuen Haushalt einen Menschen gewinnen, der für sie sorgt.

Aus der Sicht der Kinder können alle diese Bedingungen Wirkungen und Folgen haben. Für die Söhne von Müttern ist es günstig, wenn sie zum Zeitpunkt der Wiederheirat der Mutter nicht in die Pubertät eingetreten sind. Ältere Söhne haben eher Schwierigkeiten, die neuen sexuellen Beziehungen ihrer Mutter zu akzeptieren. Für die Söhne bleibt es auch bei einer förderlichen Beziehung zum Stiefvater besonders wichtig, eine gute Beziehung zum leiblichen Vater aufrechtzuerhalten, weil sie dadurch ein positives Vaterbild entwikkeln.

Bei den Mädchen scheinen sich wenige Unterschiede zu ergeben, wenn man ihre Entwicklung in einer Familie mit nicht geschiedenen, geschiedenen oder wieder verheirateten Elternteilen verfolgt. Wenn sie bei der Mutter bleiben, erleben sie in der Stiefelternfamilie das Vorbild einer kompetenten Frau, die eine neue Lebenssituation meistert. Das wird erleichtert, wenn auch der leibliche Vater einen neuen Partner gefunden hat und dadurch als aufgewertet erlebt wird. Allerdings sind die Ergebnisse widersprüchlich, weil in manchen Untersuchungen davon gesprochen wird, daß die Anwesenheit eines Stiefvaters nachteilig auf die Mädchen wirkt (SANTROCK, WARSHAK, LINDBERG, MEADOWS 1981).

Zuverlässigere Ergebnisse sind wahrscheinlich zu erwarten, wenn die Familien mit Stiefvätern und Stiefmüttern in ihren Einflüssen auf die Söhne und Töchter in Abhängigkeit vom Geschlecht der Eltern und Kinder untersucht werden. Gehen wir von den verwickelten Beziehungen aus, die bei einer Stiefmutter zu erwarten sind, deren Rolle der Volksmund in der Redensart von der »bösen Stiefmutter« als besonders belastet ansieht. Nehmen wir dabei an, daß Kinder den gleichgeschlechtlichen Elternteil mehr als den anderen brauchen, dann ist die Beziehung zwischen Stiefmüttern und Söhnen besonders konfliktträchtig. Die Söhne, die beim Alleinleben mit dem Vater selbstbewußt männlich geworden sind, werden sich durch das Auftauchen der Stiefmutter leicht beeinträchtigt fühlen, jedenfalls mehr als Söhne, die vorher allein mit der Mutter lebten und zusätzlich einen Stiefvater und damit eine männliche Ergänzung erhalten. Entsprechendes ergäbe sich für die Töchter. Sie hätten eher Nachteile, wenn ihre Beziehung zur alleinerziehenden Mutter durch einen zusätzlichen Stiefvater belastet würde, und eher Vorteile, wenn sie vorher allein mit dem Vater leben mußten und nun zusätzlich eine Stiefmutter erhielten.

Faßt man solche Überlegungen zu einem Verlauf der Wiederheirat eines alleinerziehenden Elternteils zusammen, so umfaßt die Entstehung einer Stiefelternfamilie mehrere Phasen mit unterschiedlichen Bedeutungen für die Kinder. Durch den hinzukommenden Stiefelternteil wird das bestehende Gleichgewicht in der Beziehung zum alleinerziehenden Elternteil aufgehoben. Das Kind erlebt Veränderungen, neue Beziehungen und entwickelt möglicherweise neue Zuneigungen oder Abneigungen. Wenn der Vater wieder heiratet, werden zunächst eher positive Wirkungen auf die Töchter und negative auf die Söhne erwartet. Die Kinder mußten sich bei der Scheidung bereits einmal umorientieren und haben sich dabei an die neuen Verhältnisse beim alleinerziehenden Vater angepaßt. Das fällt in diesem Fall den Söhnen vermutlich leichter als den Mädchen. Der Eintritt der Stiefmutter wirkt sich auf die etablierte Vater-Kind-Beziehung eher störend aus und entzieht dem Kind einen Teil der bisherigen Zuwendung des Vaters. Deshalb entstehen bei der neuerlichen Veränderung für die Kinder vermutlich umgekehrte Wirkungen. Die Orientierung an der Stiefmutter gelänge eher den Töchtern als den Söhnen. Das Mädchen gewinnt einen gleichgeschlechtlichen Elternteil hinzu, eine Frau, die seine Bedürfnisse kennt und mit der es sich identifizieren kann.

Die Situation wird für die Kinder im allgemeinen schwieriger, wenn die Stiefeltern in der neuen Familie zunehmend Verantwortung für die Erziehung übernehmen und Kontrolle über das Kind erhalten. Die anfangs unverbindlichen Beziehungen erfahren dann leicht eine Trübung. Das ist übrigens auch bei Großeltern der Fall, die sehr oft die Ersatzelternrolle bei einer Scheidung übernehmen. Diese Zusammenhänge machen auch verständlich, warum es die Stiefväter im Regelfall leichter als die Stiefmütter haben (WILSON, ZURCHER, McADAMS, CURTIS 1975). Sie können eher Spaß machen und mit den Kindern tummeln und spielen, während die Stiefmütter schon bald betreuende und disziplinierende Aufgaben übernehmen.

Das Alter der Kinder zum Zeitpunkt der Begegnung mit dem neuen Partner des Elternteils kann wichtig sein, was für die Jungen schon erwähnt wurde. Allgemein begrüßen jüngere Kinder eher einen Stiefelternteil als ältere, weil er bei ihrer Bindung an das Haus mehr Stabilität und Sicherheit in ihr Leben bringt. Abgesehen von den Schwierigkeiten mit der Geschlechtsrolle haben ältere Kinder auch oft bestimmte Lebensstile entwickelt und setzen sich bei Änderungen zur Wehr, wenn sie sich anders erzogen fühlen oder aus irgendeinem Grund eine ungünstige Einstellung zu dem bisher fremden Menschen entwickeln.

Der heikelste Punkt in einer Familie mit Stiefvater ist – wie bereits angedeutet – die Beziehung der Kinder zu ihrem leiblichen Vater. Das Kind wird den freien Platz, der durch den Weggang seines Vaters in der Familie entstanden ist, nicht ohne weiteres dem Stiefvater überlassen. Der Vater ist ja auch nicht völlig aus seinem Leben verschwunden. Die neue Familie sollte es möglich machen, daß das Kind an seiner Liebe zum leiblichen Vater festhalten kann, und es darin unterstützen. Am tragischsten wäre die Situation, wenn Mutter und Stiefvater verlangen würden, es dürfte seinen Vater nicht mehr liebhaben, wenn es in der neuen Familie anerkannt und geliebt werden will. Damit wäre ein deprimierender chronischer Konflikt programmiert, der sicherlich nicht ohne Folgen bliebe. Am besten wäre es, wenn die Kinder in Stiefelternfamilien einen erweiterten Familienbegriff entwickeln könnten, der Raum für angemessene Beziehungen sowohl zu den leiblichen Eltern als auch zu den Stiefeltern bietet.

Bei den belastenden Momenten einer Scheidung interessiert, ob es auch schützende Faktoren für das Kind gibt und was die Eltern dabei tun können. Wir beginnen mit der Frage, in welchen Hinsichten die Kinder am meisten schutzbedürftig sind und was sie besonders verletzlich macht.

Wenn es sich entscheidet, ob die Ereignisse zu stärkeren Beeinträchtigungen führen oder das Kind unversehrt bleibt, kommt den individuellen Verarbeitungsweisen sicherlich große Bedeutung zu. Solche Verarbeitungsweisen der Kinder bei einer Scheidung sind im Zusammenhang mit den Persönlichkeitseigenschaften, dem Entwicklungsstand und der Geschlechtsrollenentwicklung überprüft worden (HETHERINGTON 1981, HETHERINGTON, COX 1982, CROUTER, BELSKY, SPANIER 1984). Da die Geschlechtsrollenentwicklung ausführlich diskutiert wurde, gehen wir hier auf die beiden anderen Punkte etwas näher ein.

Unter den Persönlichkeitsfaktoren wurde vor allem das Temperament der Kinder beachtet und gefunden, daß es den Grad der Verwundbarkeit wesentlich mitbestimmt. Temperamentvolle Kinder, die wir auch in anderen Zusammenhängen als anfällig gekennzeichnet haben, sind beim Auseinanderbrechen einer Familie besonders gefährdet. Es handelt sich um Kinder, die von Anfang an viel schreien, besonders aufgeregt und quenglig sind, sich schlecht an neue Situationen anpassen können und biologische Unregelmäßigkeiten aufweisen. Von ihnen wird berichtet, daß sie auch bei einer Scheidung die meisten und am längsten dauernden Probleme haben. Man kann einwenden, Temperamentausbrüche dieser Kinder vor und nach der Scheidung seien allein eine Folge ihres Wesens und hätten wenig mit der Scheidung zu tun. Aber es muß an die Möglichkeit gedacht werden, daß durch die Belastungen bestehende Reaktionsmuster verstärkt werden, die ohne diese Geschehnisse nicht oder nicht so heftig in Erscheinung treten würden.

Neben Temperamentseigenschaften bestimmt der Entwicklungsstand des Kindes die Wirkungen einer Scheidung. Meistens wird angenommen, daß jüngere Kinder verletzlicher als ältere sind. Dabei denkt man an ihre Abhängigkeit von den Eltern und das ausschließliche Angewiesensein auf die Familienumwelt ohne Ausgleichsmöglichkeiten bei Altersgenossen und Freunden. Aber die Forschungsergebnisse führen zu der genaueren Formulierung, daß die entwicklungsbedingten Bewältigungsmöglichkeiten und Anpassungsmuster der Kinder sich mit den Altersstufen verändern, ohne es den Kindern damit in einem bestimmten Alter von vorneherein leichter oder schwerer zu machen. Es kommt ganz auf die Umstände und vor allem auf die Erfahrungen mit den Eltern an. Etwas ältere Kinder, die egozentrisch denken, sich noch wenig in die Lage anderer versetzen können, klagen sich wegen der Scheidung der Eltern leicht an. »Papa ist fort, weil ich ungezogen war und mein Spielzeug nicht aufgeräumt habe«, lautete eine Erklärung. Solche Erlebnisweisen erinnern uns daran, daß es in jeder Altersstufe und bei jedem Kind die Hilfen, Erklärungen und Unterstützungen der Eltern sind, die das Kind im Alltag braucht, um mit den Ereignissen und ihren Wirkungen fertig zu werden.

Wenden wir uns nach den Voraussetzungen, die im Kind liegen, nun den äußeren Bedingungen zu, die als Schutzfaktoren bei der Bewältigung der Belastungen wirksam werden können. In den Familien mit geschiedenen Eltern gibt es – wie in jeder Familie – im täglichen Leben Prozesse, die für die Organisation des Ganzen sorgen und im günstigen Fall die Kinder vor negativen Konsequenzen bewahren. Eine Scheidung der Eltern muß die Entwicklung des Kindes nicht unweigerlich zerstören, wie die vielen Kinder beweisen, die sich trotz dieser Erfahrung gut entwickeln. Unter bestimmten Bedingungen kann die Auflösung der zerstrittenen Ehe sogar im besten Interesse des Kindes liegen. Viele Kinder wachsen aber auch in konfliktbeladenen Familien, in denen die Eltern sich nicht scheiden lassen, unversehrt auf. Wenn die Eltern wieder heiraten, können viele Kinder sich ebenfalls gut auf die neuen Verhältnisse einstellen und davon profitieren.

Was macht unter allen diesen Umständen den Unterschied aus, ob sich das Kind gut entwickelt oder nicht? Die bisherigen Untersuchungen führen zu der Annahme, daß es weniger die Scheidung als solche ist, die den Ausschlag gibt, sondern die Partnerbeziehungen zwischen den geschiedenen Elternteilen, die durch die Ereignisse entstehen und weiter fortwirken.

Nicht der Familienstatus, Kind aus geschiedener oder vollständiger Familie, Konflikt- oder Stiefelternfamilie gibt den Ausschlag. In allen diesen Familienformen können sich Kinder gut oder schlecht entwickeln. Aber es ist nicht gleichgültig, wie die Eltern vor und nach einer Trennung und in den folgenden Konstellationen ihre elterlichen Verantwortlichkeiten beim Kind wahrnehmen. Hier kann es Kontinuität und Sicherheit oder einen Abbruch und Unsicherheit, Verwirrung und Verfeindung geben. Ob das eine oder das andere geschieht, ist eine Frage, die damit zusammenhängt, ob die geschiedenen Eltern ihre Elternrolle in der Beziehung zum Kind von ihrer Partnerrolle in der Beziehung zum früheren Ehegefährten zu trennen verstehen. Und das scheint sehr schwierig zu sein und vielen nicht zu gelingen.

Wir müssen lernen, die familiären und ehelichen Beziehungen auch im Hinblick auf das Kind nicht so sehr als elterliche Rollen, sondern als Partner-Beziehungen zu verstehen. In einer Scheidungsfamilie ist auf die Qualität der Beziehungen zwischen dem Mann und der Frau zu achten, die sich haben scheiden lassen. Von der weiteren Entwicklung dieser Beziehung nach dem Ereignis der Scheidung hängt für das Kind alles weitere ab.

Am schlimmsten ist es, wenn die Eltern das Kind hin- und herzerren und von ihm erwarten, daß es Partei ergreift. Man stelle sich vor, daß das Kind vor die Frage gestellt wird, bei wem es denn nun bleiben möchte, bei Vater oder Mutter. Kinder unter 5 Jahren sind damit, allein was das zeitliche Verständnis angeht, schon geistig überfordert, ganz abgesehen von dem Überblick über die sozialen und sonstigen Folgen. Die Vermeidung solcher Konflikte ist vermutlich die ausschlaggebende Voraussetzung dafür, daß die Eltern es dem Kind möglich machen, unter den verschiedenen Bedingungen, die im Verlauf und infolge einer Scheidung entstehen, ohne Schaden zu bleiben und sich seelisch gesund zu entwikkeln.

Welche Belastungen und Entlastungen durch die Ereignisse nun tatsächlich entstehen, hängt letztlich von der Art und Weise ab, wie das alles beim Kind ankommt, welche Sichtweisen es von den Dingen entwickelt.

Kinder aus geschiedenen Ehen wurden nach den drei am meisten belastenden Ereignissen im letzten Jahr gefragt, die sie mit der Mutter oder dem Vater hatten, mit denen sie nach der Scheidung zusammenlebten, und warum die Ereignisse unerfreulich waren. Desgleichen wurden sie um die Schilderung von drei erfreulichen Ereignissen gebeten. Die Antworten gaben Jungen und Mädchen, die mit Problemen in Beratungsstellen vorgestellt worden waren und zumeist aus Familien der sozialen Grund- und Mittelschicht stammten (FREY, LEAHEY 1983).

Die Interviews ergaben in kindlichen Worten, daß die Kinder am meisten unter emotionaler Zurückweisung durch die Eltern und unter Familienkonflikten und Disharmonien litten. Als zurückgewiesen erlebten sich die Kinder am häufigsten, wenn die Eltern abfällige Kommentare über das Kind machten, für das Kind wichtige Ereignisse oder Daten wie Geburtstage vergaßen oder sich dafür entschuldigten, den Partner verlassen zu haben.

Familienkonflikte und Kummer wurden von den Kindern in folgender Form gewichtet. Am meisten litten sie unter Wortgefechten der geschiedenen Eltern, dann Krankheiten und häufige Abwesenheit des Elternteils, bei dem sie lebten, auffälliges Beachten von andersgeschlechtlichen Freunden durch die Eltern, abfällige Bemerkungen über den abwesenden Elternteil und übermäßiges Trinken der Eltern. Sorgen machte den Kindern auch, wenn die Eltern pessimistisch oder trübe gestimmt waren, Wut und Ärger bis zur Mißhandlung an den Tag legten oder hilflos waren. Die Kinder litten weiter unter dem Gedanken, daß die Mutter oder der Vater einen anderen Partner heiraten könnten, und daß sie krank sein oder sterben würden. Auch Diskriminierungen von Außenstehenden wurden genannt.

Unter den erfreulichen Ereignissen wurden besondere Anstrengungen der Eltern genannt, dem Kind eine Freude zu machen. Sie waren angetan von einem großzügigen Geschenk oder einer Reise, von Lob und Ermutigung oder von extra Freiheiten und Privilegien. Die Kinder erlebten es als wohltuend, wenn ihr Bedürfnis nach einer guten Beziehung zu den Eltern erfüllt wurde, wenn die Eltern sich mitteilten und für die Anliegen der Kinder interessierten, ihre Ängste und freudigen Erlebnisse, und wenn sie die Kinder ermutigten, das ihrerseits bei den Eltern zu tun. Die Kinder hatten es gern, wenn die Eltern sie bei ihren Plänen in finanziellen, persönlichen und Familienangelegenheiten um Rat fragten.

Die Ergebnisse gaben getrennt Aufschluß über die Verhältnisse bei Jungen und Mädchen, die bei ihren Vätern oder Müttern lebten. Erfreuliche und unerfreuliche Ereignisse kamen in den Familien mit alleinerziehenden Vätern und Müttern gleichermaßen vor. Unterschiede ergaben sich aber bei den Jungen und Mädchen je nach Geschlecht des alleinerziehenden Elternteils. Bei den Vätern lebende Mädchen drückten häufiger als bei den Müttern lebende aus, daß sie Probleme mit der häufigen Abwesenheit des Vaters, seinen Streitereien mit der Mutter sowie mit Wutausbrüchen und dem Trinken des Vaters hatten. Für die Väter scheint es wichtig zu sein, auf die Wirkung ihres Verhaltens auf die Mädchen und eine positive Gefühlsbeziehung zu ihnen zu achten.

Wenn die Mädchen bei den Müttern lebten, machten sie sich mehr Sorgen über deren Gefühlslage, Krankheiten, Verstimmungen sowie ihre Hilflosigkeit. Jüngere Kinder waren besorgt, daß die Mutter, auf die sie angewiesen sind, nicht in der Lage ist, mit den Belastungen nach einer Scheidung fertig zu werden. Alleinstehende Mütter sollten demnach auf die belastenden Wirkungen achten, die ihr Gefühlszustand auf die Kinder, besonders die Mädchen haben kann.

Jungen mit alleinerziehenden Müttern hatten im Vergleich zu solchen mit alleinerziehenden Vätern mehr Probleme mit Diskriminierungen von Außenstehenden. Das stimmt mit Ergebnissen überein, die bei Vaterabwesenheit für die Jungen eine stärkere Beeinträchtigung der Selbstwertschätzung annehmen als beim Mädchen. Das wird auf den Einfluß zurückgeführt, den ein positives Bild von väterlicher Autorität auf die Fähigkeit haben soll, sich selbst und andere zu akzeptieren.

Bei Jungen mit alleinerziehenden Müttern fällt es stärker als in anderen Familienkonstellationen ins Gewicht, wenn sich die Mütter ihnen mitteilen und sie in praktischen Fragen des Alltags um Rat bitten. In der Literatur, die von Beobachtungen Außenstehender ausgeht, wird angenommen, daß die Jungen sich dadurch überfordert fühlen und in Angst geraten.

Die Befragung der Jungen selbst vermittelt dagegen eher den Eindruck einer positiven Erfahrung, wenn sie sich in dieser Weise an Familienentscheidungen beteiligen konnten. Allerdings ergab auch diese Befragung, daß sich die Söhne mit Müttern als Familienoberhäuptern insgesamt häufiger als Mädchen von den Müttern abgelehnt fühlten.

Ähnliche Ergebnisse wurden bei einem Vergleich von Stellungnahmen der Eltern mit denen der Kinder in einer anderen Befragung ermittelt (WARSHAK, SANTROCK 1983). Die Kinder stimmten mit ihren Eltern darin überein, daß sie nach der Scheidung besonders viel Probleme hatten und vermehrt aggressiv, unzufrieden und wütend waren. Aber es gab auch Unterschiede in den Auffassungen. Die Eltern meinten, daß die Kinder sich nur anfangs mit dem Gedanken tragen, daß die Eltern sich wieder versöhnen, und daß sie diesen Gedanken bald aufgeben. Es zeigte sich jedoch, daß dieser Wunsch die Kinder sehr heftig und viel länger als vermutet bewegt und viele nicht davon ablassen. Ebenso bemerkenswert war, daß zwei Drittel der Kinder in dieser Untersuchung sagten, sie würden es vorziehen, in die Familie zurückzukehren, wie sie vor der Scheidung bestand, auch unter Berücksichtigung aller belastenden Umstände.

Wenn man die Kinder nach Vorteilen der neuen Situation fragte, sah ein Drittel von ihnen keine Vorteile und die anderen wiesen meist auf den verminderten Streit der Eltern hin. Als größten Nachteil sahen sie an, daß der andere Elternteil, bei dem sie nicht lebten, für sie nicht mehr so gut verfügbar war. Die Kinder begrüßten deshalb die Besuche mit dem draußen lebenden Elternteil sehr und wünschten im allgemeinen mehr Besuche. Die meisten Kinder äußerten sich positiv zu der Möglichkeit, daß ihre Eltern wieder heirateten.

In allen diesen Hinsichten ergaben sich keine Unterschiede aus der Tatsache, daß die Kinder entweder bei den alleinerziehenden Müttern oder Vätern lebten. Aufschlußreich waren die Unterschiede, die sich beim Interview im Vergleich mit den Kindern aus vollständigen Familien ergaben. Den besten Eindruck machten die Jungen mit alleinerziehenden Vätern. Sie waren offen, wirkten sympathisch, schienen am selbstsichersten und gaben bereitwillig Auskunft. Sie hoben sich darin auch von den Jungen aus vollständigen Familien ab. Die Mädchen mit alleinerziehenden Vätern machten einen schlechteren Eindruck, auch gegenüber den Mädchen aus vollständigen Familien. Faßt man die Ergebnisse bei den Jungen und Mädchen zusammen, so glichen sich die Unterschiede zwischen den Kindern mit alleinerziehenden Eltern und vollständigen Familien wieder aus.

Zwischen den Kindern mit alleinerziehenden Müttern oder Vätern gab es noch die Tendenz, daß bei den Kindern in den genannten Hinsichten der beste Eindruck entstand, wenn sie bei dem Elternteil lebten, der das gleiche Geschlecht wie sie selbst hatte. Dieser Sachverhalt, auf den wir schon in anderen Zusammenhängen gestoßen sind, läßt eine besondere Bedeutung des gleichgeschlechtlichen Elternteils für das Leben des Kindes vermuten. Welche theoretische Deutung man auch immer heranziehen mag, es scheint etwas zu geben, das fortlaufende und nicht unterbrochene Beziehungen eines Kindes zum Elternteil des gleichen Geschlechts wichtig macht. Nicht allein das Geschlecht der Kinder oder das Geschlecht der Eltern gab in den Untersuchungen den Ausschlag, sondern die besondere Interaktion der Faktoren, was auch unter theoretischen Gesichtspunkten als durchaus plausibel erscheint.

Entwicklungsberatung

Wie komplex die Entscheidungsfragen in den Anliegen der Kinder bei einer Ehescheidung der Eltern sind, soll zunächst an der Sorgerechtsregelung aufgewiesen werden. Die Gesetze anerkennen bevorzugt einen Anspruch der Mutter auf das Kind, wenn es um die Frage geht, bei wem das Kind nach einer Scheidung leben soll. Dabei schlagen sich Bewertungen nieder, die in der Gesellschaft historische Wurzeln haben und Wandlungen unterliegen. Heutzutage ist die Tendenz aufgekommen, daß auch die Väter vermehrt um das Sorgerecht für ihr Kind kämpfen. Das zeigte eindrucksvoll der Film »Kramer gegen Kramer«, in dem ein Vater erzwingt, daß sein Sohn nach der Scheidung bei ihm bleibt. Wir erinnern uns an die Tendenz in den wissenschaftlichen Ergebnissen, daß die Kinder besonders auf den Elternteil mit dem gleichen Geschlecht angewiesen sind. Soll nun daraus die Folgerung gezogen werden, daß das Sorgerecht für Mädchen immer den Müttern und das Sorgerecht für Jungen immer den Vätern übertragen werden muß? Hier ist eine Wiederholung der Warnung vor dem

Versuch angebracht, Entscheidungen in den Anliegen der Kinder an die Wissenschaft abzutreten.

Die Verhältnisse sind sehr kompliziert, und die beste Lösung für ein Kind ist nicht einfach zu finden. Das wissenschaftliche Ergebnis kann in dieser Angelegenheit höchstens dazu beitragen, den Glauben abzubauen, daß in jedem Fall allein die Mutter geeignet ist, für das Kind zu sorgen. Aber wir müssen uns davor hüten, alte Mythen durch neue zu ersetzen. Einer der eindrucksvollsten Punkte in dem genannten Film war, daß es auch hier keine einfache Lösung des Konflikts gab. Mit Hilfe der Ergebnisse kann man allenfalls dagegen argumentieren, allgemein darauf zu vertrauen, einem der beiden Elternteile ein bevorzugtes Anrecht auf das Kind zuzugestehen. Ein unbedingtes Votum für die Präferenz des gleichgeschlechtlichen Elternteils übersieht z. B. die Probleme, die dabei für ein Kind entstehen, das andersgeschlechtliche Geschwister hat. Bei Konflikten der Eltern schließen sich oft die Geschwister besonders gut zusammen, und man würde den Kindern diesen Halt nehmen, wenn sie bei der Scheidung nicht nur einen Elternteil, sondern obendrein noch Geschwister verlieren.

Die Ergebnisse zeigen auch, daß es in den Elternwirkungen eine Vielzahl von zusätzlichen Faktoren gibt, durch die das Geschehen auf das Kind vermittelt wird. Sie betreffen das Geschlecht des Kindes, die Eltern-Kind-Beziehungen und Hilfen, die das Kind von außen erhält, von Betreuungspersonen und in Einrichtungen z. B. von Altersgenossen. Die Untersuchungen liefern aber auch hier nur Aussagen über wahrscheinliche Zusammenhänge und lassen keine absoluten Verallgemeinerungen zu.

Die Entscheidungen in Sorgerechtsangelegenheiten müssen auf die individuelle Lage eingehen und sollten auf das Einverständnis beider Eltern gegründet sein.

Der vielleicht wichtigste Wirkungsfaktor betrifft in allen diesen Fragen die Eltern-Kind-Beziehungen und enthält ein Paradox, das die Umsetzung dieser Ergebnisse für die Eltern und in der Beratung besonders schwierig macht. Es geht um das Verständnis der Eltern von ihrer Eltern- und ihrer Partnerrolle nach einer Scheidung. Es zeigte sich ja, daß die Konflikte, in die das Kind gestürzt werden kann, vermutlich darin ihre Hauptursache haben. Die geschiedenen Eltern sehen die

Beziehung zu ihrem Kind zu sehr aus der Elternrolle heraus und sind sich zu wenig darüber im klaren, daß diese Elternrolle nach der Scheidung weitgehend durch die Beziehung zu ihrem früheren Ehepartner definiert ist. Anders als bei einer Ehescheidung, an der keine Kinder beteiligt sind, kommen die Partner nicht voneinander los, weil sie die Eltern des Kindes bleiben. Den Interessen des Kindes wäre am ehesten gedient, wenn die Eltern sich in ihrer neuen Lage unabhängig vom früheren Partner einrichten und die früheren Konflikte begraben könnten. Die Eltern müßten fähig sein, die Streitfragen soweit einzukapseln, daß sie das Kind nicht darin einspannen müssen.

Das Paradoxe daran ist, daß die Beziehung der Eltern zum Kind desto eher gefördert wird, je mehr es die Eltern verstehen, ihre eigene Beziehung in Ordnung und ihre Auffassungen in Einklang zu bringen. Im Grunde steht dabei die Rechtfertigung ihrer Scheidung auf dem Spiel. Vielleicht bildet dieser Konflikt den Hintergrund dafür, daß geschiedene Eltern im Verlaufe der Auseinandersetzungen nach einer Scheidung schließlich wieder heiraten. Sie suchen eine Konfliktlösung, die nicht unproblematisch scheint, weil es nicht selten zu einer zweiten Scheidung kommt. Die Verwirrung für die Kinder ist in jedem Fall groß, vor allem, wenn sie von den Eltern in die Entscheidungen mit hineingezogen werden, was fast unweigerlich geschieht.

Man stelle sich den Extremfall vor, der tatsächlich passiert ist, daß zwei Ehepaare, eins mit Kind, untereinander die Partner getauscht haben, heirateten und dann um das Kind kämpften. Die Lösung des Kindes in diesem Konflikt bestand darin, daß es abwechselnd bei dem einen und anderen Elternteil ausriß. Es handelte sich um ein Mädchen, das bevorzugt bei der Mutter blieb, als die Eltern, bevor sich die Verhältnisse beruhigten, zwischendurch einige Male wieder die alte Konstellation herstellten. Vermutlich hätte dem Mädchen eine Heim- oder Internatserziehung besser getan, eine Lösung, die früher bei einer Scheidung häufiger wenigstens für die Übergangszeit gewählt wurde. Über Einzelfälle hinausgehende Untersuchungen von Konstellationen der Partnerkonflikte nach einer Scheidung gibt es wohl noch nicht, obschon sie für die Eltern und die Beratungspraxis sehr wichtig wären.

Wenn die Eltern sich in Sorgerechtsfragen und bei der Regelung des Besuchsrechts nicht einigen können, sind die getroffenen Entscheidungen, wie sie auch aussehen, für alle Beteiligten konfliktträchtig. Angesichts der emotionalen Belastungen bei den Streitereien spricht im Interesse des Kindes einiges für eine feststehende Regelung wie die frühere, daß das Kind bei der Mutter bleibt, wenn die Eltern sich nicht anders einigen. Vielen Kindern und Eltern ist auch geholfen, wenn dem Kind bis zur Klärung der Situation eine »Aus-Zeit« bei Freunden oder Verwandten gewährt wird. Die Eltern und Berater können einvernehmliche Regelungen im Sorge- und Besuchsrecht und bei einer Internatserziehung als Prüfstein für die Bereitschaft und Fähigkeit der Eltern ansehen, ihre Partner- und Elternrolle dem Kind gegenüber in ausreichendem Maße auseinanderzuhalten.

Die Bedürftigkeit des Kindes aus einer Scheidungsehe nach Schutz ist sehr groß, und gleichzeitig die Fähigkeit der Eltern, diesen Schutz zu gewähren, meist sehr gering. Das kann viele Gründe haben, aber vermutlich spielt einer in alles hinein. Die Kinder werden in Familien mit Eltern groß, die gegen Belastungen nicht widerstandsfähig genug sind, in der Familie, die sie gegründet haben, einen Zusammenbruch zu vermeiden. Wahrscheinlich sind auch die Kinder dieser Eltern in vielen Fällen nicht sehr belastungsfähig, jedenfalls nicht in dem Maße, daß sie die Turbulenzen einer Scheidung ohne weiteres überstehen. Desto wichtiger ist es, daß Eltern, die sich scheiden lassen, mit ihren Kindern behutsam umgehen.

Der Ausgangspunkt sind dabei die Sichtweisen der Eltern von den Geschehnissen und von ihrem Kind. Bei geschiedenen Eltern, die etwas darüber sagen sollten, wie das Kind auf die Scheidung reagiert hat, schlugen die eigenen Auffassungen auf das bei den Kindern angenommene Erleben durch. Wenn sie im Grunde gegen die Scheidung waren, betonten sie die Schwierigkeiten des Kindes nach der Scheidung. Wenn sie die Scheidung eher betrieben hatten, spielten sie die Schwierigkeiten herunter (WALLERSTEIN, KELLY 1980). Die Hälfte der Eltern gab an, daß ihre Kinder auf die Scheidung nicht so heftig reagiert hätten, wie sie das vorher befürchtet hatten. Ein Viertel spielte die Gefühle und Veränderungen bei den Kindern so weit herunter, daß sie sich darüber wunderten, wenn man sie überhaupt mit der Scheidung in Zusammenhang brachte.

Man muß die Eltern verstehen, und die Eltern sollten versuchen, sich darin auch untereinander zu verstehen. Die Sichtweisen sind durch das Motiv mitbestimmt, zu einer Bewertung des eigenen Handelns zu kommen, die man vor sich vertreten kann, ohne die Selbstachtung zu verlieren. Wenn es durch die Scheidung offenkundig geworden ist, daß man in den Partnerbeziehungen gescheitert ist, möchte man wenigstens eine gute Mutter und ein guter Vater gewesen sein und weiter bleiben. Viele Eltern werden mit ihren Schuldgefühlen den Kindern gegenüber nur durch eine gewisse Verleugnung der Realitäten fertig.

In dieser Situation ist es für die Kinder, die ihrerseits von Schuldgefühlen geplagt werden, auch schwierig, diese den Eltern gegenüber zu artikulieren. Wir müssen in solchen Schuldgefühlen auch die Kinder verstehen. Sie können sich die Streitereien und Konflikte der Eltern oft nicht anders erklären, als daß sie und ihr Verhalten dabei eine Rolle spielen. So ganz abwegig ist es ja auch nicht, das Auseinanderbrechen der Familie mit einer Überbelastung in Zusammenhang zu bringen, an der auch Schwierigkeiten mit den Kindern beteiligt sind. Wenn die Kinder sich dazu äußern, was als gutes Zeichen gewertet werden kann, ist es gut, wenn ihre Gefühle bei der Erklärung der eigentlichen Verantwortlichkeiten von den Eltern oder den Beratern nicht einfach abgewiesen werden.

Zu angemessenen und zuträglichen Bewertungen zu kommen, mit denen die Eltern und damit auch das Kind leben können, gehört zu den Hauptproblemen der Beratung bei geschiedenen Elternteilen und deren Kindern. Die Zielsetzung ist unabhängig von der Konstellation, in der das Kind und die Eltern leben, als Familie mit alleinerziehendem Elternteil, Stiefelternfamilie oder bei einer Heim- oder Internatserziehung des Kindes, getrennt von den Eltern. Für viele Kinder ist es eine Katastrophe, auf den abwesenden Vater oder die abwesende Mutter angesprochen zu werden. Je positiver die rückblickende Erklärung des Kindes für eine Scheidung ausfällt, desto positiver können das Bild von den Eltern und sein eigenes Selbstwertgefühl sein. Wenn es den abwesenden Elternteil schätzen kann, fühlt sich das Kind durch den Vergleich mit diesem Elternteil gefördert, was besonders wichtig beim Elternteil des eigenen Geschlechts ist. Wenn das Bild negativ ist, fühlt das Kind sich abgewertet.

Die Eltern selbst dürften im Regelfall überfordert sein, dem Kind in überzeugender Weise ein positives Bild des geschiedenen früheren Partners zu vermitteln. Der alleinstehende Elternteil kann versuchen, dem Kind auf andere Weise einen Zugang zu einem angemessenen Verhalten als Mann oder Frau zu verschaffen. Das Kind erhält vielleicht Möglichkeiten, Freunde der Eltern zu beobachten, die am Kind interessiert sind und positive Modelle darstellen. Eine andere Lösungsmöglichkeit ist die Gründung einer Stiefelternfamilie, die allerdings wiederum – wie die Ergebnisse der Untersuchungen und die Lebenswirklichkeit ausweisen – bestimmte Belastungen mit sich bringt.

Wenn das Kind aus einer Scheidungsehe heranwächst, wird es Gelegenheit haben, zu eigenen Wertungen des anwesenden und abwesenden Elternteils zu kommen und sie schließlich in sein Erwachsenenverständnis einbauen. Sein Selbstkonzept ist desto unversehrter geblieben, je mehr es ihm gelingt, nicht in den Problemen der Eltern steckenzubleiben. Die Eltern können dazu beitragen, indem sie dem Kind dazu verhelfen, sich in gewisser Hinsicht an den Konflikten der Eltern vorbei zu eigener Selbständigkeit zu entwickeln. Dabei sollte der junge Mensch die Überzeugung gewinnen, daß er das Schicksal der Eltern nicht wiederholen muß, sondern sein Leben selbst verantwortlich gestalten kann.

Früher Zweitspracherwerb

Bei der stark angewachsenen Zahl von Ausländerkindern kommt es häufiger als früher vor, daß auch in unserer Bundesrepublik, wie das in vielen Ländern der Welt üblich ist, Kinder in einer zweisprachigen Umwelt heranwachsen. Dieses Lebensereignis kann auch für deutsche Kinder eintreten, wenn ihre Eltern auswandern oder sich vorübergehend im Ausland aufhalten. Das Aufwachsen unter der Bedingung der Zweisprachigkeit und die Aufgabe, sich schon früh eine zweite Sprache anzueignen, kann als Belastungssituation gelten, auf die wir wegen ihrer Aktualität eingehen.

Je nach der Wanderungsbewegung der Eltern und je nach der interkulturellen Lage entstehen verschiedene Situationen für das Kind. Wir haben im folgenden vor allem die Lage eines Ausländerkindes in der Bundesrepublik im Blick. Sicherlich macht das Alter beim Eintritt der Ereignisse etwas aus. Das Kind kann noch sehr jung oder schon älter sein oder in Deutschland geboren werden. Viel hängt davon ab, ob die Eltern zu Hause nur die frühere Landessprache sprechen, z. B. türkisch, oder nur deutsch, wenn auch gebrochen, wie in einer Aussiedlerfamilie aus Polen. Vielleicht kann die Mutter kein Deutsch, will es auch nicht lernen, oder ist selbst dabei, Deutsch zu lernen und übt dabei mit dem Kind. Man kann sich vorstellen, daß weitere Konstellationen z. B. durch das Sprachverhalten des Vaters und die Einwirkungen von Geschwistern entstehen.

Zu der »Entwicklungsaufgabe« des Kindes, eine zweite Sprache zu erwerben, entstehen Fragen, für deren Beantwortung die Entwicklungspsychologie zuständig ist. Solche Fragen, die zur Begründung bestimmter Entscheidungen herangezogen werden, lauten:

- Lernen Kinder eine zweite Sprache desto besser, je früher sie damit beginnen?
- Wird eventuell etwas versäumt, wenn man bestimmte Zeitpunkte verpaßt?
- Welche Wirkung hat das frühe Sprechen zweier Sprachen auf die kognitive, die geistige Entwicklung, eine eher schädliche, verwirrende oder eine eher förderliche?
- Ist bei der Zugehörigkeit zu zwei Sprachgemeinschaften eine Beeinträchtigung der Persönlichkeitsentwicklung – etwa der Ich-Identität des Kindes – zu erwarten?
- Was ist für ein mehr systematisches Lernen zu beachten, wenn bei Kindern, die in einer für sie zweisprachigen Gesellschaft heranwachsen, die Muttersprache erhalten werden soll?

Diese Fragen interessieren für die Gestaltung der Familienerziehung, können aber auch bei politischen Entscheidungen wichtig werden, wenn es um Bildungsmöglichkeiten wie die Einrichtung von Kindergärten und Schulen für ausländische

Kinder oder in Einbürgerungsfragen um die Fähigkeiten in der deutschen Sprache geht. Die Untersuchungen über zweisprachig heranwachsende Kinder, auf die wir uns hier beziehen, sind meistens in Ländern entstanden, in denen es, wie z. B. in Kanada, zwei Landessprachen und infolgedessen einen »Sprachenstreit« gibt. In vielen Ländern der Welt fragt man sich, was zu tun ist, wenn Kinder, wie in Mexiko oder Südtirol, eine Muttersprache sprechen, die nicht die Landessprache ist. Ohne die politische Brisanz dieser Fragen wäre die Forschung auf diesem Gebiet sicherlich nicht in gleichem Maße in Gang gekommen, wie das tatsächlich der Fall ist.

Aus der jeweiligen Situation in einem Land oder in einer Familie ergeben sich bestimmte Ziele, auf die wir bei der Erörterung achten müssen. Vor allem ist zu entscheiden, ob das Kind schließlich einsprachig oder mehrsprachig sein soll. Unsere Überlegungen sind schwerpunktmäßig auf den Fall ausgerichtet, daß ein Ausländerkind zunächst seine Muttersprache spricht und dann deutsch lernen soll. In unseren entwicklungspsychologischen Überlegungen geht es auch mehr um den »Erwerb« und weniger um das »Erlernen« der zweiten Sprache. Mit Erwerb ist eine mehr informelle Aneignung und nicht das formelle Lernen mit Methoden eines Unterrichts in einer »Fremdsprache« gemeint. Allerdings interessieren uns einige Folgerungen für das formelle Lernen in Kindergärten und im Leseunterricht. Die Fragen werden demnach aus der Grundposition eines Ausländerkindes in unserer Bundesrepublik diskutiert, für das die deutsche Sprache die Zweitsprache und die Verhältnisse mit der Muttersprache in der Familie und der deutschen Sprache draußen eine zweisprachige Gemeinschaft darstellen.

Zur Begründung der entwicklungspsychologischen Argumente ziehen wir einzelne Arbeiten und zur Gesamtorientierung zusammenfassende Darstellungen heran (WIECZERKOWSKI 1965, 1971, SCHÖNPFLUG 1977, EGGER 1977, SWIFT 1982, HARTFORD, VALDMAN, FOSTER 1982, TAESCHNER 1983, McLAUGHLIN 1977, 1978, 1984). Wir gehen auf Fragen zu den vermuteten Wirkungen des Zweitspracherwerbs ein, einen angenommenen »rechten« Zeitpunkt, auf Gefährdungsmöglichkeiten und Hilfen für schwerer lernende Kinder im Kindergartenalter und für das Lesenlernen (vgl. SCHMALOHR 1982b). Dabei soll zunächst einmal nicht in Frage stehen, daß das Erlernen einer zweiten Sprache auch schon für jüngere Kinder wünschenswert sein kann und einen Bildungswert in sich hat. Die Befürchtungen gehen in die Richtung, daß das Risiko der dabei entstehenden Belastungen zu groß wird.

Schädlich oder förderlich?

Es gibt in der Literatur gegensätzliche Positionen, in denen einerseits von schädlichen und andererseits von förderlichen Wirkungen auf die seelische Entwicklung die Rede ist, wenn ein Kind schon früh eine zweite Sprache lernt (WIECZERKOWSKI 1965, 1971, McLAUGHLIN 1977, 1978, 1984). Eine Bewertung dieser Positionen führt uns zu einer Beurteilung, die in unserer Hauptthese wie folgt formuliert ist: Beim frühen Erwerb einer zweiten Sprache sind außer den Mühen, sich diese Sprache anzueignen, nicht ohne weiteres schädliche, aber auch keine förderlichen Nebenwirkungen auf eine gesunde seelische Entwicklung zu erwarten.

Die Position, die von den größten Gefährdungsmöglichkeiten ausgeht, lautet: zweisprachig aufwachsende Kinder zeigen auf längere Sicht eine verzögerte Sprachentwicklung, z. B. geringen Wortschatz, manchmal in beiden Sprachen. Sie leiden unter einer kognitiven Verwirrung, die sich nachteilig auf die spätere geistige Entwicklung auswirkt, wobei sogar an geistige Erkrankungen wie Schizophrenie gedacht worden ist. So ähnlich könnte man das Wissen der Entwicklungspsychologie zur frühen Zweisprachigkeit bis in die 70er Jahre hinein zusammenfassen (z. B. McCARTHY 1954). Es erhielt den Status von Alltagswissen, das dann jedoch in der Folgezeit von der Wissenschaft angezweifelt wurde.

Eine andere Überzeugung ist gegen Ende der 70er Jahre zu finden: Zweisprachigkeit kommt im allgemeinen den kindlichen Bedürfnissen entgegen und ist früh erreichbar (BERGMAN 1977). Sie bringt keine besonderen Anstrengungen mit sich und kann für die kognitive Entwicklung sogar vorteilhaft sein (REYNOLDS, FLAGG 1977, ELKIND, WEINER 1978). Die günstigen Wirkungen schlagen sich z. B. in größerer Kreativität, insbesondere Flexibilität des Denkens, und offenerem Sozialverhalten nieder (HOLTZMAN 1980).

Über solche gegensätzlichen Wirkungen des frühen Zweitspracherwerbs wurde in der Entwicklungspsychologie von Anfang an spekuliert. WILLIAM STERN – der 1907 mit seiner Frau CLARA eine grundlegende Untersuchung zur Kindersprache vorgelegt hat – ging beim zweisprachigen Aufwachsen von Kindern einerseits von gegenseitigen Störungen zwischen den beiden Sprachen, andererseits von einer wechselseitigen Förderung im Denken, der Begriffsbildung und im Sprachverständnis aus (STERN 1919).

Wenn wir in der ersten These den verschiedenen Aussagen widersprechen und sie gewissermaßen zum Ausgleich bringen, müssen wir dazu eine Erklärung für die gegensätzlichen Tendenzen in den Untersuchungen finden, die unsere Beurteilung rechtfertigt.

Bewertung

Zur Erklärung der gegensätzlichen Ergebnisse stützen wir uns zunächst einmal auf die Anwendung unseres ersten Bewertungskriteriums: Gesichertheit des Wissens. In manchen Arbeiten sind die Meßinstrumente für die Feststellung der behaupteten Wirkungen zu kritisieren. Oft ist nicht abgesichert, ob Zweisprachigkeit überhaupt vorliegt und ob die Ergebnisse tatsächlich auf die Zweisprachigkeit bei den Kindern zurückgeführt werden können und nicht auf anderen unkontrollierten Faktoren beruhen. Es ist auch zu verlangen, die Qualität der von den Eltern der Kinder gesprochenen Sprache als Wirkfaktor zu berücksichtigen, was nicht immer geschehen ist. Zu diesen Mängeln (vgl. McLAUGHLIN 1977, 1978) kommt bei der Anwendung auf die Praxis hinzu, daß die Frage nach der Übereinstimmung zwischen einer Untersuchung unter bestimmten Bedingungen und der anstehenden praktischen Frage in einem bestimmten kulturellen Kontext kaum einmal überprüft worden ist – was die praktische Brauchbarkeit einschränkt.

So wird verständlich, daß die Ergebnisse und ihre Anwendung sehr unterschiedlich, ja gegensätzlich ausfallen. Noch nicht geklärt ist damit jedoch, daß sich in der Zeit vor und nach 1970 so gegensätzliche Aussagen ergeben. Das läßt sich auf den Bewertungsfaktor »Zeitgeist« zurückführen, der sich auch hier in der Interessenlage der Forschung niederschlägt. In den USA wurden vor 1970 Ergebnisse favorisiert, mit denen man die Politik rechtfertigen konnte, die Herkunftssprache der Einwanderer zu vernachlässigen und die Kinder schnell in die englische Sprache einzuführen. Schäden bei Zweisprachigkeit dienten als Argument, die Herkunftssprache zu unterdrücken und englische Einsprachigkeit zu fördern. Durch den Bilingual Education Act von 1967 wurde dann aus Gründen der Humanität die Förderung der Muttersprache und der Herkunftskultur bei den Kindern der Einwanderer anerkannt. Man hatte vorher feststellen müssen, daß diese Menschen ihre ursprüngliche Kultur und Sprache, z. B. das Spanische, ohnehin beibehielten (LAMBERT, TUKKER 1972). Die Untersuchungen richtete man nun stärker auf Möglichkeiten einer Bereicherung durch eine zweite Sprache – hier das Englische – neben der Muttersprache aus.

Aber man muß nicht unbedingt – wie das in der Situation der USA der Fall war – anstreben, bei Einwandererkindern die Zweitsprache zu ihrer Erstsprache zu machen. Andere Ziele, etwa die gleichrangige Beherrschung einer Mutter- und einer Zweitsprache oder die Beibehaltung der Muttersprache – und der ihr entsprechenden Kultur – neben einer anderen (z. B. Staats-) Sprache können andere Interessenlagen für die Forschung, die Kulturpolitik und die Erziehung entstehen lassen.

Unsere These entspricht unter diesen Gesichtspunkten einer vorsichtigen Bewertung der Forschungslage. Man hat mit Recht von verschiedenen »Mythen« über die Zweisprachigkeit gesprochen (McLAUGHLIN 1977), in denen Hoffnungen und Befürchtungen durch das Alltagswissen und die Entwicklungspsychologie wechselseitig gefördert wurden. Gegen solche Mythen spricht die begründete Annahme, daß Kinder im frühen Alter eine zweite Sprache mit Hilfe der gleichen Strategien und Prozesse aneignen wie die erste. Und was die Wirkung angeht, lautet die »sparsamste« Aussage: wenn ein Kind eine zweite Sprache lernt, lernt es eine zweite Sprache und sonst zunächst einmal nichts anderes. Annahmen über zusätzliche Wirkungen sind wenig überzeugend, weil bei einer gezielten kognitiven Förderung mit sehr spezifischen Ergebnissen und einem geringen Übertragungseffekt zu rechnen ist (SCHMALOHR 1970). Das bestätigen auch die Fehlschläge der Vorschulerziehung in den 70er Jahren (SCHMALOHR 1978 a, b), wobei man z. B. eine Steigerung der Intelligenz durch frühes Lesenlernen erwartet hatte (SCHMALOHR 1973). Jedenfalls fehlen bis heute tragfähige Theorien, die eine allgemeine Förderung oder Schädigung der kognitiven Entwicklung durch frühen Erwerb oder frühes Erlernen einer zweiten Sprache wahrscheinlich machen.

Wer durchaus von verwirrenden oder anregenden Wirkungen sprechen will, sollte das eher im Hinblick auf kurzfristige Lernprozesse anläßlich bestimmter Aufgaben (vgl. BEN-ZEEV 1977), nicht aber im Hinblick auf längerfristige Veränderungen in der Entwicklung der Kinder tun. Im Zusammenhang mit dem Lernen ist z. B. daran zu denken, daß ehrgeizige Eltern, die ihre Kinder in der Vorschulzeit nicht zwanglos lernen lassen, sondern zum Sprachenlernen antreiben, durch Überforderung Lernschwierigkeiten hervorrufen können, die bis ins Schulalter fortdauern. Dagegen schützt, das Maß des Lernens durch die Kinder selbst mitbestimmen zu lassen, damit sie sich das holen können, was sie brauchen.

In der gegenwärtigen Forschung ist es schwer, einer positiven Bewertung der Entwicklungswirkung von Zweisprachigkeit zu widerstehen, obschon sie – wie wir gesehen haben – ebensowenig angemessen ist wie eine negative. Das ist für denjenigen belangvoll, der daran interessiert ist, seine Muttersprache und die damit zusammenhängende Kultur zu erhalten.

Speichertheorien

Die Befürworter einer positiven Bewertung der Zweisprachigkeit nehmen manchmal gegen die Betonung der Muttersprache Stellung und haben die Zielvorstellung, daß beim Zweisprachigen die beiden Sprachen gleichrangige Bedeutung gewinnen. Sie beziehen sich dabei nicht selten auf eine Zweispeichertheorie zum Verständnis der Zweisprachigkeit. Diese Theorie haben wir oft auch in unserem Alltagswissen im Kopf, ohne uns darüber im klaren zu sein. Weil sie zu falschen Schlußfolgerungen verleiten kann, gehen wir auf diese Theorie in unserer zweiten These ein. Sie lautet: Eine Bereicherung durch Zweisprachigkeit und durch deren Erwerb wird manchmal mit einer Zweispeichertheorie begründet, eine Einspeichertheorie hat jedoch größeren Erklärungswert.

Zur Erläuterung gehen wir von folgender Beobachtung aus: von zweisprachigen Personen kann man hören, daß sie verschieden denken, je nachdem welche Sprache sie sprechen. Sie nehmen an, daß sie zwei Wissensquellen haben, für jede Sprache eine. Dem entspricht eine kognitive Theorie zum Verständnis der Zweisprachigkeit, die Zweispeichertheorie. Mit ihrer Hilfe hat man z. B. zu begründen versucht, warum Zweisprachige kreativer sein sollen. Man stellte sich vor, die zwei verschiedenen sprachlichen Perspektiven könnten zu einer Anreicherung der geistigen Erfahrungen und zu einem flexibleren Lernsystem führen (CUMMINS 1976, HOLTZMAN 1980).

Diese scheinbar plausiblen Vorstellungen haben zu Folgerungen für die Entwicklung geführt. Um in der Zweisprachigkeit ein möglichst günstiges Endergebnis zu erreichen, wird gefordert, die zweite Sprache schon früh anzueignen, wenn es geht, nach Art der Muttersprache. Ein früher Einsatz der beiden »Sprachbrillen« soll zu einer differenzierteren Betrachtung der Welt und einer Bereicherung des geistigen Lebens führen. Ohne diesen zusätzlichen Erwerb eines zweiten Sprachspeichers würden wichtige Entwicklungschancen verpaßt. Als optimales Ergebnis wird eine gleichrangige Ausbildung zweier Sprachen angesehen – die sogenannte ausbalancierte Zweisprachigkeit.

Aus entwicklungspsychologischer Sicht ist zur Kritik zunächst einmal anzumerken, daß man hier zu sehr vom Endzustand der Entwicklung her denkt und sich von der Ausgangslage falsche Vorstellungen macht. Ganz im Anfang der Entwicklung steht ohne Zweifel der Dialog des Kindes mit seiner Mutter – oder einem Sozialpartner –, die eine einzige Sprache sprechen. Der Erwerb dieser Sprache ist eine komplizierte, langsame und mühevolle Angelegenheit. Es wird dabei auch ein System von Bedeutungen aufgebaut. Die Aneignung einer zweiten Sprache kann man sich nach einer Speichertheorie dann durchaus auch so vorstellen, daß zwar zwei Sprachspeicher aufgebaut werden, es aber bei einem einzigen zentralen Bedeutungsspeicher bleibt, dem semantischen Gedächtnis. Gemessen an der Zahl der Bedeutungsspeicher hätten wir die Zweispeichertheorie in eine Einspeichertheorie der Sprachentwicklung umgewandelt, in deren Rahmen die Aneignung verschiedener Sprachen möglich ist.

Einfluß auf die Muttersprache

Die Zweispeichertheorie der Zweisprachigkeit wurde neuerdings durch die Einspeichertheorie abgelöst (KOLERS 1963, GENESEE 1977, McCORMACK 1977, McLAUGHLIN 1978, NIKITOPOULOS 1979, SKOTKO 1979). Dieser Ansatz kann die überwiegende Mehrzahl der vorliegenden Untersuchungsergebnisse am besten erklären. Wir nehmen heute eher an, daß ein zweisprachiger Sprecher nicht notwendig in zwei Sprachsystemen denkt und daß die Erstsprache, die Muttersprache, für den Aufbau des Bedeutungssystems grundlegend bleibt, auch wenn eine zweite oder weitere Sprache dazu gelernt werden. Das spricht nicht gegen die Möglichkeit, daß die Zweitsprache im Laufe der Lerngeschichte eines Menschen zur Erstsprache im Sinne der bevorzugten Sprache werden kann.

Diese Vorstellungen sind auch mit der erwähnten Aussage vereinbar, die zum Ansatz von zwei Speichern verleitet hat. Die zwei verschiedenen Denkweisen in zwei Sprachen schließen nicht aus, daß es einen zentralen Bedeutungsspeicher gibt. Das geht deutlicher aus den Antworten von ausbalancierten Zweisprachlern hervor, die man fragt, in welcher Sprache sie denn nun eigentlich denken. Oft können sie es gar nicht sagen. Sie wissen etwas Bestimmtes, was sie sagen möchten, aber sie können die Information nicht ausdrücken. Besonders bei intensiver Gedankenarbeit kann die Auskunft kommen, daß man in gar keiner Sprache gedacht hat und sich bei der Mitteilung regelrecht entscheiden muß, in welcher Sprache man sich ausdrücken will. In solchen Fällen liegt eine Art von Spracherwerb vor, die man echte Zweisprachigkeit genannt hat. Solche Belege für die Einspeichertheorie für Bedeutungen bewahren uns vor den genannten falschen Schlußfolgerungen, Zweisprachigkeit müsse zu besonderen geistigen Fähigkeiten führen, vor allem wenn sie früh gefördert wird.

Identitätsprobleme

Eine Beeinträchtigung der Muttersprache wird vor allem dann befürchtet, wenn sie in einer Sprachgemeinschaft bewahrt werden soll, in der eine zweite Sprache – z. B. als

Staatsprache mit anderer kultureller Herkunft – dominiert. In diesem Zusammenhang werden Fragen nach der Identität der Persönlichkeit in einer Gesellschaft mit zwei Kulturen am gleichen Ort aufgeworfen. Dazu wird hier die dritte These vertreten: Ob das Zweitsprachlernen in persönliche Konflikte, z. B. Identitätsprobleme, führt, hängt weniger vom Spracherwerb als solchem, sondern vielmehr vom gesellschaftlichen Kontext der beteiligten Kulturen ab.

Es gibt das subjektive Empfinden, daß jemand seine Persönlichkeit ändert, wenn er von einer Sprache in die andere wechselt. So stellt man sich vor, daß der Zweisprachige als Folge der Sprachverwendung schließlich zwei Persönlichkeiten entwickelt. Damit sind die Sichtweisen und Wertungen angesprochen, die in der Kultur durch die bestimmte Sprache nahegelegt werden (GENESEE 1979, NATALICIO 1979, NIKITOPOULOS 1979). Der Anteil von Kultur und Gesellschaft am Aufbau der Persönlichkeit ist gemeint. In diesem Bereich werden Spannungen erwartet,wenn in den Wertungen der beiden Kulturen Diskrepanzen auftreten. Besonders ist das in der Minoritätensituation der Fall, wenn die Menschen in dem Gefühl einer Unterdrückung ihrer Kultur leben, die sich am deutlichsten in der Diskriminierung ihrer Sprache zeigt.

Um diese Schwierigkeiten zu verstehen, muß man sich klarmachen, daß es hier nicht mehr um Wirkungen der Sprachverwendung auf die Entwicklung im engeren Sinne geht, die uns bisher beschäftigt haben. Vielmehr sind darüber hinausgehende kulturelle Wertungen angesprochen, die Angehörige einer ethnischen Sprachgruppe durch die einer anderen erfahren (LAMBERT-TUCKER 1972, LAMBERT 1977, TUCKER-LAMBERT 1973). Für den Aufbau eines gesunden Selbstkonzepts kommt es auf das Ansehen an, das jemand bei der einen oder anderen Sprachgruppe hat, wenn er seine Erst- oder seine Zweitsprache verwendet. Solange er mit Anerkennung und Respekt rechnen kann, ist alles in Ordnung. Umgekehrt erleidet das Selbstkonzept Einbußen und kann sozial geschädigt werden, wenn diese Anerkennung und der Respekt ausbleiben.

Wir sind bisher auf den frühen Zweitspracherwerb eingegangen, ohne jedoch die Frage zu erörtern, ob man dazu Altersangaben machen kann und – wenn ja – welche. Dazu wird hier die vierte These vertreten, die im folgenden näher begründet wird: Es gibt keine entwicklungsmäßig festliegenden »günstigen« Zeiten für den Zweitspracherwerb, wonach etwa jüngere Kinder die Sprache leichter aneignen als ältere.

Die Beantwortung der Frage nach dem rechten Zeitpunkt war lange durch die These von den kritischen Perioden bestimmt, die dem Werk LENNEBERGS (1967) über die biologischen Grundlagen des Spracherwerbs zugrunde liegt (vgl. auch WIECZERKOWSKI 1971). Wie für die Sprachaneignung hat man auch für den Zweitspracherwerb – wie für andere Entwicklungsereignisse – biologisch festgelegte kritische Zeitpunkte im Lebenslauf angenommen. Für das Auftreten des Lallens beim Kind z. B., von dem es heißt, das es den Lautbestand aller Sprachen der Welt bereitstellt, können wir genaue Zeitangaben machen. Wir wissen auch, daß taube Kinder diesen Lautbestand bald verlieren, wenn er von außen nicht weiter ausgebildet wird. Ähnlich könnte man nach den Gesetzlichkeiten des Prägungskonzepts annehmen, daß es solche günstigen Zeiten, die nicht verpaßt werden dürfen, auch für den Erwerb der zweiten Sprache gibt. Viele gehen von der Annahme aus: je früher, desto besser. Dieses Konzept entspricht den Erwartungen, die unsere Bemühungen um die Vorschulerziehung bewegten, daß das Endergebnis desto besser ausfällt, je früher die Kinder mit dem Lernen beginnen. In diesem Zusammenhang werden Berichte über 2- bis 5jährige Kinder genannt, die in zweisprachigen Familien aufwuchsen und früh besonders gut gelernt haben. Die Erfolge werden darauf zurückgeführt, daß die frühe Plastizität des Nervensystems für den Zweitspracherwerb genutzt worden ist.

Für keine dieser Annahmen gibt es hinreichende Beweise. Die Prägungstheorie des Spracherwerbs wird immer stärker angezweifelt (McLAUGHLIN 1978). Bei den Belegen, wonach man mit der zweiten Sprache schon im Alter von 2 bis 5 Jahren beginnen kann, handelt es sich vorwiegend um Dissertationen interessierter Sprachwissenschaftler (BERGMAN 1977). Dabei ergaben sich in der Tat vielgestaltige sprachliche Ausdrucksweisen der Kinder, in denen zwei Sprachen verarbeitet werden. Die Kinder können größere kognitive Kapazitäten haben, mit zwei Sprachen umzugehen, als wir sie ihnen im allgemeinen zutrauen. Wir dürfen aber nicht übersehen, daß es sich hier meist um Erfolge von Bemühungen zweisprachiger Eltern bei ihren eigenen Kindern handelt. Wegen der ungewöhnlich günstigen Bedingungen für das Lernen und der wahrscheinlich entsprechend hohen Sprachbegabung der Kinder können diese Ergebnisse jedoch nicht verallgemeinert werden (BERGMAN 1977). Diese Bewertung ergibt sich aus der Anwendung der Bewertungskriterien »Gültigkeit« und »praktische Brauchbarkeit«.

Wir haben unter Berücksichtigung aller Argumente und nach der Durchsicht vieler Arbeiten gute Gründe für die in unserer These formulierte Annahme. Der Satz, daß Kinder sich eine zweite Sprache desto besser aneignen, je jünger sie sind, kann nicht aufrechterhalten werden. Er beruht meistens auf einem unzulänglichen Vergleich der in verschiedenen Altersstufen in Frage stehenden sprachlichen Kompetenzen. Versuche, einen frühen Beginn durch Hinweise auf eine günstige Prägungsperiode zu rechtfertigen, sind als wenig stichhaltig anzusehen (vgl. WIECZERKOWSKI 1971).

Auch für den Fall, daß wir uns nicht nur für die Aneignung einer Sprache im kulturellen Kontext, sondern speziell für das mehr absichtliche und gezielte Erlernen einer Sprache mit regelrechtem Unterricht interessieren, läßt sich diese Position aufrechterhalten. Ohne daß wir an dieser Stelle auf die Begründungen näher eingehen können, läßt sich im einzelnen belegen (z. B. McLAUGHLIN 1977, 1978):

- ältere Kinder lernen unter sonst gleichen Bedingungen eine zweite Sprache eher besser als jüngere, wenn man vergleichbare Kriterien für die Lernergebnisse in der erreichten Sprachkompetenz zugrundelegt;
- es bleibt zu beweisen, daß Kinder unter entsprechend gleichen Lernbedingungen – z. B. in der aufgewendeten Lernzeit – eine zweite Sprache schneller und besser als Jugendliche und Erwachsene lernen;
- eine Ausnahme bildet wahrscheinlich der phonologische Erwerb, die Aussprache, weil der muttersprachliche Akzent in der Kinderzeit bis zu 10 Jahren grundgelegt wird (FATHMAN 1975, NATALICIO 1979);

- wenn man den kulturellen Kontext – einer etwaigen zweisprachigen Gesellschaft – einmal außer acht läßt, kann man als entwicklungsmäßig angemessene Zeit für den Beginn eines formellen Zweitsprachunterrichts unter schulischen Bedingungen das 5. – und kein früheres – Schuljahr ansehen (u. a. McLAUGHLIN 1978);
- das soll nicht heißen, daß ein früherer Beginn schädlich ist, er ist wahrscheinlich nur nicht wesentlich nützlicher;
- was die Motivation angeht, können wir für das Erlernen einer zweiten Sprache vor dem 6. und nach dem 10. Lebensjahr von einer größeren Bereitschaft der Kinder ausgehen (FATHMAN 1975, ENGLE 1975) – wobei vor dem 6. Lebensjahr an einen mehr zwanglosen, unsystematischen Zweitspracherwerb etwa in einer zweisprachigen Familie zu denken ist.

Ziele des Lernens

Wie schon die Aussage zum Erlernen der Phonologie zeigt, spielen bei der Frage nach dem rechten Zeitpunkt die Ziele des Lernens eine wichtige Rolle. Unter dem Zielgesichtspunkt sind dann besonders auch alle Maßnahmen für die öffentliche Erziehung und den Unterricht zu betrachten. Die kulturellen und politischen Zielsetzungen in der jeweiligen Gesellschaft liefern hier die Vorgaben, in welcher Hinsicht das Erlernen einer zweiten Sprache erziehlich erwünscht ist und wann es in den öffentlichen Erziehungsinstitutionen beginnen soll.

Angenommen, ein Kind würde aus der Türkei im Alter von 7 Jahren einwandern und es würde als Ziel angesehen, daß es sich in der deutschen Schule am Ende der Grundschulzeit mit seinen Altersgenossen in der deutschen Sprache zwanglos verständigen kann. Bei dieser Zielsetzung wird man sich sicherlich nicht allein auf den außerschulischen Zweitspracherwerb verlassen, ohne in den ersten Schuljahren einen Unterricht in der betreffenden Zweitsprache zu veranstalten. Vielmehr wird man in diesem Fall damit spätestens dann beginnen, wenn das Lesenlernen in der türkischen Sprache abgeschlossen ist. Dabei dürfte auch die erwähnte ungünstige Motivationslage bei den 6- bis 10jährigen kein Hindernis sein, den Deutschunterricht in diese Zeit zu legen. Die Schüler müßten in diesem Alter für das Zweitsprachlernen besonders interessiert werden. Dazu wäre es zweckmäßig, z. B. den Anschluß an die im außerschulischen Lernen angeeigneten Fähigkeiten in der deutschen Sprache zu suchen.

Wenn man sich über bestimmte Ziele einig geworden ist, fragt man für den Lernbeginn – besser als nach bestimmten Zeitpunkten – nach den unteren und oberen Grenzen eines entwicklungsmäßig angemessenen Zeitraums in zwei Richtungen:

- wann kann man früh beginnen, ohne daß schädliche Wirkungen einer Verfrühung zu befürchten sind;
- wann muß man spätestens beginnen, um das Ziel ohne Überforderung durch Zeitnot zu erreichen?

In beiden Fällen ergibt sich dann weiter die Frage nach entwicklungsangemessenen Wegen für die Zielerreichung. Bei deren Beantwortung kommen dann lern- und instruktionspsychologische Gesichtspunkte ins Spiel. Je nach Zielsetzung ergeben sich wahrscheinlich verschiedene Möglichkeiten, Maßnahmen zur Zielerreichung zu diskutieren. Kinder werden eine zweite Sprache früh lernen können, vor allem wenn sie gut begabt sind und sie es in einer zweisprachigen Familie zwanglos gleichsam unter der Bedingung zweier Muttersprachen tun. Das könnte zu der Überlegung führen, das Zweitsprachlernen unter institutionellen Bedingungen in die Kindergartenerziehung in einer Art formeller Unterweisung einzuführen. Die Frage ist, ob man das tun soll, und wenn ja, unter welcher Zielsetzung.

Ein pädagogisch begründetes Ziel könnte es in diesem Fall sein, besonders schwer lernenden Kindern beim Zweitspracherwerb zu helfen. Bei besser lernenden nehmen wir eher an, daß sie von sich aus genügend Anregungen aufgreifen und später schon zurechtkommen. Bei den schwerer lernenden möchten wir etwaige vorherige Rückstände aus der Familienerziehung ausgleichen und durch einen frühen Start einen Vorsprung erzielen, der im späteren schulischen Lernen beibehalten wird. Zu dieser Frage soll hier die folgende fünfte These vertreten werden: Das Angebot der zweiten Sprache im Kindergarten ist wenig erfolgversprechend, wenn man schwerer lernenden – auch sozial benachteiligten – Kindern damit einen bleibenden Vorsprung für die Schulzeit verschaffen will.

Der internationale Vergleich von Vorschulprogrammen zeigt, daß die Erwartung trügt, man könnte durch einen frühen Start das spätere Lernen erleichtern (SCHMALOHR 1978a, b). Wir müssen bis auf weiteres von der Vorstellung ausgehen, daß schwer lernende Kinder zwar zum Ausgleich von Rückständen kommen, aber keinen dauerhaften Vorsprung erlangen können. Ihrer Lernkapazität sind offenbar enge Grenzen gesetzt, die keinen weiteren Fortschritt erlauben, wenn sie einmal ausgeschöpft ist. Man kann genau so gut etwas später in der Schulzeit beginnen und kommt dann nicht zu schlechteren Ergebnissen. Das gilt auch für durchschnittlich und gut lernende Kinder. Vorher nicht besonders geförderte Kinder ziehen in der Schulzeit schnell nach. Der spätere Beginn verhindert nicht die Erreichung des gleichen Ziels. Damit soll nicht bestritten werden, daß es einzelne gut begabte Kinder gibt, die schon früh erfolgreich lernen, aber auch sie könnten die guten Ergebnisse wahrscheinlich genau so gut auch später erreichen – wie sich z. B. in Frühleseversuchen gezeigt hat (SCHMALOHR 1973).

Letztlich ist hier die Frage zu entscheiden, welche Ziele die Kindergartenerziehung haben soll und welche Funktion ihr im Hinblick auf das Schullernen zugeschrieben wird. Gehen wir einmal von der Zielsetzung aus, die Muttersprache und die ihr entsprechende Kultur zu erhalten und zu festigen, und von der Entscheidung, mit dem formellen Zweitsprachunterricht im zweiten und dritten Grundschuljahr zu beginnen. Dann dürfte es schwerfallen, aus der Entwicklungspsychologie Notwendigkeiten abzuleiten, die es zwingend geboten erscheinen lassen, den Beginn eines Zweitsprachunterrichts in die Kindergartenzeit vorzuverlegen, weil etwa sonst ein günstiger Zeitpunkt verpaßt würde.

Lesenlernen

Ohne den Kindergarten auf dieses Ziel verpflichten zu wollen, könnte die Frage gestellt werden, ob man beim Lesenlernen mit der Zweitsprache des Kindes anfangen soll. Diese Frage wird auf jeden Fall für das Schullernen wichtig. Eine Übersicht über den Forschungsstand veranlaßt folgende sechste These: Das Lesenlernen sollte in der Muttersprache stattfinden, in der Zweitsprache kommt es allenfalls bei hinreichenden Sprachfähigkeiten in einem getrennten Lehrgang in Frage.

Es hat in Kanada Versuche gegeben, durch ein sorgfältig geplantes und durchgeführtes Programm die Voraussetzungen zu schaffen, daß Kinder in den ersten Schuljahren in der Zweitsprache lesen lernten und diese Fähigkeit anschließend auf die Muttersprache übertrugen (TUCKER-LAMBERT u. a. 1973, NATALICIO 1979). Die Hauptvoraussetzungen waren, daß die Kinder bereits vor der Schulzeit zu Hause die Zweitsprache gut gelernt hatten und die Eltern den Kindern zusätzlich zu Hause freiwillig das Lesen in der Muttersprache beibrachten. Versuche, diese kanadischen Erfahrungen auf die amerikanische Situation zu übertragen, sind gescheitert, was die Besonderheit der Bedingungen des Experiments unterstreicht.

Es scheint demnach vernünftig zu sein – und wird durch Untersuchungen belegt –, an dem Grundsatz festzuhalten, daß unter normalen Bedingungen das Lesen im Schulalter am besten in der Muttersprache und nicht der Zweitsprache beigebracht wird (SKOTKO 1970, HOLTZMAN 1980). Es ist davor zu warnen, das Lesen in einer Sprache zu lehren, die nicht genügend beherrscht wird. Um diese Voraussetzung zu gewährleisten, muß ein Mindestmaß an Sprachbeherrschung erreicht und durch Prüfung abgesichert werden, bevor ein Kind mit dem Lesenlernen in der Zweitsprache beginnt. Unsere These läßt sich noch durch folgende Aussagen präzisieren:

- geringe Sprachfähigkeiten in der Zweitsprache sind kaum durch einen Unterricht aufzubessern, in dem diese Sprache hauptsächlich lesen gelehrt wird;
- soll das Lesen parallel in zwei Sprachen gelehrt werden – ein Verfahren, das aus lernpsychologischen Gründen wenig zweckmäßig erscheint –, so sollten vorher die Voraussetzungen der Kinder in den beiden Sprachen daraufhin überprüft werden, ob sie für den geplanten Lehrgang ausreichen;
- im Schullernen des Grundschulbereichs ist ein Zweitsprachunterricht angezeigt, der im besonderen Maße in »direkter« Methode und möglichst kulturnah gestaltet wird (VAN DERVOORT 1980);
- Kinder können in der zweiten Sprache – auch der zugehö-

rigen Schriftsprache – nur so gut lernen, wie sie diese Sprache beherrschen.

Mit diesen Ausführungen zum Anfangslernen in der Schule wird der Bereich der frühen Zweitsprachaneignung verlassen, wenn wir damit ein Lernen vor dem Schuleintritt meinen. Wir stehen unvermittelt vor Fragen der Lernpsychologie und des Zweitsprachunterrichts in der Schule, die wir hier nicht mehr behandeln.

Entwicklungsberatung

Unsere erste Frage lautet auch in diesem Zusammenhang, wie man Gefährdungen kleiner Kinder vermeiden kann. Zur Vorbeugung von seelischen Schäden beim Zweitspracherwerb wird folgende siebte These vertreten: Die Gefährdung der gesunden Entwicklung in einer zweisprachigen Gemeinschaft nimmt bei den 2- bis 6jährigen Kindern zu, je geringer ihre Zweitsprachfähigkeiten sind und je stärker sie außerhalb der Familie im Umgang mit Altersgenossen auf die zweite Sprache angewiesen sind.

Kleine Kinder sind Plappermäuler. Wenn sie sprechen gelernt haben, tun sie es unentwegt, abgesehen von den wenigen Stillen im Lande. Die Sprache ist der Königsweg zur Eroberung der geistigen und sozialen Welt und vermittelt im Dialog die emotionalen Beziehungen in ihrem Leben. Wieviel die Kinder sprechen, hängt von vielen Faktoren ab, unter anderem auch von der Einsprachigkeit oder Zweisprachigkeit der Umwelt. Man hat Kinder mit verschieden sprechenden Elternteilen beobachtet, deren Erstsprache gewöhnlich die Sprache der Mutter ist. Die Kinder aus zweisprachigen Familien sprechen zu Hause gleich viel wie Kinder aus einsprachigen (HURLOCK 1980). Ihr Sprechen ist aber gewöhnlich eingeschränkt, wenn sie es mit Altersgenossen oder Erwachsenen außerhalb der Familie zu tun haben, die nur die Zweitsprache sprechen. Sie haben Schwierigkeiten, sich den anderen verständlich zu machen, und verstehen nicht, was diese ihnen sagen möchten.

Die entwicklungsmäßigen Notwendigkeiten der Sprachverwendung gehen sehr schön aus dem Spielverhalten hervor. Im ersten und zweiten Jahr spielen die Kinder noch gewissermaßen für sich alleine und sprechen nicht zu viel dabei. Die 3- bis 4jährigen dagegen entwickeln intensive Formen des Zusammenspiels, in denen sie auf andere angewiesen sind. Finden sie dabei nicht Gefährten, mit denen sie eine gemeinsame Sprache sprechen, ziehen sie sich aus der Gruppe zurück (HURLOCK 1980). Kommt das Kind in den Kindergarten oder die Schule zu Altersgefährten, die nur seine Zweitsprache sprechen, hat es desto größere Schwierigkeiten sich anzuschließen, je geringer seine Zweitsprachkenntnisse sind.

Das Gesagte legt noch einige Schlußfolgerungen für das Zweitsprachlernen nahe, die durch Untersuchungen abgesichert sind (McLAUGHLIN 1977, 1978, 1984) und im Lichte der theoretischen Überlegungen diskutiert werden können:

- eine gute Absicherung der Erstsprache ist für den Beginn des Zweitspracherwerbs eher förderlich als hinderlich;
- ohne gleichzeitiges Weiterlernen der Muttersprache gerät im frühen Alter auch das Zweitsprachlernen eher in Schwierigkeiten;
- das Erlernen einer zweiten Sprache beeinträchtigt die Muttersprache nicht, solange diese weiter verwendet wird, die Muttersprache wird allerdings auch nicht automatisch mitgefördert;
- beim Zweitsprachlernen ist nicht damit zu rechnen, daß störende Wirkungen von der Erstsprache ausgehen;
- wenn Kinder zwei Sprachen gleichzeitig erwerben, werden gegenseitige Störungen verringert, wenn der Erwerb sich jeweils in getrennten sozialen Kontexten abspielt;
- das Prinzip »eine Person – eine Sprache« scheint zu den wichtigsten beim erfolgreichen Zweitspracherwerb zu gehören, vor allem wenn er früh in einer zweisprachigen Familie beginnt;
- bei guter Begabung können kleine Kinder erstaunliche kognitive Fähigkeiten entwickeln, mit zwei Sprachen umzugehen, ohne in Verwirrung zu geraten;
- wenn in frühen Altersstufen ein starkes Ungleichgewicht zwischen Mutter- und Zweitsprache besteht, können die Fähigkeiten in beiden Sprachen später trotzdem angenähert gut ausgeprägt sein und zu »ausbalancierter« Zweisprachigkeit führen.

Für die Erziehung des Kindes ist beim Umgang mit zwei Sprachen auf versteckte Wertungen zu achten, vor allem auf versteckte Ablehnungen und die daraus folgenden Zwänge. Die Kinder sollten sich in einer zweisprachigen Gesellschaft zu Hause und in der Öffentlichkeit frei fühlen können, die eine oder andere Sprache zu sprechen. Soziale Anerkennung müßte unabhängig von der Fähigkeit zu finden sein, die in der jeweiligen Sprache erreicht wird. Vor allem darf die Verwendung der einen oder anderen Sprache nicht in Solidaritätskonflikte mit der eigenen Sprachgruppe führen. Wird z. B. in der Verwendung der Zweitsprache ein Verrat an der eigenen Muttersprachkultur gesehen, entsteht eine vergiftete Atmosphäre und die kulturelle, soziale oder politische Identität der Person kann in der Tat gefährdet werden.

Das alles hängt vom Grad der in der Gesellschaft mit zweisprachigen Bürgern erreichten Toleranz und des sozialen Friedens ab. Hier entsteht für die Eltern und die anderen Verantwortlichen in Erziehung, Kultur und Politik die Aufgabe, im Zweitsprachlernen gute Voraussetzungen für den Aufbau eines gesunden Selbstgefühls bei den Kindern zu schaffen. In der Erziehung könnten in Rollenspielen konkrete Situationen herbeigeführt werden, die zu toleranten Umgangsformen mit Mitgliedern der eigenen und der anderen Sprachgruppe führen.

Zweisprachigkeit, Mehrsprachigkeit und interkulturelle Erziehung in einer Gesellschaft sind sicherlich ein weltweites Problem. Aber ebenso sicher ist, daß es unter den jeweiligen Bedingungen einmalige Gestalt annimmt. Der Blick über den Zaun der Entwicklungspsychologie kann dazu beitragen, für je besondere kulturelle und nationale Situationen nach Lösungen zu suchen. Neue Sichtweisen helfen uns, Probleme besser zu verstehen und unsere Entscheidungen besser zu begründen.

Weitere Themen der Entwicklungsberatung

Die Behandlung der verschiedenen Lebensereignisse hat gezeigt, daß dieser Ansatz als fruchtbar angesehen werden kann. Mit der getroffenen Auswahl soll jedoch nicht gesagt sein, daß es nicht noch andere wichtige Ereignisse und Situationen oder noch andere Gesichtspunkte gibt, unter denen man sie betrachten und nach wirksamen Hilfen für die Kinder suchen kann. Sicherlich handelt es sich aber bei den behandelten Themen um für unsere Zeit charakteristische und sehr oft vorkommende Konstellationen.

Über die Eigenbedeutung hinaus können die genannten Erkenntnisse exemplarischen Charakter erhalten, wenn wir versuchen, sie zum Verständnis anderer Belastungen des Kindes heranzuziehen. Zu diesem Zweck werden jetzt noch einige typische Ereignisse und Verarbeitungsweisen beschrieben, die individuelle Lagen bei den Kindern deutlich machen. In den Bewertungen interessieren Akzente, die in den bisherigen Arbeiten zu den Themen vielleicht weniger hervorgehoben wurden. Vor allem beschäftigen uns die Sichtweisen der Kinder und ihre Ursachenerklärungen für die jeweiligen Ereignisse und ihre Wirkungen. Es folgt abschließend ein Versuch, als Orientierungsrahmen für das Thema Belastungssituationen einen zusammenfassenden Index zu entwerfen.

Vorbereitung auf Trennungen

In verschiedenen Situationen des kindlichen Lebens entsteht für die Eltern die Aufgabe, die Kinder auf eine kurze oder längere Trennung von der Mutter oder den Eltern vorzubereiten. Wir brauchen dabei nur an einen abendlichen Ausgang der Eltern, die Abgabe des Kindes einer berufstätigen Mutter über Tag, einen Krankenhausaufenthalt oder den Eintritt des Kindes in den Kindergarten zu denken. Die Eltern machen sich bei den Trennungen Sorgen um ihr Kind, und die Kinder sind meistens betrübt, wenn es nicht Zeichen einer noch größeren Bedrängnis gibt. Unsere Vorstellungen von den Ereignissen, Wirkungen und Folgen bei den anstehenden Trennungserfahrungen der Kinder sind bei allem sehr stark von den Arbeiten zum Bindungskonzept und der Fremdensituation beeinflußt, mit denen wir uns im zweiten Teil des Buches beschäftigt haben (BOWLBY 1975, 1977, AINSWORTH u. a. 1978). Ein gutes Beispiel ist der Eintritt in den Kindergarten (STOLLENWERK 1978, DOLLASE 1979, NICKEL u. a. 1980).

Bei Gelegenheit der Trennung vom Kind treffen Eltern gewöhnlich eine Reihe von Vorkehrungen, die sich auf das Weggehen der Mutter oder des Vaters und die Situationen beziehen, wenn die Trennung stattfindet (ADAMS, PASSMAN 1983). Manche Eltern geben längere Erklärungen über die Gründe ihrer Abwesenheit, während andere kein großes Aufhebens davon machen. Wieder andere sagen gar nichts und versuchen sich davonzustehlen, wenn das Kind gerade einmal nicht aufpaßt. In der Eltern- und Erziehungsliteratur werden diese Vorgehensweisen sehr unterschiedlich und manchmal kontrovers beurteilt. Man findet die Empfehlung, sich schrittweise vom Kind zu entfernen, sehnsüchtige Blicke oder zu langes Zögern zu vermeiden, sicherzustellen, daß das Kind auch versteht, daß die Eltern wiederkommen, oder alles schnell zu erledigen und es nicht so wichtig zu nehmen.

Wie die Kinder solche Bemühungen der Eltern verstehen, hängt nicht zuletzt von ihrem Alter ab. Das kindliche Verhalten bei einer Trennung wird durch die Diskrepanz zwischen dem Ereignis und dem bisher Gewohnten bestimmt. Wenn das Kind das Ganze nicht versteht, werden seine Erregung und sein Bekümmertsein gesteigert. Das geschieht aber nur dann, wenn es die Fähigkeit hat, die Abwesenheit als solche zu registrieren und als rückgängig zu machendes Ereignis anzusehen. Mit zunehmendem Alter ist das Kind besser in der Lage, eine Zuneigung zu den vertrauten Personen zu entwikkeln und die Beziehung auch bei zeitweiliger Abwesenheit aufrechtzuerhalten. Die Kinder erleben die Trennung mehr oder weniger bewußt und lernen, sie auch zu verkraften, bis die betreffende Person körperlich wieder anwesend ist.

Im Alter von 2 Jahren wird die Reaktion des Kindes auf die Trennung sehr stark von den Umständen beeinflußt. Das Unbehagen des Kindes hängt davon ab, ob die Mutter das Kind unerwartet oder in ungewohnter Weise verläßt, was sie beim Weggehen sagt, ob die Tür offen bleibt oder geschlossen wird, was die anderen tun, z. B. Geschwister oder Altersgenossen, die vielleicht sonst noch im Raum sind, und auch, ob die Mutter dem Kind etwas gibt, bevor sie es verläßt. Da Zweijährige auch erhebliche Sprachfortschritte machen, erhält die Mutter zunehmend größeren Einfluß durch das, was sie beim Weggehen sagt. Die Mutter kann in diesem Alter versuchen, den Trennungsschmerz zu mildern, indem sie versichert, bald zurückzusein, und daß es am besten ist, in der Zeit bis dahin zu spielen. Aber so wichtig eine solche Vorbereitung zu sein scheint, auch bei den Erklärungen kann ein Zuviel oder Zuwenig falsch sein. Die Absicht, dem Kind zu helfen, kann als solche störend wirken, weil die Vorbereitung selbst als außergewöhnlich erlebt wird.

Sicherlich müssen nicht alle Erklärungen unerwünschte Wirkungen haben. Wenn Kinder bewußt auf Ereignisse wie einen längeren Aufenthalt bei Verwandten oder einen Krankenhausaufenthalt vorbereitet werden, fördert das meist die Eingewöhnung des Kindes. Wenn die Vorbereitung zu Hause stattfindet und sich über eine gewisse Zeit erstreckt, kann sich das Kind auf die Veränderung einstellen. Vorherige Vorbereitungen, die positive Seiten der Veränderung hervorheben, können vielleicht sogar die Neugier des Kindes wecken und es auf die neue Situation mit neuen Erfahrungen gespannt machen. Aber zum Verständnis solcher Erklärungen muß das Kind offenbar ein bestimmtes Alter erreicht haben.

In einer Untersuchung an 2- bis 2½jährigen Kindern aus vollständigen Familien mit ihren Müttern als Betreuern wurden vorhergehende Erklärungen über eine bevorstehende Trennung von der Mutter überprüft (ADAMS, PASSMAN 1983). Die Erklärungen unterschieden sich in folgender Weise: Erklärung einige Tage vorher, Erklärung unmittelbar vor der Trennung und keine Erklärung. Eine weitere Frage war, ob ein zögerndes Verhalten der Mutter eine Wirkung hat, wenn die Mutter sich vom Kind nicht losreißen kann. Die Mütter gaben eine kurze Erklärung, blieben aber dann noch etwas länger, ohne die Trennung weiter zu erwähnen. Die Alternativen waren, daß die Mutter entweder eine kurze Erklärung gab oder sich in der gewöhnlichen »natürlichen« Art entfernte.

Unabhängig von der im einzelnen angewendeten Methode blieben die Kinder, die keine Vorbereitung erhalten hatten, in der kritischen Situation längere Zeit mit einem Fremden zusammen und spielten ausdauernder als Kinder mit vorheriger Vorbereitung. Die Kinder, bei denen die Trennung unter den gewohnten Bedingungen stattfand, ertrugen die Abwesenheit desto besser, je weniger Umstände die Mutter machte und je weniger Erklärungen sie gab.

Kindern im Alter von 2 Jahren besondere vorhergehende Informationen über eine bevorstehende Trennung von der Mutter zu geben, scheint also keine günstige Vorgehensweise zu sein. Das ist verständlich, soweit es sich um besonders auffallende und sonst nicht übliche Prozeduren handelt. Aber im Gegensatz zu Alltagserwartungen treffen die Vorbehalte auch zu, wenn es sich um dem Anschein nach harmlose Erklärungen handelt. Sogar der Hinweis, daß die Kinder nach der Trennung etwas Gutes erwartet, z. B. besonders schönes Spielzeug, rief unerwartete Befürchtungen hervor, die das Kind in der Fähigkeit einschränkten, die Trennung zu verarbeiten.

Offenbar sind die verschiedenen Vorgehensweisen der Eltern, den Kindern eine Trennung zu erleichtern, verschieden wirksam, und manche machen alles nur noch schlimmer. Wenn die Eltern etwas Besonderes veranstalten, werden die Kinder offenbar alarmiert und trauen der Sache nicht so recht. Die Eltern steigern durch ihre Sorge, die Kinder könnten unter einer Trennung leiden, die Schwierigkeiten und den Protest der Kinder nur weiter. Man kann zur Erklärung an verborgene sprachliche und nichtsprachliche Zeichen denken, die von den Kindern an den Eltern wahrgenommen werden und auf dem Wege des Gefühlsverstehens eine Gefahr ankündigen.

Eine andere Interpretation ergibt sich, wenn wir das Konzept der Ursachenzuschreibung anwenden und die geistigen Prozesse betonen. Wir nehmen an, daß die Kinder sich das Verhalten der Eltern zu erklären versuchen. Die Kinder wären dann erfolgreiche Forscher in der Aufdeckung von Ursachen zur Erklärung des Verhaltens ihrer Eltern. Solange die Eltern sich wie gewohnt verhalten, trauen sie der Situation und haben kein besonderes Erklärungsbedürfnis. Sobald aber die Eltern Befürchtungen haben, ihre Kinder könnten in Schwierigkeiten geraten und infolgedessen Anstalten treffen, um das zu verhindern, erklären sich die Kinder die besondere Situation richtig.

Man kann versuchen, auch die Bearbeitung des Anliegens der Eltern mit Hilfe des Attributionskonzepts zu fördern. Ohne auf die Frage einzugehen, ob ein solches Vorgehen auch bei 2jährigen Kindern möglich ist, um die es in der angeführten Untersuchung ging, sei angedeutet, welche Änderungen zur Entlastung von Eltern und Kind beitragen könnten. Ein Anfang wäre gemacht, wenn die Eltern dem Kind nicht nur die bevorstehende Trennung, sondern auch ihre eigenen Befürchtungen erklären könnten, damit das Kind die Möglichkeit erhält, seine Beobachtungen bei den Eltern richtig einzuordnen. Das Kind hätte zudem Gelegenheit, die Eltern auf seine eigenen Fähigkeiten hinzuweisen und damit zur Beruhigung der ganzen Lage beizutragen. Die Zuschreibungsmuster der Betroffenen können zum Ausgang genommen werden, wenn nach Lösungen von auftretenden Schwierigkeiten gesucht wird.

Kind in Krankheit und im Krankenhaus

Das Konzept der Ursachenzuschreibungen bei Trennungserfahrungen, mit dem wir uns gerade beschäftigt haben, bestimmt sehr oft unsere Vorstellungen, wie wir dem Kind in bestimmten schwierigen Lebenslagen helfen können. Ein gutes Beispiel sind die Arbeiten zur Situation, daß ein Kind sich im Krankenhaus aufhält (BIERMANN 1982, LÖSCHENKOHL 1982).

Nehmen wir die Situation eines 3- bis 5jährigen Kindes, das geimpft werden soll oder bei dem der Arzt bei anderer Gelegenheit einen geringfügigen Schmerz anbringen muß. Eine überbesorgte Vorbereitung des Kindes durch die Mutter könnte die soeben beschriebenen nachteiligen Wirkungen haben, die das Kind bei der Prozedur besonders ängstlich machen. Weiter könnte man nach dem Konzept der Trennungserfahrungen annehmen, das Kind ließe sich, wenn es tatsächlich beim Doktor Angst hat, am besten von der Mutter beruhigen, mit der es vertraut ist. Wir denken, das Kind wünscht vielleicht, die Mutter solle es vor dem fremden Arzt schützen. Wie erfahrene Ärzte wissen, kann man aber eher das Gegenteil beobachten (ROUTH, SCHRÖDER, KOOCHER 1982). Wenn die Mutter anwesend ist, schreit das Kind eher, als wenn sie nicht dabei ist. Zur Erklärung ziehen wir die Ursachenzuschreibung des Kindes heran. Vermutlich wird dem Kind durch die sorglose Abwesenheit der Mutter die Ungefährlichkeit der Situation deutlich gemacht.

Das muß jedoch nicht so verstanden werden, daß der Arzt nun unbedingt die Mutter bitten sollte, im Wartezimmer zu bleiben, wenn das Kind behandelt wird. Vielmehr kann man der besorgten Mutter bei der Entscheidung zu bedenken geben, daß das Kind seinen Schmerz vermutlich eher unterdrückt, wenn es mit dem Arzt allein ist. Die Mutter wird überlegen, ob das Kind vielleicht seine Hemmungen erst recht ablegt, wenn es sich beim Arzt durch die Anwesenheit der Mutter dazu ermutigt fühlt.

Solche Überlegungen führen auch zu kritischen Beurteilungen, wenn wir das uns bekannte Rooming-in nicht nur in der Geburtshilfe, sondern auch bei Krankheiten des älteren Kindes in Erwägung ziehen. Bei einer Krankenhauseinweisung geben wir der Wiederherstellung der körperlichen Gesundheit Vorrang vor den seelischen Belastungen, die mit einer Trennung von den Eltern verbunden sein könnten. Das Rooming-in soll diese Wirkungen mildern. Die Situation wäre ziemlich eindeutig, wenn das Kind die Erfahrung machen würde, daß alle Kinder gemeinsam mit den Müttern aufgenommen werden. Gibt es Ausnahmen, dann erhält das Kind mit Rooming-in eine Sonderrolle, die es veranlassen könnte, besondere Befürchtungen zu entwickeln. Wenn bei einem nur teilweisen Rooming-in der Arzt der Mutter mitteilt, in ihrem Fall wäre das Rooming-in angebracht, wird damit bei der Mutter eventuell eine besondere Besorgnis hervorgerufen, die auch das Kind registrieren könnte. Am neutralsten wäre es unter diesem Gesichtspunkt, die Entscheidung der Mutter und dem Kind selbst zu überlassen, wenn die Gelegenheit zum Rooming-in besteht und nicht besondere Erfordernisse die eine oder andere Lösung ratsam erscheinen lassen.

Bei jeder Art von Krankheit des Kindes – und auch bei uns selbst – müssen wir damit rechnen, daß dieses Lebensereignis nicht nur als rein körperliches Geschehen verstanden wird. Die Krankheit hat in Vorbeugung, Behandlung und im Ergebnis etwas mit unserem Wissen über unseren Zustand und mit unseren Überzeugungen und Vorstellungen vom Krankheitsgeschehen zu tun. In gewisser Hinsicht wird durch unsere Überlegungen mitbestimmt, was als Krankheit und deren Behandlung definiert wird. So spielen bei Kindern die Vorstellungen der Eltern und der Grad ihrer Zustimmung zur ärztlichen Behandlung eine Rolle, in welchem Grade sie sich als krank verstehen und die therapeutischen Anordnungen befolgen. Die Sichtweisen der Kinder und Eltern und die zugrunde liegenden Ursachenzuschreibungen machen das Geschehen auch hier besser verständlich.

Je älter die Kinder werden, desto besser kann man ihre Ursachenzuschreibung bei einer Krankheit studieren, weil sie sich direkt oder indirekt dazu äußern. Entsprechende Untersuchungen sind dringend erwünscht. Bisher sind wir darauf angewiesen, unsere Vermutungen aus den Stadien der kognitiven Entwicklung abzuleiten, wenn wir die Äußerungen der Kinder verstehen wollen (JORDAN, O'GRADY 1982). Das Ursache-Wirkungs-Geschehen wenden die Kinder stufenweise an, wie wir Erwachsenen auch. Wenn Kinder glauben oder aussprechen: Ich wurde krank, weil ich schlecht war – oder ungehorsam, z. B. meinen Teller nicht aufgegessen habe –, dann schlägt sich darin vorkausales Denken nieder, in dem die Phantasie und der Glaube an Zauber die Ursachenzuschreibungen beeinflussen (PIAGET 1972). Kinder sehen Krankheiten etwa als durch den Wind verursacht an – z. B. bei einer Ansteckung, was so abwegig ja nicht ist –, durch Verletzung von Normen, als Bestrafung und als zufälliges Unglück. Eine interessante Frage ist, wie sich solche Vorstellungen weiterentwickeln und warum sie zum Teil noch in unserem Erwachsenenerleben erhalten bleiben.

Jedenfalls ist es für die Kinder hilfreich, wenn wir als Eltern – und auch als Ärzte und Berater – reflektieren, welche Krankheitsvorstellung wir selbst haben, um uns die daraus für das Kind folgenden Konsequenzen klarzumachen. Wahrscheinlich haben sie einen Einfluß auf den Umgang des Kindes selbst mit dem Geschehen und bieten Anknüpfungspunkte für die Verarbeitung der Situation.

Adoption

Als nächstes Beispiel greifen wir die Adoption eines Kindes auf, wobei sich gewisse Parallelen mit einer Pflegestelle ergeben. Neben dem betroffenen Kind, den »leiblichen« und künftigen »sozialen» Eltern ist dabei auf die gesetzlichen Bestimmungen zu achten. An dem Entscheidungsprozeß beteiligt sind eine Vermittlungsstelle und eventuell eine Beratungsstelle, die bei der gutachtlichen Stellungnahme zum »Kindeswohl« herangezogen wird (PFEIFFER 1980). Das z. Zt. übliche Verfahren der Adoption und Pflegestellenvermittlung gibt aus vorliegenden Erfahrungen Anlaß, Vermittlern und Beratern das »schonende« Verfahren besonders im

Umgang mit bereitwilligen Adoptions- und Pflegeeltern zu empfehlen. Im folgenden gehen wir auf die Besonderheiten der »Pflegschaft« nicht ein und sprechen nur von der Adoption.

An den Entwicklungspsychologen wird oft die Frage nach dem günstigsten Zeitpunkt gestellt. Heutzutage sind wir dabei – wie bereits an anderer Stelle erwähnt – meistens mit verhaltensbiologischen Argumenten konfrontiert, wonach unbedingt zur Frühadoption zu raten ist (z. B. HASSENSTEIN 1973). Aus der Sicht der hier vertretenen Angewandten Entwicklungspsychologie ist eine Adoption in jedem Alter eines Kindes anzuraten, in dem ein Kind bedürftig und in Not ist und eine Frau und ein Mann bereit sind, Elternaufgaben zu übernehmen. Die Bereitschaft, »soziale« Eltern zu sein, verdient in jedem Fall zunächst einmal Unterstützung und Ermutigung.

Die aus der Sicht des Prägungskonzepts betriebene Welle der Frühadoption verschiebt leicht die Proportionen für die Notwendigkeit und birgt – auch hier wieder – die Gefahr, bei Betroffenen, die in ihrem Handeln diesen Vorstellungen nicht entsprechen, unnötig Unsicherheit zu erzeugen.

Mit diesen Überlegungen soll nicht bestritten werden, daß eine Adoption ein atypisches Muster der Kindererziehung und Familienorganisation darstellt und vermutlich mit einem erhöhten Risiko für die Beteiligten verbunden ist. Die Gefährdungen ergeben sich aus dem Gefühl des Kindes, anders als nicht adoptierte Kinder zu sein, aus einer möglichen Verwirrung des Selbstverständnisses, aus dem Gefühl der Ohnmacht und der Ablehnung durch die leiblichen Eltern. Ob adoptierte Kinder tatsächlich mehr Fehlanpassungen in den Gefühlen und im Verhalten aufweisen als nicht adoptierte, ist allerdings eine offene Frage. Eine Reihe von Untersuchern hat Unterschiede zwischen den Gruppen festgestellt, andere nicht (SINGER, BRODZINSKY, BRAFF 1982).

In den Arbeiten wird ein erhöhter Grad an seelischer Verletzbarkeit angenommen, der an erster Stelle mit den Entwicklungsbedingungen vor Beginn der Adoption zusammenhängen kann. Als Faktoren werden Komplikationen in der Schwangerschaft und bei der Geburt genannt, so daß vermutlich mit einer erhöhten Rate von Risikokindern zu rechnen ist, die man ja unter den Kindern in Heimen annimmt, aus denen heraus die meisten Kinder adoptiert werden. Auf das

Alter der Kinder zum Zeitpunkt der Adoption wurde schon hingewiesen. Weiter werden der Übergang zwischen Heim- oder Pflegestelle in die Adoptionsfamilie und das Zusammensein mit anderen Kindern in der Familie genannt.

Zu diesen Faktoren kommen die Sichtweisen und Überzeugungen der Kinder, von denen anzunehmen ist, daß sie auch im Zusammenhang mit der Adoption wirksamer sind, als wir das zunächst vermuten. Die Schlußfolgerungen, die adoptierte Kinder selbst aus ihrer Situation ziehen, werden ihre Entwicklung beeinflussen. Je negativer die Adoptionserfahrung gesehen wird, desto schwerer wird es fallen, ein positives Selbstbild zu entwickeln und den Adoptionsstatus zu bejahen.

Vielleicht sind in diesem Fall noch wichtiger als die Einstellungen der adoptierten Kinder und der Adoptionseltern die Sichtweisen der Altersgenossen der Kinder. Vor allem in dem Alter, in dem für die Kinder die Beziehungen zu den Altersgenossen wichtiger werden als die Beziehungen zu den Eltern, werden die Einstellungen der nicht adoptierten Kinder bedeutsam. Wenn nicht adoptierte Kinder die negativen Vorurteile übernehmen, die es manchmal noch in unserer Gesellschaft gibt, dann werden ihre adoptierten Altersgenossen darunter zu leiden haben.

Von daher gesehen interessieren die Einstellungen von Kindern zur Adoption, die in einer Untersuchung an 6- bis 13jährigen adoptierten und nicht adoptierten Kindern erkundet wurden (SINGER, BRODZINSKY, BRAFF 1982). Die Kinder hatten zu beurteilen, ob ein adoptiertes Kind eher als ein nicht adoptiertes glücklich, selbstsicher und stärker als andere ist, mehr Freunde gewinnt, in den Schulleistungen besser abschneidet, eher eingeladen wird oder alleine bleibt, in Schwierigkeiten gerät und unbeliebt ist und dergleichen.

Die Ergebnisse zeigten Unterschiede je nach dem Adoptionsstatus und dem Alter der Kinder. Bei den 6- bis 10jährigen hatten die nicht adoptierten eine negative Sicht von der Adoption. Mit steigendem Alter wurden die Überzeugungen bei den 10- bis 11jährigen weniger negativ, so daß die 12- bis 13jährigen die adoptierten Kinder als nur noch wenig benachteiligt ansahen. Im Gegensatz dazu waren die Ansichten der adoptierten Kinder selbst über eine Adoption anfangs ziemlich positiv. Sie meinten, adoptierte Kinder seien besser dran als nicht adoptierte. Als sie älter wurden, dachten sie über adoptierte Kinder allerdings weniger positiv, so daß sie als 12- bis 13jährige keinen Unterschied mehr zwischen adoptierten und nicht adoptierten Kindern sahen. Die Ansichten glichen sich mit ansteigendem Alter fortlaufend an.

Eine Erklärung für diese Befunde kann darin gesehen werden, daß adoptierte Kinder in ihrer neuen Familie mit der liebenden Zuwendung positive Informationen über den Adoptionsstatus erhalten. Sie gewinnen dadurch die Überzeugung und werden darin bestärkt, daß sie ausgesucht wurden und deshalb etwas Besonderes sind. Die Eltern möchten ihre adoptierten Kinder vor dem sozialen Stigma der Adoption in der Gesellschaft bewahren. Sie betonen die Vorteile und spielen die Probleme herunter, so daß sich bei den Kindern eine positive, vielleicht zu positive Sicht einstellt. Wenn sie älter werden, werden sie sich dessen bewußt, was eine Adoption bedeutet, welche Probleme damit verbunden sind und wie ihre Altersgenossen darüber denken. Auf diese Weise entsteht ein weniger positives, aber wohl realistischeres Bild von den Verhältnissen.

Die nicht adoptierten Kinder erfahren in jungen Jahren selten etwas über die Adoption, und die Eltern haben wenig Grund, ein positives Bild von den Ereignissen zu zeichnen. So wird es verständlich, wenn die Kinder anfangs weniger gut über diesen Status des Kindes denken. Später haben sie mehr Kontakt mit einzelnen adoptierten Kindern, sehen, daß diese auch nicht anders als sie selbst sind und legen die negativen Erwartungen im Zusammenhang mit einer Adoption ab.

Es wäre interessant zu prüfen, ob mit dieser Einstellungsänderung Änderungen im Verhalten der Kinder im Einklang stehen und welche Bedeutung die Überzeugungen der Altersgenossen auf diesem Gebiet für die Entwicklung des adoptierten Kindes haben.

Mit den persönlichen Sichtweisen der betroffenen adoptierten Kinder ist die neuerdings vermehrt aufgekommene »Suche« der Adoptierten nach ihren leiblichen Eltern zu erklären. Sie machen das Recht geltend, ihre Herkunft zu kennen. Bei der Ausübung dieses Rechts entsteht eine Reihe von Beratungsfragen, die weiterer Bearbeitung bedürfen (LIFTON 1982).

Die Entscheidungen in der Entwicklungsberatung bei Lebensereignissen sind angesichts einer bestimmten Belastungssituation und der Konstellation bei einem einzelnen Kind und seinen Eltern zu treffen. Dabei kann es nützlich und hilfreich sein, bei der Bewertung der einzelnen Faktoren und zur Beurteilung der Gesamtsituation über einen allgemeinen Orientierungsrahmen zu verfügen.

In diesem Zusammenhang ist der Versuch interessant, einen Index für mögliche Gefährdungen kleiner Kinder in der Zeit um die Geburt bis zum 3. Lebensjahr aufzustellen, um langfristige Wirkungen besser einzuschätzen und vorbeugende Hilfen vorzubereiten. Eine Gruppe von Experten, Ärzten, Psychologen, Erziehern und Betreuern verschiedener Richtungen beurteilten auf einer Liste Ereignisse nach ihrem Schweregrad. Dabei ergab sich eine Reihenfolge, die hier nach abnehmenden Belastungsstufen zusammengefaßt wird (EIDUSON, FORSYTHE 1983). Nach Schätzung der Experten leiden die Kinder wie folgt unter Belastungen:

Belastungsstufe I: Tod eines Elternteils, Kinder erhalten Alkohol oder Drogen, Krankheit mit Krankenhausaufenthalt.

Belastungsstufe II: Krankheit der Mutter, wodurch die Pflege des Kindes betroffen ist (z. B. Krankenhausaufenthalt, psychische Krankheit), sichtbare Deformierungen, die das Kind z. B. durch Unfall, sexuellen Mißbrauch und schwere Körperstrafen erleidet.

Belastungsstufe III: Mutter lehnt Kind ab, ignoriert es oder lebt in einem intensiven Konflikt mit ihm, Alkohol- oder Drogenabhängigkeit eines Elternteils, Trennung und Scheidung der Eltern, Elternteil im Gefängnis, Ehekonflikte.

Belastungsstufe IV: Eltern-Kind-Trennung von mehr als 2 Wochen und Aufenthalt des Kindes bei Verwandten oder Freunden, Kind erleidet Unfall mit Einlieferung ins Krankenhaus, Adoption, Mutter voll berufstätig, Geschwister wird geboren, überbehütende oder überfordernde Erziehung, Mutter hat einen neuen Partner, Kind besucht eine Erziehungseinrichtung wie Krippe.

Es geht bei diesen Belastungen um Bedingungen, die veränderlich sein können, und um unveränderliche Bedingungen, wie den Tod eines Elternteils, die als Tatsache für das Kind hingenommen werden müssen. Unter den Belastungen, die veränderlichen Bedingungen zugeordnet werden können, gibt es manche, für die es in der Beratung kein anderes Ziel geben kann, als sie im Interesse des Kindes strikt abzustellen, z. B. wenn ein Kind Alkohol oder Drogen erhält oder mißhandelt wird. Damit ist nicht gesagt, daß die Beratung es bei einem direktiven Verbot bewenden lassen kann. Wie kompliziert in einem solchen Fall die Verhältnisse sind, wurde am Beispiel der Kindesmißhandlung deutlich. Wenn kleine Kinder Alkohol oder Drogen erhalten, besteht die Wahrscheinlichkeit, daß die Eltern abhängig sind. Die Beratung in den Anliegen des Kindes wird dann zu einem Problem der Suchtberatung bei den Eltern. Wenn die Eltern die Situation für ihr Kind nicht in den Griff bekommen, bleibt oft keine andere Wahl, als daß die Eltern sich entscheiden, das Kind außerhalb der Familie aufwachsen zu lassen, so schwer diese Entscheidung auch fallen mag.

Auf der anderen Seite gibt es unter den Belastungen mit veränderlichen Bedingungen solche, bei denen wir sehr geringe Wirkungen auf die Entwicklung annehmen. Vielleicht kann der Vorschlag, zwischen Entwicklungs- und Erziehungswirkungen zu unterscheiden, deutlich machen, was gemeint ist. Bei den Entwicklungswirkungen gehen wir von mehr tiefergreifenden und längerfristigen Einflüssen aus, die Folgen für eine seelisch gesunde Entwicklung haben, seien sie mehr positiv oder mehr negativ. Davon sind die mehr kurzfristigen und oberflächlichen Erziehungswirkungen abzuheben, die in der Belastungsskala allenfalls der IV. Stufe zuzuordnen sind. In der Erziehung findet eine Beeinflussung durch Lob und Tadel, durch Zuwendung und Bekräftigung des Erwünschten und Vermeidung und Bestrafung des unerwünschten Verhaltens statt. Wenn wir die Ergebnisse der Wirkungsforschung bei massiven Beeinflussungen zugrunde legen, scheint die Spielbreite der vergleichsweise milden Erziehungseinflüsse recht groß zu sein, ohne daß eine gesunde Entwicklung davon berührt werden muß. In diesem Rahmen gibt es verschiedene Möglichkeiten, ein Kind z. B. zu füttern, zu wickeln, auf sein Schreien einzugehen und es zur Reinlichkeit zu erziehen. Unser Wissen reicht nicht aus, es für berechtigt zu halten, in diesen Hinsichten im Namen der Wissenschaft einen sozialen Druck auszuüben und zu verlangen, daß das Kind in einer bestimmten Weise ernährt und erzogen wird.

Zusammenfassung

Der Ansatz bei den Lebensereignissen im Sinne von Belastungssituationen führt zur Beschäftigung mit verschiedenartigen emotionalen Gefährdungen des Kindes und weist auf positive Verarbeitungsmöglichkeiten hin. Der Ausgang von praktischen Fragestellungen könnte auch für die Theorie anregend sein und in diesem Fall zu einem Modell emotionaler Verarbeitungsstrategien in der frühen Kindheit führen.

Die Fruchtbarkeit der Fragestellung darf aber nicht darüber hinwegtäuschen, daß wir zur Praxis der Betreuung und Erziehung kleiner Kinder noch sehr wenig Antworten wissen. Die Bruchstückhaftigkeit und Vorläufigkeit der Ergebnisse veranlaßt uns, vor Verallgemeinerungen zu warnen. Die Argumente müssen gedreht und gewendet werden, ehe wir an Schlußfolgerungen denken können. Wenn mit Wirkungen zu rechnen ist, sind sie weder universell noch unausweichlich. Zu einem bestimmten Belastungsfaktor können nur schwer Aussagen gemacht werden, weil oft eine Vielzahl ähnlich wirkender Risikofaktoren beteiligt ist und ein verdeckter Faktor noch mehr als der beachtete wirksam sein kann. Eine Verharmlosung von möglichen Wirkungen und eine Überbetonung von Belastungen kann gleichermaßen unangemessen sein. Es kommt auf den Einzelfall und die individuellen Bedingungen an. Der Einzelfall führt zu typischen Belastungsmustern in einem System, das bei der Beratung zu berücksichtigen ist und bei den Entscheidungen mit ins Spiel gebracht wird.

Für den individuellen Beratungsdialog und die Entscheidungshilfe versucht die Entwicklungsberatung den Rahmen abzustecken, wie das hier für verschiedene Belastungssituationen versucht wurde. Mit der Bewertung der Ereignisse, die als Entwicklungsbedingungen zu verstehen sind, ist ein erster Anwendungsschritt getan. In den weiteren Schritten entstehen Aufgaben der Beratung, die als Argumentationshilfe bei den Problemlösungen und helfenden Maßnahmen verstanden wird. Die Entwicklungsberatung hat dabei Entwicklungsaufgaben bei Kindern und Eltern im Blick und setzt das Wissen ein, die Anliegen der Betroffenen besser zu verstehen und ihnen zu helfen, angemessene Entscheidungen bei der Bewältigung ihrer Aufgaben zu finden und diese zu lösen. In den erörterten gefühlsmäßigen Belastungen scheinen persönliche Sichtweisen und Ursachenzuschreibungen von ausschlaggebender Bedeutung für eine positive Verarbeitung der Ereignisse zu sein. Dieser Aspekt sollte bei der Beratung und Hilfe auf diesem Gebiet künftig noch mehr beachtet werden.

4. Kapitel: Bei Behinderungen helfen

Eine seelisch gesunde Entwicklung kann nicht nur durch soziale Belastungssituationen gefährdet sein, die als bedeutsame Lebensereignisse in fast jedem Lebenslauf vorkommen und mehr oder weniger vorübergehender Natur sind. Daneben gibt es dauernde Behinderungen der seelischen Entwicklung, die bei ihrem Auftreten den sonst gewohnten Lebenslauf und die Zukunftschancen der Entwicklung erheblicher beeinträchtigen. Das Ziel dieses 4. Teils des Buches ist es, zur Vorbeugung von solchen Schädigungen und zum frühen Erkennen und Fördern der behinderten und von Behinderung bedrohten Kinder beizutragen. Die Leitfrage lautet, ob auch die Geburt und das Heranwachsen eines behinderten Kindes als Lebensereignisse angesehen werden können, bei denen das Kind und die Eltern seelisch gesund bleiben. Für die Konkretisierung einzelner Gesichtspunkte werden als Beispiel die Verhältnisse bei sehgeschädigten Kindern herangezogen.

Die Geburt eines behinderten Kindes

Die folgenden Ausführungen beziehen sich auf Befragungen von Eltern bei der Geburt ihres behinderten Kindes (DARLING 1983) und exemplarisch auf Gespräche bei Hausbesuchen zur Frühförderung blinder Säuglinge (SCHMALOHR 1984c). Die Situation blinder Säuglinge bei der sog. retrolentalen Fibroplasie soll dabei besonders beachtet werden (LUCEY, DANGMAN 1984). Es handelt sich um eine Augenerkrankung, die vermehrt bei frühgeborenen Kindern vorkommt, zur Erblindung führt und mit einer erhöhten Sauerstoffzufuhr bei der Intensivpflege im Brutkasten in Zusammenhang gebracht wird. Retrolental bedeutet »hinter der Linse« des Auges liegend, und Fibroplasie ist eine Bindegewebsbildung auf Grund von Blutungen, die hier zur Erblindung führen, weil die Netzhaut betroffen ist. Wir gehen auf die Ereignisse in der Zeitfolge um die Geburt, auf Muster von

Ursachenzuschreibungen und auf einige Beratungsfragen ein, die damit verbunden sind.

Ereignisse in der Zeitfolge

Für die meisten Eltern ist die Geburt eines behinderten Kindes ein unerwartetes Ereignis, mit dem sie vorher nicht ernsthaft rechnen. Deshalb verläuft die vorgeburtliche Zeit meistens nicht anders als bei Eltern mit einem später nicht behinderten Kind. Es gibt jedoch Eltern, auch solche mit später nicht behinderten Kindern, die von Anfang an besorgt sind, ihr Kind könnte möglicherweise als geschädigtes und behindertes zur Welt kommen. Das ist besonders dann der Fall, wenn die Schwangerschaft nicht den bekannten Verlauf nimmt oder eine wiederholte Schwangerschaft nicht den vorhergehenden Erfahrungen entspricht. So äußerten sich Mütter (DARLING 1983):

»Ich hatte das Gefühl, daß sie geschädigt sein muß... Sie bewegte sich nicht so viel, wie ich dachte, daß es sein muß«. »Ich habe immer gesagt, wenn es nicht ein Mädchen wird (die Mutter hatte schon zwei Jungen) dann stimmt etwas nicht.» Ich spüre den Unterschied zu den anderen Schwangerschaften.«

In die Erwartungen können viele Ursachen hineinspielen, die für eine mögliche Schädigung in Frage kommen, wie das Vorkommen von Krankheiten in der Familie, streßvolle Ereignisse in der Schwangerschaft, Alkoholkonsum, Rauchen, Medikamenteneinnahme in der Schwangerschaft, Versuche, die Schwangerschaft abzubrechen usw. Wenn die Eltern sich für solche möglichen Ursachen verantwortlich fühlen, können schon vor der Geburt des Kindes Schuldgefühle entstehen, die als solche wiederum als Streß wirksam werden.

Durch die Möglichkeit von Ultraschalluntersuchungen wissen heute manche Eltern schon vor der Geburt, daß ihr Kind ein Problem hat. Wir müssen dann mit einem Schockerlebnis mit nachfolgender Traurigkeit und Kummer rechnen. Die Eltern hoffen gleichzeitig, daß der Arzt falsch diagnostiziert hat. Bei der Geburt gibt es dann die Gewißheit. Wenn das Kind tatsächlich geschädigt ist, findet ein Anpassungsprozeß statt, der ähnlich verläuft wie bei Eltern, die vorher nicht wußten, daß ihr Kind geschädigt ist.

Die meisten Eltern haben vor der Geburt ihres Kindes nur wenige Kenntnisse über Schädigungs- und Behinderungsmöglichkeiten bei Kindern. Sie erwarten, daß alles normal verläuft. Einige machen sich vorher Sorgen wegen der Normalität ihres Kindes, aber sie lassen schnell davon ab und denken nicht an bestimmte Schädigungen.

Jede Geburt ist für Eltern ein Ereignis, das sie in gewisser Hinsicht hilflos und ohnmächtig macht. Das um so mehr, als die Geburt heute wieder bevorzugt im Krankenhaus stattfindet und damit als medizinisches Ereignis definiert ist. Durch die ganze Prozedur kann man den Eindruck gewinnen, daß das Kind mehr ein Produkt der Klinik als der Mutter ist. Die Versorgung und Pflege werden unweigerlich durch die Bedingungen der Institution mitbestimmt, auch wenn sich alles im Rooming-in abspielt.

Verschärft wird die Situation, wenn das Kind zu früh geboren wird und dadurch von vorneherein vermehrter Anlaß zur Besorgnis besteht. Muß dann nach der Geburt sofort eine Intensivpflege einsetzen, spitzen sich die Ereignisse dramatisch zu. Das Kind wird der Mutter alsbald weggenommen, und den Ärzten und dem Klinikpersonal bleibt meist nicht viel Zeit für Erklärungen. Die Mutter verliert leicht die Übersicht über die Bedeutung des Geschehens, wird in Verwirrung versetzt und erlebt ihre Ohnmacht den Ereignissen gegenüber.

Das Klinikpersonal handelt oft mit der guten Absicht, eine Verwirrung der Mutter zu vermeiden. Wenn mit einer dauerhaften Schädigung zu rechnen ist, die natürlich auch bei einem normalen Geburtstermin auftreten kann, besteht meistens die Tendenz, der Mutter die wahren Verhältnisse nicht sofort mitzuteilen. Man versucht, die Mutter zu schonen. Die Mutter oder – wenn der Vater anwesend ist – die Eltern schnappen aber Hinweise auf, die nicht zur Geburt eines gesunden Babys passen. Es gibt z. B. besorgte Gesichter und Blicke der Schwestern, Tuscheln und vielsagendes Sich-Ansehen. Eine Mutter berichtet (DARLING 1983):

»Ich erinnere mich lebhaft. Der Doktor sagte gar nichts, als das Kind geboren war. Dann sagte er: Es ist ein Junge. Und so zögerlich, wie er das sagte, fragte ich: Ist er in Ordnung? Und als er antwortete: Er hat zehn Finger und zehn Zehen, da wußte ich im Hinterkopf, daß etwas nicht stimmt.«

Auch bei Kindern mit offensichtlichen Schädigungen – wie dem Fehlen der Augen, Down-Syndrom oder offenliegender Wirbelsäule – versuchen der Arzt und das Klinikpersonal gewöhnlich zunächst einmal zu leugnen, daß mit dem Kind etwas nicht stimmt. Wenn das Kind in Intensivpflege kommt, gibt es meistens eine ausweichende Erklärung. Das ist verständlich, weil die Diagnose tatsächlich oft nicht so eindeutig ist und z. B. von operativen Eingriffen Abhilfe erwartet werden kann. Wenn solches Leugnen und Ausweichen des Klinikpersonals vorkommen, begünstigt das Gefühle der Verwirrung und der Ohnmacht bei den Eltern. Sie werden verleitet, die Realität zurechtzubiegen und die Ereignisse für normal oder für unbedeutend zu erklären.

Verstärkte Gefühle der Ohnmacht entstehen, wenn das Neugeborene in eine Intensivstation übergeben werden muß, weil es zu früh geboren ist oder durch Schädigungen Risiken für das Überleben auftreten. Die Eltern sind selten darauf vorbereitet, wissen höchstens vom Hörensagen davon und entwickeln Ängste, die sie belasten. Durch Teilnahme an der Betreuung und gemeinsamen Beratung mit den Ärzten können die Ängste abgebaut und die Situation verbessert werden. Eine neue Belastung wird entstehen, wenn das Kind nach Hause kommt. Mit wachsenden Fähigkeiten des Kindes und der Eltern werden die Gefühle der Verwirrung und Ohnmacht abgebaut. Die Eltern lernen, die neue Situation erträglicher zu finden.

Manchmal wird den Eltern die Wahrheit für eine längere Zeit vorenthalten. In diesen Fällen fällt es laufend schwerer, die Situation als normal auszugeben, weil die dem widersprechenden Hinweise zunehmen.

Eine besondere Katastrophe entsteht, wenn ein geschädigtes Neugeborenes stirbt und die Eltern nicht rechtzeitig darauf vorbereitet werden. Ein Leugnen verschlimmert die Situation auch, wenn bei einem Frühgeborenen während der Brutkastenversorgung Probleme auftreten, die mit in die Verantwortung des Klinikpersonals gegeben sind. Es spricht viel für eine Aufklärung der Eltern, sobald sie möglich ist, um eine Vertrauensbeziehung aufzubauen, die für alles weitere die Grundlage sein muß.

Untersuchungen an Eltern von Kindern mit Down-Syndrom, Mongolismus, haben ergeben, daß die Hälfte der Eltern, denen die Schädigung ihres Kindes im Verlauf der ersten Woche bekanntgegeben wurde, wünschten, man hätte es ihnen eher gesagt. Je früher es ihnen gesagt wurde, desto besser fanden sie es (CARR 1970). Hier ist jedoch daran zu denken, daß die Eltern in ihrer Not vielleicht jede Art von Vorgehen kritisieren würden, wenn sie sich dadurch nur eine Erleichterung verschaffen können.

In manchen Fällen ist die Prognose tatsächlich nicht so eindeutig, wenn wir z. B. an manche Formen der Sehschädigung oder an unspezifische Entwicklungsrückstände denken. Meistens merken die Eltern, daß ihr Kind anders ist und werden unsicher, wenn der Arzt noch dabeibleibt, daß kein Problem vorliegt.

Wenn die Eltern das Problem ihres Kindes ahnen und die Umgebung dem nicht zustimmt, entsteht für die Eltern eine dissonante Situation. Sie kann zwischen Eltern und Arzt, aber auch zwischen den Eltern untereinander auftreten. Wenn der Ehemann und der Arzt das Problem des Kindes nicht erkennen, halten sie die Mutter unter Umständen für überbesorgt und »verrückt«. Sie erzeugen in der Mutter Schuldgefühle und steigern dadurch deren Verwirrung nur noch mehr.

Für Eltern, die ihre Situation, ein behindertes Kind zu haben, noch nicht voll akzeptiert haben, entstehen in der weiteren Entwicklung zwei kritische Wendepunkte: wenn sie Freunden und Verwandten von der Schädigung des Kindes erzählen sollen und wenn sie das Kind zum ersten Mal in der Öffentlichkeit zeigen. Wenn sie selbst mit den Ereignissen noch nicht fertig geworden sind, können sie die Situation auch andern nicht richtig erklären. Die Eltern geben die Begründung, sie möchten einfach noch nichts sagen, wenn sie die Informationen über die Schädigung hinausschieben. Dabei fühlen sie zunehmend deutlicher, daß das Verschweigen der Wahrheit ihre Gefühle der Isolation nur steigert. Deshalb werden nach kurzer Zeit dann doch die wichtigsten Personen informiert, Verwandte und Freunde.

Fremden gegenüber halten die Eltern sich am ehesten zurück. Sie werden darin bekräftigt, weil sie feststellen, daß auch schwerbehinderte Kinder in der Öffentlichkeit zunächst einmal nicht auffallen und als nicht geschädigt »durchgehen«. Manche Eltern versuchen auch, nachteilige Eindrücke zu verhindern, von denen sie annehmen, sie könnten die Schädigung verraten. So werden z. B. mißgebildete Hände unter der Decke oder mit Handschuhen verborgen. Das wird auch bei einer Sehschädigung versucht, obschon der Blick des Kindes wohl am wenigsten verborgen werden kann. Aber außer im Falle fehlender Augäpfel müssen viele Formen von Sehschädigungen nicht sofort an den Augen auffallen. Solche Taktiken führen dazu, daß Fremde hauptsächlich positive Kommentare geben und die Eltern in ihrem Vorgehen bestätigen.

Wenn die Kinder älter werden, läßt sich die Schädigung meistens nicht mehr verheimlichen. Aber die Eltern haben dann auch mehr Erfahrungen, mit der Schädigung des Kindes umzugehen, haben ihr einen Sinn gegeben und fühlen sich nicht mehr so ohnmächtig. Insofern kann das Ausmaß an Verheimlichungstaktiken als Gradmesser für das Gelingen der Bewältigung des Ereignisses angesehen werden. Die Eltern geben Erklärungen ab, daß das Kind behindert, z. B. mongoloid ist, daß es eine Sehschädigung hat oder blind ist. In der heutigen Zeit finden sie damit viel mehr Verständnis als noch vor wenigen Jahren.

Wenn feststeht, daß ein Kind nicht heilbare Schädigungen hat, ruft das bei den meisten Eltern Aktivitäten hervor, die aus dem Gefühl stammen, daß sie irgend etwas für ihr Kind tun müssen. Sie versuchen dadurch, mit ihrer Ohnmacht fertigzuwerden und ihr Selbstverständnis als Eltern wiederherzustellen. Auch wenn ihnen die Erklärung möglich ist, ein behindertes Kind zu haben, beherrschen manche die Lage noch nicht vollkommen.

Im Falle der Blindheit kommen zunächst Überlegungen über mögliche operative Hilfen in Frage. In manchen Fällen wird von der weiteren Entwicklung und dem Wachstum der Sehorgane eine Verbesserung erwartet. Den Eltern steht, wenn die Verhältnisse noch nicht klar sind oder sie die volle Wahrheit noch nicht ertragen können, ein langer Prozeß bevor, ehe sie sich mit der Wirklichkeit abgefunden haben, sie realistisch einschätzen und darin eine Entwicklungsaufgabe für ihr Elternsein sehen können.

Die Eltern werden darin unterstützt, die Situation erträglicher zu finden, wenn sie mehr über Behandlungs- und Fördermöglichkeiten für ihr Kind erfahren. Die Einschätzung dieser Möglichkeiten hängt von den Annahmen über die Ursachen der Behinderung und deren Veränderbarkeit ab.

Muster von Ursachenzuschreibungen

Um aus der Verwirrung und Ohnmacht herauszukommen, suchen die Eltern nach Erklärungen für die Schädigung ihres Kindes. Solche Erklärungsmuster vermitteln Erfahrungen, mit der Schädigung umzugehen, ihr eine Bedeutung und einen Sinn zu geben und damit die Situation positiv zu bewältigen. Auf der Suche nach solchen Erklärungen werden viele Eltern geschädigter Kinder zu regelrechten Forschern. Im Ergebnis sind sie dann in der Lage, sich und anderen Erklärungen abzugeben, daß und warum ihr Kind geschädigt und behindert ist und wie das Kind und sie damit fertigzuwerden versuchen. Es ist ihnen möglich, einen Lebensplan zu entwerfen, der für sie und das Kind genügend Hoffnung für die Zukunft läßt. Gleichzeitig besteht ein starkes Bedürfnis, eine Erklärung zu finden, die für das eigene Selbstverständnis und Selbstwertgefühl erträglich ist.

Eine Mutter erklärte sich das Zustandekommen der Blindheit ihres Kindes – wie sie sagte – als »Spiel der Natur«. Sie betonte, daß in der Familie keine erbliche Belastung dieser Art vorlag und sie auch keine Anhaltspunkte für eine andere Erklärung hätte, an der sie oder ihr Mann einen Anteil haben könnten. Das Kind war ohne Augen zur Welt gekommen, wodurch gewisse Voraussetzungen vorlagen, die eine solche Erklärung möglich machten und ihr nicht widersprachen. Wenden wir das Schema von WEINER (1979) an, so liegt hier – mit dem Spiel der Natur – die Zuschreibung einer externalen (außenliegenden), unveränderlichen und unkontrollierbaren Ursache vor. Die Verantwortung wird gewissermaßen dem Schicksal aufgebürdet, eine internale (innenliegende) Zuschreibung auf die eigene Person findet nicht statt. Allerdings führte das in diesem Fall nicht dazu, mit dem Schicksal zu hadern und eigene Verantwortung überhaupt abzulehnen. Vielmehr akzeptierte die Mutter das Spiel der Natur und übernahm mit der Annahme des Schicksals des Kindes ihren

Anteil an elterlicher Verantwortung. Wir kommen auf dieses Zuschreibungsmuster noch zurück.

Eine andere Mutter erklärte die Sehschädigung ihres Kindes allein mit einem Versagen der Ärzte bei der Brutkastenversorgung durch ein Übermaß an Sauerstoffzufuhr. Diese Ursachenzuweisung entspricht der herkömmlichen medizinischen Erklärung der Schädigung, wie sie seit der Beschreibung des amerikanischen Augenarztes TERRY im Jahre 1943 bekannt ist (LUCEY, DANGMAN 1984). Nach dem WEINER-Schema ergibt sich das Muster einer externalen, veränderlichen und kontrollierbaren Ursache. Dem Arzt wird die Verantwortung für das Zustandekommen des Leidens zugeschrieben, da die Ursache als durch ihn kontrollierbar und veränderbar, d. h. hier vermeidbar angesehen wird. Dadurch ergibt sich eine Schuldzuweisung auf den Arzt. Die Mutter entwickelt mit ihrer eigenen Entlastung ein für sie erträgliches Erklärungsmuster.

Diese Bewältigungsstrategie hatte zur Folge, daß die Mutter auf die Suche nach Beweisen ging, um den Arzt vor Gericht auf Schadenersatz zu verklagen. Damit kam sie ihrem verletzten Bedürfnis nach Gerechtigkeit nach. Sie wollte den Schadenersatz für ihr Kind erwirken, verstand sich gleichzeitig aber auch selbst als Leidtragende. Diese Bemühungen werden besser verständlich, wenn man bedenkt, daß die Mutter auf diese Weise versucht, mit ihrer Ohnmacht fertigzuwerden und eine bessere Kontrolle über ihre Situation zu gewinnen. Bei solchen Anschuldigungen anderer sind sicherlich auch Bedürfnisse der Selbstrechtfertigung im Spiel. Bei alledem läuft die Mutter Gefahr, in ihrer Konzentration auf den Arzt ihr Kind aus den Augen zu verlieren. Die Ablehnung eigener Verantwortung am Zustandekommen der Schädigung kann zu Schwierigkeiten führen, das Kind als Person anzunehmen und ihm in seinen Anliegen beizustehen.

Entwicklungsberatung

Die geschilderten Zuschreibungsmuster führen zu der Überlegung, ob es zweckmäßig und möglich ist, sie im Interesse des Kindes und der Eltern zu verändern. Solche Überlegungen zu beraterischen Eingriffen sollen hier versuchsweise begonnen und zur Diskussion gestellt werden.

Der Mutter, die den Arzt verklagen möchte, weil sie die Blindheit ihres Kindes der Fahrlässigkeit des Arztes zuschreibt, könnte es passieren, daß ihre Klage abgewiesen wird. Ihre Ursachenzuschreibung richtet sich zwar nach medizinischem Wissen, aber es gibt Anzeichen, daß dieses Wissen heute revidiert werden muß. Die bisherigen Befunde sind in Frage gestellt worden und werden neu bewertet (LUCEY, DANGMAN 1984). Das hat nicht nur Bedeutung für die Medizin, sondern läßt auch das psychologische Beratungsproblem in neuem Licht erscheinen.

Die wahrscheinlich zu revidierende herkömmliche Annahme lautet, daß allein eine überhöhte Sauerstoffzufuhr bei der Intensivversorgung der Frühgeborenen als ausschlaggebende Ursache für die Erblindung anzusehen ist. Es stellte sich jedoch heraus, daß die Fibroplasien auch bei Kindern auftreten, die als Frühgeborene wenig oder als normal geborene gar keinen Sauerstoff erhalten haben. Andererseits erkrankten längst nicht alle Kinder, die ausgiebig mit Sauerstoff versorgt wurden. Bei der im Grunde noch ungeklärten Ursachenfrage sprechen die Befunde immer mehr dafür, daß im Ursachenbündel die Tatsache der Frühgeburt als solche und dabei ein bestimmter Zeitpunkt den Ausschlag geben. Der Zeitpunkt betrifft den Zustand, zu dem die Lunge noch nicht funktionstüchtig ist, wodurch unweigerlich Sauerstoffmangel hervorgerufen wird. Nach dieser Interpretation kann dieser Reifezustand des Organs durch eine noch so gut dosierte Sauerstoffversorgung im Brutkasten oft nicht ausgeglichen werden. Die Annahme, daß es sich um ein vorwiegend durch medizinische Maßnahmen hervorgerufenes, ein sog. iatrogenes Leiden handelt, ist demnach in Frage zu stellen.

Von daher gesehen beruhte es wahrscheinlich auf einem Irrtum, wenn in den letzten Jahren bei einer retrolentalen Fibroplasie Ärzte wegen zu hoher Sauerstoffzufuhr und wegen mangelhafter Überwachung auf Schadenersatz verklagt und auch verurteilt worden sind. Das ist besonders fatal, weil inzwischen wahrscheinlich andere Kinder sterben, die durch die Vorsicht der Ärzte im Brutkasten nicht genügend Sauerstoff erhalten, obschon ihre Lunge das verarbeiten könnte und der Organismus den Sauerstoff notwendig braucht.

In psychologischer Sicht ist über die medizinische Frage hinaus bedeutsam, daß sich hier neue Notwendigkeiten und Möglichkeiten eröffnen, das Vorkommen einer Sehschädigung und deren Verursachung zu verstehen und mit dieser Wirklichkeit umzugehen. Es ergeben sich triftige rationale Argumente für eine Ursachenzuschreibung, die Risiken bei einer Frühgeburt einbezieht, mit Schuldzuweisungen vorsichtiger umgehen läßt, die Rolle des trotz aller medizinischen Kunst weiter waltenden »unvermeidbaren Schicksals« anerkennt und Wege öffnet, mit der Zuschreibung eigener Verantwortung das Schicksal zu meistern.

Für die Beratung unserer Mutter zeichnen sich in der Planung zwei Schritte ab, auf die der Berater sich konzentrieren und mit der Mutter einigen könnte, wenn diese als Klientin bei ihm Rat suchen sollte. Es müßte einmal eine Beratung in der Form von Wissensvermittlung stattfinden, die bisheriges Wissen erweitert und revidiert. Zweitens könnten die Bemühungen darauf ausgerichtet sein, die bloße Schuldzuweisung an andere – hier den Arzt – abzubauen und vorsichtig die Übernahme eigener Verantwortung aufzubauen. In Kategorien der Ursachenzuschreibung würde das bedeuten, die externale Zuschreibung durch Anteile internaler Erklärungsmuster zu ersetzen. Man könnte vielleicht mit der Frage beginnen, wie man das Geschehen denn für den Fall erklären könnte, wenn ein Kunstfehler des Arztes ausgeschlossen wäre.

Das Beratungsziel, die Eigenverantwortlichkeit der Mutter anzusprechen, könnte legitimiert werden, dadurch dem Kinde zu helfen. Es dürfte aber nicht einfach sein, und es bedarf weiterer Überlegungen, dieses Ziel der Mutter verständlich zu machen und sich mit ihr auf eine derartige Zielsetzung zu einigen.

Bei dieser Zielsetzung lautet unsere Annahme, daß die Verwirrung und Ohnmacht der Eltern durch die Übernahme von eigenen Anteilen an Verantwortlichkeit für das Ereignis abgebaut werden können. Attributionstheoretisch formuliert: externale Zuschreibungen sind durch internale Anteile zu ersetzen.

Der Annahme, daß externale Zuschreibungen der Übernahme eigener Verantwortung abträglich sind, scheint das Zuschreibungsmuster unserer ersten Mutter zu widersprechen, die das Spiel der Natur für die Schädigung verantwortlich machte. Diese Mutter hatte sich auch nicht als beratungsbedürftig erlebt und ihr Schicksal in die Hand genommen. Versuchen wir zu verstehen, wie das zustande kommt.

Das Walten der Natur und des Schicksals ist – wie gesagt – nicht nur external zugeschrieben, sondern wird auch als unveränderlich und unkontrollierbar angesehen. Insofern entfällt die Möglichkeit, Vorstellungen zu entwickeln, die das Ereignis als etwas ansehen, was vermeidbar gewesen wäre. Die Unveränderlichkeit der Wirkungsfolge in der Natur nimmt der Mutter auch jene Ungewißheit, die eine Hoffnung auf eine Besserung der Schädigung entstehen lassen könnte. Das führt bei ihr aber keineswegs in Resignation. Die Mutter kommt zu einer realistischen Einschätzung der Ausgangslage, macht sich keine falschen Hoffnungen und nimmt trotzdem im Akzeptieren des Schicksals ihre eigene Verantwortung dem Kind gegenüber wahr.

Es entsteht hier die Frage, wie die Internalisierung eigener Verantwortung bei der externalen Ursachenzuschreibung auf das Schicksal herbeigeführt werden soll. Man kann nämlich auch das Schicksal anklagen, mit ihm hadern und in Resignation verfallen. Eine bloß externale Zuschreibung würde dann kaum aus der Verwirrung und Ohnmacht herausführen. In der weiteren Argumentation der Mutter zeigt sich, daß für sie bei der Übernahme der Verantwortung eine tragende soziale Komponente ins Spiel kommt. Sie erklärte nämlich, daß ihr Mann sie sehr erleichtert hätte, als er angesichts der Blindheit ihres Kindes sagte: Uns sind die Flügel gestutzt, aber wir werden wieder neu fliegen lernen. Offenbar hatte der Mann das gleiche Muster der Ursachenzuschreibung entwickelt wie seine Frau. In dem Ziel, neu fliegen zu lernen, deutet er aber eine über das Annehmen des Schicksals hinausgehende Zuschreibung von Verantwortung an. In der Aufgabe, das Schicksal auch zu meistern, unterstützen sich die Partner wechselseitig und machen sich eine gemeinsame Verantwortung zu eigen.

Es muß noch erwähnt werden, daß diese Mutter von einer schweren Krise berichtete, unter der sie im Anfang litt, und daß sie ihren derzeitigen Weg durchaus nicht als krisenfrei erlebte. Aber trotz aller Schwierigkeiten gelang es ihr und ihrem Mann immer wieder, das Kind in seiner Entwicklung anzunehmen und zuversichtlich aus dem Schicksal das Beste zu machen. Mit internaler Verantwortungszuschreibung wurde die Elternkrise überwunden.

Aus dem Konzept der Ursachenzuschreibung können weitere Anregungen gewonnen werden, das Bestreben der Eltern zu unterstützen, ihr Schicksal zu meistern und ihr Leiden zu verringern. Dabei werden gleichzeitig für das Kind günstige Pflege- und Erziehungsbedingungen erreicht. Helfende Beratungsgespräche können darauf ausgerichtet werden:

- die Suche nach Gründen für die Schädigung des Kindes zu unterstützen;
- die Konsequenzen der Ursachenzuschreibungen für die Elternbelastung und den Umgang mit dem Kind und seiner Schädigung zu bedenken;
- möglichst nach Ursachenzuschreibungen zu suchen, die gleichzeitig erträglich für das Selbstwertgefühl der Eltern und förderlich für die Bemühungen um das Kind sind.

Allgemein kann es als günstig angesehen werden, im Interesse der Übernahme von Verantwortung Ursachenzuschreibungen mit internalen, variablen und kontrollierbaren Komponenten zu favorisieren und dem entgegenstehende Zuschreibungsmuster eher zu vermeiden. In diesen Zusammenhang passen unsere Überlegungen zu den externalen Zuschreibungen bei der Verursachung der Fibroplasie durch medizinische Maßnahmen bzw. die Zuschreibung der Schicksalswirkung.

Weiter kann angenommen werden, daß Schädigungen und Behinderungen dann am besten verarbeitet werden, wenn die Betroffenen einen möglichst hohen Anteil an Eigenverantwortung übernehmen (BULMAN, WORTMAN 1977).

Für den gesamten Beratungsprozeß ist zu bedenken, daß Berater als Nichtbetroffene wahrscheinlich weniger als betroffene Eltern selbst geeignet sind, die Bedeutung der Eigenverantwortung für den Umgang mit geschädigten Kindern in der Beratung ins Spiel zu bringen. Eine angemessene Gelegenheit könnte sich ergeben, wenn in Elterngruppen dieses Anliegen angesprochen wird, so daß der dabei zur Verfügung stehende Berater es dann bekräftigen kann.

Es ist heute in der Wissenschaft eine Binsenweisheit, daß die menschliche Entwicklung weder ein Produkt allein der Natur ist, von Genen und Reifung, noch allein der Erfahrung, von Lernen, Erziehung und Kultur. Vielmehr wird menschliches Werden durch ein ständiges Zusammenspiel zwischen diesen Gegebenheiten weiterentwickelt. Was im Anfang passiert, bestimmt nicht vollständig das, was später kommt. Aber wie einflußreich der Anfang sein kann, sehen wir an den biologischen Geschehnissen und den Umwelteinflüssen, die in der vorgeburtlichen Zeit, bei der Geburt und in den ersten Lebensjahren eintreten.

Es sind körperlich begründbare Schädigungen und Verletzungen, die wir uns als erstes klarmachen müssen, wenn wir uns für Störungen der Entwicklung interessieren, die zu seelisch-geistigen Behinderungen führen. Bei den verschiedenen Arten dieser Störungen reicht die Skala von Erscheinungsformen, bei denen von der Norm abweichende biologische Anlagen den Ausschlag geben, bis hin zu solchen, bei denen der menschliche Fetus und das Neugeborene als Opfer von Umwelteinwirkungen angesehen werden müssen. Über das Zusammenspiel der verschiedenen Wirkfaktoren gibt es immer neue Erkenntnisse, die vor allem von einer an der Verhaltenstheorie (ROSS 1982) und der Entwicklungspsychologie orientierten Kinderpsychiatrie (NISSEN 1982, RUTTER 1980, 1982) und der Sozialpädiatrie (HELLBRÜGGE 1975, PECHSTEIN 1975) vorangebracht werden. In der folgenden Darstellung sollen diese Ansätze mit dem Erfahrungsgut der Sonderpädagogik (z. B. SPECK 1977, BECKER u. a. 1979), die schon immer an der Medizin orientiert war, in Zusammenhang gebracht werden.

Eltern und Fachleute sind bei ihren Bemühungen um eine gesunde seelische Entwicklung bei einem Kind unter den erschwerten Bedingungen einer Behinderung vor immer neue Anforderungen gestellt. Eigentlich können nur die Betroffenen selbst ermessen, was es bedeutet, ein behindertes Kind zu haben, welche Belastungen für die eigene seelische Gesundheit damit verbunden sind, aber auch welche Chancen für die Entfaltung neuer Entwicklungsaufgaben sich damit eröffnen können. Viele Eltern, die sich anfangs verzweifelt fragen, warum gerade sie betroffen sind, entwickeln durch ein behindertes Kind für ihr ganzes Leben neue Wertvorstellungen.

Anfangsüberzeugung

Beeinträchtigungen einer gesunden seelischen Entwicklung, die auf körperlich begründbaren Schädigungen und dauerhaften seelischen Behinderungen beruhen, sind Schicksale, die jeden Menschen treffen können. Unser Wissen um die Ursachen hat uns zwar in die Lage versetzt, sehr viel Leid durch vorbeugende Maßnahmen zu vermeiden und durch frühes Erkennen und Fördern zu mildern. Aber vorerst rechnen wir – trotz aller Mühen um Abhilfe – weiter mit einer großen Zahl von Kindern mit solchen erschwerten Entwicklungsbedingungen, die den Spielraum für Veränderungen eng begrenzen. Wenn es um die Aufgaben eines frühen Erkennens und Förderns bei geschädigten und behinderten Kindern geht, müssen wir zunächst einmal von der bitteren Tatsache der Schädigung ausgehen. Es muß angesprochen werden, daß dann, wenn eine solche Schädigung und Behinderung zweifelsfrei vorliegen, die weitere Entwicklung dauerhaft beeinträchtigt ist und einen anderen als den normalerweise erwarteten Verlauf nimmt. Das sollte keine Panik hervorrufen, sondern vielmehr dazu führen, die bestehenden Chancen für das Kind nüchtern einzuschätzen und angemessen zu nutzen.

Sind derartige Beeinträchtigungen der Entwicklung erst einmal aufgetreten, so hilft es demnach wenig, sich etwa Versäumtes vorzuhalten, anderen Vorwürfe zu machen und nach Schuldigen zu suchen. Vielmehr sind alle Kräfte dafür einzusetzen, den unveränderlichen Teil der Ausgangslage zu bejahen und mit dem Helfen und Fördern bei den Anteilen zu beginnen, die trotz aller Hemmnisse Hilfen und ein Fortschreiten möglich machen. Die Kinder selbst und ihre Eltern haben dabei den schwersten Teil zu tragen. Sie werden von den Fachleuten unterstützt, die die Wissenschaft anwenden, um sie in ihrer Lage und bei der Förderung der Kinder zu beraten, damit das Nötige und Mögliche getan wird. Das Ziel ist, Wege zu finden, nicht zu viel und nicht zu wenig von sich und anderen zu verlangen und trotz aller Belastungen die Hoffnung nie aufzugeben.

Das Helfen und Fördern bei geschädigten und behinderten Kindern entspricht einer Grundüberzeugung in unserer Gesellschaft, die ihren Ausdruck im Bundessozialhilfegesetz (BSHG 1974) gefunden hat, das von einem Solidarbeitrag aller Bürger ausgeht. Es werden »Hilfen zum Lebensunterhalt« oder »in besonderen Lebenslagen« für die Geschädigten und Behinderten zur Verfügung gestellt, um ihnen die »Führung eines Lebens zu ermöglichen, das der Würde des Menschen entspricht«. Weiter heißt es, die Hilfe soll den Empfänger »so weit wie möglich befähigen, unabhängig von ihr zu leben; hierbei muß er nach seinen Kräften mitwirken« (BSHG 1974, § 1).

Körperlich begründbare Schädigungen

Die Zeit von der Zeugung bis zur Geburt ist die gefährlichste im menschlichen Leben, weil sich – so lauten Schätzungen – nicht einmal jede zweite befruchtete Eizelle bis zur Geburt weiterentwickeln kann. In vielen Fällen kommt es auf Grund einer fehlerhaften Entwicklung erst gar nicht so weit, daß eine Schwangerschaft überhaupt festgestellt wird. Weiter ist in den ersten Monaten mit spontanen Fehlgeburten zu rechnen, die durch anlagebedingte Entwicklungsstörungen eine frühe natürliche Auslese herbeiführen. In der Zeit danach kommen künstliche Abbrüche einer Schwangerschaft vor, die meistens mit einer sozialen Notlage der Mutter begründet werden – eine Problematik, die uns bereits beschäftigt hat und die wir im Zusammenhang einer drohenden Behinderung des Kindes am Ende dieses Buchteils wieder aufgreifen.

Danach erhalten für das Kind und die Familie Entwicklungsstörungen Bedeutung, die mit dem Weiterleben des Kindes vereinbar sind. Am auffälligsten sind grobe äußere Mißbildungen, die früh in der embryonalen Entwicklung entstehen und die in früheren Zeiten und Kulturen zur Aussetzung oder Tötung des Neugeborenen führten. Heute machen z. B. chirurgische Korrekturen, etwa bei einer offenliegenden Wirbelsäule, ein Überleben des Kindes möglich. Hier kann die Frage nach dem Überleben um jeden Preis entstehen, falls es nur die moderne Medizintechnik erlaubt.

Diese Frage beschäftigte jüngst die Öffentlichkeit anläßlich des Schicksals eines Mädchens in New York, dem der Magen-

Darm-Trakt fehlte und das sein ganzes Leben, bis es mit 3 Jahren starb, an eine Apparatur gefesselt verbrachte, die es künstlich ernährte. Die Eltern hatten bei ihrem Konflikt, dem Kind ein Leben unter solchen Bedingungen zuzumuten, von dem ihnen durch Gesetz zugestandenen Recht Gebrauch gemacht, lebensverlängernde Maßnahmen bei ihrem Kind zu verweigern. Kurz vorher war es durch Gesetz verboten, behinderte Kinder nicht zu versorgen, gleichgültig wie der Zustand des Kindes war und die Eltern im Einzelfall darüber dächten. Die damit aufgeworfenen ärztlichen, ethischen und juristischen Probleme um eine medizinisch-technische Lebensverlängerung haben den Ruf nach Ethik-Kommissionen in Kliniken verstärkt, die künftig bei der Beurteilung der Lebensmöglichkeiten eines Kindes mit Mißbildungen Entscheidungshilfe leisten sollen.

Biologische Ursachen sind nicht nur bei den groben Mißbildungen bekannt, sondern auch bei anderen körperlich begründbaren Entwicklungsstörungen, wie z. B. den Hirnschädigungen mit Körperbehinderungen und Anfallsleiden, die oft – durchaus nicht immer – zu Mehrfachbehinderungen mit Intelligenzrückständen führen. Ziemlich genau kennen wir die Entstehungsbedingungen beim Down-Syndrom, dem sogenannten Mongolismus mit Kleinwuchs, Mongolenfalte an den Augen, flacher Nase und offenstehendem Mund. Bei diesen Kindern liegt eine Abweichung im Chromosomenbestand vor, die bei Müttern mit höherem Alter bei der Geburt des Kindes häufiger als bei jüngeren auftritt. Kinder mit Down-Syndrom stellen die größte Gruppe aller Kinder mit sehr erheblichen Intelligenzrückständen dar, und wir sind auf ihre Entwicklung schon mehrfach eingegangen.

Diese und andere Entwicklungsstörungen, die auf Chromosomen-Anomalien und Gendefekten beruhen und zu schweren Behinderungszuständen führen, lassen sich heute schon in den ersten Schwangerschaftswochen feststellen. Untersuchungen des Fruchtwassers und eines bestimmten Zellmaterials erlauben schon früher als Ultraschalluntersuchungen Aussagen über die genetischen und biochemischen Besonderheiten des kindlichen Körpers. Bei den Eingriffen, die für die Untersuchungen erforderlich sind, besteht allerdings ein gewisses Risiko eines »spontanen« Schwangerschaftsabbruchs. Wenn ein Schwangerschaftsabbruch geplant ist, wozu der Nachweis einer schweren »Erbanomalie« erforderlich ist, kann er schon früh eingeleitet werden, wodurch die Risiken der Komplikationen bei einem späteren Abbruch verringert werden. Auf die damit angeschnittenen schwierigen Fragen eines Schwangerschaftsabbruchs bei drohender Behinderung eines Kindes kommen wir – wie gesagt – zurück.

Umweltwirkungen

Unter dem Gesichtspunkt von Umwelteinwirkungen, die zu Behinderungen führen können, werden Einflüsse betrachtet, die als vermeidbar angesehen werden und deshalb für die Vorbeugung so bedeutsam sind. Großes öffentliches Interesse haben in diesem Zusammenhang Verletzungen des Fetus durch unzulängliche Versuche eines Schwangerschaftsabbruchs gefunden, deren Vermeidung ein Motiv für die gesetzlichen Änderungen des § 218 waren.

Andere Schädigungsmöglichkeiten bestehen in der vorgeburtlichen Zeit, z. B. durch die Antikörperreaktionen der Mutter bei einem rhesuspositiven Vater. Sie werden heute schon in der ersten Schwangerschaft behandelt, indem die Mutter bei der Geburt mit Rh-Antikörpern geimpft wird. Bei der folgenden Schwangerschaft gibt es keine neuen Antikörperbildungen, die der Frucht gefährlich werden könnten. In diesen Zusammenhang gehören auch Infektionskrankheiten der Mutter, z. B. die Röteln in bestimmten Monaten der Schwangerschaft, gegen die heute bereits jugendliche Mädchen geimpft werden.

Aufsehen erregt hat die Wirkung bestimmter Medikamente, die während der Schwangerschaft eingenommen wurden, und es gibt nach dem bekannten Conterganfall immer wieder neue Meldungen über entsprechende Risiken. Nicht minder alarmierend sind die inzwischen gut belegten Berichte über Einflüsse des Zigarettenrauchens (LANDESMANN-DWYER 1979) und Alkoholkonsums (STREISSGUTH 1977) während der Schwangerschaft. Die Wirkungen hängen von der Dosierung ab und steigern sich wechselseitig. Nach allem kann man schwangeren Frauen nur empfehlen, den Konsum so weit wie möglich einzuschränken, da ernsthaft die gesunde Entwicklung des Kindes auf dem Spiel steht. Medikamente,

Nikotin und Alkohol werden mit vorzeitigen Geburten, Untergewicht, schlechtem Gedeihen der Kinder und sogar Mißbildungen in Zusammenhang gebracht (STECHLER, HALTON 1982).

Schädigungen um die Geburt

Während die Mutter selbst das Rauchen und Alkoholtrinken unter Kontrolle hat, entsteht ein anderes Problem durch Wirkungen, die unter Kontrolle der Ärzte stehen, insbesondere die Wehenmittel in der Geburtshilfe (BRACKBILL 1980). Auch hier scheint die Dosierung eine Rolle zu spielen bei einer Wirkung, die auf die begrenzten physiologischen Fähigkeiten des Neugeborenen zurückgeführt werden, die Aufnahme der Medikamente biochemisch zu unterbrechen und sie aus dem Körper auszuscheiden. Es sind dringend mehr Informationen über die Wirkung dieser Drogen erwünscht, so daß die Mütter noch verantwortlicher an den hier fälligen Entscheidungen beteiligt werden können.

Ein eigenes Gebiet sind die Schädigungen, die unter der Geburt entstehen können (KOPP, PARMELEE 1979). Das »Tor zum Leben« birgt Gefahren, die am besten durch die relativ hohen Zahlen über die Säuglingssterblichkeit dokumentiert sind, die in unserer Bundesrepublik bei etwa 10 von 1000 Geburten liegt, aber überwiegend durch Frühgeburtlichkeit so hoch sind. Die Komplikationen bei der Geburt entstehen vorwiegend durch mechanische Einwirkungen beim Austritt des Kopfes aus dem Geburtskanal und dabei auftretende Mängel in der Sauerstoffversorgung des Neugeborenengehirns vor Eintritt der Lungenatmung. Es gibt Schätzungen, wonach 9/10 aller schweren Hirnschädigungen, die zu erheblichen Entwicklungsrückständen führen, unter der Geburt eintreten. Im einzelnen gelten als mögliche Folgen Bewegungsstörungen der »Spastiker« und Körperbehinderungen mit begleitenden geistigen Behinderungen und minimale Hirnfunktionsstörungen. In jüngster Zeit werden in diesem Zusammenhang die Risiken der durch Wehenmittel künstlich eingeleiteten, sogenannten programmierten, Geburt diskutiert, wobei man nicht vergessen darf, daß die künstliche Einleitung ärztlich notwendig sein kann. Nicht vertretbar ist eine sog. »Geburt nach Dienstplan«, d. h. die künstliche Einleitung vor den »dienstfreien« Wochenenden in der Klinik, die bei Komplikationen auch bereits zu Schadenersatzforderungen der Eltern geführt hat.

Schädigungen in der nachgeburtlichen Zeit sind weit seltener, sie sollen nur etwa 10 % der Schäden ausmachen. Sie kommen durch Infektionskrankheiten mit Hirnbeteiligung wie schweren Grippen, Hirnhautentzündungen und Kinderlähmung zustande, die manchmal auch heute noch trotz medikamentöser Behandlung bleibende seelisch-geistige Behinderungen zur Folge haben können. Auch Unfallverletzungen mit Kopfbeteiligung sind zu beachten, obschon es immer wieder erstaunt, wie gut das kindliche Gehirn auch schwere Erschütterungen verkraftet.

Erst seit einigen Jahren ist die Entstehung des Brenztraubensäure-Schwachsinns bekannt, der so genannt wird, weil eine Säure das Gehirn beeinträchtigt, die sich im Stoffwechsel durch das Fehlen eines Enzyms anhäuft, das Aminosäuren spaltet. Bei längerdauernder Wirkung ergibt sich eine erhebliche Geistesschwäche mit einer charakteristischen breitbeinigen Körperhaltung mit eingeknickten Knien. Ein einfacher Windeltest bei Säuglingen, bei dem es zur Grünfärbung von Eisenchlorid kommt, macht die Störung ausfindig, die durch eine einfache Diät behoben werden kann. Einer Beeinträchtigung des Gehirns und der geistig seelischen Entwicklung kann damit vorgebeugt werden.

Bei weit über der Hälfte der Beeinträchtigungen der Entwicklung, die von Anfang an bestehen und zu schweren Intelligenz- und Entwicklungsrückständen führen, kennen wir die Entstehungsursache noch nicht. Es wird auch hier die Beteiligung körperlich begründbarer Ursachen angenommen, auch an Deprivationswirkungen gedacht und auf Erblichkeit und familiäres Vorkommen hingewiesen, was immer im einzelnen dahinterstecken mag.

Schädigung und Behinderung

Die körperlich begründbaren Schädigungen können sich – darüber gibt es keinen Zweifel – als Beeinträchtigungen der seelisch-geistigen Entwicklung in Form von Behinderungen auswirken. Jedenfalls nehmen wir, wenn bei einer Schädigung eine Behinderung vorliegt, eine Entsprechung zwischen körperlicher Schädigung und seelisch-geistiger Behinderung an, ohne jedoch im einzelnen die Zusammenhänge zwischen der Tätigkeit des Nervensystems und den seelisch-geistigen Prozessen und Entwicklungen genau zu durchschauen. Wenn erhebliche Abweichungen von der gewohnten normalen Intelligenz- und Persönlichkeitsentwicklung vorkommen, so liegt nicht ein nahtloser Übergang vom Normalen her vor, sondern es ist im allgemeinen eine strukturelle Hirnveränderung irgendeiner Art, die zur Erklärung der Abweichungen herangezogen wird. Umgekehrt ist es unwahrscheinlich, daß verschiedene Grade von Hirnentwicklungen und Hirnschädigungen die normale Spielbreite der intellektuellen Entwicklung erklären (RUTTER 1982).

Im allgemeinen wissen wir eher, wie wir uns den Zusammenhang nicht vorstellen dürfen, als daß wir positive Aussagen darüber machen könnten. So muß eine Schädigung nicht unbedingt zu einer so erheblichen Beeinträchtigung führen, daß sie als Behinderung auffällt. Eine bestimmte Schädigung führt auch keinesfalls immer zu einer bestimmten Behinderungsart. Eine Ausnahme scheinen die Sinnesschädigungen wie Blindheit und Taubheit zu bilden, aber auch sie kommen nur zu oft mit anderen Behinderungsarten gemeinsam vor. Es gibt anscheinend viele Wirkweisen der Schädigungen auf die verschiedenen Bereiche der seelisch-geistigen Entwicklung. In jedem Einzelfall ist mit einem Faktorenbündel und vorher kaum kalkulierbaren Ergebnissen der Wirkungen zu rechnen.

Die Verhältnisse führen längst nicht immer zu so überschaubaren Folgen wie bei den bereits erwähnten Contergan-Kindern. Bei ihnen hat eine bestimmte Schädigung in einem bestimmten Abschnitt der vorgeburtlichen Entwicklung eine bestimmte Art von körperlicher Mißbildung an den Armen und Händen herbeigeführt. Ansonsten bleibt die Entwicklung – insbesondere auch die intellektuelle Entwicklung – im allgemeinen unberührt. Neben solchen eng umschriebenen Wirkungen gibt es umfassendere Beeinträchtigungen wie im Falle der Kinder mit Down-Syndrom, den Anzeichen des sogenannten Mongolismus, die wir bereits beschrieben haben. Die Chromosomen-Anomalie ist hier von Anfang an durchgreifend und fortdauernd wirksam und führt in allen Entwicklungsbereichen zu einem erheblichen unaufhebbaren Rückstand, der von einer relativ harmonischen Persönlichkeitsentwicklung begleitet wird und vor allem in der geistigen Entwicklung als Rückständigkeit auffällt.

In den meisten anderen Fällen läßt sich die künftige Entwicklung nicht so sicher vorhersagen. Es gilt nur allgemein, daß die Behinderung desto erheblicher ist, je früher und je stärker die schädigende Wirkung eingetreten ist. Grundlegende Störungen machen sich am ehesten von Anfang an und deutlicher in Rückständen der Bewegungsentwicklung bemerkbar, wobei wir an Verzögerungen in der neuromuskulären Reifung denken, die z. B. an dem Auftreten und Verschwinden bestimmter Reflexe festgestellt werden kann (vgl. Abschnitt »Vorgeburtliche Zeit« im 3. Teil des Buches).

Reflexuntersuchungen bilden auch einen zentralen Bestandteil der Neugeborenenuntersuchung, z. B. im sogenannten APGAR-Schema (1953), das nach seiner Erfinderin genannt ist und unter anderem auch den Herzschlag und die Atmung überprüft (vgl. HELLBRÜGGE 1979). In der Neugeborenenuntersuchung geht es um die Früherkennung von geschädigten Risikokindern, bei denen später dauerhafte Behinderungen befürchtet und durch rechtzeitige Förderung möglichst verhütet oder mindestens gemildert werden sollen. Je nach Maßstab kann man sogar bei der Hälfte der Neugeborenen einzelne Risikomerkmale feststellen, ohne daß damit schon gesagt wäre, daß diese Kinder später als Behinderte auffallen müssen. Besonders im Anfang ist die Entwicklung noch sehr im Fluß, und die Verhältnisse ändern sich schnell. Wir rechnen heute damit, daß es Möglichkeiten des zentralen Nervensystems gibt, Störungen und Fehler in einem Maße auszubalancieren, wie wir das bisher für ausgeschlossen hielten. Das Nervensystem kann anscheinend Störungen regelrecht steuern, so daß unter den gegebenen Bedingungen ein

Höchstmaß an Funktionstüchtigkeit erreicht wird. Interessant ist die Vermutung, daß bei frühgeborenen Risikokindern die Mütter im ersten Jahr »härter« mit den Kindern arbeiten, um die Interaktion aufrechtzuerhalten, so daß hier ein zusätzlicher Förderungseffekt eintritt (GOLDBERG 1978).

Jedenfalls bleiben von den Risikokindern bei der Geburt nach einigen Jahren nur etwa 5–10% der Kinder, deren Behinderung im Schulalter weiterer sonderpädagogischer Förderung bedarf. Es ist eine Frage, ob das als Erfolg der Maßnahmen zur Früherkennung und Frühförderung von Risikokindern gelten soll oder ob hier die regelnden Kräfte des Nervensystems und eine »Tendenz hin zur gesunden Entwicklung« am Werke waren, auf die wir im Abschnitt über die Lernfähigkeit noch zurückkommen.

Entwicklungsrückstände

Bei der Diagnose einer Behinderung gehen wir von einer Abweichung in der geistig-seelischen Entwicklung aus, die desto wahrscheinlicher körperlich begründbar und von Umweltfaktoren weniger beeinflußbar ist, je erheblicher sie ausfällt. Über die körperlichen Faktoren und die Umwelteinflüsse selbst können wir an Hand der psychologischen Daten nur sehr vage Aussagen machen. Es lassen sich allenfalls Hinweise geben, ob z. B. eine minimale Hirnschädigung wahrscheinlich ist. Im Grunde sind wir auf Feststellungen angewiesen, die das Ausmaß des Rückstandes in der Gesamtentwicklung und in einigen Entwicklungs- und Intelligenzbereichen betreffen. Entsprechende Feststellungen sind keineswegs als einfaches Unternehmen anzusehen. Die wissenschaftlichen Methoden der Entwicklungspsychologie, der Kinderheilkunde und Kinderpsychiatrie zur Unterscheidung einer regelrechten und einer von der Regel abweichenden Entwicklung bei Behinderungen sind noch recht ungesichert.

Schon im allgemeinen müssen wir bei Anwendung der entwicklungspsychologischen Methoden mit einer großen Streuungsbreite rechnen, zu welchem Zeitpunkt bestimmbare Entwicklungsereignisse eintreten. Im ersten Lebensjahr des Kindes nehmen wir z. B. an, daß es erhebliche Abweichungen von der Erwartung gibt, daß das erste Lächeln mit 6 Wochen, die Lautbildung, das Lallen, mit 2 Monaten, das

Kopfheben mit Armstütze mit 3 Monaten, das freie Sitzen mit 6, das Kriechen mit 7 und das Alleine-Stehen mit 12 Monaten eintreten. Den als »normal« anzusehenden Abweichungsbereich vom statistischen Durchschnitt beschreibt man meistens als die mittleren 95 % der Fälle. Bei diesem Maßstab tolerieren wir in den ersten Lebensmonaten mehrwöchige und in den ersten Lebensjahren mehrmonatige Abweichungen von den genannten Durchschnittserwartungen als normal.

Äußerungen wie: Mein Kind kann schon sprechen, dabei ist es erst 12 Monate alt, besagen im Grunde noch nicht viel für die Zukunft. Die Unsicherheiten in der Vorhersage der späteren Entwicklung sind desto größer, je jünger die Kinder sind. In den ersten Jahren kann man eher damit rechnen, daß ein ausgesprochener »Spätzünder« alles nachholt, Kinder sich schubweise entwickeln und auf einem bestimmten Gebiet plötzlich Fortschritte machen. Wenn allerdings erst einmal ein erheblicher Rückstand eingetreten ist, wird es immer weniger wahrscheinlich, daß er ausgeglichen werden kann. Man muß im Gegenteil damit rechnen, daß der Rückstand im Laufe der Entwicklung immer stärker ins Gewicht fällt, weil eine einmal verlangsamte Entwicklung die weiteren Entfaltungsmöglichkeiten einschränkt, was dann zu einem immer größeren zeitlichen Abstand von der durchschnittlichen Erwartung führt.

In dieser Art eines sich im Laufe der Zeit eher vergrößernden Rückstandes gegenüber der regelrechten Entwicklung sind seelisch-geistige Behinderungen unter psychologischem Aspekt zu verstehen. Wenn bei einem geschädigten Kind der Rahmen einer »normalen« Spielbreite der Entwicklung verlassen wird, sprechen wir von Behinderung. Unter »anormal« kann man dabei unter Anwendung der genannten statistischen Norm die etwa 5–10 % von Kindern mit geistig-seelischen Zuständen verstehen, die den größten Rückstand gegenüber der durchschnittlich erwarteten Entwicklung haben (SCHMALOHR 1975 e). Man kann dazu Altersangaben machen, wie der Franzose BINET, als er 1905 im Auftrage des Kultusministeriums zum ersten Mal bestimmen sollte, welche Kinder als Lernbehinderte in einer Sonderschule zu betreuen sind. Damals galt als Norm für die Sonderschulbedürftigkeit, daß ein Kind beim Schuleintritt in seinem Entwicklungsalter mindestens zwei Jahre gegenüber seinem Lebensalter zurückgeblieben sein mußte. Man nahm dann an, daß das Kind diesen Rückstand in einer gewöhnlichen Schule mit den gewöhnlichen Mitteln nicht aufholen könnte und deshalb besser in einer Sonderschule zu fördern und aufgehoben ist.

Sinnesschäden und Körperbehinderung

Eine Behinderung kann nun ganz speziell die Sinnestätigkeit, z. B. das Sehen oder Hören betreffen. Wenn eine Sinnesschädigung wie Blindheit oder Taubheit vorliegt, ist damit noch nicht ohne weiteres etwas über die allgemeine geistig-seelische Entwicklung ausgesagt. Die entwicklungspsychologische Forschung auf diesem Gebiet geht der Frage nach, ob und wie weit wir mit gegenseitigen Beeinträchtigungen rechnen müssen. In vielen Fällen ist bei einer Schädigung des Sehens oder Hörens das zentrale Nervensystem mitbetroffen, so daß – wie wir das schon angedeutet haben – Beeinträchtigungen der seelischen Entwicklung vorliegen, die zu mehrfachen Behinderungen führen können. Das gilt auch für die anderen Behinderungsarten, die man im allgemeinen nach dem Schwergewicht der Beeinträchtigung der Entwicklung in einem bestimmten Bereich bei einem Kind bezeichnet.

Neben den Kindern mit Behinderungen auf dem Gebiet der Seh- und Hörschäden unterscheidet man hauptsächlich noch die Kinder mit Körperbehinderungen, geistigen Behinderungen und mit Lernbehinderungen. Bei den Kindern mit Körperbehinderungen kommt es vor, daß die Behinderung sich auf den Bewegungsapparat beschränkt, wie z. B. bei den Contergankindern, aber auch bei manchen Kindern mit spastischen Lähmungen. In den schweren Fällen ist auch hier die Gesamtentwicklung mit der Intelligenz betroffen, und es kommen auch Mehrfachbehinderungen unter Beteiligung von Sinnesschädigungen vor.

Lernbehinderung und geistige Behinderung

Die weitaus größte Gruppe von Kindern mit Behinderungen ist in ihrer Entwicklung vor allem durch Beeinträchtigungen ihrer »Intelligenz« gekennzeichnet. Die Intelligenz als allgemeine geistige Leistungsfähigkeit steht im Zentrum der Gesamtentwicklung der kindlichen Persönlichkeit und ist in unserer Kultur der wohl empfindlichste Gradmesser für den seelischen Gesamtzustand und die Zukunft eines Kindes. Welcher Grad an Behinderung in dieser Hinsicht vorliegt, wird erst deutlich, wenn die Kinder das Schulalter erreichen. Wir unterscheiden hier nach der Erheblichkeit der Beeinträchtigung Kinder mit Lernbehinderungen, die von Kindern mit »Lernstörungen« abgehoben werden, und Kinder mit geistigen Behinderungen.

Was die Kinder mit Lernbehinderungen angeht, die wiederum den größten Anteil der Kinder mit Intelligenzrückständen ausmachen, kann man auch unter den heutigen Schulverhältnissen – wie damals bei BINET – annehmen, daß Kinder mit einem Rückstand von mindestens zwei Jahren zum Zeitpunkt des Schulbeginns einer besonderen Förderung bedürfen, für die im allgemeinen am besten in der Sonderschule für Lernbehinderte gesorgt ist. Bei Kindern mit Lernbehinderung nehmen wir an, daß das schulische Lernen nicht – wie bei den Lernstörungen – nur vorübergehend, sondern dauerhaft beeinträchtigt ist. Es ist gut zu wissen, daß es Sonderschulen weiter gibt, in denen Kinder schulische Hilfen erhalten, die in der Grund- und Hauptschule nicht die notwendige und mögliche Förderung erhalten.

In der Streitfrage, ob durch die schulische Aussonderung nicht Kinder künstlich stigmatisiert und diskriminiert werden, sollte man nicht übersehen, daß die Schüler dieser Schulart Schulabschlüsse erreichen können, die dem Hauptschulabschluß vergleichbar und bei entsprechendem weiterem Schulbesuch sogar damit gleichgestellt sind. Dieser Erfolg ist im Regelfall bei einem Verbleib in der allgemeinen Schule weniger wahrscheinlich. Fast alle Schulabgänger von der Sonderschule für Lernbehinderte lernen einen Beruf – viele schließen erfolgreich eine Lehre ab –, und von wenigen Ausnahmen abgesehen werden alle Schüler als Erwachsene zu einer selbständigen Lebensführung fähig.

Die zweite Gruppe von Kindern mit Beeinträchtigungen der Intelligenzentwicklung sind Kinder mit den erheblicheren »geistigen« Behinderungen. Man hat versucht, die Entwicklung geistig behinderter Kinder nach dem Grad des Intelligenzrückstandes zu beschreiben. Dabei kann man etwa drei Schweregrade unterscheiden: trainierbare, kaum trainierbare und ständig pflegebedürftige Kinder mit geistigen Behinderungen. Die trainierbaren Kinder können trotz ihrer Beeinträchtigungen sprechen lernen und soziale Fähigkeiten entwickeln, sich einige Schulfertigkeiten im Niveau der ersten Schuljahre wie Wortlesen aneignen, in öffentlichen Verkehrsmitteln bekannte Orte erreichen und später im Schonraum etwa einer »Beschützenden Werkstatt« berufliches Verhalten erlernen und einen gewissen Grad an Selbstversorgung erreichen. Die kaum trainierbaren Kinder bleiben in der motorischen Entwicklung stark beeinträchtigt, lernen im Schulalter sprechen, profitieren von einem Gewohnheitstraining z. B. zur Körperpflege und können bei ständiger Anleitung und Hilfe als Erwachsene zur Selbstversorgung beitragen und in einer kontrollierten Umwelt wie einer Beschützenden Werkstatt Fähigkeiten des Selbstschutzes entwickeln. Ständig pflegebedürftige Kinder bleiben in ihrer motorischen und sprachlichen Entwicklung so stark beeinträchtigt und reagieren so wenig auf Trainingsbemühungen, daß sie auch als junge Erwachsene nur im begrenzten Maße für sich selbst sorgen können und ständig auf fremde Hilfe angewiesen sind.

Die größte Gruppe unter den Kindern mit geistigen Behinderungen sind die Kinder mit dem uns bekannten Down-Syndrom. Bei ihnen wird immer wieder hervorgehoben, wie freundlich, anhänglich und umgänglich sie von Anfang an sind und welche Freude die Eltern an ihnen haben. Diese Wesenszüge machen es verständlich, daß diese Kinder in früheren Zeiten zu Hause gehalten wurden, weil sie mit den Zielen der Sonderschule für Lernbehinderte nicht zurechtkamen und die Eltern sie gerne bei sich behielten. Damals starben diese Kinder meistens schon im Jugendalter an Infektionskrankheiten. Heute haben sie durch die Antibiotika eine viel höhere Lebenserwartung. Für sie wurden die ersten Sonderschulen für Geistigbehinderte eingerichtet. Die Eltern, denen es früher schwerfiel, die Kinder zu verselbständigen, begrüßen diese Einrichtungen mit Ganztagsbetreuung heute sehr.

Auch andere Kinder mit diesem Grad eines Intelligenzrückstandes, der sich wegen der generellen Bedeutung der Intelligenz besonders hemmend auf die gesamte Persönlichkeitsentwicklung auswirkt, können nicht mehr in Sonderschulen für Lernbehinderte gefördert werden. Viele Ziele des herkömmlichen Schullernens muß man bei ihnen aufgeben. Die Sonderschule für Geistigbehinderte spricht die »motorische Bildbarkeit« der Kinder an, verfolgt Ziele der lebenspraktischen Bildung und bereitet auf eine Tätigkeit in den genannten »Beschützenden Werkstätten« vor, in denen für eine lebenslange begleitende Hilfe gesorgt ist. Entsprechende Einrichtungen gibt es auch für andere Gruppen von Behinderten. Sie werden für den Fall in Anspruch genommen, daß die Behinderten als Erwachsene nicht ganz fähig werden, unabhängig von fremder Hilfe ihr Leben zu führen.

Im folgenden seien zwei Arten von Beeinträchtigungen der Entwicklung erörtert, die man von den bisher besprochenen Behinderungsarten unterscheiden kann. Dabei zeichnen sich zwei Erscheinungsformen ab, bei denen man an frühere Bezeichnungen der mehr torpiden (regungslosen, starren) und mehr erethischen (reizbaren, erregbaren) Geistesschwäche erinnert wird.

Frühkindlicher Autismus

Begriffliches

Der frühkindliche Autismus wird als Störung im Zusammenhang mit der geistigen Behinderung und mit der Geisteskrankheit Schizophrenie diskutiert, was Gelegenheit gibt, einige Begriffserklärungen zu versuchen, die zum Verständnis behinderter Kinder beitragen können.

Die Begriffsbildung »geistige« Behinderung – für eine erhebliche Beeinträchtigung der Intelligenz- und Persönlichkeitsentwicklung – legt eine Wortverwechslung mit einer »Geistes«-Krankheit nahe. Als Geisteskrankheiten werden im Jugend- und Erwachsenenalter krankheitsartig auftretende Persönlichkeitsstörungen vom Charakter der »Psychosen« bezeichnet, die sog. Schizophrenien und manisch-depressiven Gemütsstörungen. Geistig Behinderte sind nicht in diesem Sinne Geisteskranke und Geisteskranke nicht Schwachsinnige im Sinne von geistigem Zurückgebliebensein. Wohl können Geisteskranke bei einem chronischen Verlauf der psychotischen Erkrankung Persönlichkeitsveränderungen erleiden, die sie dauerhaft behindern und hilfsbedürftig machen. Angesichts der Vielfalt von Erscheinungsformen sind die Unterscheidungen und Begriffsbildungen nicht immer leicht durchzuhalten.

Das trifft auch bei dem Erscheinungsbild des frühkindlichen Autismus zu, das zwischen geistiger Behinderung und Geisteskrankheit im Sinne der Schizophrenie angesiedelt wird. Man versteht darunter eine erhebliche Störung der geistigen und gefühlsmäßigen Entwicklung, die gleich bei der Geburt oder bald danach durch starres und selbstbezogenes (autistisches) Verhalten auffällt. Autismus soll bei ein bis zwei Kindern unter 10000 – also sehr selten – vorkommen. Aber es wurde und wird viel über Autismus geschrieben, wie z. B. die Bibliographie von KEHRER (1982) mit 1958 Titeln zwischen 1934 und 1981 zeigt. Bekannter geworden ist das Erscheinungsbild zuerst in den 40er Jahren, als der Kinderarzt KANNER (1943, 1944) darüber berichtet hat, und neuerdings durch ein Buch des bekannten Psychoanalytikers BRUNO BETTELHEIM (1983, englisch 1974).

Geisteskrankheit oder geistige Behinderung?

Frühkindlicher Autismus wird in der Literatur an Hand von Einzelfällen beschrieben, die bei KANNER (1944) in zwei Merkmalen übereinstimmen. Die Kinder isolieren sich, bleiben allein und selbstbezogen, nehmen schon im Anfang keinen Augenkontakt auf, lächeln nicht, erwarten nicht, aufgenommen zu werden, und halten sich beim Aufnehmen ganz steif. Auch an der Dingwelt zeigen sie kein Interesse. Versucht man ihre Aufmerksamkeit zu erregen, starren sie weiter vor sich hin. In ihren Bewegungen neigen die Kinder zu wiederholten Bewegungen, zu Ritualen und später in der Sprache zu echoartigen Wiederholungen.

Alles das erinnert an den Autismus, der im Verlust des Kontakts mit der Wirklichkeit als das Kernsymptom der Schizophrenie gilt. Zum Verständnis des frühkindlichen Autismus und der Ursachenfrage müssen wir uns kurz mit dieser seelischen Erkrankung beschäftigen (WING 1978). Die Schizophrenie bricht im Jugend- oder Erwachsenenalter schicksalhaft über den bis dahin Gesunden herein und führt je nach Verlauf zu erheblichen Veränderungen der Persönlichkeit. Bis auf ihre »endogene« – im Körper vermutete – Entstehung kann sie in ihrer Verursachung ebensowenig wie die andere psychotische Störung, die manisch-depressive Gemütskrankheit, als aufgeklärt gelten. Deshalb ist es schwer, diese seelisch-geistigen Störungen eindeutig zu erfassen, wenn sie auch wegen ihres prozeßhaften Verlaufs und der deshalb im Körperlichen vermuteten Abweichung »Krankheiten« genannt werden. Das darf nicht darüber hinwegtäuschen, daß es bisher keineswegs gelungen ist, sie wie eine körperliche Erkrankung wirksam zu behandeln. Um die Klärung von Diagnose und Therapie bemühen sich die Wissenschaftler fortlaufend, was z. B. Wörterbücher dieses Spezialgebiets bekunden, die ständig revidiert werden (z. B. BERNER u. a. 1983).

Mit der ungeklärten Ursachenfrage hängt es zusammen, daß nicht nur nach körperlichen, sondern auch nach anderen Ursachen für die Geisteskrankheit und den Autismus gesucht wird. Die Wahnvorstellungen in der Schizophrenie, die durch den Widerspruch mit der Wirklichkeit nicht korrigiert werden, die »grundlose« Traurigkeit in der Depression und die Erregtheit bis zur »Raserei« in der Manie bieten dem Beobachter immer wieder Anhaltspunkte, nach Zusammenhängen mit schweren persönlichen Erlebnissen bei den Betroffenen zu suchen. Solche Erlebnisse werden bei der Schizophrenie in der frühen Kindheit und hier besonders bei verletzendem oder verwirrendem Verhalten der Eltern – vor allem der Mutter – vermutet. Die Ursachenzuschreibung »schizophrenieerzeugende Mutter« haben wir bei den »unverwundbaren« Kindern bereits erwähnt, deren Merkmal u. a. darin bestand, daß sie von solchen Einflüssen verschont bleiben.

Angst vor der Drohung einer Trennung, die von der Mutter erzeugt wird, soll die Kinder veranlassen, seelisch mit ihr »eins« zu bleiben und nicht fähig zu werden, sich von ihr zu trennen. Bekannt geworden ist vor allem die »Double-Bind« (Doppelbindungs)-Hypothese (WATZLAWIK u. a. 1969). Sie ist so zu verstehen, daß die Familienangehörigen, vor allem die Mutter, im Anfang an das Kind widersprüchliche Informationen richten. Sie fordern das Kind z. B. zur Zärtlichkeit auf, tun aber durch Mimik und Tonfall gleichzeitig Abneigung kund. Dauernde Belastungen dieser Art, in denen das Kind gleichzeitig durch Überbehütung und Ablehnung ständig gebunden und zurückgestoßen wird, sieht diese Forschungsrichtung als die eigentlich krank machende Bedingung an (z. B. MAHLER 1965). Es werden hier die gleichen Voraussetzungen genannt, die nach der psychoanalytischen Lehre zu neurotischen Entwicklungsstörungen führen sollen, wonach unverarbeitete unbewußte Konflikte als Ursache für spätere Ängste und Zwänge angesehen werden. Die Konzepte der Hospitalismus- und Deprivationsforschung, mit denen wir uns im zweiten Teil des Buches beschäftigt haben, spielen in diese Erklärungsmuster hinein. Danach wird die Störung in der frühen Kindheit grundgelegt, tritt aber erst später im Kindes- und Jugendalter in Erscheinung. Nach dieser Auffassung gibt es vom frühkindlichen Autismus kontinuierlich Übergänge zur »frühkindlichen Schizophrenie« und zur Schizophrenie des Jugendlichen und Erwachsenen.

Andere Erklärungsmuster

Diese Auffassung führt jedoch in Schwierigkeiten, weil es schon im Erscheinungsbild Unterschiede gibt. Während die Symptome beim frühkindlichen Autismus von Anfang an und kontinuierlich weiter bestehen sollen, gibt es bei der Schizophrenie immer wieder Phasen einer »normalen« Entwicklung. Autistische Kinder erkranken längst nicht alle an Schizophrenie, während 90 % der Kinder mit einer »schizophrenen« Phase später als Erwachsene an Schizophrenie erkranken. Manchmal gibt es bei der Erwachsenenform eine vollständige Heilung, manchmal kommt es allerdings auch zu immer schneller aufeinanderfolgenden »Schüben« mit immer durchgreifenderen Persönlichkeitsveränderungen, so daß am Ende der Zustand eintritt, der bei autistischen Kindern von Anfang an besteht.

Gegenüber der Erklärung durch elterliches Verhalten und durch eine neurotische Entwicklung gibt es die Position einer streng biologischen Erklärung des frühkindlichen Autismus, der danach als erblich oder angeboren anzusehen ist (RIMLAND 1964). Wegen der Schwere der Beeinträchtigung, die nicht allein mit Erlebnisbedingungen erklärt werden kann, gilt die Störung als Produkt eines abnormen Nervensystems und wird in Verbindung mit Behinderungen, z. B. Hirnstörungen auf körperlicher Grundlage gebracht. Man könnte auch das – heute nicht mehr gebräuchliche – Konzept der

»Psychopathie« anwenden, wenn damit eine überdauernde Abweichung der Persönlichkeit in ihrem Gefühls- und Willensleben verstanden wird, die sich aus angeborenen Ursachen ergibt und – wie die neurotischen Störungen – in Verhaltensauffälligkeiten äußert.

BETTELHEIM (1974) vertritt eine vermittelnde Position und erklärt die Wirkung durch ein Zusammentreffen von feindseligen Eltern mit einer angeborenen übermäßigen Sensibilität des Kindes. Im Grunde bleiben für BETTELHEIM aber die Eltern verantwortlich, wenn sich die Kinder bereits in den ersten Monaten gleichsam als Vorsichtsmaßnahme gegen die elterliche Einstellung in sich zurückziehen. Er stützt sich zur Erklärung des autistischen Verhaltens auf die von HARLOW bei den isolierten Affen beobachteten Verhaltensweisen und zur Erklärung der Ablehnung von Objekten auf die nicht erreichte Objektgewinnung in der sensomotorischen Entwicklung nach PIAGET (1972). Für seine Sichtweise sprechen seine Erfahrungen in der Behandlung autistischer Kinder, die er ausführlich und als sehr erfolgreich beschreibt. Deshalb sollte bis auf weiteres niemand, der mit Kindern arbeitet, bei denen eine derartige Störung zu beobachten ist oder vermutet wird, den Beitrag BETTELHEIMS außer acht lassen.

In der derzeitigen Forschungslage scheint aber über den frühkindlichen Autismus das letzte Wort noch nicht gesprochen zu sein (VICTOR 1983). Weitere Aufschlüsse sind aus Langzeitbeobachtungen des Lebenslaufs bei dieser Beeinträchtigung der frühkindlichen Entwicklung zu erwarten. Es könnte sich lohnen, der Vermutung nachzugehen, daß sich in den bisher vorliegenden Beschreibungen in vielen Fällen die Erwartungen von Eltern niedergeschlagen haben, die bei ihrem Kind, das als behindert anzusehen ist, nach anderen Erklärungen für abweichendes Verhalten suchen. Jedenfalls fällt auf, daß die untersuchten Kinder bei KANNER – und auch bei den anderen Autoren – in gut situierten Familien aufwachsen und die Eltern oft Akademiker und Wissenschaftler sind. Wenn bei diesen Eltern Kinder in der Entwicklung erheblich beeinträchtigt sind, ist die Wahrscheinlichkeit einer körperlich begründbaren Behinderung besonders groß. Für eine Geistesschwäche oder geistige Behinderung, die als »Autismus« bezeichnet wird, spricht auch die Tatsache, daß sich nach den Berichten die Isolation nur bei einzelnen Kindern im Jugendalter verliert und die Mehrheit in der Entwicklung immer weiter zurückfällt.

Bei einer zusammenfassenden Bewertung liegt es nahe, den frühkindlichen Autismus eher als eine allgemeine Entwicklungsbeeinträchtigung mit Dauercharakter zu definieren und weniger als eine vorübergehende emotionale Störung, die sich aus elterlichen krankmachenden Einflüssen ergibt. Mit einer überraschenden »Wiederherstellung« einer »normalen« Entwicklung, die manchmal bei der Verwendung des Konzepts erhofft wird, kann infolgedessen in den »echten« Fällen nicht gerechnet werden.

Die Erörterungen zum frühkindlichen Autismus sind im übrigen ein gutes Beispiel dafür, wie schwer es im Bereich des Seelischen und der Entwicklung ist, zu einer eindeutigen Begriffsbildung zu kommen. Zwischen gesund und krank, gestört, geschädigt und behindert läßt sich nur schwer unterscheiden, wenn das überhaupt möglich ist, was man durchaus bestreiten kann. Auch für die »Seelenärzte« selbst, die Psychiater, die Spezialisten für Geistes- und Gemütskrankheiten, die Neurologen, die Nervenärzte, und die ärztlichen und nichtärztlichen Psychotherapeuten und Psychologen sind die Arbeitsgebiete gar nicht so eindeutig definiert und fein säuberlich zu trennen. Den Fachleuten fällt es oft sehr schwer, zu eindeutigen Diagnosen, noch schwerer zu erfolgreichen Behandlungen zu kommen. Die Nichtfachleute sind bei der Anwendung der verschiedenen Sichtweisen und Begriffsbildungen und mehr noch in ihrem Helfen und Fördern auf die Beratung durch die Fachleute und alle gemeinsam auf Zusammenarbeit angewiesen.

Minimale Hirnfunktionsstörungen

Beschreibung und Ursachen

Das Konzept der minimalen Hirnfunktionsstörung wurde in den bisherigen Überlegungen immer wieder erwähnt, wenn es um das Verständnis des Bedingungsgeflechts bei Beeinträchtigungen der Entwicklung ging. Das weitverbreitete Wissen zur Minimal-Brain-Dysfunction (MBD) bzw. minimalen cerebralen Dysfunction (MCD) und die Forschungen seit Beginn unseres Jahrhunderts dürfen nicht darüber hinwegtäuschen, daß wir es hier mit einer problematischen Begriffsbildung zu tun haben. Sie betrifft sowohl eine noch ungeklärte Forschungslage als auch eine umstrittene praktische Anwendung (RIE 1980, BACHMANN 1982, RUTTER 1982).

Viele Forscher und Praktiker schreiben voller Überzeugung über Wesen und Behandlung der Schädigung, während andere darauf drängen, das Konzept aufzugeben, weil es zu so vielen Mißverständnissen geführt hat. Die lebhaften Diskussionen kann man aber als Beleg dafür ansehen, daß wir zum Verständnis bestimmter Ereignisse und Wirkungen z. Zt. auf diese Hilfskonstruktion nicht verzichten können, daß aber andererseits bei der Anwendung besondere Vorsicht angebracht ist.

Wenn wir die Extreme vermeiden wollen, bieten sich folgende Vorstellungen an. Es gibt gelinde Abweichungen in der Hirntätigkeit, die Folge von erblichen Spielarten, biochemischen Unregelmäßigkeiten, Schädigungen aus der Zeit um die Geburt, Krankheiten oder Verletzungen in der Zeit der Hirnreifung oder unbekannter Art sind. Zwischen den Abweichungen in der Hirntätigkeit und der seelischen Entwicklung mit bestimmten altersbezogenen Erlebnis- und Verhaltensweisen gibt es Beziehungen, die am deutlichsten bei den Behinderungen zutage treten, den Körperbehinderungen, Intelligenzschäden, bei Blindheit oder Taubheit. Bei einer minimalen, d. h. weniger erheblichen Schädigung der Hirntätigkeit treten gelindere Formen von Verhaltens- und Lernstörungen auf, die sich aber wegen ihrer »organischen« Bedingtheit als fortdauernd und gegen Erziehungseinflüsse als hartnäckig erweisen.

Bei allem muß man sich jedoch von der Vorstellung lösen, als gäbe es so etwas wie eine einheitliche minimale Hirnschädigung, diese ließe sich eindeutig bestimmen, in ihren Folgen zuverlässig einschätzen und zweifelsfrei zur Erklärung von Kindheitsproblemen heranziehen. Wenn wir uns für den Eintritt des Ereignisses auf Tatsachen stützen wollen, sind wir auf Hinweise angewiesen, wie sie in einer schweren Blaufärbung bei der Geburt durch mangelhafte Sauerstoffversorgung des Gehirns, in »weichen« Zeichen in neurologischen Untersuchungen z. B. der Reflexe, Unregelmäßigkeiten in der hirnelektrischen Untersuchung (Elektroenzephalogramm, EEG) u. a. vorliegen.

Was die Folgen angeht, sind die Fragestellungen weit gespannt. Sie konzentrieren sich auf Verhaltensprobleme wie Bewegungsunruhe und Lernprobleme sowie spätere Schulschwierigkeiten z. B. im Lesen. Die Schädigung wird aber auch z. B. als mitspielender Faktor für das Zustandekommen der Schizophrenie genannt. Die Sachlage ist kompliziert, weil für alle diese Störungen auch andere Ursachen in Frage kommen und sie im Einzelfall meist mehrfach bedingt sind. Die minimale Hirnfunktionsstörung tritt vor allem auch unter dem Einfluß unterschiedlicher Intelligenzgrade, Persönlichkeitsausprägungen und Erziehungsweisen in verschiedenen Schweregraden und Folgeerscheinungen auf. Bei niedriger Intelligenz und wenig stabiler Erziehung ist die Beeinträchtigung größer, bei hoher Intelligenz und günstigen sonstigen Bedingungen kann die Schädigung unter Umständen unbemerkt bleiben.

Entwicklungsverlauf

Ursprünglich wurden als Kinder mit minimaler Hirnfunktionsstörung Schüler bezeichnet, bei denen Verhaltens- und Lernschwierigkeiten bei normaler Intelligenz auf organische Abweichungen der Hirntätigkeit zurückgeführt wurden. Die Schädigung wird dabei im frühen Alter vermutet, und die Folgen sollen sich erst im Schulalter auswirken. In der frühen Kindheit werden seelische Folgeerscheinungen seltener erkannt. Das verzögerte Auffälligwerden kann man damit erklären, daß die Störung erst wirksam wird, wenn an die Hirntätigkeit die feineren Anforderungen in den geistigen Leistungen und im Sozialverhalten herangetragen werden, die der Schuleintritt mit sich bringt.

Die Ergebnisse vorliegender Untersuchungen gehen in die Richtung, daß insbesondere Jungen mit minimaler Hirnschädigung ein erhöhtes Risiko haben, überdauernde Lernschwierigkeiten davonzutragen und ein Schuljahr wiederholen zu müssen. Vor allem, wenn sie bewegungsunruhig sind, erwartet man dauerhafte soziale Anpassungsprobleme. Die Prognose ist günstig, wenn die Intelligenz hoch ist und die Erziehung im Elternhaus die notwendigen Anregungen und

Kontrollen mit sich bringt. Wenn Lernprobleme, z. B. im Lesen, Verhaltensprobleme, unterdurchschnittliche Intelligenz, eine Familie mit niedrigem Sozialstatus und nur gewöhnlicher Erziehung mit der Schädigung einhergehen, ist das Risiko des Schulversagens erhöht. Für die berufliche Laufbahn und den Lebenslauf sind die Aussichten im allgemeinen günstiger, als sich das in der Schulzeit abzeichnet.

Für das Durchschnittskind mit minimaler Hirnfunktionsstörung läßt sich sagen, daß es laufend Verbesserungen im Verhalten und Lernen geben kann, wenn die Hilfe angemessen ist.

Hilfen

Wenn die Eltern fragen, was bei einem Kind mit minimaler Hirnfunktionsstörung zu tun ist, muß der ehrliche Professionelle zugeben, daß er unsicher ist. Das steht im Gegensatz zu einem Übermaß an angebotenen Methoden, z. B. speziellen Wahrnehmungstrainings, Leserechtschreibförderungen und Nachhilfen der verschiedenen Art bis hin zum Verhaltenstraining. Über den Erfolg können wir wenig aussagen, weil Vergleiche fehlen. Das gilt auch für die oft zusätzlich verordneten Medikamente, bei denen es nicht nur zur Anwendung von beruhigenden, sondern zu einer Kombination mit anregenden Mitteln kommen kann, um eine verbesserte Kontrolle zu erreichen. Bei der Entscheidung werden die beteiligten unerwünschten Nebenwirkungen mit zu bedenken sein. Wichtig ist zu wissen, daß in allen Methoden nicht die »Ursachen« behandelt werden, auch nicht durch Medikamente, die nur in Verbindung mit anderen Hilfen sinnvoll sind und nicht ständig gegeben werden sollten. Eine Abstimmung zwischen ärztlicher und psychologischer Beratung ist angezeigt.

Schätzungen gehen in die Richtung, daß bei 5–10 % aller Kinder und 30–50 % aller in Erziehungsberatungsstellen und Schulpsychologischen Diensten vorgestellten Kinder vermutlich eine minimale Hirnfunktionsstörung an den Schwierigkeiten beteiligt ist. Einige neuere Arbeiten aus dem deutschen Sprachraum widersprechen der Annahme, daß sich die Schwierigkeiten im Jugendalter von selbst auswachsen und später keine weitere Betreuung notwendig ist (RIEGELS 1980, SIEBER u. a. 1984).

In der Beratung darf nicht die Wirkung unterschätzt werden, die es für ein Kind und seine Eltern hat, wenn die Vermutung geäußert wird, daß mit dem Gehirn des Kindes etwas nicht stimmt. Anders ist die Lage, wenn die Eltern etwa bei einem Risikokind von Anfang mit dieser Annahme umgegangen sind. Eine spätere Diagnose dagegen kann Belastungen mit sich bringen, die unnötige Angst und Schuldgefühle erzeugen. Nachträgliche Anschuldigungen, z. B. auch des Geburtshelfers, helfen wenig, und es ist viel besser anzunehmen, daß die Schädigung nicht vermieden werden konnte. Bei den Belastungen denken wir auch an die Wirkung von Etiketten, die bestimmte Erwartungen erzeugen und schwer zu ändern sind. Für viele Kinder wird es angemessen sein, wenn sie von möglichen Beeinträchtigungen ihres Verhaltens mehr abgelenkt werden, damit die Unveränderbarkeit der Situation nicht entmutigt.

Aber die Kennzeichnung von wenig änderbaren Bedingungen der Entwicklung und des Lernens bei einem Kind kann auch eine heilsame Wirkung haben. Die Eltern brauchen oft Informationen, um von überfordernden Erwartungen an das Kind abzulassen. Das Kind findet vielleicht eine Erklärung dafür, daß es sich mehr als andere anstrengen muß, von störendem Verhalten abzulassen und sich zu kontrollieren.

Die Beratung und Hilfe bei Kindern mit minimalen Hirnschädigungen werfen für die Entwicklungsberatung Schwierigkeiten auf, stellen aber auch eine besondere Herausforderung dar. Bei allem Ideenreichtum, neue und wirksame Methoden zu finden, sollten wir vor allem offen sein für das, was die Eltern und – wenn sie im Schulalter dazu in der Lage sind – die Kinder uns sagen, wenn wir gemeinsam mit ihnen nach Lösungen suchen. In allen Fällen von Kindern mit Schädigungen und Behinderungen ist eine grundlegende Voraussetzung für das Verständnis des Kindes und die Förderung einer seelisch gesunden Entwicklung, daß die Möglichkeiten von Veränderungen und damit die Lernmöglichkeiten realistisch eingeschätzt werden.

Lernfähigkeit bei behinderten und sehgeschädigten Kindern

Die Entwicklungspsychologie, die nach den langfristigen Veränderungen des Seelischen über den Lebenslauf hinweg fragt, hat unser Wissen um die Lernfähigkeit im frühen Alter schon immer nachhaltig beeinflußt. Sie macht dabei in Verbindung mit Wandlungen des Zeitgeistes selbst eine Entwicklung durch. Vor 10 bis 15 Jahren führten »neue« Bewertungen des frühen Lernens zu den Bemühungen um eine verbesserte vorschulische Erziehung vor allem bei benachteiligten Kindern (SCHMALOHR 1970). Inzwischen hat es eine Tendenzwende gegeben, so daß die Einschätzung der Lernmöglichkeiten heute anders ausfällt als noch vor 10 Jahren (KAGAN 1979, YARROW 1979). Dabei spielen auch Argumente eine Rolle, die für die Lernfähigkeit behinderter Kinder belangvoll sind und die Verhältnisse bei der frühen Erziehung u. a. sehgeschädigter Kinder betreffen (vgl. HUDLMAYER 1975, DÜHREN, STREHLE 1979, DÜREN 1981, SCHMALOHR 1982a).

Frühe Lernerfahrungen

Die Annahmen über die Bedeutung früher Erfahrungen für die Entwicklung der Lernfähigkeit des Kindes, die mit der Vorschulerziehung der 70er aufkamen, waren der Lern- und Prägungstheorie verpflichtet. Die Lernfähigkeit, definiert als Intelligenz und Begabung, wurde als »erlernbar« angesehen, wenn dem Kind nur genügend Erfahrungen vermittelt würden. Die darauf gegründete pädagogische Forderung, die Lernfähigkeit der Kinder früh zu fördern, hatte durch den Ruf nach Chancengleichheit bei sozial benachteiligten Kindern politische Akzente erhalten. Es wurde erwartet, man könne durch frühes Lernen das Endergebnis der Entwicklung verbessern und Spätfolgen von Entwicklungsschäden begegnen. Nach dem Ablauf der Projekte zur Früherziehung ist bei diesem Thema, das mit der Anlage-Umwelt-Kontroverse zusammenhängt, das Pendel von der Betonung der Umweltkomponente zurückgeschlagen. Der Akzent liegt wieder mehr auf der Anlagekomponente. Es mehren sich die Stimmen, daß durch die Wachstums- und Reifungstheorie die mit der Lernfähigkeit zusammenhängenden Erscheinungen besser als durch die Lerntheorien erklärt werden können. Das gilt für folgende Gebiete (vgl. KAGAN 1979, YARROW 1979):

- die Fehlschläge in der Früherziehung sozial benachteiligter Kinder: die Fortschritte der früh geförderten Kinder wurden von den nicht geförderten bald eingeholt, es wurden keine verbesserten Endergebnisse erreicht;
- die geringen Erfolge in der frühen Förderung von Risikokindern mit minimaler Hirnschädigung: der Anteil der Kinder mit Dauerfolgen konnte in Wirklichkeit nicht wesentlich gesenkt werden;
- die enttäuschenden Erfahrungen mit der »Rehabilitation« behinderter und geschädigter Kinder: erhebliche Entwicklungsbeeinträchtigungen wurden durch ein spezielles Training kaum gebessert.

Man beginnt zu erkennen, daß es so etwas wie »die besten Jahre« für frühe Lernerfahrungen nicht gibt, jedenfalls nicht in dem Maße, wie es die Prägungstheorie vermuten ließ. Insbesondere kann eine fortlaufende Förderung in den späteren Jahren nicht durch ein frühes Eingreifen ersetzt oder nach Art des Erreichens eines Vorsprungs verbessert werden. Es ist infolgedessen ein gesteigertes Interesse an einer biologischen Sichtweise und einem entsprechenden Determinismus festzustellen. Das gilt vor allem auch für die Arbeit mit geschädigten und behinderten Kindern, wenn ihnen gegenüber Erwartungen an ein frühes Lernen entstanden waren, die über das früher erwartete Maß hinausgingen. Man nimmt nicht mehr fraglos an, frühe Erfahrungen im Lernen wären geeignet, die »Erfahrungen« einer erlittenen Schädigung der Entwicklung auszugleichen und die späteren Folgen aufzuheben.

Biologische Erklärungsmuster sind im Vormarsch begriffen. Das zeigt sich in verschiedenen Hinsichten:

- der Einfluß von minimalen Hirnschädigungen auf die künftige Entwicklung wird hoch veranschlagt und entsprechende diagnostische Methoden stehen hoch im Kurs;
- große Aufmerksamkeit wird allen Folgen des biologischen Traumas um die Geburt geschenkt: Sauerstoffarmut und Frühgeburt werden als wichtige Ereignisse mit langfristi-

gen Wirkungen angesehen, denen gegenüber Lernerfahrungen geringere Bedeutung erhalten;
- eine abweichende Entwicklung der Kinder wird eher mit physiologisch-biologischen als mit psychologischen Bedingungen in Zusammenhang gebracht, bei ungeklärter Entstehung und erheblichen Abweichungen denkt man immer an biologische Ursachen;
- Verbesserungen des Zustandes bei Beeinträchtigungen in der Entwicklung werden auf das biologische Prinzip einer »Entwicklung hin zur Gesundheit« – und weniger auf Lernerfahrungen – zurückgeführt und als Auswachsen von Fehlanpassungen angesehen, die gesunden Kräften weichen.

Das komplizierte Zusammenspiel von biologischen Grundlagen der Entwicklung mit Lernprozessen wurde – wie wir das bereits kennengelernt haben – auch zur Erklärung des »plötzlichen Säuglingstodes« herangezogen (LIPSITT 1979, YOUNG, FEDERMAN 1980). Bei Kindern mit Schwächen in den Atemreflexen von Geburt an wird das Atmen in den anschließenden Lernprozessen nicht genügend stabilisiert.

Lernerfahrungen bei Sehschädigungen

Die neuen Einschätzungen von Lernerfahrungen haben sicherlich auch Einfluß auf die Bewertung von Sehschädigungen und damit zusammenhängende Erfahrungswirkungen. Die gravierenden biologischen Komponenten dieser Schädigung, die schon immer berücksichtigt wurden, wird man heute – bei allem pädagogischen Optimismus – weniger denn je übersehen (vgl. GOEBEL 1975, 1976). Neben der augenärztlichen kommt der neurologischen Diagnostik zur Abschätzung des Gesamtrahmens der Entwicklungsmöglichkeiten erhöhte Bedeutung zu. Wir sind gewarnt, spätere Erscheinungsbilder überwiegend als Folge eines Mangels an Lernerfahrungen anzusehen. Wir werden vielmehr genauer auf zusätzliche Faktoren einer langfristigen biologischen Beeinträchtigung der Entwicklung achten, auch auf biologische Bedingungen, die zu fehlgeleitetem Lernen führen. Da der Sehnerv einen Teil des zentralen Nervensystems ausmacht, ist bei vielen Sehschädigungen auch aus diesem Grund mit einer minimalen Hirnschädigung zu rechnen. Oft ist die Sehschädigung die sekundäre Folgeerscheinung einer ausgedehnteren krankhaften Hirnveränderung, die vor, während oder nach der Geburt eingetreten ist.

So konnte FRAIBERG (1977) in ihrem Förderprogramm die berichteten Erfolge auch nur bei blinden Kindern feststellen, die außer der Blindheit von Geburt an keine anderen, vor allem keine neurologischen Schädigungen hatten. In dieser Gruppe, die unter blinden Kindern leider nur sehr klein ist, wurden Fortschritte erzielt, die näher an den Entwicklungsstand der sehenden als an den der sonstigen blinden Kinder heranreichten. Bei ihnen gelang es, den »frühkindlichen Autismus«, den man bei blinden Kindern erwartet, durch ein sensibles Erziehungsprogramm zu vermeiden. Bei den anderen blinden Kindern dagegen, wie wir sie sonst kennen und die oftmals mehrfach geschädigt sind, waren die Lernmöglichkeiten trotz gleicher Erziehungsbemühungen viel enger begrenzt. Dieses Programm, auf das wir noch zurückkommen, belegt, daß es biologisch festgelegte Spielräume für Erfahrungswirkungen auch bei sehgeschädigten Kindern gibt. Es belegt aber auch, daß die Anerkennung biologischer Grenzen nicht zu dem Mißverständnis führen darf, alles den natürlichen Kräften zu überlassen und auf erzieherische Hilfe von außen zu verzichten. Vielmehr werden die erkannten Grenzen es möglich machen, die Lernerfahrungen eng an den Entwicklungsstand des Kindes anzupassen und auf die vorhandenen Lernfähigkeiten auszurichten.

Heute fehlt uns vielfach noch das Wissen, um aus dem Verständnis der Ausgangslage beim sehgeschädigten Kind eine solche angemessene Erziehung einzuleiten. Die damit verbundene Hilflosigkeit klingt an, wenn Ärzte oder andere Spezialisten den Eltern sagen: »Behandeln Sie Ihr Kind wie jedes andere, ein blindes Kind ist in erster Linie Kind, und dann erst ist es blind.« Man kann sich nur schwer vorstellen, was damit gemeint ist. Im Grunde kann das nur heißen, daß ein blindes Kind wie jedes andere Anspruch darauf hat, als Person gesehen und angesprochen zu werden. Mißverständlich ist, daß der Eindruck erweckt werden könnte, ein blindes Kind entwickele sich in der gleichen Art wie ein sehendes. Die damit erweckten Hoffnungen sind auch bei weiter Auslegung nicht einzulösen. Mit solchen Erwartungen wird der

Zustand der Lähmung und der Trauer, in den Eltern mit dem Wissen geraten, ein blindes Kind zu haben, durch spätere Enttäuschungen fortgesetzt.

FRAIBERG (1977) praktizierte mit Erfolg ein anderes Konzept. Nach ihren Erfahrungen müssen Eltern und Erzieher darauf vorbereitet sein, daß ein blindes Kind andere Entwicklungsmuster als ein sehendes hat und daß es trotzdem laufen, sprechen, spielen lernen, in die Schule gehen und als Erwachsener ein erfülltes Leben finden kann. Wenn es gelingt, die Unterschiede in der Entwicklung verständlich zu machen, wird die Angst der Betroffenen vermindert, und die Hilfe kann in der Entwicklung Schritt für Schritt aufgebaut werden.

Allerdings ist mit recht komplizierten Verhältnissen zu rechnen, wenn wir in die Besonderheiten der Entwicklung beim sehgeschädigten Kind tiefer Einblick nehmen wollen. Zum besseren Verständnis gehen wir im folgenden Abschnitt zunächst von den neuen Fähigkeiten aus, die bei kleinen Kindern allgemein entdeckt worden sind und die auch die Situation bei sehgeschädigten Kindern weiter erhellen.

Neue Kompetenzen

Wir kommen hier darauf zurück, daß das Kind in der Entwicklungspsychologie neuerdings als Wesen angesehen wird, das von Anfang an

- durchaus nicht passiv ist, sondern von sich aus auf die Welt einwirkt;
- aktiv eigene Kompetenzen ausbildet, die bisher nicht vermutet wurden;
- und dadurch die Menschen der Umgebung sehr früh beeinflußt.

Die Aktivitäten, die das Kind von Anfang an an den Tag legt, lassen sich im einzelnen durch folgende frühe Fähigkeiten belegen:

- schon 12 Stunden alte Babys richten ihre Bewegungen in perfekter Synchronisation auf mütterliche und stimmliche Äußerungen aus;
- zwei Tage alte Säuglinge beruhigen sich beim Anblick der Mutter mehr als bei Fremden, sie erkennen offenbar ihre Mutter bereits;

- zwei Wochen alte Babys imitieren Gesichtsausdrücke Erwachsener wie: Zunge herausstrecken, Mund öffenen, Lippen vorstülpen (vgl. zur Kritik NEUBERGER u. a. 1983);
- in lebhaften kognitiven Dialogen finden über visuelle und auditive Kanäle regelrechte Zwiegespräche statt. Die Konversation wird durch Aufmerksamkeitsverhalten vor allem im visuellen Bereich von Anfang an gesteuert und aufrechterhalten.

Bei diesen und anderen Beschreibungen ist das herausragende Ergebnis, daß das Sehen im Zentrum der gesamten kognitiven Entwicklung steht. Für die Eltern und Fachleute ergibt sich die bedrückende Frage, welchen Weg die kognitive Entwicklung beim Ausfall des visuellen Erlebens nimmt. Dieser Erlebnisbereich ist von entscheidender Bedeutung für alle Gebiete der kognitiven Organisation und Strukturierung, die wiederum am Aufbau des emotionalen und sozialen Verhaltens beteiligt sind.

Schlaglichtartig wird die Situation von FRAIBERG (1977) beschrieben, wenn sie auf das Erleben professioneller Beobachter eingeht. Jeder, der mit blinden Kindern umgegangen ist, vermißt bei ihnen das aktive Auf-uns-Zugehen mittels der »Augensprache«. Die blinden Augen, die weder unsere Augen noch unsere Gesichter ansprechen, haben eine Wirkung auf uns, die wir nicht vergessen. Wenn die Augen unseren Blick nicht treffen und uns auch nicht kundtun, daß sie von unserer Gegenwart wissen, dann fühlen wir uns befremdet wie bei einer Zurückweisung. In unseren Gesichtern spiegelt sich das Fehlen solcher Ausdruckserscheinungen im Gesicht des Kindes. Wir vermissen auch die anderen Zeichen eines sozialen Dialogs, das Lächeln, Arme ausstrecken und Gurren, das im universalen Kode der Menschheit als Begrüßung verstanden wird und uns in Beziehung mit kleinen Kindern bringt.

Aus solchen Erfahrungen kann der falsche Schluß gezogen werden, das blinde Kind sei passiv und könne nicht aus der Lethargie herauskommen, die uns so beeindruckt. Weil das früher als unabänderlich galt, hatte man sich damit abgefunden, einen großen Teil dieser Kinder als sozial gestört, sprachlich zurückgeblieben und in den stereotypen Verhaltensweisen als »autistisch« anzusehen. Die Mutter-Kind-Beziehung blieb von den ersten Monaten an unterbrochen, und es gab eine Verminderung des gefühlsmäßigen Austausches. Eine neue Sichtweise entsteht, wenn wir auch bei blinden Kindern annehmen, daß sie im Grunde aktiv auf die Welt zugehen und vielfältige Kompetenzen entfalten können. Das war der Ansatz von FRAIBERG in ihrem Erziehungsprogramm, in dem die Eltern und Forscher in einer kooperativen Beratungsbeziehung gegenseitig voneinander lernten. Es wurden Strategien entwickelt, den Eltern zu helfen, sich in die Situation ihrer blinden Kinder »einzublenden« und ihre kognitive Entwicklung zu verstehen, um für sie emotional erreichbar zu werden.

Interaktion

Der Fragenkreis der Interaktion wurde in diesem Buch bereits mehrfach angesprochen. Er soll hier noch einmal unter neuen Gesichtspunkten aufgegriffen werden. Auf dem Gebiet der Eltern-Kind-Beziehung haben die Untersuchungen von SPITZ, FREUD und BOWLBY die Kindererziehung in der Welt dramatisch verändert (SCHMALOHR 1968). Schädigungsmöglichkeiten der Beziehungen und Wirkungen von Trennungen über eine längere Zeit auf die Entwicklung sind seither bekannt. In den letzten 10 Jahren hat es jedoch eine Trendwende in der Forschung gegeben. Es werden jetzt nicht mehr die Trennungserfahrungen und das Bindungskonzept, sondern mehr das Zuneigungsverhalten beachtet. Eine neue Sichtweise ist weiter durch zwei Tatbestände entstanden:

- das Kind gestaltet durch seine eigenen Aktivitäten die Qualität der Beziehung zum erwachsenen Sozialpartner entscheidend mit;
- eine Störung der Beziehung ist nicht allein durch die Eltern möglich, sondern wird wesentlich mitbestimmt durch gestörtes Verhalten vor allem bei den geschädigten Kindern selbst.

In der neuen Sichtweise ist bei einer Beziehungsstörung nicht mehr allein das Kind das Opfer und der Erwachsene der Täter. Es wird demgegenüber hervorgehoben, daß die Eltern durch bestimmte Aktivitäten des Kindes in ihrem Verhalten beeinträchtigt und besonders bei geschädigten Kindern regelrecht gestört werden können. Wir müssen daran denken, daß nicht nur die Mutter auf das Kind wirkt, sondern daß es umgekehrt eine kindliche Verhaltenswirkung auf die Mutter gibt. Je nach den Anteilen werden beide Partner im Interaktionsgeflecht beeinflußt, das sich fortentwickelt. Störungsmöglichkeiten sind – wie früher erwähnt – in folgenden Zusammenhängen beobachtet worden:

- Frühgeburten und schlecht gedeihende Kinder;
- aktives Temperament;
- Kinder mit erheblichen Beeinträchtigungen der Entwicklung.

Arbeiten zu frühgeborenen und schlecht gedeihenden Kindern faßten VIETZE u. a. (1980) zusammen. Es handelte sich um Kinder ohne organische Schädigungen, bei denen auch keine Besonderheiten bei der Mutter festzustellen waren. Die Tatsache der Frühgeburt führte durch die Aufnahme des Kindes in den Brutkasten zu einer sofortigen Trennung von der Mutter nach der Geburt. Bei der Mutter entstand in dieser Situation oft das Gefühl, daß sie gar kein Kind hat. Nach der Wiedervereinigung glaubte sie, das Kind gehöre nicht ihr, sondern einem anderen, z. B. dem Arzt. Die Mütter litten unter einem Mangel an Beziehung zu dem Kind. Das wurde hauptsächlich darauf zurückgeführt, daß kein Blickkontakt aufgebaut werden konnte. Das Kind stieß bei der nicht geübten Mutter mit seinen Aktivitäten gewissermaßen ins Leere und bekräftigte die Mutter nicht in ihrer Zuwendung. Auch für das Kind blieben danach die notwendigen Anregungen aus, und es kam zu einer gegenseitigen Beeinträchtigung der weiteren Entwicklung. Kinder und Mütter wichen beide wechselseitig Interaktionen aus, wobei vor allem Söhne betroffen waren.

Eine ähnliche Rolle spielen Dispositionen der Kinder zu aktivem, passivem oder störbarem Verhalten. Solche Merkmale, die den Umgang des Kindes mit der Welt beeinflussen, werden im Konzept des Temperaments erfaßt. Auf Grund von Temperamentseigenarten beeinflussen die Babys ihre Eltern. Reizbare, störbare Babys provozieren ihre Eltern, sich ihnen öfter zuzuwenden. Im Extremfall kann es – wie wir bereits gesehen haben – dazu kommen, daß Eltern ihre Kinder mißhandeln. Tragischerweise entsteht hier ein Zirkelprozeß: unstillbares Schreien des Kindes z. B. kann dazu führen, daß zunächst die Eltern sich vom Kind mißhandelt fühlen und dann die Nerven verlieren und tätlich werden.

Besonders anfällig für eine gestörte Eltern-Kind-Interaktion sind Beziehungen bei Kindern mit erheblicheren Beeinträchtigungen der Entwicklung. Das wurde bisher vor allem an drei Gruppen von Kindern untersucht:

- Kinder mit Down-Syndrom;
- autistische Kinder;
- blinde Kinder.

Kinder mit Down-Syndrom untersuchten EMDE u. a. (1978). Bei diesen Kindern liegt von vorneherein eine große Unsicherheit in den emotionalen Signalen vor, und die Rate des Schreiens ist anfangs deutlich erhöht. Auch der Beginn des sozialen Lächelns weicht von der Norm ab. Im einzelnen zeigt die Mutter-Kind-Beziehung folgende Merkmale:

- es besteht nur ein geringer Auge-Auge-Kontakt;
- die Intensität der Beziehung ist deutlich gedämpft;
- vor allem ist es nicht möglich, die Kinder gesteigert zu aktivieren, um ein Lächeln auszulösen;
- anstelle von Freude und Anregung gibt es eine Beziehung, die für die Mütter enttäuschend verläuft und die Erwartungen nicht erfüllt.

In sechs Familien wurde beobachtet, daß die Geburt des behinderten Kindes nacheinander zwei Wellen des gesteigerten Kummers auslöste. Die erste trat in den ersten beiden Monaten ein. Den Eltern wurde bewußt, ein behindertes Kind zu haben, und sie waren darüber traurig. Eine zweite Welle des Kummers gab es im Alter von vier Monaten. Sie wurde vor allem durch die Enttäuschung ausgelöst, daß beim Kind das soziale Antwortlächeln ausblieb.

KUBICEK (1980) verglich das Verhalten von Zwillingen, von denen einer später als autistisch diagnostiziert wurde. Beim Vergleich mit dem Bruder fielen das ärmliche Repertoire und der begrenzte soziale Kontakt des späteren autistischen Kindes auf. Der Gesichtsausdruck bei der Interaktion mit der Mutter wurde nicht variiert. Es fand kein Ausdrucksspiel, kein wechselseitiger Gefühlsaustausch statt. Die Mutter änderte ihr Verhalten diesem Kind gegenüber und konnte nicht mehr angemessen reagieren. Sie wirkte gespannt und erzeugte danach umgekehrt im Kind Vermeidungsverhalten.

Mit solchem Vermeidungsverhalten ist auch in der Interaktion zwischen dem blinden Kind und seiner Mutter zu rechnen. Gehen wir auf die Verhältnisse, die wir vorher aus der Sicht der Mutter betrachtet haben, jetzt aus der Sicht des Kindes ein. Auch für das blinde Kind entfällt der Blickkontakt, der als erster und wichtigster Kommunikationskanal für den Aufbau der Interaktion gilt. In der Erziehung bauen wir darauf, daß die auditiven und taktilen Kanäle hier ausreichenden Ersatz bieten. Das ändert nichts daran, daß es für das Kind keine Ausdrucksbewegungen des Gesichts der Mutter gibt und ihre gesamten Bewegungen nicht beobachtet werden können. Das Auftauchen im Gesichtsfeld kann nicht eine beruhigende Wirkung ausüben. Die Kinder erhalten deutlich weniger Informationen, nach denen sie ihr Verhalten ausrichten können und liefern infolgedessen der Mutter weniger Signale für deren Verhalten. Es ist denkbar, daß das Vermeidungsverhalten, das bei der geringen Rückmeldung durch das Kind bei der Mutter auftreten kann, umgekehrt auch vom Kind entwickelt wird. Es entsteht die Gefahr, daß die Beziehung zwischen Mutter und Kind quasi zusammenbricht, wenn das Kind anfängt, die Mutter zu vermeiden. Daß durch solches Verhalten des Kindes der Aufbau der Beziehung auch auf dem Wege der anderen Kanäle gefährdet werden kann, liegt auf der Hand und muß bei der Elternberatung thematisiert werden.

Ursachenzuschreibungen

Bei der Einschätzung der Lernfähigkeit spielen Antworten auf die Frage eine Rolle, welche Ursache wir für das Zustandekommen eines Lernergebnisses annehmen. Ich kann davon ausgehen, daß ein Kind einen bestimmten Stand auf Grund seiner vorgegebenen Fähigkeiten erreicht hat. Eine andere Situation entsteht, wenn ich davon ausgehe, daß seine Anstrengung ausschlaggebend war oder die Bemühungen der Eltern und Erzieher oder einfach Glück. Je nach Zuschreibung einer dieser Ursachen werde ich mich anders verhalten und z. B. unterschiedliche Erwartungen an die künftigen Lernergebnisse und den Spielraum für Veränderungen in der Entwicklung haben.

Das Zuschreibungskonzept kann auch für das Verständnis blinder Kinder und den Umgang mit ihrer Schädigung hilfreich sein. Das sei am Beispiel der sogenannten Schaukelbewegungen gezeigt, die bei blinden Kindern im allgemeinen als Anzeichen eines »frühkindlichen Autismus« gelten. Es handelt sich um die eigenartigen Hin- und Her- oder Vor- und Zurückbewegungen des ganzen Körpers oder nur des Oberkörpers oder des Kopfes, die von manchen Kindern gleichartig und rhythmisch wiederholt werden.

Ursprünglich wurden diese Bewegungsmuster in der Hospitalismusforschung als Folge von Heimaufenthalten bei gesunden, nicht geschädigten Kindern untersucht (vgl. 2. Teil). SPITZ (1967) sah sie auf dem Hintergrund der psychoanalytischen Theorie als autoerotische Ersatzbetätigungen an, wenn dem Kind die Bildung angemessener Objektbeziehungen mißlingt. Als Ursache wurden Trennungserfahrungen und Mängel in der Zuwendung der Mutter oder von Pflegepersonen angenommen, Bedingungen, die als typisch besonders für die Situation in Kinderheimen gelten. Diese Deutung ist in unser psychologisches Alltagswissen eingegangen, so daß Schaukelbewegungen oft mit dem Komplex »Kindheit ohne Liebe« und »Heimkind« sowie den damit erwarteten langfristigen Entwicklungsstörungen verbunden werden.

Dieses Deutungsmuster kann nun auch auf blinde Kinder übertragen werden, bei denen die Schaukelbewegungen in allen Altersstufen immer wieder neu beeindrucken. Im Schaukeln kommen für uns die Isolierung, geringe Ansprechbarkeit und Verlorenheit auch blinder Kinder zum Ausdruck. Die Selbstbezogenheit der schaukelnden Kinder ohne Augenkontakt hat zur Annahme von Autismus bei Blindheit geführt. Wir denken dabei nicht an die biologischen Ursachen, die man beim Autismus sehender Kinder annimmt, sondern daran, daß die Mängel an Lernerfahrungen bei blinden Kindern so schwerwiegende Folgen haben. Für die Eltern und Erzieher kann die belastende Zuschreibung entstehen, durch zu geringe Zuwendung für den Zustand des Kindes mit verantwortlich zu sein. Wir sind uns bei blinden Kindern wegen der anfangs spärlichen Rückmeldung wenig sicher, ob wir ihnen das Ausmaß an gefühlsmäßiger Zuwendung entgegenbringen, das sie für eine gesunde Entwicklung brauchen. Aus dem Gefühl heraus, nicht genug zu tun oder getan zu haben, können dann leicht lähmende Selbstvorwürfe entstehen, das Kind nicht genug zu lieben.

Neue Erkenntnisse der Entwicklungspsychologie, die anders geartete Ursachenzuschreibungen nahelegen, sind geeignet, hier entlastend zu wirken. GOEBEL (1975) z. B. geht nach seinen Beobachtungen davon aus, daß sich bei blinden Kindern im dritten Lebensmonat ein Rückstand im Greif- und Suchverhalten der Hände bemerkbar macht, die sogenannten »blinden Hände«. Das gleichzeitige Auftreten der Schaukelbewegungen wird damit erklärt, daß die Fähigkeit eingeschränkt ist, »Energie nach außen abzulassen«, die sich dann im Schaukeln entlädt. Auch wenn wir der hier angesprochenen Triebtheorie nicht folgen, kommen wir zu der Bewertung, daß es sich beim Schaukeln um eine Entwicklungserscheinung handelt, mit der bei blinden Kindern normalerweise zu rechnen ist. Die belastende Ursachenzuschreibung durch das Hospitalismus- oder Autismussyndrom entfällt. Es werden Möglichkeiten für eine mehr auf kognitive Fähigkeiten zielende Förderung erkennbar, die unter Umständen das Auftreten der Schaukelbewegungen vermeidbar macht. Auch in dieser Hinsicht ist das Programm von FRAIBERG (1977) von Interesse.

Weiter entlastet die bereits erwähnte Tatsache, daß nach neueren Erhebungen das Schaukeln bei 15 bis 20 % normaler sehender Kinder bis zum Alter von drei Jahren vorkommt. Wenn das Schaukeln nach dem dritten Lebensjahr verschwindet, sieht man es heute zunehmend als wenig besorgniserregend und als normales Entwicklungsereignis an (YANCY 1981). Bei einer Fortdauer nach dem dritten Lebensjahr ergibt sich als harmloseste Erklärung, daß es sich um eine schlechte Gewohnheit handelt. Durch Verstärkung der lustvollen Schwindelgefühle, die beim Kopfschaukeln durch die Reizung des Gleichgewichtsorgans im Innenohr entstehen, kann es zu einer Verfestigung des Verhaltens kommen, die einfachen Änderungsabsichten widersteht.

Die Wahrscheinlichkeit einer dauerhaften Gewohnheitsbildung wird erhöht, wenn sich das Ganze auf der Basis biologisch verankerter Beeinträchtigungen der Motorik abspielt. Hier denkt man heute dann nicht mehr so sehr an Hospitalismusschäden, sondern an Hirnschädigungen, auch die »minimale Hirndysfunktion« (YANCY 1981). An der

Hospitalismusforschung wird kritisiert, daß sie den Faktor Hirnschädigung auch in dieser Hinsicht zu wenig kontrolliert hat und deshalb in vielen Fällen von einem falschen Ursache-Folge-Verhältnis ausgegangen ist.

Da bei einem blinden Kind – wie wir gesehen haben – die Wahrscheinlichkeit einer Hirnschädigung sehr hoch ist, müssen wir bei seinen Schaukelbewegungen annehmen, daß sie auf der Grundlage einer Hirnschädigung entstehen können und deshalb dann besonders hartnäckig verlaufen. An diese Möglichkeit sollte man immer denken, wenn für die Förderung des Kindes alles getan worden ist und das Schaukeln bis ins Schulalter hinein beibehalten wird. Welche Wirkungen Zuschreibungen auf solche körperlichen Ursachen bei den Eltern und Erziehern in der Früherziehung haben, können wir nur vermuten. Wahrscheinlich ist bei der Zuschreibung »Hirnschädigung« die Belastung durch Selbstvorwürfe geringer als bei der Hospitalismuszuschreibung. Es kann aber eine anders geartete Belastung entstehen, weil wir bei einem blinden Kind, das zusätzlich hirngeschädigt ist – je nach Schwere der Schädigung –, in der Entwicklung mit besonders eingeschränkten Zukunftsmöglichkeiten rechnen müssen.

Wie wichtig es ist, die Verhältnisse im einzelnen genau zu untersuchen, geht aus den Ergebnissen der ersten Arbeiten über Zuschreibungen bei geschädigten Menschen hervor. In der Arbeit von BULMAN und WORTMAN (1977), die schon erwähnt wurde, gab es ein überraschendes Ergebnis. Bei schwer Rückenmarksverletzten ging es um den Zusammenhang zwischen der Ursachenschreibung für den Unfall und dem Erfolg im Umgang mit der Lähmung. Die Verletzten konnten die Lähmung desto schlechter verarbeiten, je stärker sie andere Menschen als Verursacher anschuldigten und je stärker sie glaubten, diese hätten den Unfall vermeiden können. Umgekehrt galt: je mehr sie sich selbst die Schuld zuschrieben, desto besser konnten sie mit ihrer Behinderung umgehen. Entsprechende Probleme könnten bei blinden Kindern untersucht werden, wenn die Eltern z. B. nach Ausgangspunkten für die Förderung ihrer Kinder suchen. Diese Frage hat uns bereits im Zusammenhang mit Erklärungsmustern für das Zustandekommen der Schädigung beschäftigt.

Aus unseren Überlegungen geht ein weiteres Mal hervor, wie wichtig Annahmen über die Ursachen von seelischen Zuständen, insbesondere Schädigungen, sind. Danach richten sich bei blinden Kindern die Erwartungen bei Eltern und Erziehern auf die Zukunft des Kindes, die Weisen des Umgangs mit dem Kind und die Förderung sowie die Möglichkeiten der persönlichen Verarbeitung der Schädigung durch die Eltern. Über den Bereich der Früherziehung hinaus werden diese Fragen auch für die betroffenen Kinder selbst wichtig, wenn sie anfangen, sich mit ihrem Schicksal auseinanderzusetzen. Es eröffnet sich hier ein weites Feld für die Beratung der Eltern und Erzieher der blinden Kinder und der blinden Menschen selbst.

In der Beratung der Eltern z. B. kann es ein Anliegen sein, ihnen zu angemessenen Annahmen über die Ursachen der Schädigung bei ihrem Kind zu verhelfen. Wir rufen uns die Konsequenzen einer Ursachenzuschreibung auf Fehler bei der Geburtshilfe oder auf das Schicksal in Erinnerung. Es ist ein Unterschied, ob ich die Blindheit als Folge einer Augenkrankheit sehe, als Naturerscheinung, mit der mit einem gewissen Grad an Wahrscheinlichkeit zu rechnen ist, oder als Ereignis, für dessen Auftreten ich mir – wie im Falle der Hospitalismusannahme bei Schaukelbewegungen – persönliche Schuld zuschreibe. Unter Umständen werden Annahmen über Ursachen in der eigenen Biographie ins Spiel gebracht, angefangen von Belastungen in der Familie und persönlichen Krankheiten bis hin zu Partnerproblemen.

Die Wirkung solcher Zuschreibungen auf das Selbstkonzept der Eltern darf nicht unterschätzt werden. Besonders das Selbstgefühl der Mutter als einer körperlich vollwertigen Person ist oft betroffen und führt in Vereinsamung und Verzweiflung. Es ist mit einem langen Prozeß der Auseinandersetzung zu rechnen. Er beginnt mit dem Schock der Eröffnung, ein geschädigtes Kind zu haben, wobei das Erklärungsbedürfnis desto größer ist, je überraschender die Schädigung auftrat. Unter verschiedenen Zuschreibungsmustern ist mit wiederholten Phasen der Enttäuschung, des Protestes und der Resignation zu rechnen. Das Ziel der Beratung könnte es sein, die Zuschreibung ausfindig zu machen, die den tatsächlichen Verhältnissen am nächsten kommt und den Betroffenen gleichzeitig Möglichkeiten einer Verarbeitung offenläßt, die das Maß dessen nicht überschreitet, was sie verkraften können.

Für die Förderung ist es wichtig – gleich wie schwer die Schädigung ist –, auf eine Verbesserung von Fähigkeiten und eine Weiterentwicklung von Zuständen zum Besseren hin zu vertrauen. Hier kommt der Zuschreibungs-Erwartungs-Zirkel ins Spiel, zu dem es bereits einige Untersuchungen an behinderten Kindern gibt (LUTZKER u. a. 1981). Sie können auf die frühe Erziehung sehgeschädigter Kinder angewendet werden. Bei behinderten und geschädigten Kindern kommt es leicht vor, daß wir die beobachteten Fähigkeiten nicht genügend von potentiellen Möglichkeiten unterscheiden und dabei den Spielraum für Veränderungen unterschätzen. Wir sollten dem geschädigten Kind helfen, Verantwortung für seine Leistungen und das Erreichen von Zielen zu übernehmen. Wir neigen dazu, bei diesen Kindern zu sehr von festen Zuständen auszugehen und von Anstrengungen zu wenig zu erwarten. Und wenn die Anstrengungen zum Erfolg geführt haben, haben wir die Neigung, sie eher unseren eigenen Bemühungen als Eltern und Erziehern und nicht den Kindern selbst zuzuschreiben.

Verhaltensdialoge mit blinden Säuglingen

In diesem Abschnitt wird versucht, Beobachtungen aus drei Studien (FRAIBERG 1977, BURLINGHAM 1979, ALS u. a. 1980) und einer eigenen Arbeit unter Anwendung des Konzepts der Verhaltensdialoge zusammenzufassen und daraus einen psychologischen Bezugsrahmen für die Frühentwicklung blinder Säuglinge zu entwerfen (vgl. auch GESELL u. a. 1950, LÖWENFELD 1980, SCHMALOHR 1984 a). Die Organisation der Entwicklung nach Verhaltensdialogen und deren Aufeinanderfolge, die hier ohne Anspruch auf Vollständigkeit dargestellt sind, sollen die Entwicklungsprozesse im Mutter-Kind-System besser verständlich machen. Die Erörterung der Verhältnisse bei den blinden Kindern kann entsprechende Überlegungen bei Kindern mit anderen Behinderungen und auch ohne Behinderung anregen.

Das Sehen ist der Sinn, der den Raum und die Entfernung

überbrückt. Sein Ausfall bedeutet für den Menschen die Trennung von seiner sichtbaren körperlichen und sozialen Welt. Blindheit betrifft damit grundlegende Elemente der Erfahrung. Das Verstehen blinder Menschen gibt Sehenden von Anfang an immer wieder neue Rätsel auf.

Neue Wege des Beobachtens

Wie Wege der Beobachtung blinder Säuglinge aussehen und gefunden werden können, erfuhr FRAIBERG (1977) von einer Mutter, die bereits ein sehendes gesundes Kind großgezogen hatte und nun die Erziehung eines blindes Kindes als neue Herausforderung erlebte. Diese Mutter konnte ihre Fähigkeiten besonders gut entfalten, weil ihr blinder Säugling gesund und nicht hirngeschädigt oder anderweitig mehrfach behindert war. Auch in der Untersuchung von ALS u. a. (1980) hatte die Mutter Erfahrung mit einem älteren sehenden Kind, und das blinde Kind war ansonsten nicht beeinträchtigt.

Diese Mütter waren vermutlich schneller und besser als andere mit dem Schock und der anfänglichen Hilflosigkeit fertig geworden, ein blindes Kind geboren zu haben. Durch die Geburt eines gesunden Kindes war ihr Selbstkonzept als Mutter gefestigt, was einer Mutter, deren erstes Kind blind ist, anfangs noch fehlt. Wir können auch annehmen, daß sie ihre früheren Erfahrungen nutzten, ihre kleinen Kinder von Anfang an ständig und sehr aufmerksam zu beobachten. Dieses Verhalten kennen wir inzwischen von Müttern aus Zeitlupenstudien (PAPOUŠEK 1979). Mütter beobachten so gründlich nicht nur, um die Sicherheit ihrer Kinder zu behüten, sondern damit sie sich auf das Verhalten der Kinder genau einspielen können. Das geschieht gewöhnlich ganz unbewußt. Uns steht dazu ein universales menschliches Beobachten und Verstehen von Verhaltenssignalen zur Verfügung, das der Erhaltung der Art dient. Der Blickkontakt der Augensprache liefert im Anfang der Entwicklung in unserem Verstehenssystem die entscheidenden Orientierungen. Die Mutter kann die Bedürfnisse des Kindes regelrecht an dessen Augen ablesen und ihr Handeln so steuern, daß es auf das Handeln des Kindes abgestimmt ist.

Beim blinden Kind ist der sensorische Kanal, der in der arteigenen Verhaltenssprache im Anfang verwendet wird, nicht erreichbar. Bei den blicklosen Augen des Kindes geht der suchende Blick der Mutter gleichsam ins Leere. Die Mutter ist – gewissermaßen vital – enttäuscht, weil das Kind ihre Erwartungen nicht erfüllen kann. Dadurch treibt sie das Kind nur noch tiefer in die Isolierung, was sich wiederum in der Reaktion auf die Mutter niederschlägt. Wenn die von Natur gewohnten Beobachtungen ausbleiben, besteht die Gefahr, daß die Mutter das Kind enttäuscht ablehnt. Vielleicht liegt hier die Ursache für den Schock, unter dem manche Mütter im Anfang leiden.

Die Aufgabe der Mutter lautet, entgegen dem natürlichen Bedürfnis nach Augensprache bewußt ein neues Beobachtungs- und Verstehenssystem aufzubauen. Sie wird den Blickkontakt zunächst ausblenden und sich auf Signalsysteme konzentrieren, die dem blinden Kind zugänglich sind. Wir wissen nicht, was sich bei dieser Umstellung in der Mutter abspielt. Aber vielleicht ist der Prozeß mit dem Erlernen einer Fremdsprache zu vergleichen, in der wir ja auch neue Kommunikationskanäle schaffen. Wenn die Mutter sich das vorstellt, kann sie eher überlegen, in welche Sprache ihre Botschaft zu übersetzen ist, damit das Kind sie aufnehmen und damit umgehen kann. Vielleicht erlebt sie das sogar als spannende Aufgabe und denkt: was ich sonst mit Blicken sage, teile ich dem Kind durch Schmusen und Sprechen mit. Statt zu lächeln, muß ich laut und vernehmlich lachen.

Als Ersatz für die Augensprache wird oft die Sprache der Hände genannt. Man hat gesagt, die Hände sind die Augen der Blinden. Berührungen durch Hautkontakt und mit Hilfe des Tastsinns sind Kanäle, über die auch Bewegungen vermittelt werden. FRAIBERG (1971) beobachtete jedoch, daß viele blinde Säuglinge nicht nur blinde Augen, sondern auch »blinde« Hände haben. Sie führte das – wie den autismusähnlichen Gesamtzustand der Kinder – auf Mängel in der Anregung durch die Mütter zurück. Durch eine Förderung von Bewegungsanreizen, die von sprachlichen Anregungen begleitet waren, also durch Schmusen und liebevolles Ansprechen des Kindes, suchte sie die Beziehung des Kindes zur Mutter zu fördern. Sie wollte ihre Eltern zu »Hand-Beobachtern« von Bewegungen der Kinder machen, damit die Kinder die Mutter und dann die Welt mit den Händen statt den Augen begreifen lernen.

Die Beobachtungen der Mutter gehen jedoch auch in diesem Bereich zunächst ins Leere und können regelrecht verwirrt werden. Wie die Untersuchung von ALS u. a. (1980) zeigte, konnte der Zugang zu dem Säugling ganz im Anfang gerade dadurch gefunden werden, daß die Mutter einen Sinn für die »Unbeweglichkeit« des Kindes entwickelte und ihre Beobachtungen darauf ausrichtete.

Vorläufer-Dialoge

Wenn in der Interaktion die Initiative fast ausschließlich von der Mutter ausgeht, wollen wir von Vorläufer-Dialogen sprechen. Sie bereiten die ausgeprägten Verhaltensdialoge vor, in denen die Partner sich – unter Führung der Mutter – wechselseitig fördern.

Durch den Ausfall des Augenlichts sind die Säuglinge nicht nur daran gehindert, Blickkontakt aufzunehmen, sondern es fallen auch visuelle Anregungen fort, die auf dem Wege der Nachahmung gewöhnlich zu Bewegungen führen. Wenn das Kind auf dem Arm gehalten und gefüttert wird, besteht kein Anreiz, sich dem Gesicht der Mutter zuzuwenden, weil es dieses Gesicht ja nicht sieht. Infolgedessen unterbleiben auch die unmittelbaren Ausdrucks-Mitvollzüge z. B. des Grimassierens, die wir aus den erwähnten Zeitlupenstudien bei sehenden Neugeborenen kennen. Auch Bewegungen anderer werden nicht mit Augen- und Kopfbewegungen verfolgt. Gesichter zu sehen und Bewegungen von Menschen zu verfolgen, sind sehende Kinder schon bald nach der Geburt fähig und stellt eins ihrer Hauptinteressen dar. Blinden Kindern sind diese Anregungen zu Bewegungen verschlossen. Diese Unbeweglichkeit führt zu einer zusätzlichen Isolation, die zur Blicklosigkeit hinzukommt. Es entsteht bei Beobachtern leicht der Eindruck, daß das Kind geistig geschädigt ist.

Die Mutter in der Untersuchung von ALS u. a. (1980) ließ sich durch die blicklose Unbeweglichkeit ihres Säuglings nicht irritieren. Beim Füttern und Wickeln unternahm sie vielmehr schon in der ersten Woche angemessene Anregungsversuche, weil sie davon überzeugt war, daß das Kind von sich aus keine Aufmerksamkeit entwickeln konnte. Sie sagte: »Das muß ich für das Kind tun.« Sie setzte selbst den Anfang für die Interaktion, indem sie immer wieder versuchte, das Kind aus der unbeweglichen Ruhe zu bringen. Sie sprach das

Baby bereits in den ersten Tagen an, berührte es, nannte seinen Namen und machte auf sich selbst aufmerksam, indem sie sagte: »Hier ist deine Mutter, Baby.« Sie unterstrich die stimmlichen Aufforderungen durch Schmusen und betonte ihre Interaktionen auf persönliche Art. Sie paßte Zeiten der Ruhe und Unbeweglichkeit des Kindes ab und richtete danach ihre Versuche ein, das Kind aus der Unbeweglichkeit herauszulocken.

Die Mutter verhielt sich ähnlich wie Mütter sehender Kinder, die im Blickkontakt und in Bewegungsinteraktionen mit ihren Kindern lebhafte Dialoge führen. Sie hatte es allerdings wesentlich schwerer, weil die Aktivitäten allein von ihr ausgehen mußten. Vor allem mußte sie auf die Antworten verzichten, die ein sehendes Kind durch Blicke und Bewegungen gibt. Sie tat das bewußt, weil sie ihre Aufgabe darin sah, für taktile und vokale Eingaben zu sorgen, um die Bereitschaft des Kindes zu fördern, eigene Aktivitäten und Antworten auszubilden. Diese Aufgabe war auch dadurch erschwert, daß das blinde unbewegliche Kind keine Hinweise gab, wann ihm Anregungen willkommen waren oder ob es eine Pause wünschte. Die zeitliche Gestaltung der Anregung gab die Mutter selbst vor und blieb auch dabei ohne Rückmeldung.

Den hier beschriebenen Vorläufer-Dialog könnte man beschreiben: blicklose Unbeweglichkeit (auf seiten des Kindes) – taktile und vokale Eingaben (auf seiten der Mutter). Man kann versuchen, die Aufgabe der Mutter bei dieser Dialogform aus der Sicht des blinden Kindes zu formulieren. Der Säugling, der seine Bedürfnisse verständlich machen könnte, würde die Aufgabe der Mutter wie folgt erläutern:

»Ich lebe in einer dunklen Welt und kenne die Augensprache nicht, in der sich gewöhnlich Mütter und Babys von Natur aus verständigen können. Deshalb blicke ich dich nicht an und bewege mich nicht auf dich zu. Ich kann auch noch nicht antworten, wenn du mich ansprichst und durch Berühren auf mich zukommst, weil ich nicht weiß, wie ich das machen soll. Das heißt nicht, daß ich deine Ansprache nicht brauche. Im Gegenteil, ich brauche sie noch mehr als ein sehendes Kind, damit bei mir überhaupt etwas in Gang kommt. Mit dem Sprechen und Schmusen machst du es genau richtig. Bitte, schalte dich immer wieder ein und lasse mir Zeit, damit ich eine Antwortbereitschaft entwickeln kann. Ich muß dazu neue Wege finden, die ich offenbar von Natur aus nicht kenne.«

Aufmerksamkeit ablesen

Paradoxerweise verfällt der blinde Säugling – wenn das möglich ist – in noch größere Unbeweglichkeit, wenn er durch sprachliche und taktile Eingaben angeregt wird, sich auf die Außenwelt zu konzentrieren. Beim Hören, das eine fortdauernde Reizzufuhr bringt, wird das Kind notgedrungen immer stiller, je mehr es die Aufmerksamkeit vom eigenen Körper ablenkt (BURLINGHAM 1979). Das widerspricht der Absicht der Mutter, die möchte, daß das Kind sich bewegt und aktiv ist. Das Kind dagegen sucht sich durch Hören zu orientieren und kann das am besten, wenn es sich nicht bewegt und keine Geräusche erzeugt. Es ist dabei seelisch aktiv, obschon es für den gewöhnlichen Beobachter unbeweglich, in sich gekehrt und nicht aufnahme- und antwortbereit zu sein scheint.

Nur ein sensibler Beobachter kann feststellen, wann das Kind im Alter von etwa drei Wochen aus der ursprünglichen Unbeweglichkeit in die Position »aufmerksame Stille« überwechselt. Im Ausdrucksgeschehen, besonders im Gesichtsausdruck, gibt es feine Unterschiede zwischen dem bloß unbeweglichen und dem aufmerksamen Stillehalten. Beim Aufmerken, das beim sehenden Kind besonders gut an der Augenmimik abgelesen werden kann, hob das blinde Kind bei ALS u. a. (1980) die Wangen, öffnete leicht den Mund, was als ruhige Zufriedenheit anmutete, und hielt die Arme entspannt. Die Mutter konnte das Verhalten richtig ablesen, weil das Aufmerken des Kindes in einen Verlauf eingebettet war, an dem sie beteiligt war. Das Ganze begann damit, daß die Mutter das Kind so hielt, daß sich die Gesichter gegenüberstanden. Die Mutter lockte das Kind, indem sie es ansprach, sanft bewegte und sagte: »Marci, hier ist Mama, es ist deine Mama.« Das Kind war einen Moment unruhig, hemmte dann die Unruhe, wendete den Kopf und zeigte den beschriebenen Gesichtsausdruck. So konnte die Mutter das Aufmerken des Kindes als Ergebnis ihrer sozialen Interaktion verstehen. Sie kommentierte die Äußerungen des Kindes mit: »Sag mir noch mehr, ja noch mehr.«

In der Entwicklung des Zusammenspiels gab es eine Krise,

als das Kind mit zwei Monaten anfing, bei einem Kontakt unruhig zu werden, leicht aufgeregt war und nicht beruhigt werden konnte. Die Untersucher vermuteten, daß das Kind im Füttern und Schlafen feste Gewohnheiten ausgebildet hatte und deshalb auf andere Anregungen, deren Bewältigung es nicht gewohnt war, übermäßig schreckhaft und mit Schreien reagierte. Die Mutter war zuerst aufgeregt, dann sehr niedergedrückt und entwickelte Befürchtungen, das Kind könnte einen neurologischen Schaden haben. Sie konnte nur mühsam dazu gebracht werden, die alten Anregungsmuster zu wiederholen, ohne vom Kind dafür belohnt zu werden. Nur mit Hilfe der Betreuer gelang es ihr, die eigenen Bedürfnisse zurückzustellen, um dem Kind die Wiederaufnahme der Interaktion zu erleichtern. Es zeigte sich, daß das Kind nach einer Phase der Desorganisation anschließend in der Lage war, seine Erregung von sich aus besser zu kontrollieren und die Aufmerksamkeit flexibel zu steuern. Das Kind hatte offenbar auf dem Wege des Zerfalls der alten Verhaltensmuster eine höhere Stufe der Autonomie erreicht. Auf dieser Basis konnte es die Interaktion mit der Mutter noch befriedigender gestalten.

Wegen des aktiven Anteils des Kindes an den Interaktionen können wir hier von einem ausgeprägten reziproken Verhaltensdialog sprechen. Aus den Beobachtungen ergab sich eine rhythmisch wiederkehrende Folge von Verhaltensdialogen, in denen die Partner sich auf verschiedenen Kanälen und Ebenen gegenseitig unterstützten.

Die Botschaft des Kindes zur Förderung dieser Art des Dialogs könnte lauten: »Du hilfst mir aus der unbeweglichen Stille heraus, wenn du mein Gesicht vor dein Gesicht nimmst und mich freundlich ansprichst und mir Gelegenheit gibst, dich anzuhören und mich dir zuzuwenden. Ich kann dann lernen, meine Aufmerksamkeit zu steuern und freue mich, wenn du aus meinen Äußerungen richtig ablesen kannst, daß es mir Spaß macht, mit dir und der interessanten Welt umzugehen. Wenn das Ganze dann mal nicht klappt, liegt das daran, daß ich mich erst selbst zurechtfinden muß, damit ich anschließend desto besser auf dich eingehen kann.«

Wenn Kinder überleben wollen, müssen sie mindestens von einer Person angenommen und in ihrem Dasein bestätigt werden. Menschenwesen haben von Geburt an die Aufgabe, eine Beziehung zu einer Betreuungsperson aufzubauen und sind empfänglich für Zuwendung und Liebe. Darin liegt wahrscheinlich auch der biologische Sinn des spontanen Lächelns bei Kindern in den ersten Lebenstagen, das als universales Grußzeichen auch bei blinden Kindern beobachtet wird. Bei Sehenden wird später daraus durch Blickkontakt und Modelllernen das soziale Lächeln.

Wenn in der Liebessprache die Augensprache fortfällt, müssen die Partner in einer Ersatzsprache Liebeszeichen austauschen, und das kann das Kind wahrscheinlich nicht von Natur aus und nicht ohne Hilfe lernen. Sehr eindrucksvoll ist der Bericht von FRAIBERG (1971) über den Zustand der Trost- und Hoffnungslosigkeit, in dem sie viele Eltern blinder Säuglinge beim ersten Besuch antraf, weil solches Lernen nicht eingeleitet worden war. Die Besucher waren dann die ersten Menschen, die sagten, daß das Kind hübsch und nett und z. B. ein richtiger Junge oder ein süßes Mädchen oder sonst etwas ist, was man von Babys sagt. Sie halfen den Müttern, solche Grußzeichen zu produzieren, die bei blinden Säuglingen Bestandteile eines Dialogs im sozialen Lächeln sind, in dem die Partner auf Blickkontakte verzichten müssen.

Bei etwas älteren Kindern kann die Mutter in ihrer Zuwendung und Beziehung gefördert werden, wenn sie versteht, daß ihr Kind sie erkennt und wie es das macht. Wenn Eltern sich über das Bett des blinden Kindes beugen und es einfach anlächeln, lächelt das Kind nicht zurück. Das befremdet zunächst, weil wir es von sehenden Kindern anders gewohnt sind. Die Situation ändert sich sofort, wenn die Mutter ihr Kind aufnimmt und es anspricht. Es lächelt als Antwort auf die Stimme und das Schmusen der Mutter zur gleichen Zeit, wie das sehende auf das Lächeln der Mutter antwortet. Wenn das zum ersten Mal passiert, freuen sich die Eltern bei einem blinden Kind fast noch mehr als bei einem sehenden.

Man kann dann ein kleines Experiment machen, von dem FRAIBERG (u. a. 1969) berichtet. Der Besucher nimmt das

Kind auf den Arm und versucht, es mit Sprechen und Kuscheln zum Lächeln zu bringen wie die Mutter. Das Kind lächelt nicht. Eine Wiederholung auf dem Arm der Mutter überzeugt die Eltern davon, daß das Kind sie wirklich kennt. Hier ist dann echte Gegenseitigkeit erreicht. Man kann damit rechnen, daß dann noch etwas Erstaunliches passiert: das Kind fängt an, die Mutter zu umwerben, ihr gewissermaßen den Hof zu machen. Es weiß, was es tun muß, um die Eltern zu erreichen, und wird der beste Bundesgenosse in der weiteren Ausbildung der Beziehungen. Für die Eltern hat diese Erfahrung große Bedeutung. Es kann ein Gefühlsumschwung eintreten, wenn sie sich bis dahin mit Schuldgefühlen oder ohnmächtiger Auflehnung gegen das Schicksal herumquälten.

Das Baby signalisiert hier folgendes: »Durch mein Lächeln auf deine Stimme und dein Schmusen, das nur dich meint, zeige ich dir, daß ich dich kenne und du merkst, daß du mich kennst. Wenn du das fertiggebracht hast, daß ich dich kenne, dann weiß ich, wen ich lieben kann und du erkennst, daß ich dich lieb habe. Ich zeige das auf meine Art, die du inzwischen kennst. Ich zeige dir, wie du mir weiterhelfen kannst.«

Greifen nach Gehör

Wenn das Kind an der Mutter eine Orientierung gefunden hat, kann sie dazu übergehen, dem Kind den Zugang zu einer erweiterten anregenden Umwelt zu eröffnen. Das geschieht aber jeweils von einer sicheren Basis aus. Als ein Beobachter einmal ein Kind aufgenommen hatte und es heftig schrie und es nicht zu beruhigen war, wechselte die Mutter die Windeln, beruhigte es dabei mit Worten und konnte dadurch das Gleichgewicht wiederherstellen. Später konnte die Berührung des Kindes wegfallen und es genügten allein Worte, um das Kind zu reorganisieren. Die hier vorliegende Bedeutungsverleihung ist richtungweisend für den nächsten Verhaltensdialog.

Bei sehenden Kindern leistet die Auge-Hand-Koordination den Zugriff auf die Umwelt. Wenn die Steuerung der Hand durch das Auge wegfällt, muß ein riskanter Weg der Weltvermittlung durch die Hand eingeleitet werden. Die naheliegende Annahme, der Lautreiz könnte das Sehen ersetzen, erweist sich als zu einfach, weil kein Baby allein nach einem Lautreiz greifen wird. Wenn ein sehendes Kind auf eine Sprachanregung hin greift, hat es vorher durch das Sehen eine Bedeutung gewonnen. Es greift also nach einem bezeichneten Objekt und kann dazu dann durch die Sprache gebracht werden. Das blinde Kind muß diese Bedeutung auf andere Art lernen. Es muß zunächst ein Konzept von einem Objekt gewinnen, in dem die Lautsignale das Ding bezeichnen. An die Stelle der Auge-Hand-Erfahrungen müssen Hand-Hör-Erfahrungen treten.

Das geschieht in Verhaltensdialogen des Greifens nach Gehör, die das Objektspiel des Kindes einleiten. ALS u. a. (1980) beobachteten bei ihrem Baby im Alter von 4 ½ Monaten, daß es nach dem Gesicht der Mutter griff, weil es darin die Quelle für Laute entdeckt hatte. Es folgten viele taktile und vokale Spiele, um diese Erfahrung zu erweitern. Das hier erzeugte Streben nach Dingen und Suchen nach taktilen Objekten eröffnet einen interessanten Raum, wo Gegenstände gesucht und gefunden werden können, ohne daß das Kind sie sehen muß. FRAIBERG (1971) aktivierte die Hände, indem sie das Kind Erfahrungen z. B. mit einer Glocke machen ließ. Ohne Sehen entdeckte das Kind, daß der Laut, den wir Glockenton nennen, eine Eigenschaft des Objekts ist, das wir Glocke nennen, und daß die Glocke, die es in den Händen erfahren hat, draußen im Raum ist.

Die entscheidende Voraussetzung beim Greifen nach Gehör sind die sprachlichen Hinweise zur Bezeichnung der Objekte im Raum. Weil das Kind die Sprachhinweise nicht selbst produzieren kann, ist es dazu auf den Verhaltensdialog mit der Mutter angewiesen. Die Mutter, die das Greifen beobachtet, gibt Kommentare und sichert die Bezeichnung ab. Das geschieht am besten an Hand eines kleinen Tisches mit interessanten Gegenständen, wobei eine Seitenleiste auf der Platte eine Begrenzung herstellt und verhindert, daß die Gegenstände leicht herunterfallen. Das Kind muß mit Unterstützung in einem Stühlchen sitzen können und die Mutter sitzt vor dem Kind. Die Mutter liefert bei ihren sprachlichen Kommentaren zu den Greifspielen des Kindes die Bezeichnung für die Objekte und Hantierungen und läßt das Kind auch eigene Spielerfahrungen machen. Auch ein Laufställchen kann für solche Zwecke genutzt werden und die Erfahrungen mit Objektspielen erweitern. Das Kind lernt Bedeutungen, wenn es bestimmte Dinge an bekannten Plätzen aufsuchen kann.

Das Gelingen dieses Verhaltensdialogs kann noch an einer anderen Voraussetzung scheitern. Das Kind hat unter Umständen nicht gelernt, die beiden Hände zu koordinieren und sie gezielt beidhändig oder einhändig einzusetzen. Beim sehenden Kind erleichtert das Sehen diese Steuerung und belohnt sie mit dem sichtbaren Erfolg des Greifens. Beim blinden Kind müssen andere Rückmeldungen stattfinden. FRAIBERG (1977) empfiehlt, die Grundposition des beidhändigen Greifens schon früh dadurch zu belohnen, daß die Hände des Kindes beim Füttern auf die Flasche gebracht werden, damit diese ergriffen wird und die Nahrung dafür als Belohnung wirken kann. Auch die weiteren Stufen der Greifentwicklung, auf die wir hier nicht eingehen, können unterstützt werden.

Das Ziel dieses Verhaltensdialogs ist es, daß das Kind von Gegenständen in seiner Reichweite weiß, nach vermuteten Gegenständen in seinem Greifraum auch greift und die Greifobjekte schließlich durch sprachliche Repräsentation zur Verfügung hat, auch wenn es sie nicht konkret in der Hand hält. Die Leistungen der Auge-Hand-Koordination beim Aufbau einer Objektwelt des Sehenden werden hier von einer Hand-Ohr-Koordination übernommen.

Locken in den Fernraum

Während das Greifen den Nahraum in der Objektwelt erschließt, wird der Fernraum durch das Kriechen erschlossen. Im Kriechen sind blinde Kinder im Vergleich zu sehenden regelmäßig in der Entwicklung zurück. Das Kind, das sitzt und sich auf Händen und Knien stützen kann, fängt trotzdem nicht an zu kriechen. Anstatt sich vorwärts zu bewegen, fängt es oft an, sich vor- und zurückzuschaukeln. Man fragt sich besorgt, warum es nicht kriecht.

Wie das blinde Kind sich nicht veranlaßt sah, allein auf Grund eines Lautreizes zu greifen, hat es auch nicht ohne weiteres einen Grund, in den Fernraum hineinzukriechen und nach Objekten zu suchen. Im Gegenteil, das Verlassen des sicheren Platzes und die Erfahrungen, die es macht, wenn es sich ins Dunkle vorwagt, werden eher Vermeidungsangst auslösen. Sehende Kinder versuchen, nach Objekten, die sie außer Reichweite sehen, auch zu greifen. Sie werden dabei vorwärts getrieben zu kriechen, um die Objekte zu erreichen. Ein Kind, das von Objekten außer Reichweite nichts weiß, wird kein Motiv haben, in den Fernraum hinauszugreifen, indem es kriecht. Das wird es erst tun, wenn es Beweise hat, daß Objekte im Raum auch tatsächlich vorhanden sind und es Signale gibt, die zeigen, wo es sie erreichen kann.

Eine Mutter kann dazu einen Verhaltensdialog aufbauen, wenn sie die Beziehung des Kindes an ihre Person ins Spiel bringt, um das Kind in den Fernraum zu locken. Sie gibt dem Kind ständig Signale, wenn sie sich von ihm entfernt und löst das Bestreben aus, der Mutter möglichst überallhin zu folgen. Wenn die Mutter außerhalb der Reichweite des Kindes diesem erzählt, was sie gerade tut, schafft sie Voraussetzungen, das Kind zu locken, seinen Platz zu verlassen. Sie hilft, eine Verbindung zwischen der Bewegung in den Raum und der Quelle von Lautzeichen herzustellen. Solche Dialoge können auch andere Personen aufbauen, die das Kind kennt. Das entlastet die Mutter, auch in der Befürchtung, daß ihr Kind beim Vordringen in den Fernraum allzu eng an ihre Person gebunden bleibt und dadurch vielleicht abhängig und unselbständig wird.

Ein blindes Kind, das dem Locken einer Person folgt und kriecht, wird dafür belohnt, wenn es bei der Person ankommt. Schwieriger wird die Lage, wenn das Kind die Objektwelt im Fernraum erobern soll, die ja stumm ist. Man hat versucht, solche lockenden Reize durch Spielbälle herzustellen, einen »Klingelball« und einen »Piepball«. Wenn das Kind den Klingelball von sich wegrollt, kann es das Klingeln verfolgen, bis der Ball ruht. Es besteht der Reiz, den Ball aufzusuchen und für die Fortsetzung des Klingelns zu sorgen. Beim Piepball gibt das Objekt auch dann weiter Geräusche von sich, wenn es zur Ruhe gekommen ist. Der Lockton besteht weiter und soll das Kind veranlassen, sich in die Richtung des Geräuschs zu bewegen, damit es wieder in den Genuß des Balles kommt.

Eine Ursache für die Schwierigkeiten des Kindes ist darin zu sehen, daß alle Lernprozesse für die motorische Entwicklung wegfallen, die durch das Sehen von Modellen angeregt werden. Das gilt für das Greifen wie für das Kriechen und schließlich auch für das Gehen. Der für den Menschen artspezifische aufrechte Gang wird ohne soziale Lernprozesse, die über visuelle Kanäle laufen, kaum angeeignet und ist beim Fortfall des Modellernens sehr erschwert. Für das blinde Kind kommen beim Ausschreiten ins Dunkle neue Risiken und Ängste hinzu. Es wird verständlich, wenn wir bei gesunden blinden Kindern oft mit einer Verzögerung des Gehenlernens bis zum 18. Monat rechnen müssen.

Wenn wir die Idee der Klingel- und Piepbälle fortspinnen, die bei der Eroberung des Raums durch Kriechen und Laufen helfen sollen, müßten wir dem blinden Kind die gesamte Objektwelt in Form jeweils besonderer Geräusche repräsentieren. Das erscheint nicht machbar und auch wenig sinnvoll. Es ist die menschliche Sprache, die das hier angemessene Symbolsystem zur Verfügung stellt, ein System, das auch dem blinden Kind zugänglich ist und in der Form von Sprachdialogen über die Verhaltensdialoge hinaus am Aufbau seiner geistigen Welt mitwirkt.

Zusammenfassung und Anwendung

Es wurde versucht, die Entstehung und die Erweiterung von Verhaltensdialogen zwischen blinden Kindern und ihren besonders befähigten Müttern nachzuzeichnen. In einer Aufeinanderfolge stellen die Dialoge einen Bezugsrahmen für die Frühentwicklung blinder Kinder dar. In einer auf Gegenseitigkeit beruhenden Beziehung bauen Mutter und Kind ihre Fähigkeiten in den verschiedenen Verhaltensbereichen weiter aus und führen beim Kind gradweise eine größere Selbständigkeit herbei.

Der gemeinsame Aufbau der Verhaltensdialoge, der sich auf verschiedenen Niveaustufen nachweisen läßt, interessiert für die Zwecke der Früherziehung besonders aus der Sicht der Mutter. Wir können regelmäßig folgenden Ablauf beobachten (ALS u. a. 1980): Die Mutter stellt zunächst die Ausgangslage beim Kind fest und wendet sich, da die Augensprache wegfällt, von Anfang an durch Berührungen und Sprechen an das Kind. Auf der Grundlage der Antworten des Kindes auf verschiedenen Kommunikationskanälen versucht sie dann, den gefühlsmäßigen Zustand des Kindes mit Manövern zu beeinflussen, die die Aufmerksamkeit erregen. An den Reaktionen des Kindes richtet sie die Art und Weise aus, wie sie die anstehende Entwicklungsaufgabe z. B. des Lächelns oder Greifens anstrebt. Anschließend setzt sie ihre Kommunikationsmittel ein, um das Kind mit der Umgebung zu versorgen, die es zur Lösung der Aufgabe braucht. Nach der Ausführung der Handlung erhält das Kind eine Rückmeldung und hat dann Gelegenheit, seine Leistung in sein Verhaltensrepertoire zu integrieren. In diesem Ablauf treten immer wieder Krisen auf, die die Mutter nicht entmutigen dürfen, wenn die Kommunikation nicht zusammenbrechen soll.

Diese Verläufe lassen sich zu einem Gesamtbild von der Entwicklung in den ersten 18 Monaten zusammenfassen. Die ersten und vorläufigen Belege sind auf die optimalen Verhältnisse eines blinden und sonst nicht geschädigten Kindes mit einer besonders befähigten Mutter ausgerichtet. Danach erreichen blinde Kinder die Marksteine der Frühentwicklung fast regelrecht und nur etwas langsamer. In den zitierten Untersuchungen waren die Unterschiede zu sehenden Kindern geringfügig, was das Auftreten folgender Ereignisse angeht: differenziertes Lächeln und Lautgeben, Greifen und Objektspiel, Unterscheidung der Mutter von Fremden, Fremdenangst, Trauer bei kurzer Abwesenheit der Mutter. Die größten Rückstände traten im Kriechen und Laufen auf, die geringsten im Sprechen.

Die Mitteilung eines solchen Ergebnisses birgt die Gefahr, daß Eltern und Erzieher unter Druck geraten, solche Standards hochzuhalten. Dazu sei ausdrücklich noch einmal an die Besonderheiten bei den Kindern und Müttern erinnert, die hier beobachtet wurden. Eine praktische Anwendung der Befunde kommt nur für vergleichbare Fälle in Frage. Es wäre nicht statthaft, aus dem vorgestellten Rahmenkonzept allgemeine Maßstäbe für die Früherziehung blinder Kinder abzuleiten. Es geht vielmehr um Beobachtungsgesichtspunkte, die bei der Anwendung den Sinn für den Einzelfall schärfen sollen.

Die begrenzte praktische Bedeutung der Befunde gilt besonders, weil wir heute mit einem steigenden Prozentsatz mehrfach behinderter blinder Säuglinge rechnen müssen. Über die Möglichkeiten, ihre Entwicklung unter der hier vorgetragenen Sichtweise besser zu verstehen, wissen wir noch wenig. Es besteht Hoffnung, daß die gewonnenen Erkenntnisse an den nicht weiter geschädigten Kindern auch hilfreich sind, das Verständnis für die Bedürfnisse der mehrfach behinderten Kinder zu verbessern. Wir müssen darauf vorbereitet sein, daß bei ihnen vielleicht noch andere Beobachtungs- und Verstehenswege zu entdecken sind.

Bei der Anwendung der Entwicklungspsychologie auf die Frühentwicklung ist nicht nur an die Gesundheit der Kinder, sondern auch an die der Eltern zu denken. Das Konzept der Verhaltensdialoge macht deutlich, daß ein volles Verständnis für das Kind nicht möglich ist, ohne Einblick in die emotionalen und sozialen Bedürfnisse der Eltern zu gewinnen. Das Ereignis, ein blindes Kind geboren zu haben, bricht über jede Familie, von der berichtet wird, als eine Katastrophe herein. Alte Wunden, Ängste und Schuldgefühle werden wiederbelebt. Mütter, Väter, Verwandte und alle Menschen, mit denen das Kind in Berührung kommt, müssen erst lernen, das Kind, wie es ist, wertzuschätzen, damit es gegen eine unabsichtliche Isolierung und Abwehr geschützt wird.

Das Kind ist besonders vor übersteigerten Erwartungen an seine Entwicklung zu schützen, die enttäuscht werden müßten und zu neuen Ängsten und Schuldgefühlen führen können. Oft suchen Eltern Zuflucht zu vermehrten Erziehungsbemühungen und sind empfänglich für alle Anregungen zu einer besonderen Förderung ihres Kindes. Die ersten Arbeiten zur Entwicklung blinder Säuglinge legen für die Erzieher nahe, sensibel für die Beziehungen zwischen Kind und Mutter zu sein und von der Mutter zu lernen, wie diese das Kind beobachtet und mit ihm in Interaktion tritt. Der hier skizzierte entwicklungspsychologische Rahmen von Verhaltensdialogen könnte auch den Rahmen für eine Entwicklungsberatung abgeben, in der Erzieher und Eltern gemeinsam nach einer Verbesserung der Beziehung und nach neuen Beobachtungs- und Dialogmöglichkeiten für das Kind fragen.

Es ist damit zu rechnen, daß jedes Fortschreiten in der Entwicklung die vorhandene Balance im Mutter-Kind-System strapaziert. Die Berater und Erzieher können die Mütter ermutigen, die Risiken des Übergangs im Vertrauen auf die gesunden Entwicklungskräfte beim Kind und bei ihnen selbst einzugehen. In Aussicht steht die Hoffnung auf eine weitere Verselbständigung des blinden Kindes, das sich – wie sich immer wieder zeigt – nicht so leicht unterkriegen läßt.

Frühes Helfen und Fördern

Behindertenhilfe und Zeitgeist

Wer sich mit der heutigen Situation in der Förderung behinderter Kinder auseinandersetzt, tut zum besseren Verständnis gut daran, einen Blick in die Geschichte zu werfen. Es ist noch gar nicht so lange her, daß die seelisch gebrechlichen Menschen als »Blödsinnige« und »Irre« galten, die vom Teufel besessen und als gefährlich einzusperren sind, damit sie kein Unheil anrichten können. An diese Zeit erinnert die Erklärung für die »Feuermale«, die – wie wir gesehen haben – durch den »bösen Blick« entstehen sollen, der eine Schwangere trifft.

Erst um die Wende zum 19. Jahrhundert fing der berühmte Pariser Psychiater PINEL (1801) an, die bedauerlichen Geschöpfe buchstäblich von ihren Ketten zu befreien und die Auffassung durchzusetzen, daß sie nicht besessen, sondern krank sind. Bis in unsere Tage wird von einzelnen Fällen berichtet, in denen geistig behinderte Kinder aus Verstecken herausgeholt werden müssen, wenn sie von den Eltern festgehalten wurden, um die »Schande« vor der Öffentlichkeit zu verbergen. Das Schicksal von »Isolationstypen« und »Wolfskindern« hat in diesem Zusammenhang seine Aktualität behalten. Der Erklärung, daß die Kinder vor ihrer Aussetzung bereits geistesschwach und behindert gewesen sein können (vgl. SCHMALOHR 1968), begegnet man mit Unglauben.

Es ist vor allem den Fortschritten in der Medizin zu verdanken, wenn die Säuglingssterblichkeit in den Findelhäusern und Kinderheimen erfolgreich bekämpft werden konnte und das genauere Verständnis von seelischen Erkrankungen und Behinderungen zu verbesserten Behandlungen und Hilfen auch auf diesem Gebiet geführt hat. Vor Jahrzehnten haben Ärzte und Pädagogen gemeinsam damit begonnen, die Pflege, Erziehung und Bildung behinderter Kinder zu fördern und für Pflegeheime, Blinden- und Taubstummenanstalten und Schulen für Behinderte zu sorgen. Nach dem Muster der damaligen »Heil«-Pädagogik – wie früher die heutige Sonderpädagogik genannt wurde – versuchten Ärzte und Pädagogen nach einem medizinischen Behandlungsmodell zu arbeiten und hatten die Vorstellung, die Störungen ließen sich im Grunde beheben, nämlich »heilen«, wenn man nur die geeignete Methode erst entdeckt hätte. In dieser Pädagogik war die Komponente eines Priestertums wirksam, das mit den früheren religiösen Erklärungen und den Auffassungen vom Heilberuf des Arztes zusammenhängt. Daneben bestand eine von der Biologie beeinflußte Betrachtungsweise der Schädigungen und Behinderungen, in der auch Fragen der Erblichkeit hervorgehoben wurden. Es interessierten z. B. Degenerationsmerkmale, wie z. B. die Vierfingerfurche der Hand – die obere Handlinie erstreckt sich über die ganze Hand und nicht nur über drei Finger hinweg – die angeblich auf »erbliche Minderwertigkeiten« hindeuten sollten, als deren Folge auch Schwachsinnszustände galten.

Die biologische Betrachtungsweise wurde dann in der Folgezeit durch die unselige Rassenideologie der Nationalsozialisten mit einer schweren Hypothek belastet, die schließlich zu den Verbrechen gegen die Menschlichkeit mit der Vernichtung von Juden und von »lebensunwertem« Leben bei behinderten und geisteskranken Menschen geführt hat.

Die Aufdeckung dieser Verbrechen nach dem Krieg stand am Anfang eines Umdenkens. Es gab unter dem Impuls von Wiedergutmachungsbestrebungen eine Blütezeit der Heil- und – später sogenannten – Sonderpädagogik. Man kann an eine Gegenbewegung in den Strömungen des Zeitgeistes denken, wenn unter dem Leitbild der Vorschulbewegung auch hohe Erwartungen an Möglichkeiten verbesserter Hilfen bei behinderten Kindern entstanden. Die Devise »Begabung ist lernbar« mit der Absicht, »Chancengleichheit« herzustellen, hatte Auswirkungen auch auf die Zielsetzung einer »Förderung von behinderten und von Behinderung bedrohten Kindern und Jugendlichen« (DEUTSCHER BILDUNGSRAT 1973).

Die neuen Auffassungen von den gesellschaftlichen Aufgaben bei Behinderten und psychisch Kranken sind durch zwei Ereignisse gekennzeichnet. Da ist einmal die Gründung der »Vereinigung Lebenshilfe für geistig Behinderte« durch den Holländer TOM MUTTERS (1966) auch in der Bundesrepublik Deutschland im Jahre 1958 zu nennen. Die Öffentlichkeit wurde auf ihre Verpflichtungen hingewiesen, so daß geistig behinderte Kinder heute früh erfaßt, in besonderen Einrichtungen, Kliniken, Sonderschulen, Beschützenden Werkstätten und Wohnheimen gefördert und in einer speziellen Sozialhilfe unterstützt werden. Nur wer noch die Verhältnisse vor etwa 20 Jahren kennt, kann ermessen, welchen Wandel der Zeitgeist auf diesem Gebiet herbeigeführt hat. Diesem Bewußtseinswandel kam wohl der Umstand zustatten, daß hochgradig behinderte Kinder auch Eltern in höheren Sozialschichten haben, die hier eine wichtige soziale Aufgabe erkannten und deren gesetzliche Verankerung durchsetzten. Seitdem ist von den behinderten Kindern und ihren Eltern der frühere Makel der Armut und des Fürsorgefalls genommen. Die Gesellschaft hat an die Stelle des Almosenempfangs in der Fürsorge den Anspruch der Behinderten auf ein menschenwürdiges Leben gesetzt, wie er im Sozialhilfegesetz verankert ist.

Als zweiter Ereigniskomplex seien die PSYCHIATRIE-ENQUETE (1975) der Bundesregierung und die Anti-Psychiatrie-Bewegung hervorgehoben. Die früheren medizinischen Bestrebungen um eine Wiedereingliederung (Rehabilitation) körperlich und seelisch Erkrankter und Behinderter wurden weitergeführt und der Wissensstand der Psychiatrie und Neurologie aufgearbeitet. In den letzten Jahrzehnten hat es vor allem durch die Behandlung der psychischen Erkrankungen mit Medikamenten eine Umwälzung gegeben. Frühere Behandlungsarten, wie z. B. der Elektroschock, können auf das Notwendigste beschränkt werden. Viele Kranke kommen mit kürzeren Klinikaufenthalten als früher aus, und das Schicksal von Langzeitpatienten kann gemildert werden. Gewiß bleiben auch bei den neueren Behandlungsmethoden viele Fragen offen und ungeklärt, und es treten neuartige Probleme auf. Die Medikamente können dem Kranken in seinen quälenden Erlebnisweisen Erleichterung bringen, heilen aber nicht die Ursachen der Erkrankung.

Eingliederung und besondere Hilfen

Im Zusammenhang mit dieser Umwälzung – und begünstigt durch die eindrucksvollen Erfolge der Behandlung mit dämpfenden Medikamenten – gewannen psychologische Erklärungsmodelle größeren Einfluß. Aufgrund von Theorien, wie z.B. der erwähnten Doppelbindungstheorie, kam es zu einer Bewegung, seelisch Kranke zuerst von ihren Familien, dann aus den Kliniken zu »befreien«. In Italien wurden die psychiatrischen Krankenhäuser gesetzlich geschlossen. Inzwischen werden dort diese Gesetze aber wieder geändert, weil sich die Erkenntnis durchsetzt, daß vielen Kranken doch nicht anders und besser als in Spezialkliniken geholfen werden kann. Die in der Psychiatrie Tätigen, die in einer verständlichen Parteinahme den Kranken als bedauernswertes Opfer schizophrenieerzeugender Mütter, autoritärer Väter, rivalisierender Geschwister und engherziger Partner sahen, wenn sie die Sichtweisen der psychologischen Erklärungen anwendeten, lernen inzwischen wieder um. Es ist zum »Freispruch der Familie« (DÖRNER u.a. 1982) gekommen. An die Stelle von sich ausbreitender Feindseligkeit gegen die »bösen Eltern« sind regelmäßige Zusammenkünfte mit Familienangehörigen getreten, in denen diese mit den Mitarbeitern der Institution über ihre Sorgen, Schuldgefühle, Ängste und Einflußmöglichkeiten sprechen können. Solche Vorgehensweisen treten an manchen Orten inzwischen an die Stelle der eher exklusiven Familientherapien mit anspruchsvollen Behandlungsverfahren für den »Patienten Familie«.

Diese Ereignisse und die daraus entstandenen Bewegungen haben das öffentliche Bewußtsein für Fragen seelischer Schädigungen und Behinderungen außerordentlich sensibilisiert. Das Thema einer Eingliederung (Integration) der Behinderten in die Einrichtungen für Nichtbehinderte und der Streit zwischen »Integrationisten« und »Separationsfetischisten« – wie diejenigen genannt werden, die weiterhin für eine gesonderte Betreuung der Behinderten eintreten – ist seitdem nicht mehr zur Ruhe gekommen. Auf diesem Hintergrund sind die heutigen Bestrebungen zur frühen Förderung behinderter und von Behinderung bedrohter Kinder zu sehen. Inzwischen zeichnen sich in den einzelnen Bereichen der kinderärztlichen, kinderpsychiatrischen und sonderpädagogischen Arbeit praktische Lösungen ab, bei denen es zu einer Teamarbeit der Fachleute kommt. Sie folgt dem Grundsatz: Für die Kinder so viel Eingliederung wie möglich und so viel besondere Hilfen und Einrichtungen wie nötig. Auch hier müssen sich Pendelbewegungen des Zeitgeistes weiter zurechtschaukeln.

Ansätze der Frühförderung

Die Früherkennung und Frühförderung der von Behinderung bedrohten Kinder beginnt heutzutage mit der ärztlichen Beratung zur Schwangerenvorsorge, bei der die früher erwähnten Geburtsrisiken, wie z. B. Rhesus-Unverträglichkeit, beachtet und bei der Geburt dann möglichst gemeistert werden. Sofort nach der Geburt beginnen die laufenden Untersuchungen und die kinderärztliche Betreuung bis zum 4. Lebensjahr. Bei Risikogeburten setzen schon bald die Fördermaßnahmen, z. B. einer Bewegungsförderung ein. Das Ziel, bei drohender Behinderung mit der Förderung so früh wie möglich anzufangen, wird mit großen Anstrengungen verfolgt.

Um alle Möglichkeiten der frühen Förderung und der Mitwirkung kennenzulernen, tun die Eltern mit einem behinderten Kind gut daran, sich schon bald mit den Einrichtungen und Elterninitiativen für behinderte Kinder am Ort in Verbindung zu setzen. Hier sind zu nennen z. B. die Vereinigung »Lebenshilfe«, der Elternverband zur »Förderung Lernbehinderter« oder bei selteneren Behinderungsarten die regionalen Zentren, z. B. zur Frühförderung von körperbehinderten und blinden Kindern. Bei den Sozialämtern gibt es besondere Beratungsabteilungen für die Durchführung der nach dem Sozialhilfegesetz vorgesehenen Hilfen und Maßnahmen. In allen Einrichtungen werden die Eltern auch in Fragen des späteren Schuleintritts und Schulbesuchs beraten (vgl. SCHMALOHR 1978).

Was die Methoden der Frühförderung behinderter Kinder selbst angeht, ist seit einigen Jahren eine Reihe von anregenden Konzepten entwickelt worden, über deren Angemessenheit und Erfolge bisher allerdings nur wenige Erfahrungen vorliegen. Wirkungsforschung gibt es erst in Ansätzen, so daß auch die Fachleute verschiedene Ansichten vertreten, wenn es um die Bewertung dieser Methoden und ihren Einsatz bei bestimmten Arten von Behinderungen und bei einzelnen Kindern geht.

Gemeinsam ist allen Programmen das Hauptprinzip, für das einzelne Kind je nach der Diagnose bestimmte Förderungspläne auszuarbeiten, in denen die Fachleute mit den Eltern die jeweiligen Schritte absprechen. Die Einzelheiten ergeben sich je nach den Verhältnissen beim Kind, dem Angebot der Einrichtung und den eingesetzten Methoden.

So treten manche Kinderärzte und Sonderpädagogen für eine frühe »Bewegungstherapie« ein, z. B. die Verfahren nach KIPHARDT (1975) oder OHLMEIER (1979). Die Übungsbehandlungen gehen manchmal von bestimmten »neurophysiologischen« Vorstellungen aus. Nach der »VOJTA«-Methode, die ziemlich umstritten ist (vgl. THIESSEN-HUTTER 1982), führt der Therapeut beim Kind z. B. bestimmte passive Bewegungen mit Dehnung und Streckung von Gliedern und Muskeln mit zum Teil schmerzhafter Beanspruchung der Kinder durch, was einen besonderen Erfolg garantieren soll. Eine mehr selbständige Lenkung und aktive Herbeiführung bestimmter Bewegungen beim Kind betont dagegen das Verfahren von AYRES (1979). Eine andere Richtung vertreten die Sozialpädiater, die eine »integrierte« Lerntherapie einführen (HELLBRÜGGE 1975, PECHSTEIN 1975) und für sozialpädiatrische Zentren eintreten (PECHSTEIN 1975). Zur Zielsetzung und Kontrolle sind von HELLBRÜGGE (1979) Entwicklungsskalen in der Erprobung. Sonderpädagogen haben eine allgemeine Früherziehung geschädigter und behinderter Kinder ausgebaut (SPECK u. a. 1977, BECKER u. a. 1978) oder gehen besonders auf eine »Frühförderung mit den Eltern« ein (SPECK u. a. 1983). Auch das bei behinderten Kindern eingesetzte Prager-Eltern-Kind-Programm für das erste Lebensjahr ist hier zu nennen (RUPPELT 1982). Es mehren sich die Anzeichen für eine Zusammenarbeit der Fachleute in einem Team, das in der gemeinsamen Lösungssuche mit den Eltern die notwendige Entscheidungshilfe und Unterstützung leistet.

Mehr als früher findet in der Frühförderung der Kinder die eigentliche Arbeit nicht mehr in den Einrichtungen, sondern »ambulant« in der Familie statt. Es wird erwartet, daß die Eltern selbst – und vor allem die Mutter – die Hauptlast der Frühförderung leisten können. In manchen Programmen sehen sich die Eltern regelrecht in die Rolle des »Ko-Therapeuten« gebracht, d. h. sie sollen die Behandlung mit dem Fachmann und unter seiner Anleitung durchführen. In einem »Mediatoren-(Vermittlungs-)Modell« tritt der Fachmann nur noch als Vermittler der Methode auf, der Anleitungen gibt und die Behandlung fortlaufend betreut, aber nicht mehr selbst durchführt. In den Frühförderungs-Zentren oder Beratungsstellen werden die diagnostischen oder therapeutischen Fragen abgeklärt, die Eltern auf ihren Einsatz vorbereitet und dieser Einsatz fortlaufend beratend begleitet. Manchmal besucht das Betreuungspersonal, das dem Arzt oder Sonderpädagogen zur Seite steht, die Eltern auch zu Hause. Die Eltern kommen nur dann ins Zentrum zu den anderen Fachleuten, wenn besondere Fragen entstanden sind oder Gespräche der Eltern untereinander gefördert werden. Mitunter gibt es für die Eltern konkurrierende Angebote verschiedener Einrichtungen, und es ist nicht immer leicht, den Überblick zu behalten.

Entwicklungsberatung

Wenn die Eltern heute in der frühen Förderung behinderter Kinder in Aufgaben eines Ko-Therapeuten hineinwachsen, ist das ein Beispiel für eine neue Auffassung in Fragen der seelischen Gesundheit. Die betroffenen Eltern sehen sich nicht mehr allein als betreuungsbedürftige Empfänger von Hilfen anderer an, sondern nehmen ihre Möglichkeiten der Mithilfe und Mitverantwortung von Anfang an wahr. Die Hilfe für das Kind kann an den individuellen Bedürfnissen der Eltern und der Familie anknüpfen.

Schon aus diesem Grund nimmt die Entwicklungsberatung bei behinderten oder von Behinderung bedrohten Kindern neue Formen an. Weitere Besonderheiten ergeben sich aus den speziellen Problemen bei Kindern mit bestimmten Schädigungen und Behinderungen. Im folgenden werden einige konkrete Fragestellungen einer solchen »besonderen Entwicklungsberatung« aufgegriffen und Überlegungen zu den einzelnen Behinderungsarten in den Abschnitten dieses Buchteils fortgeführt. Wir beginnen mit den Fragen, die für Eltern und auch für Berater und Ärzte entstehen, wenn ein Schwangerschaftsabbruch bei drohender Behinderung des Kindes geplant wird.

Schwangerschaftsabbruch bei drohender Behinderung

Wie bei jedem Schwangerschaftsabbruch, dessen soziale Indikation uns schon beschäftigte, handelt es sich im Falle einer Schädigung oder drohenden Behinderung des ungeborenen werdenden Lebens, bei der medizinischen Indikation, um ein sehr komplexes Problem. Letztlich wird auch dabei alles durch persönliche Grundentscheidungen bestimmt.

Die Verhältnisse liegen jedenfalls nicht so einfach, wie man vermuten könnte, wenn man von der Feststellung einer Frau hört, für sie komme nur ein Schwangerschaftsabbruch in Frage, falls sie vom Arzt erfahren sollte, daß ihr Kind behindert ist. Die Probleme beginnen bei den Methoden der Diagnose und setzen sich über die Definition der drohenden Behinderung bis hin zu der fälligen Prognose fort, die als Kriterien für die Entscheidung dienen sollen.

Die Wahrscheinlichkeitsaussagen der Diagnosen und Prognosen liefern nicht automatisch eine Entscheidung, sondern lediglich Bewertungs- und Beurteilungsgrundlagen. Und selbst darin tut sich die Wissenschaft recht schwer. Niemand wird z. B. behaupten wollen, daß die Beurteilung, ob das Ungeborene, bei dem in Ultraschalluntersuchungen Mißbildungen festgestellt worden sind, wirklich keine Überlebenschance hat, eindeutig ist. Ob ein Zwergwuchs wirklich mit einer so gravierenden Störung der geistigen Entwicklung einhergeht, daß keine Lebensfähigkeit oder keine selbständige Lebensführung erwartet werden kann, bleibt eine riskante Prognose. Und wer will sagen, daß die Feststellung einer mongoloiden Schädigung, von der wir gehört haben, daß sie sehr früh und ziemlich sicher möglich ist und bei der wir den künftigen Lebenslauf des Menschen recht gut kennen, einen Schwangerschaftsabbruch unbedingt rechtfertigt?

In jedem Fall stehen wir in der Grenzsituation aufgegebener persönlicher Entscheidungen, die sehr verschieden ausfallen können. Es gibt immer mehr Eltern, die sich heute bewußt für das Austragen auch eines behinderten Kindes entscheiden. Diese Entscheidung fällt bei manchen Eltern auch in der Form, daß sie ein Kind mit Behinderung adoptieren oder in Pflege nehmen.

Wie bei der medizinisch-technischen Lebensverlängerung und bei den neuerdings möglichen Fortpflanzungsmanipulationen z. B. mit Retortenbabys entsteht die Frage, welchen Gebrauch der Mensch von neuen Verfügbarkeiten über das Leben macht. Die Wissenschaft züchtet Erwartungen und Ansprüche an eine gesunde Entwicklung, die ihr gegenüber inzwischen als einklagbares Recht geltend gemacht werden. In Aufsehen erregenden Urteilen hat der Bundesgerichtshof Eltern Schadenersatz zugesprochen, weil Ärzte in der vorgeburtlichen Diagnostik unzutreffend beraten haben sollen, wodurch der Abbruch einer Schwangerschaft verhindert wurde. In einem Fall hatte eine 39jährige Mutter einen Arzt gefragt, ob er ihr im Hinblick auf ihr Alter eine Schwangerschaftsuntersuchung zur Früherkennung eines möglicherweise mongoloiden Kindes anrate. Der Arzt hatte das nicht für erforderlich gehalten. Ärzte können demnach haftbar gemacht werden, wenn es um genetische Schäden bei der Entscheidung um einen Schwangerschaftsabbruch geht (vgl. z. B. FAZ 2. 1. 1984).

Wenn wir uns fragen, woher es kommt, daß in unserer Gesellschaft solche Erwartungen und Ansprüche auf ein gesundes Wunschkind entstanden sind, dann hängt das vermutlich mit der neuen Situation der heute möglichen geplanten Elternschaft zusammen. Wer ein Kind plant, hat den verstärkten Wunsch, daß es gesund ist. Wenn ein geplantes Wunschkind sich dann als geschädigt oder behindert erweist, kann das nicht mehr wie früher ohne weiteres als »Schicksal« angesehen werden. Die Eltern erleben sich infolge der übernommenen Verantwortung in erhöhtem Maße als Ursache für das Ereignis und werden desto stärker davon betroffen. Nicht zuletzt im Interesse der betroffenen Eltern müssen wir daran festhalten, das Recht kranker und behinderter Kinder anzuerkennen, in unserer Gesellschaft angenommen zu werden. Wir müssen wissen, daß sich Schädigungen und Behinderungen von Kindern auch bei größter Sorgfalt nicht vermeiden und aus der Welt schaffen lassen. Eltern, die ein behindertes Kind großziehen, verdienen unsere größte Hochachtung. Sie haben in die Grundentscheidung eines Ja zum Leben und zum Kind ein Ja zum behinderten Kind mit eingeschlossen.

Tod eines Neugeborenen

Wie in früheren Zeiten ist die Kindersterblichkeit auch heute immer noch am größten in der Zeit um die Geburt. Die Senkung der Sterblichkeitsraten bei Neugeborenen und Säuglingen ist nach wie vor ein erstes Ziel der Medizin in aller Welt. Wir nehmen heute an, daß in früheren Jahrhunderten der Tod eines Neugeborenen nicht im gleichen Maße ein ungewohntes und einschneidendes Ereignis wie in unseren Tagen war. Die Familien waren mehr darauf eingestellt, viele Kinder zu haben, weil man mit einer größeren Sterblichkeitsrate rechnen mußte. Das hat sich heute geändert, so daß der Tod eines Kindes wahrscheinlich mehr ins Gewicht fällt. Kinder sterben heute in der Zeit um die Geburt auch nicht mehr in der Familie, sondern in der Klinik, meist in den Risiko-Abteilungen für Neugeborene. Die in früheren Zeiten in den Familien und der Tradition festgelegten Trauerformen werden dabei heute nicht mehr so intensiv wie früher ausgelebt.

Es entsteht die Frage, wie unter diesen Bedingungen sterbenden Kindern und ihren Eltern geholfen werden kann. Damit die Kinder möglichst überleben, brauchen sie in erster Linie medizinische und pflegerische Hilfe, an der die Eltern beteiligt werden können. Hilfen für die Eltern kommen in Frage in der Zeit, in der sich das Sterben des Kindes ankündigt, und in der Zeit nach dem Ereignis. Das Eintreten des Todes macht bei einem sehr kleinen Kind, das das Leben vor sich hat, alle Beteiligten besonders betroffen. Für die psychologische Hilfe entsteht eine Grenzsituation, die bei entsprechender Überzeugung am ehesten religiösen Beistand möglich macht.

Wie ernst das Ereignis für die Mutter zu nehmen ist, geht aus der Tatsache hervor, daß es Untersuchungsergebnisse gibt, nach denen bei einem Drittel aller Todesfälle eines Neugeborenen bei den Müttern als tragische Folgewirkung eine schwere psychische Störung auftritt. Die Mütter leiden unter Verwirrtheitszuständen und schweren Depressionen, sowie Angstanfällen und Zwangsvorstellungen mit schweren Schuldgefühlen (KENNELL, KLAUS 1983). Solche Störungen müssen sicherlich im Zusammenhang mit den bei Müttern nach den Belastungen der Schwangerschaft und Geburt auch sonst verbreiteten depressiven Verstimmungszuständen gesehen werden. Ob und wie weit sich tiefgreifende Ausweitungen des Schicksals der Kinder auf die Mutter auffangen oder vermeiden lassen, wissen wir noch nicht.

Andere Mütter und Väter machen beim Tod ihres Kindes meistens längere und verschieden schwere Trauerperioden durch. Es treten körperliche Beeinträchtigungen wie Schlaflosigkeit und Appetitlosigkeit, eine übermäßige Beschäftigung mit dem Bild des verstorbenen Kindes, Schuldgefühle, dann aber auch feindselige Reaktionen, Verbitterungen und sonstige Verhaltensänderungen auf.

Im speziellen Todesfall eines Neugeborenen in der Klinik haben nicht zuletzt die Einstellungen und Verhaltensweisen des Arztes und des Klinikpersonals auf das Ereignis einen Einfluß darauf, wie die Eltern mit diesem Schicksal fertig werden. Die Professionellen sollten Möglichkeiten erhalten, ihre eigenen Verarbeitungsweisen auf Todesfälle bei Neugeborenen zu kontrollieren, vor allem, wenn es sich bei ihnen um ein Sich-Entziehen, Beschuldigen anderer und Verleugnen handelt. Erst nach dieser Auseinandersetzung werden sie an die Aufgabe denken, den Eltern zu helfen. Ziele der Beratung entstehen im Rahmen der Entwicklungsaufgaben, den Verlust des Kindes als Wirklichkeit und Tatsache anzuerkennen, den Trauerprozeß zu bewältigen und sich auf neue Lebensaufgaben zu besinnen. Jedes Einzelschicksal erfordert das Eingehen auf individuelle Bedürfnisse des Betroffenen, wobei vor allem ausreichende Möglichkeiten des Sich-Aussprechens angeboten werden sollten.

Eine verständnisvolle Hilfe für Frauen, die eine »glücklose« Schwangerschaft hinter sich haben, ist inzwischen in vielen englischen Kliniken üblich, wie aus einem Beitrag des britischen Fernsehens hervorging, über den in der Presse berichtet wurde. Viele Gespräche haben bestätigt, so wurde berichtet, daß der Arzt zunächst dafür sorgen sollte, daß die

Eltern ihr totes Kind auch betrauern können. Da man nicht betrauern kann, was man nicht kennt, ist es notwendig, daß die Mutter das tote Kind sieht und in den Armen hält. Wenn die Eltern das auch zunächst ablehnen, später würden sie es bedauern, wenn sie die Gelegenheit nicht wahrgenommen haben, ihr Kind zu sehen. Niemand fragt eine Mutter, ob sie ein lebendes Neugeborenes sehen will. Warum also soll man sie – so heißt es – bei einem toten Kind fragen? Wenn man es ihr vorenthält, so fürchten die Ärzte, würden übertriebene Vorstellungen über das Aussehen entwickelt, die eine Verarbeitung erschweren. Wichtig ist auch, daß über die Bestattung des Kindes gesprochen wird. Viele Eltern beklagen später, daß sie nichts über den Verbleib ihres Kindes wissen, es sei einfach verschwunden.

Selbstverständlich setzen die einzelnen empfohlenen Schritte voraus, daß der Arzt jedesmal eine Absprache trifft und die Eltern selbst entscheiden läßt, was sie sich zutrauen wollen. Nach den Erfahrungen des Projekts wird angeraten, daß die Eltern in der Trauerzeit keine neue Schwangerschaft planen. Die Bezeichnung »glücklose Schwangerschaft« für das Projekt könnte nicht besser gewählt sein. Sie legt eine Ursachenzuschreibung nahe, die für die Eltern entlastend wirkt und darauf abzielt, eine neue Zuversicht in ihre Zeugungskraft und die Lebensfähigkeit eines weiteren Kindes zu entwickeln.

Frühgeborene und Kinder mit Mißbildungen

Welche Veränderungen es in den letzten Jahrzehnten in der Geburtshilfe und der ärztlichen Versorgung von Risikokindern gegeben hat, kann man besonders gut an der Betreuung frühgeborener Kinder ablesen. Früher ließ man das Frühgeborene nicht mit anderen Kindern im Raum schlafen, man wollte es vor Infektionen schützen. Die Mutter war im Regelfall aus der Säuglingsstation ausgeschlossen, um eine strikte Regelung der ärztlichen Versorgung, der Pflege und der Fütterungszeiten einzuhalten und das Kind zu schonen.

Nach der Einführung der Antibiotika und durch die Verbesserung der Überlebenschancen in der Brutkastenversorgung kam es zur Beteiligung vor allem der Mutter an der Pflege der Kinder. Die Kontaktaufnahme zwischen Eltern und Kind von Anfang an wird heute bei Frühgeborenen als eine der wichtigsten Hilfen und vorbeugenden Maßnahmen zur Verminderung nachteiliger Folgen angesehen. Den Anstoß gab – wie wir gesehen haben – die psychologische Bindungstheorie. Heute geht es aber nicht nur um das Herstellen einer frühen Beziehung, sondern allgemein um die Verbesserung der Pflege des Kindes und um die Mitarbeit der Eltern in den Intensiv-Pflegestationen. Für das Klinikpersonal entstehen neben der Pflege der Frühgeborenen neue Aufgaben der Zusammenarbeit mit den Eltern bei der Mitwirkung in der Versorgung der Kinder.

Die von den Fachleuten geforderten Beratungsaufgaben gehören zu den schwersten und haben das Ziel, den Eltern beizustehen, die Entwicklungsaufgabe des Elternseins auf Erfordernisse auszurichten, auf die wir im allgemeinen nicht vorbereitet sind. Bei den Frühgeborenen geht die Betreuung des Kindes meist bald in die gewohnten Formen der Kinderpflege und Erziehung über. Das ist bei den dauerhaft und sichtbar geschädigten Kindern anders, etwa wenn ein Kind blind und ohne Augen oder mit einer anderen angeborenen Mißbildung zur Welt kommt. Die Eltern brauchen Hilfe, die ursprünglichen Vorstellungen von ihrem Kind der Gestalt anzupassen, die es nach der Geburt tatsächlich hat. Da ein Kind das Beste verkörpert, was Eltern zu geben vermochten, findet eine schmerzliche Auseinandersetzung statt. Dabei werden manchmal abergläubische Vorstellungen und Schuldgefühle wachgerufen, die wir bei den Ausführungen über die Blindheit schon kennengelernt haben. Es ist mit Trauergefühlen zu rechnen, daß das Kind von der Natur nicht die erwartete Ausstattung mitbekommen hat. Manchmal lehnen die Eltern sich auch gegen das Schicksal auf und quälen sich mit Schuldzuschreibungen, etwas falsch gemacht zu haben. Diese und andere Fragen sind die Themen von individuellen Beratungsgesprächen.

In den schweren Fällen kommen belastende Fragen auf die Eltern zu, die mit dem Überleben von Kindern mit schweren Mißbildungen zusammenhängen, besonders wenn ein Leben nur durch künstliche, medizinisch-technische Hilfe aufrechterhalten werden kann. Die menschlichen, ethischen, medizinischen und juristischen Fragen, die dabei entstehen und künftig Ethikkommissionen beschäftigen sollen, sind keineswegs gelöst. Die Frage, ob die Entwicklungspsychologie zu den dabei aufgeworfenen Entscheidungsfragen einen Beitrag leisten kann, müßte vermutlich verneint werden. Unter den als Entscheidungsgrundlage dienenden Wissensfragen könnten allenfalls Vorhersagen über den wahrscheinlich erreichbaren Entwicklungsstand eines Kindes unter bestimmten Bedingungen einer Schädigung und Behinderung und einer den Eltern möglichen Förderung und Hilfe belangvoll sein. Je nach der Grundüberzeugung zu Lebensfragen kann der Rat, Kindern unter erschwerten Bedingungen das Leben zu ermöglichen, für Eltern eine existentielle Herausforderung sein.

Besondere Aufgaben bringt eine längerdauernde Versorgung von Frühgeborenen und von Kindern mit Mißbildungen mit sich. Wenn die Mütter von der intensiven Pflege nicht mehr ausgeschlossen sind, sondern selbst bestimmte Arbeiten übernehmen, entsteht die Frage, ob sie dazu ohne weiteres in der Lage sind und wie sie – wenn das nicht der Fall ist – dazu befähigt werden können.

Wie die Eltern diese Aufgaben in Angriff nehmen und die Belastungen bewältigen, hängt von der Anleitung und Hilfe ab, die sie in der ersten Zeit erhalten. Die Ärzte und das Klinikpersonal in der Pflegestation stellen für die Eltern erste Modelle dar, wie man mit geschädigten und behinderten Kindern umgehen kann. In Beratungsgesprächen werden durch verständnisvolles Eingehen auf die Belange des Kindes und die Sorgen, Ängste und Nöte der Mütter und Väter wichtige Weichen für die Zukunft des Kindes und der Eltern gestellt. Das Zusammenwirken aller Beteiligten bei den klinischen Erwägungen, der Organisation der Betreuung, bei den Gesprächen und in den Vorkehrungen bei der Entlassung des Kindes wollen sorgfältig bedacht sein. Inzwischen liegen hier erste Erfahrungen in der gemeinsamen Versorgung von Frühgeborenen und Kindern mit Schädigungen durch das Klinikpersonal und die Eltern vor (KENNELL, KLAUS 1983, IRVIN u. a. 1983).

Wenn die Durchführung der Klinikversorgung, der Pflege- und Fördermaßnahmen, die früher von den Ärzten und ihrem Hilfspersonal besorgt wurden, immer mehr in die Hände vor allem der Mütter übergegangen ist, hat das Konsequenzen, die man leicht übersehen oder in ihrer Tragweite unterschätzen kann. Eltern und Fachleute fangen an, sich auf die entstehenden Fragen erst noch richtig vorzubereiten und einzustellen.

Mit der zunehmenden Aufklärung über Schädigungsmöglichkeiten des Kindes in der Geburtshilfe geraten die Ärzte heute unter vermehrten Rechtfertigungsdruck. Es gibt häufiger Klagen mit Schadenersatzforderungen, wenn die Eltern dem Arzt mangelnde Sorgfalt vorwerfen, z. B. in den erwähnten Fällen der Erblindung eines Frühgeborenen durch Sauerstoffzufuhr im Brutkasten oder bei der Schwangerschaftsberatung bei drohender Schädigung oder Behinderung des Kindes.

Die Eltern nehmen auch ihre eigene Verantwortlichkeit anders wahr. Sie setzen sich mit dem leidvollen und langwierigen Prozeß auseinander, ein behindertes Kind zu haben, der viele enttäuschte Hoffnungen mit sich bringt, bis sie lernen, mit dieser Tatsache täglich neue Erfahrungen zu machen und trotzdem den Mut nicht zu verlieren. Ein behindertes Kind zu haben, galt früher eher einfach als Schicksal und Spiel der Natur, mit dem man sich abfinden mußte und an dem nicht viel zu ändern war. Heutzutage werden die Eltern über Risiken und Schädigungsmöglichkeiten aufgeklärt, bei denen sie auch an eine eigene Beteiligung denken. Außerdem gibt es Erwartungen, daß durch eine frühe Förderung der Zustand des Kindes erheblich verbessert und die Behinderung vielleicht sogar ausgeglichen werden kann. Die Eltern geraten unter den Erfolgszwang, daß es von ihren Anstrengungen abhängt, ob das Kind auch wirklich die erwarteten Fortschritte macht. Gerade gewissenhafte und einsatzbereite Mütter werden dadurch zusätzlich belastet, besonders wenn dann die Erwartungen eventuell nicht im erwünschten Maße erfüllt werden können.

Zwischen Eltern und Arzt kann es zu Verschiebungen in der Zuschreibung von Verantwortlichkeiten kommen, die von früher her so nicht bekannt sind. Wurden früher alleine der Arzt und der Stand der Heilkunst herangezogen, wenn sich die gewünschte Besserung nicht einstellte, so wird sich die Mutter – wenn sie die Förderung übernimmt – jetzt plötzlich selbst mit verantwortlich fühlen, wenn es um die Bewertung des Erfolgs geht. Sie muß den erreichten Stand sich selbst und unter Umständen auch dem Arzt gegenüber vertreten. Es liegen Voraussetzungen vor, daß zwischen Arzt und Eltern in einem wechselnden Rollentausch die Verantwortung hin und her geschoben werden kann. Wenn sich solche Fronten erst einmal verfestigt haben, ist es schwer, in der Beratungsbeziehung das Vertrauen wiederherzustellen.

Bei geschädigten und behinderten Kindern ist die Beratungsbeziehung selbst besonderen Belastungen ausgesetzt. Das ist angesichts des menschlichen Leids der Fall, das uns als Eltern und Fachleuten mit geschädigten und behinderten Kindern »aufgegeben« ist. Es sind die Grundfragen unserer Existenz und unserer Einstellung zu diesen Grundfragen, die hier letztlich herausgefordert sind. Viele Menschen des Abendlandes leben mit der tiefverwurzelten Überzeugung, daß jedes Leiden einen Aufruf an unser Menschsein enthält. Das Leiden wird zur Prüfung, die uns aufgegeben ist, die wir zu bestehen haben und die uns gleichzeitig offen macht für unsere Lebensaufgaben und für die Teilhabe am Leben und am Sein.

Ergebnis und Ausblick: Den Kindern das Leben zutrauen

Die vielgestaltigen Themen des Buches sollen an dieser Stelle noch einmal zusammengefaßt, rückblickend nachbereitet und auf Ausblicke für künftige Aufgaben befragt werden. Hat sich der Ansatz einer Angewandten Entwicklungspsychologie in den verschiedenen Fragestellungen bewährt und kann er weiter ausgebaut werden? Welche Aufgaben sind für die Eltern gestellt, welche haben die Fachleute? Welche Verbesserungen und Ergänzungen sind möglich und wie können die aufgewiesenen Prinzipien bei der Lösung auch anderer Aufgaben helfen?

Bei der Beantwortung dieser Fragen werden die Ausgangspunkte der hier beabsichtigten Angewandten Entwicklungspsychologie der frühen Kindheit, die am Anfang des Buches dargelegt wurden, wieder aufgegriffen und fortgeführt.

Angewandte Entwicklungspsychologie

Für den hier vorgelegten Versuch, Theorie und Praxis durch die Brückenwissenschaft einer Angewandten Entwicklungspsychologie miteinander zu verbinden, zeichnet sich für eine dauerhafte Konstruktion ein erster Grundriß ab. Die Erfahrungen zeigen, daß sich die beiden Ufer miteinander verbinden lassen und ein wechselseitiger Austausch stattfinden kann, von dem beide Seiten profitieren. Das Wissen über frühe Lebensereignisse kann für uns ein Mittel zu dem Zweck sein, Anstrengungen zu unternehmen, die Entwicklung der Kinder zu erleichtern und zu einem guten Ende zu führen.

Die Psychologie wird befragt, wenn Eltern und Fachleute in der Entwicklung und Erziehung der Kinder vor Schwierigkeiten stehen und sie das bisherige Wissen nicht als ausreichend ansehen, um damit fertig zu werden. Als besonderer Anlaß für den Einsatz der Psychologie werden Streitfragen angesehen. Diese ergeben sich einmal aus praktischen Bestrebungen zur Vorbeugung von Gefährdungen und zur Verbesserung der Entwicklungsbedingungen bei den Kindern, zum anderen aus der Anwendung verschiedener theoretischer Sichtweisen, dafür die besten Wege zu finden.

Die Fehlschläge in der bisherigen Anwendung haben es notwendig gemacht, in der Angewandten Entwicklungspsychologie zunächst einmal das Anwenden selbst zu analysieren. Als elementare Bestandteile des Anwendungsprozesses werden die Bewertung des Wissens und die danach ausgerichtete Entscheidungshilfe in der Entwicklungsberatung angesehen. Die Bewertung folgt den Kriterien der wissenschaftlichen Gültigkeit, praktischen Brauchbarkeit, Glaubwürdigkeit und der Abhängigkeit vom Zeitgeist. Die Beurteilungen bestimmen den Einsatz des Wissens im Entscheiden und Handeln. Die neue Art der »schonenden« Anwendung folgt dem Gebot der Verhältnismäßigkeit, das die Wahl des mildesten Mittels vorschreibt, das für den zu erreichenden Zweck geeignet ist. Diese normative Vorgabe bei allen Entscheidungen ergibt sich aus dem Anteil an eigener Verantwortlichkeit bei den betroffenen Kindern und Eltern.

Die Prinzipien der Anwendung bewähren sich in den drei inhaltlich thematisierten Teilen des Buches. Die Systematik wurde aus den in der Praxis angefallenen Aufgabenstellungen entwickelt. Dabei soll die Folge der Teile zunehmende Schweregrade – oder nach anderen Modellvorstellungen: Ebenen bzw. Tiefenstufen – von bedeutsamen Lebensereignissen in der Frühentwicklung anzeigen, die sich aus den gradweisen Möglichkeiten der Einflußnahme und Veränderung ergeben. »Frühen Risiken vorbeugen«, »Belastungen bewältigen« und »bei Behinderungen helfen«, so werden die Zielsetzungen des eingreifenden psychologischen Handelns formuliert. Die im Lebenslauf auftretenden bedeutsamen Ereignisse, die bei ihnen angenommenen Wirkungen und die erwarteten Folgen bilden das Muster für die Versuche, Lösungen im Sinne einer gesunden seelischen Entwicklung zu finden.

Die Problemlöseversuche im groben Rahmen der Entwicklungsberatung werden durch ein Wechselspiel zwischen Theorie und Praxis in der Anwendung der Psychologie gefördert. In der Analyse des Eltern-Kind-Systems treten Elemente zutage, die in den Theorien einzeln hervorgehoben und bei der Anwendung oft – wie wir zeigen konnten – überbewertet werden. Andererseits führen die verschiedenen

Suchrichtungen, die in den unterschiedlichen Theorieansätzen nahegelegt werden, zu neuen Vorschlägen für praktische Lösungen. Überheblichkeiten einer praktisch leeren Theorie werden gleichermaßen abgebaut wie Blindheiten einer Praxis ohne theoretische Reflexion. In wechselseitigen Anregungen und Erprobungen kommt es zu einer Vervollkommnung der Theorien und zu einer Verfeinerung der Praxis. Dabei lassen die verwickelten Verhältnisse im menschlichen Handlungsbereich Vorhersagen über das, was sich später als Folge aus einem Ereignis herausstellen wird, als sehr gewagt erscheinen. Deshalb kann auf die jeweiligen Verhältnisse, wenn überhaupt, nur äußerst vorsichtig und aus den Möglichkeiten der selbstregulierenden Kräfte des Systems Einfluß genommen werden. Schonung bei der Anwendung der Psychologie lautet daher die Devise, wenn sie uns dabei helfen soll, mit den in der Entwicklung gestellten Aufgaben fertig zu werden.

Entwicklungstheorien und Modell des Meisterns

Wenn wir allein von den bisherigen entwicklungspsychologischen Theorien ausgehen, wie das immer wieder versucht worden ist, ergeben sich bei der praktischen Anwendung auseinanderstrebende Handlungskonsequenzen. Wir brauchen uns nur an das Beispiel der Arbeiten zur sensorischen und mütterlichen Deprivation zu erinnern. Verhaltens- und lerntheoretische Modelle führen zu der Annahme, in den äußeren Bedingungen für das Entwicklungsgeschehen wären auch die Ansätze für die Veränderungen festgemacht, die man bei den Kindern erreichen möchte. Da es nur zu viele Bedingungen gibt, deren Wirksamkeit wir ausfindig machen können, muß dieser Versuch allein schon an dieser Vielfalt scheitern. Auf der anderen Seite vermitteln die mehr biologisch am Organismus ausgerichteten Modelle den Eindruck, in der Entwicklung wäre alles festgelegt und man brauche sich nur an Prägungszeiten und die Gesetze der Natur zu halten, um das Wohlergehen der Kinder zu garantieren.

In ihrer Einseitigkeit werden die Theorien bei ihrer Anwendung zu Quellen von Theoriedogmen mit Verzerrungen in den Sichtweisen der Probleme. Dogmatische Theorieanwendungen führen einerseits zu übertriebenen Befürchtungen, wenn eine einzelne Bedingung im Geschehen nicht eingehalten werden kann, und andererseits zu unrealistischen Glückserwartungen, wenn man sich nur an die Herstellung bestimmter Voraussetzungen hält. Eine Aufgabe der hier vertretenen Angewandten Entwicklungspsychologie besteht darin, die Betroffenen, hier vor allem die Eltern, und mit ihnen die Fachleute, durch entsprechende Aufklärung aus den falschen Hoffnungen und Befürchtungen einer verfehlten Anwendung der entwicklungspsychologischen Theorien zu befreien.

Niemand möchte, daß Kinder unglücklich sind oder wir sie unglücklich machen, auch nicht, daß Eltern unglücklich sind oder sich mit Kindern unglücklich machen, und erst recht nicht, daß unglückliche Eltern ihre Kinder unglücklich machen. Aber gerade deshalb muß man sich fragen, ob nicht die Psychologie, die dazu beitragen möchte, daß Kinder seelisch gesund heranwachsen, durch die bisherige einseitige Anwendung ihrer Theorien unabsichtlich einen Beitrag zum Unglücklichsein von Kindern und Eltern geleistet hat. Die Erklärungsmuster legen Verantwortungs- und Schuldzuweisungen nahe, die in der Entwicklungspsychologie eher gefördert als verhindert worden sind.

Um Mißverständnissen entgegenzuwirken, ist es notwendig, in der Entwicklungspsychologie die Hoffnung auf eine große theoretische Lösung der Probleme aufzugeben. Das Fundament für seelische Störungen des Erwachsenen wird nicht allein in Zwängen strikter Erziehungsmethoden grundgelegt, wie die Psychoanalyse das weiter annimmt (MILLER 1979, 1980, 1981). Es geht auch nicht allein um das Einhalten bestimmter Zeiten und Prägungen, wenn die Entwicklung gelingen soll, wie das die Theorien der Bindung (BOWLBY 1969) und Trennungsangst (AINSWORTH u. a. 1978) sowie der verhaltensbiologische Ansatz nahelegen (HASSENSTEIN 1973, KLAUS-KENNELL 1976, HEMMINGER, MÜLLER-DE WITT 1983). Die bisherigen Einseitigkeiten in den Theorieanwendungen können am besten in den interaktionistischen Ansätzen (SAMEROFF 1975) und einer »dialektischen Orientierung« (BALTES, CORNELIUS 1977) überwunden werden. Die Annahmen über die Stabilität der Entwicklung stellt neuerdings das »aleatorische Modell« (griech.: zum Würfelspieler gehörend) in Frage, das den Menschen in seinem Lebenslauf als zufallsbedingte Kreatur ansieht (GERGEN

1980). Für die Anwendung auf praktische Fragen ergibt sich aus alledem ein Umgang mit Theorien und Modellen, der einer fortgeschrittenen theoretischen Analyse entspricht (CROUTER, BELSKY, SPANIER 1982, SCHMIDT-DENTER 1984, HERZOG 1984) und einseitige Interpretationen vermeidet.

Aus diesen Bemühungen folgern wir für die Angewandte Entwicklungspsychologie den Ansatz eines anwendungsorientierten Entwicklungsmodells. Es wird ein vielfältiges System von Entwicklungsmustern und Verarbeitungsweisen angenommen, das der werdende Mensch bei der Lösung von Entwicklungsaufgaben im Lebenslauf ausbildet, ein System, das in jeder Zeitepoche neu zu definieren ist und bei jeder Person in deren Entscheidungen neu gelingen muß. Für dieses gleichzeitig theorie- und praxisbeszogene Konzept einer Angewandten Entwicklungspsychologie wird mit diesem Buch als Modell das »Meistern von Lebensereignissen« und als Terminus »epikratisches Modell« (griech.: sich als der Stärkere erweisen, meistern) vorgeschlagen. Eine Kompetenzsteigerung, das Erstarken in der Lebensmeisterung, steht nach dieser Modellvorstellung im Zentrum von Veränderungen des Seelischen im Lebenslauf. Strategien der Lebensmeisterung sind in den Entwicklungsaufgaben der Altersabschnitte von Anfang an wirksam und müssen sich in zunehmender Festigkeit und Flexibilität bewähren.

Das Modell des Meisterns stellt das Diktum von Psychoanalyse und Verhaltensbiologie in Frage, daß seelische Störungen durch belastende Lebensereignisse vorwiegend in der frühen Kindheit, gleichsam im verborgenen, unweigerlich grundgelegt werden und ihre schädigenden Folgen erst später hervorbringen. Demgegenüber erweist es sich als angemessen, Lebensereignisse in jeder Altersstufe im Zusammenhang mit Entwicklungsaufgaben zu sehen, bei deren Bewältigung der werdende Mensch im Verlaufe des Entwicklungsgeschehens normalerweise seine Lebensfähigkeiten steigert.

Daß nicht einzelne frühe Entwicklungsstörungen den weiteren Lebenslauf festlegen müssen, zeigte sich in einer ersten auf diese Frage ausgerichteten Längsschnittstudie in New York an 133 Kindern, bei denen die Entstehung von Verhaltensstörungen vom 2. Lebensjahr bis zum Erwachsenenalter verfolgt wurde (THOMAS, CHESS 1984). Die Forscher, die uns schon durch ihre Temperamentsstudien bekannt sind, definieren als »gestört« schwierige Kinder und Jugendliche mit folgenden Merkmalen: Unregelmäßigkeiten in biologischen Funktionen wie Essen und Schlafen, Anpassungsprobleme in der Erziehung und in neuen Situationen, häufige Perioden von Schreien und Wutausbrüchen bei geringen Belastungen. Solche Verhaltensweisen, die bei etwa 10% der Kinder so häufig vorkamen, daß von einer Störung gesprochen werden mußte, entstanden zu verschiedenen Zeiten in der Entwicklung über das Alter von 2 bis 16 Jahren hinweg verteilt, ohne daß die früheste Zeit in besonderer Weise hervortrat. Die größten Schwierigkeiten hatten dabei die 3- bis 5jährigen Kinder, danach die 6- bis 8jährigen, aber auch alle anderen Altersstufen waren betroffen. Als sie älter wurden, erholten sich viele der gestörten Kinder und Jugendlichen, und ihre Auffälligkeiten verschwanden, wie sie aufgetreten waren.

Wenn erheblichere Störungen bis hin zu Depressionen im Jugendalter auftraten, ergab ein Rückblick auf die Beobachtungsdaten in der frühen Kindheit keine Vorläufer-Symptome, schwere Konflikte oder besonderen Streß in der ersten Zeit. Die Belastungen konzentrierten sich eher auf die Zeit des Auftretens der Störungen und belegten damit einen Zusammenhang mit Mängeln in der Fähigkeit, in den bestimmten Lebensereignissen der Altersstufe Entwicklungsaufgaben zu lösen.

Störungen in der Entwicklung durch belastende Lebensereignisse verstehen wir nach dem Meisterungsmodell demnach als ein Mißlingen der Lösung von Entwicklungsaufgaben. Es kommt auf den Grad der Übereinstimmung zwischen den Anforderungen der Lebensereignisse in der Umwelt und den Fähigkeiten des werdenden Menschen an. Ein Mangel an Übereinstimmung führt zur Dissonanz zwischen Individuum und Umwelt, so daß eine gestörte Entwicklung und Fehlanpassungen möglich werden.

Bei einer positiven Lösung der Entwicklungsaufgabe vermuten wir Konsonanz zwischen den individuellen Möglichkeiten in den menschlichen Verarbeitungsweisen und der Umwelt mit ihren Erwartungen, Ursachenzuschreibungen und anderen Anforderungen. Es wird »Passung« erreicht und eine positive Entwicklung wahrscheinlich.

Das Gelingen der Abstimmung setzt nicht voraus, daß keine Belastung, kein Streß oder keine Konflikte bestehen.

Ganz im Gegenteil, sie sind Begleiterscheinungen der erwünschten Entwicklungsfortschritte. Wenn sich Belastungen und Konflikte im Rahmen der kindlichen Möglichkeiten verarbeiten lassen, stellen sie Herausforderungen für Veränderungen und für das Erreichen höherer Lebensfähigkeiten dar. Nur übermäßige Belastungen, die zwischen den Anforderungen der Umwelt und den kindlichen Verarbeitungsweisen keinen Ausgleich mehr erlauben, führen zu Beeinträchtigungen im weiteren Verlauf der Entwicklung. Von angemessenen Anforderungen dagegen erwarten wir eine Steigerung der Meisterungsmöglichkeiten und konstruktive Konsequenzen für den folgenden Lebenslauf.

Mit dem Modell des Meisterns verlassen wir eine Betrachtungsweise, die mit der Vorhersagbarkeit der Entwicklung auf Grund früher Lebensereignisse rechnet. Wir können nicht länger so tun, als hätten wir mit den ersten Erfahrungen des Kindes den Schlüssel zur Erkenntnis der späteren Persönlichkeit in der Hand. Dafür erreichen wir auf der anderen Seite eine viel optimistischere Sicht von der menschlichen Entwicklung. Ein früh belastetes Kind ist nicht zum späteren Leiden verurteilt, elterliche Fehler sind nicht unwiderruflich. In den vorliegenden Untersuchungen beeindrucken uns die Flexibilität der menschlichen Anpassungsfähigkeit und die Meisterung auch schwerer Belastungen.

Auch für die psychologische Intervention können wir Folgerungen aus dem Meisterungsmodell ziehen. Es ergibt sich die Annahme, daß im Regelfall keine »tiefgreifende« und in die frühe Entwicklung zurückführende Psychotherapie mit dem Kind und seiner Familie stattfinden muß, wenn bei der Lösung von Entwicklungsaufgaben Schwierigkeiten auftreten. In den meisten Fällen dürfte das Verfahren einer Entwicklungsberatung angemessen sein, die auf individuelle Besonderheiten des Kindes und der Situation eingeht und gewöhnlich nur einige Sitzungen umfaßt. Es geht nicht um verborgene, unbewußte Ursachen und Einstellungen. Die Betonung liegt vielmehr auf den direkt zugänglichen Anstrengungen der Eltern, den offenliegenden Verhaltensweisen und den vorgebrachten Ursachenzuschreibungen, die mit den Versuchen des Kindes verglichen werden, seine Lebensaufgaben in Angriff zu nehmen.

Die Eltern lernen, auf den Grad der Abstimmung zwischen

den Anforderungen der Situation und den Verarbeitungsweisen des Kindes zu achten und nehmen dabei vielleicht die Hilfe eines Beraters in Anspruch. Sie entdecken Gründe für die Schwierigkeiten beim Kind und bei sich selbst, die sie mit ihren Lebenserfahrungen in Zusammenhang bringen können. Es ergeben sich Anhaltspunkte für Veränderungen in Richtung auf eine bessere Abstimmung zwischen Kind und Umwelt und entsprechende Hilfeleistungen. Manchmal werden Erwartungen revidiert, die jenseits der kindlichen Möglichkeiten liegen. Manchmal müssen im Sinne der Entwicklungsaufgaben neue Anforderungen gestellt werden, damit das Kind seine Fähigkeiten voll entfalten lernt und neue Meisterungsstrategien entwickelt. Und meistens sind bei der Lösung der Schwierigkeiten gleichzeitig Anforderungen und Erwartungen neu aufeinander abzustimmen.

Entwicklungsaufgaben der Kinder und Eltern

Ebensowenig wie ein einzelner theoretischer Ansatz in der Lage ist, Praxisfragen zu entscheiden, gelingt das aus der Position einer Entwicklungspsychologie, die es versäumt hat, nach einer normativen Orientierung im menschlichen Werdegeschehen zu fragen. Der vorliegende Ansatz verfolgt deshalb bedeutsame Lebensereignisse im Hinblick auf Möglichkeiten, eine gesunde seelische Entwicklung zu fördern. Es wird versucht, unter der Zielsetzung der seelischen Gesundheit Entwicklungsaufgaben zu definieren, die in der Frühentwicklung dem Kind und gleichzeitig seinen Eltern und Betreuern gestellt sind. Die Lösungen der Aufgaben und die dabei auftretenden Schwierigkeiten stecken den Rahmen für die Entwicklungsberatung der Fachleute ab, die nach Möglichkeiten der Vorbeugung und des eingreifenden Handelns fragt.

Bei der Angewandten Entwicklungspsychologie der frühen Kindheit handelt es sich gleichzeitig um die Angewandte Entwicklungspsychologie der ersten Elternjahre. Die Entwicklungsaufgaben auf beiden Seiten stehen im wechselseitigen Zusammenhang, und es sind an erster Stelle die Eltern, an die sich die Anwendung der Psychologie richtet.

Dem kleinen Kind ist die erste Aufgabe gestellt, in das Leben einzutreten und Vertrauen in das Leben zu gewinnen.

Das findet seine Berechtigung in einer ihm selbst innewohnenden Tendenz zur gesunden Entwicklung und in der Liebe und dem Schutz der Eltern. Für die Eltern entsteht die Entwicklungsaufgabe, das Kind anzunehmen und ihm bei der Lebensbemeisterung zur Seite zu stehen.

Die Aufgabe, das Kind anzunehmen, beginnt mit der Schwangerschaft. Mann und Frau sind sich heute weitgehend über das Geburtsdatum und die Zahl der Kinder einig. Sie sprechen sich darüber aus und planen den Nachwuchs in ihren Lebenslauf ein. Die Empfängnisverhütung durch die Pille erlaubt eine wirksame Geburtenkontrolle. Wenn eine unerwünschte Schwangerschaft eintritt, wird das Kind trotzdem sehr oft ausgetragen. Frauen, die ihre Kinderzahl bewußt steuern und die Pille verwenden, denken allerdings eher als Frauen, die diese Methode der Empfängnisverhütung ablehnen, an einen Abbruch, wenn eine Schwangerschaft trotzdem eintritt (MESTER-GRÜNER 1982). Die seelischen Probleme, die im Zusammenhang mit einem Schwangerschaftsabbruch, auch bei drohender Behinderung des Kindes, entstehen können, haben uns an entsprechender Stelle beschäftigt. Es bleibt ein belastendes Kapitel unseres persönlichen und gesellschaftlichen Lebens, wenn Kindern auf diese Weise das Leben versagt wird. Die Gesellschaft hat die Aufgabe, für die Frauen, die Kinder gebären, und für die Männer, die sie zeugen, und besonders für die Kinder selbst die begehrtesten Plätze bereitzuhalten. Das ungeborene Leben gehört zu den schutzbedürftigsten Gütern. Es geht um die Achtung vor dem Kostbarsten, dem neuen Leben.

Wir sind uns heute nicht immer genügend bewußt, daß die Kinder unsere Zukunft sind und das Leben uns auf unsere Kinder angewiesen sein läßt. Ein bewußtes Ja zu Kindern wurde früher erleichtert, weil z. B. ein unmittelbarer Zusammenhang mit der Alterssicherung bestand, der heute nicht im gleichen Maße spürbar ist. Damit entfallen möglicherweise wichtige Motive, Elternaufgaben zu übernehmen und sich an ihnen zu freuen. Bei den heutigen Möglichkeiten, ein Kind nach Wunsch zu planen, wird leicht übersehen, daß damit früher nicht gekannte Belastungen verbunden sein können, Kinder zu haben. War das »Kinderkriegen« früher eher ein natürlicherweise eintretendes Ereignis, so wird es heute vermehrt zu einer Angelegenheit einer bewußten Entscheidung, ein Kind »in die Welt zu setzen«. Das Wissen um die Verantwortung, die mit dem Wunsch nach einem Kind und der Annahme des Kindes verbunden ist, kann heute gesteigert sein. Die Aufklärung durch die Wissenschaft, daß einer gesunden Entwicklung mannigfache Gefahren drohen, und die Sensibilisierung unserer Zeit mit »Zukunftsängsten« der Menschheit, mit Furcht vor Krieg und Umweltkatastrophen, spielen dabei sicherlich mit. Darin könnte auch einer der Gründe liegen, daß wir in der Bundesrepublik Deutschland inzwischen zu den Ländern mit der niedrigsten Geburtenrate gehören, eine Tatsache, die derzeit die Familienpolitiker auf den Plan ruft.

Was die vorhersehbaren Gefährdungen der seelischen Gesundheit eines Kindes angeht, gibt es heute die Möglichkeit, bei Kenntnis von Belastungen in der Familie durch bestimmte Erkrankungen, z. B. psychische Krankheiten, eine humangenetische Beratung in Anspruch zu nehmen. Gleichsinnige Belastungen in den Familien der Partner können die Risiken eines erneuten Auftretens erhöhen und machen die Entscheidung, ein Kind zu haben, schwerer. Bei Abwägen der Risiken, die manchmal übertrieben werden, kann man bedenken, daß Eltern auch dann, wenn es in dieser Hinsicht keine Befürchtungen gibt, nicht davor geschützt sind, ein krankes oder behindertes Kind zu haben. Vor Schäden vor oder um die Geburt oder vor späteren Krankheiten des Kindes ist niemand geschützt. Auch wer kein eigenes Kind haben möchte, was man heute auch in einer Ehe einrichten kann, oder keine Kinder haben kann und sich entscheidet, bei einem in Not geratenen Kind durch Adoption oder Pflege eine »soziale« Elternschaft zu übernehmen, geht ein Risiko ein, das Schicksal eines geschädigten oder behinderten Kindes mitzutragen. Es gibt inzwischen nicht wenige Menschen, die ihre Hilfe bewußt einem in seiner Entwicklung beeinträchtigten Kind zuwenden und es annehmen.

In jedem Fall liegen ganz persönliche Entscheidungen von Eltern vor, zu denen zwar fachlicher Rat möglich ist, die aber nicht durch die Wissenschaft bestimmt werden können. Ganz gleich, wie diese Entscheidungen zwischen einem Mann und einer Frau ausfallen, sie verdienen unsere Achtung. Die Aufgabe des leiblichen oder sozialen Elternseins stellt heute mehr denn je den Prüfstein für das Vertrauen in das Leben und die Zukunft dar, das wir für die im Erwachsenenalter gestellten Entwicklungsaufgaben brauchen.

Viele Eltern, die ein geschädigtes oder behindertes Kind zur Welt bringen, sind anfangs in ihrem Vertrauen in das Leben gestört. Manche packt existenzielles Entsetzen, das an die metaphysischen Ursprünge des Lebens rührt. Eine andere Grenzsituation durchleben Eltern, wenn ein Kind stirbt. Schon die Frühentwicklung des Kindes und die ersten Erfahrungen des Elternseins können das ganze Leben mit Geburt und Tod umspannen. Manchmal ist auch eine religiöse Aussöhnung nicht möglich. Oft bleiben, wenn es nicht zu einem seelischen Zusammenbruch kommt, stumme Ergebung oder die Weigerung, das Schicksal zur Kenntnis zu nehmen, zunächst als die einzige praktische Zuflucht. Nach einer Zeit der Trauer lernen die Eltern, das Vertrauen in das Leben wiederzugewinnen und die Situation erträglich zu finden. Wenn das Kind lebt, verlangt es sein Lebensrecht und hilft den Eltern durch das gemeinsame Leben mit ihm und seinem Schicksal.

Die Eltern möchten vor allem Chancen für die künftige Entwicklung des Kindes offenhalten. Die Kinder sollen es einmal möglichst besser als sie selbst haben. Dazu versuchen sie alles zu tun, auch um später nicht das Gefühl haben zu müssen, etwas versäumt zu haben. Wenn dann trotzdem nicht alles nach Wunsch verläuft, können sie sich besser in das Unveränderliche schicken. Angesichts der anfänglichen Hilflosigkeit der Kinder entsteht die Verantwortung der Erwachsenengeneration, eine Welt einzurichten, in der Kinder bejaht leben und handeln können. Je jünger die Kinder sind, desto mehr sind anfangs die Eltern die Initiatoren für das Fortschreiten in der Entwicklung, bis sich die Kinder schließlich verselbständigen.

Für jede Art von Förderung und Erziehung durch die Eltern erweist sich eine sensible Antwortbereitschaft als ausschlaggebender Faktor. Die elterlichen Entwicklungsaufgaben können wir uns vor Augen führen, wenn wir Verhaltensdialoge zwischen Eltern und Kind entwerfen, wie wir das im konkreten Fall bei den blinden Säuglingen versucht haben. Ähnliche Entwürfe sind bei den anderen Ereignissen der Frühentwicklung denkbar, in denen die Partner sich im Zugang auf die einzelnen Entwicklungsaufgaben aufeinander einspielen. Grundthemen sind das Annehmen des Kindes durch die Mutter, die ihm das Werden im Mutterleib möglich macht und körperlich das Leben schenkt, und das Annehmen durch den Vater, der es gezeugt hat und die kindlichen Anfänge seiner Ich-Werdung behütet und fördert.

Der Anteil des Kindes besteht anfangs in seinem unbedingten Lebenswillen, in das Leben einzutreten. Es ist bestrebt, Nahrung zu finden und Liebe, Zuwendung und Sicherheit zu gewinnen. Mit diesem Rückhalt sucht es seinen eigenen Lebensweg und wird darin durch die bedingungslose mütterliche Zuwendung und die mehr leistungsorientierte väterliche Bestätigung unterstützt. Eine gelungene kooperative und sensible Beziehung scheint sich später darin zu erweisen, daß die Kinder lernen, den Eltern zu gehorchen (STAYTON u. a. 1971). Dadurch wird eine Disposition grundgelegt, deren Bedeutung für den Aufbau des sozialen Verhaltens unter dem Einfluß des Zeitgeistes in einer »antiautoritären« Erziehung leicht unterschätzt wird.

Die besonderen Aufgaben zu verstehen, die unter den erschwerten Bedingungen von Risiken, Belastungen und Behinderungen in der Entwicklung für die Kinder und deren Eltern entstehen, enthalten die Fragestellungen des Buches ins einzelne gehende Anregungen. In unserer heutigen Gesellschaft wird das Elternwerden und Elternsein nicht leicht gemacht. Das war wohl in keiner Gesellschaft und keiner Zeit anders, aber es gibt sicherlich jeweils Besonderheiten. Dabei sei der Anteil der Psychologie unter den derzeitigen Bedingungen hervorgehoben. Diese Wissenschaft wird oft benutzt, mit lautstarken Verkündigungen den Eltern mit »neuesten« Erkenntnissen vorzuhalten, wie unzuverlässig ihr Wissen und wie unzulänglich ihr Vorgehen in der Pflege- und Erziehungspraxis mit den Kindern ist. Viele Eltern sind verunsichert und glauben nur zu bereitwillig, daß die Fachleute besser als sie selbst wissen, was für ihr Kind gut ist.

Fachleute, denen die Grenzen unserer Erkenntnisse und unserer Einflußmöglichkeiten bewußt sind, werden dagegen versuchen, die Eltern zunächst in ihren natürlichen Bestrebungen zu unterstützen, wo immer es geht. Werden sie um Rat gefragt, stärken sie das Vertrauen der Eltern in die eigenen Fähigkeiten, ihre Kinder richtig zu erziehen. Sie werden darin durch die Einsicht bestärkt, daß unsichere Eltern, die verwirrend erziehen, den Kindern vermutlich wenig Gefühle der Sicherheit und des Vertrauens in das Leben vermitteln. Sie wissen auch, daß sie den Eltern letztlich die Erziehung nicht abnehmen können und daß diese unersetzlich sind.

Seelische Gesundheit als Entwicklungs- und Beratungsziel

Wenn es Kindern und Eltern gelingt, ihre Entwicklungsaufgaben unter den Bedingungen von Risiken, Belastungen und Behinderungen zu erfüllen, können wir von einer gesunden seelischen Entwicklung sprechen. Das Entwicklungsziel »seelische Gesundheit« ist gleichzeitig das Ziel des Vorbeugens und Eingreifens in der psychologischen Entwicklungsberatung.

Gesundheit ist für uns nur so lange selbstverständlich, wie wir uns ihrer erfreuen. Erst wenn wir ihr Fehlen zu spüren bekommen, geht uns auf, ein wie empfindliches Geschehen aufeinander bezogener Faktoren sie ist. Nach der bereits in der Einleitung zitierten Definition der WHO von 1948 ist Gesundheit allgemein der Zustand völligen körperlichen, seelischen und sozialen Wohlbefindens. Das für jeden Menschen erreichbare Höchstmaß an Gesundheit wird dabei als eines der Grundrechte des Menschen angesehen. Was die seelische Komponente und insbesondere die uns speziell interessierende gesunde seelische Entwicklung angeht, müssen wir daran denken, daß dieses Wohlbefinden nicht einfach Problemlosigkeit und Harmonie bedeuten kann. Das Komplizierte an der seelischen Gesundheit zeigt sich in Krisen und Belastungssituationen, in denen sie sich bewährt und die für die Persönlichkeit charakteristisch sind. Wollten wir bei der Bildung des Konzepts solche Bewährungsproben ausklammern und nur einfaches Wohlbefinden als Gesundheit anerkennen, dann gäbe es so etwas wie eine gesunde seelische Entwicklung wohl kaum.

In der Frühentwicklung lernen wir seelische Gesundheit in den Auseinandersetzungen mit Risiken, Belastungen und Behinderungen kennen. Gerade in der Bewältigung unweigerlicher bedeutsamer Lebensereignisse entwickelt seelische Gesundheit sich und wird in der Bewährung gefördert. Nicht, wer keine Probleme hat, sondern wer mit ihnen fertig zu werden vermag, ist seelisch gesund. In diesem Buch wurde jedenfalls die Zielvorstellung erarbeitet und vertreten, daß Kinder sich mit ihren Eltern auch und gerade unter Belastungen und unter den erschwerten Bedingungen einer beeinträchtigten und behinderten Entwicklung seelisch gesund entwickeln können. Beachtung verdienen die »unverwundbaren« Kinder, deren Meisterungsstrategien weiter erforscht werden sollten.

Mit einem derartigen Konzept der seelisch gesunden Entwicklung läßt sich in Einklang bringen, wenn die WHO im Jahre 1977 in ihrer Deklaration »Gesundheit für alle bis zum Jahr 2000« in einer verbesserten Formulierung von einem Zustand spricht, der es den Bewohnern der Erde erlaubt, ein gesellschaftlich und wirtschaftlich produktives Leben zu führen. Darin können dann auch eher die Menschen mit Beeinträchtigungen und Behinderungen der Entwicklung einbezogen werden. Als erste Strategie der Jahrhundert-Zielsetzung sieht die WHO (1978) eine Verbesserung der frühen Gesundheitsförderung (primary health care) vor. Damit ist im wesentlichen eine Vorbeugung von Risiken z. B. in der Zeit um die Geburt und eine Aktivierung der Mitverantwortung des einzelnen für die eigene Gesundheit gemeint.

Es werden neue Wege der Gesundheitserziehung gesucht, weil es sich gezeigt hat, daß Risikofaktoren nicht einfach mit Aufklärung und Information zu bekämpfen sind. Aufschlußreich ist auch, daß nach weltweiten Erfahrungen das Erzeugen von Schuldgefühlen, zum Beispiel in der Bekämpfung des Rauchens, bisher anscheinend nicht viel genutzt hat. Man sieht es als fragwürdig an, den Menschen bei ungesunder Lebensführung mit Sanktionen zu drohen. Als aussichtsreicher und ethisch vertretbar gilt, mehr positiv gesunde Lebensweisen zu entwickeln und die Menschen selbst die richtige Wahl treffen zu lassen.

Zu diesen Bestrebungen könnte unser Konzept der Anwendung der Entwicklungspsychologie unter der Zielsetzung der seelischen Gesundheit mit der Methode der Entwicklungsberatung einen Beitrag leisten. Die Entwicklungsberatung setzt bei dem Versuch an, frühen Risiken und Gefährdungen der seelischen Gesundheit vorzubeugen. Aber ebenso, wie in der Medizin Fragen der Vorbeugung nicht so einfach zu lösen sind, wie die Bekämpfung einer Infektion mit Antibiotika, ergeben sich für die Förderung der seelischen Gesundheit komplizierte Verhältnisse.

Bei der schweren Durchschaubarkeit von Verhaltensauffälligkeiten der Kinder und deren Bedeutung für späteres Leiden sind es zum Teil aus der Medizin entlehnte Vorstellungen, mit deren Hilfe wir versuchen, den Übeln zu begegnen. Seelische Entwicklungsstörungen sehen viele seit FREUD nach Art körperlicher Verletzungen als durch das frühe Trauma ungenügender Mutterliebe bedingt an. Fehlende Zuwendung und Bindung zum Kind wird mit Mängeln an Vitaminen und Eiweiß in der Ernährung oder mit der Wirkung eines Heimbazillus verglichen. Weiter werden aus der Tierforschung Erklärungsmuster herangezogen, ausgebliebene Verhaltensprägungen für Verhaltensauffälligkeiten verantwortlich zu machen. Vor allem gelten gestörte Beziehungen zu den Eltern, in erster Linie der Mutter, als Ursache für Gefühlsstörungen, die sich dann später zu regelrechten Persönlichkeitsstörungen vom Charakter der Neurosen ausweiten sollen. Wenn die unbewußten erlebnisbedingten Konflikte unverarbeitet bleiben, werden nach dieser Auffassung Prozesse ausgelöst, die bis in das Krankheitsgeschehen der Psychosen hineinreichen. Diesen Auffassungen begegnen wir mit unserem Meisterungsmodell der seelischen Gesundheit.

Studien in England, in denen die Bedeutung von auffälligen Verhaltensweisen in der Kindheit für das spätere Auftreten psychiatrischer Störungen im Jugend- und Erwachsenenalter untersucht wurden, führten zu überraschenden Ergebnissen (RUTTER 1982). Es waren nicht die bisher beachteten emotionalen Probleme und Auffälligkeiten, die im stärksten Zusammenhang mit späteren Störungen standen. Vielmehr waren es zum Beispiel soziale Probleme mit Altersgenossen, eine geringe Konzentrationsfähigkeit und auffallende Bewegungsunruhe, die am ehesten auf eine Anfälligkeit für spätere seelische Erkrankungen hindeuteten. Solche Schwierigkeiten sind uns im Zusammenhang mit hirnorganischen Schädigungen begegnet. Gewiß sind hier als Kriterien zunächst sehr massive Störungen in den Blick genommen, und über eventuelle feinere Zusammenhänge ist damit noch nichts ausgesagt. Die Ergebnisse bedürfen auch noch weiterer Absicherung in einer längsschnittlichen Methode, die als »epidemiologische« nach dem Muster gehäuft auftretender Infektionen angelegt ist. Das ist allerdings sehr aufwendig und zeitraubend, so daß solche Studien selten zustande kommen. Deshalb können wir auf neue Beweise vorerst nur hoffen. Wegen der im Vergleich zu anderen Arbeiten überlegenen Methode dürfen wir aber diesen Befunden schon jetzt einige Bedeutung beimessen.

Zu den emotionalen Störungen, die sich als weniger bedeutungsvoll erwiesen haben, gehören Verhaltensauffälligkeiten wie Eß- und Schlafstörungen, z. B. Aufschrecken, Kopfschlagen und Schaukelbewegungen, Haarausreißen, Nägelbeißen und Trotz in der Skala einer Symptomatologie sogenannter neurotischer Störungen im Kindesalter (DÜHRSSEN 1954). Solche Verhaltensweisen werden immer noch stark dramatisiert. Am Beispiel der für den Beobachter besorgniserregenden Schaukelbewegungen konnten wir zeigen, daß sie in der Normalbevölkerung viel häufiger vorkommen, als bisher angenommen, und in den meisten Fällen von selbst verschwinden. In den wenigen verbleibenden Fällen spielen anfangs vermutlich leichte Hirnfunktionsstörungen eine Rolle, die anschließend eine »schlechte« Gewohnheit entstehen lassen, die gegen Änderungsbemühungen sehr hartnäckig sein kann.

Mehrfach wurde im Text auch das als Risikofaktor für eine neurotische Entwicklung geltende nächtliche Einnässen bei Kindern erwähnt. Wenn dieses Symptom bei dreijährigen Jungen beobachtet wird, besteht es bis zum Alter von sieben Jahren nur noch bei einem Fünftel von ihnen und im Alter von vierzehn Jahren nur noch bei einem Dreiunddreißigstel, ohne daß die von den Psychoanalytikern für notwendig gehaltene Behandlung durchgeführt wurde (RUTTER 1982). Ein Zusammenhang mit erheblicheren Persönlichkeitsstörungen konnte nicht beobachtet werden. Natürlich soll damit nicht gesagt sein, daß das Einnässen nicht als unerwünschtes Verhalten zum Gegenstand der Erziehung und Verhaltensänderung gemacht werden sollte. Aber wahrscheinlich hängt es weniger, als bisher vermutet, von bestimmten Techniken in der Reinlichkeitserziehung ab und stellt für eine gesunde seelische Entwicklung wohl kaum eine so massive Beeinträchtigung dar, wie das früher befürchtet wurde. Bei erfolglosen Änderungsversuchen der Eltern empfiehlt sich hier, wie in anderen Fällen von fortdauernden Auffälligkeiten in der Erziehung, die Inanspruchnahme einer psychologischen Beratung, in der auch die Zusammenarbeit mit dem Arzt gesucht wird.

Da sich ähnliche Befunde auch für die anderen Störungen ergeben (YANCY 1981), verlieren die psychoanalytischen Erklärungsmuster zunehmend an Bedeutung. Es scheint nach dem derzeitigen Stand des Wissens realistischer zu sein, die Hoffnung, frühen Risiken der seelischen Gesundheit vorzubeugen, auf die weitere Aufklärung von körperlich begründbaren Beeinträchtigungen der Entwicklung zu richten, das heißt auf die Medizin.

Die Analysen des Buches haben uns immer weiter von der Annahme abrücken lassen, wir könnten durch frühes Eingreifen ein für alle Male eine gesunde seelische Entwicklung garantieren. Aber unser Wissen ist noch sehr lückenhaft. Besonders die langfristigen Wirkungen, die so schwer zu erforschen sind, liegen noch weitgehend im dunkeln. Deshalb lassen sich auch die bisherigen Annahmen so schwer überprüfen und auch nicht schlüssig widerlegen.

Wenn wir lieber an Wirkungen festhalten, die mit eigenen Anteilen im Verhalten der Eltern zusammenhängen, mag das daran liegen, daß hier Ursachen für die Schwierigkeiten der Kinder angenommen werden, über die wir verfügen können. Bei ihnen gibt es eher als bei den körperlich begründbaren Störungen, die wir als wenig beeinflußbar ansehen, Möglichkeiten der Vorbeugung und Behebung. Dafür handeln wir uns jedoch Schuldvorwürfe ein, Selbstvorwürfe für zu wenig Liebe zu den Kindern, für die wir selbst verantwortlich sind und von denen wir uns kaum freisprechen können. Aber vielleicht ist das leichter zu ertragen, als sich mit den begrenzten Zukunftsmöglichkeiten abzufinden, mit denen wir bei einer körperlich begründbaren Schädigung des Kindes rechnen müssen.

Realistische Vorstellungen von den Möglichkeiten und Grenzen eingreifenden Handelns im Hinblick auf eine gesunde seelische Entwicklung zu fördern, gehört zu den Aufgaben der Entwicklungsberatung, die sich auf öffentliche Angelegenheiten und auf persönliche Anliegen konzentriert.

Entwicklungsberatung in öffentlichen Angelegenheiten

Entwicklungspsychologisch begründete Beratung ist in vielen öffentlichen Angelegenheiten gefragt. Im Zusammenhang mit politischen Entscheidungsproblemen versteht sich die Entwicklungspsychologie als Angewandte Wissenschaft, die nicht die Entscheidungen selbst liefern kann, sondern Entscheidungshilfe leistet. Sie hat Beratungs-, nicht Entscheidungskompetenz.

Die Entwicklungsberatung in öffentlichen Angelegenheiten beginnt mit praktischen Fragen. Zur Vorbereitung eines Gesetzes zur primären Gesundheitsvorsorge könnte die Politiker und den Gesetzgeber z. B. interessieren, zu welchen Zeitpunkten das seelische Leben beginnt, eine Frage, die uns im Zusammenhang mit dem Seelenleben des Ungeborenen beschäftigt hat und die z. B. für die Fristenlösung bei der sozialen Indikation eines Schwangerschaftsabbruchs belangvoll ist. Weiter interessiert, wie eine Neugeborenenstation kinder- und mütterfreundlicher gemacht werden kann, welche Raumaufteilung zu empfehlen ist und was das Personal wissen muß. Ein dritter Fragenkomplex: Wie lange sollte das Müttergeld, manche sagen lieber Erziehungsgeld, gezahlt werden, müssen wir dabei heute auch an die Väter denken? In der Öffentlichkeit und für die Gesetzgebung interessiert weiter, ob wir die Säuglingsheime auflösen und mehr Pflegestellen schaffen sollen, ob Kinder unter zwei Jahren in Krippen oder bei Tagesmüttern besser aufgehoben sind, wenn die Mutter berufstätig ist, wieviel Betreuer wir bei einer Tagesmutter oder in einer Krippe, sagen wir für drei oder vier Kinder, brauchen. Wir möchten wissen, was später im Leben mit diesen verschieden aufgewachsenen Kindern passiert, ob es stimmt, daß sie kriminell werden, wie man das immer wieder lesen kann, und was wir zur Vorbeugung tun können, wenn wir eine gesunde seelische Entwicklung erreichen möchten.

Vor zehn oder fünfzehn Jahren hätten uns solche Fragen in große Verlegenheit gebracht, und wir hätten guten Gewissens kaum eine Antwort geben können. Heute läßt sich schon etwas mehr sagen. In den meisten Fällen müssen wir in den Antworten zunächst auf Grenzen hinweisen und uns auf Aussagen der folgenden Art beschränken: Zum § 218 kann die Entwicklungspsychologie keinen Zeitpunkt festlegen, vor dem das ungeborene Kind keine Seele hätte, vor dem also unter diesem Gesichtspunkt ein Schwangerschaftsabbruch ohne Bedenken möglich wäre. Diese Frage ist nach anderen Kriterien zu entscheiden.

Zur Frage nach der Auflösung der Säuglingsheime können wir sagen, daß die Heimpflege und Erziehung nicht so schlecht sein müssen, um es zu rechtfertigen, sie aufzulösen, und daß es in Pflegestellen auch Probleme geben kann, die vielleicht anders gelagert sind, von denen wir aber noch sehr wenig wissen. Außerdem, so können wir argumentieren, weiß man ja auch noch nicht, ob nicht in vielen Fällen schließlich nur das Heim übrigbleibt, wenn keine Verwandten, Pflegeeltern oder Tagesmütter zur Verfügung stehen.

Die Politiker und der Gesetzgeber, die entwicklungspsychologisches Wissen einsetzen wollen, müssen erkennen, daß es wichtig sein kann festzustellen, was man mit der Wissenschaft nicht begründen kann, was an bisherigen Begründungen fragwürdig erscheint und was nach anderen Gesichtspunkten zu entscheiden ist. Eine solche negative oder einschränkende Beantwortung kann manchmal genauso hilfreich sein wie die positive Beantwortung von Fragen. Die Politiker, die das sehen, werden dann weiterfragen, und die Antworten würden sich als nützlicher für die politischen Entscheidungen erweisen, als das zunächst den Anschein hat.

An der Komplexität der Fragen, der dadurch möglichen Kritik an jeder Art von Untersuchung und an den unterschiedlichen Möglichkeiten in der Interpretation von Ergebnissen liegt es, daß die psychologische Forschung nicht immer mit einer Zunge spricht. Das sind unvermeidbare Gegebenheiten des wissenschaftlichen Prozesses und machen sein Wesen aus. Vieles, was angewendet wird, ist gar nicht zu diesem Zweck erforscht worden. Es gibt Ergebnisse, die Theorien prüfen sollen und sich auf diese oder jene Frage beziehen lassen. Das wirkt sich besonders in politischen Entscheidungen aus, die immer eine Vielfalt von Wissensbereichen betreffen. Ob ein Ergebnis verwendet wird, hängt oft vom Zeitpunkt ab, zu dem eine Frage gerade aktuell ist. Interessenten können die Forschungsliteratur nach bestimmten Ergebnissen durchkämmen, die für ihre Position nützlich sind. Ein typisches Beispiel sind die Arbeiten zur sensorischen Deprivation. Wir erinnern uns daran, daß sie zur Zeit der Frauenemanzipation eine überhöhte Bedeutung erhielten, als man daran interessiert war, die Rolle der Mutter und ihre persönlichen Beziehungen zum Kind herunterzuspielen, um die neuen Ziele der Bewegung ungehindert verfolgen zu können.

Bei der Anwendung hat sich weiter gezeigt, daß die Wissenschaftler die ehrgeizigen Ziele ihrer Untersuchungen zurückschrauben mußten. Erscheinungen wie die Jugendkriminalität und psychische Krankheiten, an deren Vermeidung wir interessiert sind, glaubte man anfangs auf einzelne Ereignisse in der frühen Kindheit zurückführen zu können. In der Form der Theorie von den kritischen Phasen wurde zum Beispiel das Bindungskonzept überstrapaziert, als man anfing, die frühe Zeit als die magischen Jahre der Entwicklung anzusehen. Eine verpaßte Mutterbindung sollte zum Beispiel unweigerlich Jugendkriminalität herbeiführen. Manche Theoretiker hatten angefangen, in diesem Zusammenhang die vorgeburtliche Zeit zu betonen, andere die ersten Stunden nach der Geburt oder die ersten drei Monate. Es ist tröstlich zu hören, daß nach den frühen Jahren neuerdings das Jugendalter als Kandidat für die kritische Zeit ausgegeben wird, wenn es nämlich um die Veränderbarkeit für erworbene intellektuelle Rückstände und um die Bekämpfung des Analphabetentums geht.

Inzwischen haben die Forscher gelernt, die Faktoren und Ereignisse, die in Konzepten wie Hospitalismus, Deprivation, Bindung und Interaktion angesprochen werden, in der Form von Risikofaktoren zu werten, die in ihrer Summierung wirksam sind. Bei der Vorbeugung wird weniger auf langfristige Ergebnisse, sondern mehr auf eine Verbesserung der jeweiligen Situation und Lebensqualität für die Kinder geachtet. Nur an ein bestimmtes Alter zu denken, widerspricht auch unserer Lebenserfahrung. Wer erwartet denn im Ernst, man könnte durch ein paar Monate die ganze Zukunft aus dem Feuer reißen und alles zum Guten wenden? Eine solche Erwartung müßte enttäuscht werden. Andererseits werden wir nicht befürchten, alles zu verderben und weitere gute Aussichten zu versperren, wenn anfangs nicht alles glatt verläuft.

Was die politischen Streitfragen selbst angeht, sei wiederholt: Es ist nicht die Wissenschaft, die eine bestimmte soziale

Praxis entscheiden kann. Deshalb ist auch der Vorwurf absurd, die Psychologie sei für konservative oder allzu progressive Kräfte verantwortlich. Nehmen wir zum Beispiel die Frage, ob Väter Aufgaben der Mütter übernehmen sollen. Es ist argumentiert worden, die Psychologie verhindere die Befreiung der Frau aus dem Zwang der Mutterrolle und trete für das »Heimchen am Herd« ein. Andererseits verhindere sie mit bestimmten Annahmen, daß die Väter ihre Fähigkeiten, sich den Kindern zuzuwenden, weiter ausbilden. Bei der Erörterung der alternativen Familienstile konnten wir zeigen, daß es Beweise gibt, die beide Annahmen widerlegen. Aber selbst wenn das nicht der Fall wäre, in Fragen der sozialen Praxis kann es für keine Entscheidung Beweise oder notwendige Schlußfolgerungen geben. Beschreibende Forschung kann kein Handeln erzwingen, weil Erkennen und Handeln auf verschiedenen Ebenen liegen. Darin ist begründet, daß die Wissenschaft uns aber auch nicht die Verantwortung für unsere Entscheidungen abnehmen kann. In diesem Fall geht es um die Entscheidung der Mütter, ob sie ihre Mutteraufgabe auf die Väter übertragen, und die Entscheidung der Väter, ob sie ihre Vaterrolle auf neue Art verstehen wollen. Wenn die Gesellschaft sich entschließt, solchen Entwicklungen Rechnung zu tragen, hat das Konsequenzen in verschiedenen Hinsichten bis in die Gesetzgebung zum Beispiel des Mütter- und Erziehungsgeldes und der Sorgerechtsregelung bei einer Ehescheidung hinein.

Den gesetzlich vorgesehenen Entscheidungsträgern gegenüber kann der Forscher keine größere Entscheidungsbefugnis geltend machen als jeder andere Bürger auch. Wenn der Forscher das nicht respektiert und neben der wissenschaftlichen eine besondere politische Kompetenz für sich in Anspruch nimmt, überschreitet er seine Rolle als wissenschaftlicher Experte. Er mißbraucht das Prestige, das die Wissenschaft in der Öffentlichkeit genießt und richtet dadurch, daß er das Vertrauen in die Wissenschaft untergräbt, Schaden an. Solche Grenzüberschreitungen sind heute nicht selten, wenn wir an die Diskussionen um die Kernenergie, Rüstungsfragen, das Waldsterben und andere Zukunftssorgen denken. In Fragen der Frühentwicklung kommen sie in kategorischen Stellungnahmen zum Ausdruck, die zur Abschaffung von Heimen zugunsten von Pflegestellen, zur Frühadoption, Sorgerechtsregelung, Bevorzugung von Tagesmüttern, zu bestimmten Fristenregelungen und zur Dauer der Zahlung eines Mütter- oder Erziehungsgeldes abgegeben werden. Wir haben uns fast schon an die Unsitte gewöhnt, politische Entscheidungen mit wissenschaftlichen Gutachten abzusegnen. Soll durch wissenschaftliche Beratung mehr Vernunft in unser Gemeinwesen getragen werden, dann ist zwischen Erkennen und Entscheiden eine klare Grenze zu ziehen und die Wissenschaft wieder mehr zu entpolitisieren.

Was die psychologische Entwicklungsberatung in öffentlichen Angelegenheiten versuchen kann, ist auf Gefährdungen der seelischen Gesundheit in belastenden Lebensereignissen und andererseits auch auf Verarbeitungsmöglichkeiten in solchen Situationen hinzuweisen. Wenn wir alle Faktoren berücksichtigen und genügend Aufklärung betreiben, werden wir in den Schlußfolgerungen vorsichtiger. Die Bedeutung von Faktoren wie Heimaufenthalt und Muttertrennung soll hier nicht in Abrede gestellt werden. Es geht vielmehr darum, Übertreibungen abzubauen. Die Hospitalismustheorie hat positive Veränderungen herbeigeführt, wie Kinderdörfer, und die Bindungstheorie wiederum hat das Rooming-in in die Kliniken gebracht. In den Pendelbewegungen des Zeitgeistes wurde unsere Bewußtseinsbildung gefördert. Andererseits hat sich gezeigt, daß die Verpsychologisierung des Alltags zur Verunsicherung beitragen und lähmend wirken kann.

Damit wir emotionsgeladenen politischen Streitereien entgegenwirken können und realistische Erwartungen ausbilden, hat sich die Angewandte Forschung in Form von Projekten als nützlich erwiesen. Nach dem Tagesmütterprojekt, auf das wir eingegangen sind, wissen wir nun besser, welche Ziele zu verfolgen sind, was getan werden kann und was erreichbar ist, wenn wir ein Kind tagsüber in eine Betreuung geben.

Der Politiker erhält für seine Entscheidungen die besten Informationen, wenn solche Projekte enge Verbindung mit der Grundlagenforschung halten (MACCOBY, KAHN, EVERETT 1983). Oft kommen wir schlecht voran, weil Grundlagenwissen und Anwendung nicht gleichzeitig Fortschritte machen. So bestand in den USA der Plan, die Arbeit der Kindertagesstätten von bestimmten Bedingungen abhängig zu machen. Ein Hauptkriterium war eine günstige Relation zwischen Betreuern und Kindern, die der Theorie nach als wichtig anzusehen ist. Eine noch rechtzeitig fertiggestellte genauere Untersuchung zeigte dann, daß dieser Faktor im Vergleich zu anderen ziemlich unbedeutend war. Durch eine Änderung der Kriterien konnte verhindert werden, daß viele Einrichtungen geschlossen werden mußten. Aber auch hier hätte das wissenschaftliche Ergebnis nicht den Ausschlag geben sollen. Die Entscheidung hätte lauten können: Besser schlechte als keine Tagesstätten. Die wissenschaftlichen Ergebnisse hätten dann gezeigt, worauf die Erzieher besonders achten müssen, um die Kinder gut zu fördern.

Ein anderes Beispiel sind Ergebnisse, die in den USA zur Sorgerechtsregelung bei einer Scheidung der Eltern herangezogen wurden. Die Forschung hatte herausgefunden, daß Kinder, deren Mütter das Sorgerecht hatten, besser gediehen, wenn sie nach der Scheidung Kontakt mit dem Vater hielten. Die Gesetzgeber hatten dieses Ergebnis voreilig so interpretiert, daß in strittigen Fällen ein gemeinsames Sorgerecht die beste Lösung wäre. Das war sicherlich nicht die Meinung der Forscher. Bei dieser Fragestellung hätten diese vermutlich eine neue Untersuchung gefordert, weil die Situation, daß die Eltern sich um das Sorgerecht streiten, besonders berücksichtigt werden muß. Es hätte sich vielleicht gezeigt, daß es in diesem Fall besser ist, einem Elternteil das Sorgerecht zu geben, um das schlimme Gezerre am Kind zu vermeiden.

Was den künftigen Beitrag der Wissenschaft angeht, wissen wir, daß eine Verbindung von Grundlagen- und Anwendungsforschung weiterhelfen kann. Unter Projektbedingungen lassen sich realistische Ziele und Wege der Zielerreichung entwickeln. Allerdings ist in unserer Bundesrepublik durch die Verringerung der Forschungsmittel im letzten Jahrzehnt eine entmutigende Szene für Wissenschaftler entstanden, die sich für die Entwicklung einer Politik im Interesse des Kindes verantwortlich fühlen. Wer nicht mit Katastrophenmeldungen Aufsehen erregt, sondern darauf hinweist, daß man bei Eingriffen zur Verbesserung einen langen Atem haben muß und verschiedene Aspekte des täglichen Lebens zu berücksichtigen hat, und wer nicht mit schnellen spektakulären Erfolgen aufwarten kann, der findet heute wenig Gehör. Mit einem weiteren Verzicht auf Projektforschung aber würden wir Kinder Risiken überantworten, die wir besser kennenlernen müßten, um sie erfolgreich mildern zu können.

Untersuchungen müßten unter Berücksichtigung eines großen Theoriespektrums in Projekten gezielten Fragestellungen nachgehen. Drei Beispiele seien angedeutet: Wie können wir Entbindungs- und Neugeborenenstationen mütter- und kinderfreundlicher machen, was ist zum Beispiel bei der Geburt eines geschädigten Kindes wichtig, um die Eltern und das Personal auf ihre Aufgaben vorzubereiten? – Welche Bedingungen erleichtern die Aufnahme eines Kindes in eine Krippenbetreuung, wie werden kleine Kinder darauf vorbereitet, worauf müssen die Betreuer achten, wenn sie eine gute Beziehung zum Kind aufbauen wollen, ohne die Beziehung zur Mutter zu gefährden? – Können wir die Frühbetreuung behinderter Kinder bedenkenlos in die Familien geben, wann ist eine Familie dabei überlastet, wann sollten wir an Alternativen in der Heimbetreuung denken und wie kann dabei die Verbindung mit der Familie aufrechterhalten werden?

Um solche Forschung in Gang zu bringen, müßten langfristige Projekte finanziert werden. Welcher Politiker, der genug mit Tagesfragen zu tun hat, beschäftigt sich schon gerne mit Fragen, die eine Gruppe betreffen, die zunächst einmal nicht wählt und in den Wandelgängen der Parlamente keine rechte Lobby hat? Wir sollten aber daran denken, daß das Leben dieser Gruppe durch soziale Bedingungen beeinflußt wird, die nicht sie herstellt, und von politischen Entscheidungen abhängt, die sich ihrer Kontrolle entziehen.

Das werden auch die Forscher mitbedenken. Für sie bedeutet das, nach neuen Wegen zu suchen, die Öffentlichkeit davon zu überzeugen, daß wissenschaftliche Beratung nützlich ist, die anstehenden Fragen zu lösen. Wir können von Wissenschaftlern nicht verlangen, daß sie Ergebnisse unterdrücken und von einer Kritik an den vorliegenden Arbeiten absehen. Es wird auch immer Argumente geben, die mehr als eine Seite einer Debatte unterstützen. Aber wir hoffen, daß die Wissenschaftler versuchen, Verzerrungen in der Anwendung ihrer Arbeit und Panikmache zu vermeiden, wo immer das möglich ist. Viel spricht für die Praxis, daß die Wissenschaftler zuerst versuchen, untereinander eine Übereinstimmung zu erreichen, bevor es zur öffentlichen Diskussion kommt. Dabei müssen die Forscher nicht nur gute Arbeit geleistet haben. Vielmehr müssen sie ihre Ergebnisse angemessen anwenden lernen, sie in eine verständliche Sprache fassen und zu vermitteln verstehen.

Entwicklungsberatung in persönlichen Anliegen

Die Entwicklungsberatung liefert auch und besonders für die psychologische Beratung eines einzelnen Menschen in seinen persönlichen Anliegen den Rahmen. Beratung in persönlichen Anliegen versteht sich als Argumentationshilfe, deren Ziel es ist, bei eingetretener Ungewißheit und Unsicherheit unsere Entscheidungs- und Handlungsfähigkeit wieder voll herzustellen. Dazu müssen Ratsuchende und Berater möglichst nahe an das individuelle Problem und die Situation herankommen. Die Erlebnisweisen des Kindes und seine Sicht von den Lebensereignissen stellen das Geschehen dar, dessen Wirkungen und Folgen in der Entwicklungsberatung interessieren. Sie bilden die Richtschnur für die Gefühle und Vorstellungen der Eltern, ihre Auffassungen und Sichtweisen über die Ursachen der Schwierigkeiten beim Kind und die Möglichkeiten der Abwendung von Gefahren. Wenn die Eltern einen Berater in Anspruch nehmen, fragen sie mit ihm gemeinsam nach den Belastungssituationen für das Kind und sich selbst und nach entsprechenden Bewältigungsmöglichkeiten.

In der Entwicklungsberatung der frühen Kindheit richtet der Berater seine Hilfe an die Eltern, um über diese die Kinder zu erreichen. Die Beratung beschäftigt sich weniger mit der Vergangenheit und der Suche nach Schuldigen. Vielmehr verfolgt sie das Ziel, gegenwarts- und zukunftsorientiert bei der Lösung von Entwicklungsaufgaben bei Kindern und Eltern Entscheidungshilfe zu leisten. Sie versucht, bei der Bewältigung von Risiken, Belastungen und Behinderungen zu einer gesunden seelischen Entwicklung beim Kind beizutragen. Der Rahmen der Entwicklungsberatung ist in den einzelnen Themen des Buches abgesteckt und mit ersten Inhalten gefüllt worden.

Wissen ist die Grundlage für jede Entscheidung in der Beratung. Die Entwicklungspsychologie stellt Bedingungs- und Veränderungswissen bereit, das uns Auskunft darüber gibt, unter welchen Voraussetzungen Schwierigkeiten bei Kindern und Eltern entstehen und welche Möglichkeiten für Veränderungen genutzt werden können, wenn man Abhilfe schaffen möchte.

Der Berater bereitet bei der Entscheidungshilfe sein Wissen auf und macht Aussagen zu Fragen, die durch das Wissen nicht völlig abgedeckt sind. Folglich setzt er bei seinen Vorschlägen für Problemlöseversuche Wissen ein, das nicht unmittelbar brauchbar ist. Hier beginnt die Aufgabe des Experten, das Wissen zu bewerten und bei der Bearbeitung von persönlichen Anliegen anzuwenden. Das führt zu Argumenten mit einem Angebot alternativer Lösungsvorschläge für die Entscheidungen der betroffenen Eltern mit ihren Kindern.

Für den Berater entsteht die Aufgabe, den Ratsuchenden in seiner persönlichen Entscheidung zu fördern und ihn nicht zu bevormunden. Politische Konflikte auf dem Rücken hilfesuchender Menschen auszutragen und deren Anliegen Utopien einer fernen Gesellschaft zu opfern, würde einen Mißbrauch der Beratungsbeziehung bedeuten. Der Berater widersteht der Versuchung, für andere lösen zu wollen, was er für sich nicht zu lösen vermochte. Auch deshalb braucht er den Austausch mit Kollegen. Auf der Seite des Ratsuchenden ist Voraussetzung, daß dieser in seiner Bedürftigkeit auch beratungsfähig ist, das heißt ein Mindestmaß an Entscheidungs- und Handlungsfähigkeit besitzt, um seine Probleme mit Hilfe des Beraters auch lösen zu können. Den Erfolg einer Beratung erkennen wir daran, daß Beeinträchtigungen der Entscheidungsfähigkeit aufgehoben beziehungsweise verbessert werden konnten. Der Ratsuchende wurde soweit gefördert, daß eine Lösung seines Problems möglich war.

Die Eltern sind z. B. unschlüssig, wann die Mutter das Baby abstillen soll, und suchen Rat. Die Sorge lautet, daß die Liebes- und Bindungsfähigkeit leiden, wenn das Kind auf Flaschennahrung umgestellt und entwöhnt wird, obschon es weiter die Brust fordert. Die Entwicklungsberatung ergänzt den ärztlichen Rat, der etwa Risiken durch Schadstoffrückstände in der Muttermilch berücksichtigt. Sie relativiert die Argumente aus der Psychoanalyse und Bindungstheorie mit ihren Zuschreibungen von Ursachen und Gefährdungen. Im Endergebnis werden individuelle Entscheidungen durch die Einsicht erleichtert, daß ein Baby zu einem seelisch gesunden

Menschen heranwachsen kann, gleich nach welcher Methode es ernährt und zu welchem Zeitpunkt es entwöhnt wurde, sofern das alles liebevoll geschieht und die Eltern mit Verständnis auf das Kind eingehen.

Die Entwicklungsberatung weist Lösungsmöglichkeiten von Entwicklungsaufgaben auf, in deren Rahmen individuelle Anliegen bearbeitet werden. In der Grundtendenz wird das Ziel verfolgt, Eltern nicht durch übertriebenes psychologisches Problembewußtsein in die Hilflosigkeit zu treiben, sondern ihnen vielmehr zu einer zuversichtlichen Einstellung gegenüber der Zukunft der Kinder zu verhelfen.

Den Kindern das Leben zutrauen

»Den Kindern das Leben zutrauen«, dieser im Titel des Buches allem vorangestellte Rat soll als Fazit den Grundtenor der Entwicklungsberatung ausdrücken, wie sie in den verschiedenen Themen ausgeführt wurde. Bei der Vorbeugung von Risiken, dem Bewältigen von Belastungen und der Hilfe bei Behinderungen nimmt die Devise verschiedene Formen an. Welche Möglichkeiten sich Kindern und Eltern für ein erfülltes Leben eröffnen, hängt von vielen Bedingungen ab und läßt sich auch nicht aus der Historie und dem Zeitgeist der Gesellschaft ablösen, in der sie leben (ARIES 1975, POSTMAN 1983). Für die Kinder ist entscheidend, je jünger sie sind, desto eindeutiger, welche Unterstützung und Hilfe sie von den Eltern erfahren. Die Fähigkeit der Kinder, Lebensereignisse zu meistern, findet ihre Entsprechung im Zutrauen der Eltern, daß den Kindern die Lebensmeisterung auch gelingt.

Im Anfang sind die Eltern wortwörtlich die Lebensspender für das Kind. Von welchen frühen Lebensäußerungen wir auch immer ausgehen, sie sind bei den Entwicklungen die Anreger und Förderer. Die grundlegende Aussage zur Entwicklungsberatung, den Kindern das Leben zuzutrauen, ist ja auch an die Eltern gerichtet. Dieses Zutrauen zu den Kindern kann als zentrale Entwicklungsaufgabe der Eltern angesehen werden. Im Vertrauen auf die Werdenskräfte der Kinder meistern sie ihre Elternaufgaben.

Es wäre allerdings eine verfehlte Auffassung von den elterlichen Aufgaben, im Vertrauen auf die Kräfte des Kindes die

Überzeugung aufzugeben, daß sie auf unsere Hilfe angewiesen sind. Die größten Konflikte entstehen für die Eltern, wenn ihre persönlichen Anliegen in einen Widerstreit mit den Anliegen des Kindes geraten. Das kann bei der Aufnahme einer Berufstätigkeit, bei einer Ehescheidung, bei der Abgabe eines behinderten Kindes in ein Heim und bei anderen Lebensereignissen der Fall sein. Was aus der Sicht der Eltern zwangsläufig und im besten Fall eine Entscheidung ist, wird für das Kind zum Lebensereignis und Schicksal. Schicksale, die Eltern Kindern bereitet haben, gehören für die Eltern zu den größten Belastungen. Wenn danach in der Entwicklung des Kindes Schwierigkeiten auftreten, werden die Eltern nur schwer damit fertig. Das, was sie dabei ihrem Egoismus zuschreiben, stellen sie der Forderung nach Schutz und Hilfe gegenüber, die sie dem Kind schulden. Sie leiden vielleicht darunter, einen Schaden angerichtet zu haben, den sie wiedergutmachen möchten und suchen Hilfe.

Auch wenn wir den Anteil anerkennen, den die Kinder selbst an allem Geschehen haben, wäre es am meisten verfehlt, bei Mißerfolgen nun umgekehrt sie verantwortlich zu machen. Sie haben den größten Anspruch auf Schutz und Schonung. Schließlich aber haben sie, wenn sie ihr Leben im Erwachsenwerden selbst in die Hand nehmen sollen, wie auf Hilfe ein Anrecht darauf, von den Eltern schrittweise freigegeben zu werden.

Setzen wir diese Gedanken um, dann bedeutet »den Kindern das Leben zutrauen«: Zuversichtlich sein, freilich nicht sorglos oder leichtfertig, aber auch nicht überbesorgt und voller Vorbehalte sein, sondern vielmehr Vertrauen haben, optimistisch sein und in der Hoffnung nicht nachlassen – dabei den Kindern auch etwas zumuten und nicht überängstlich und unsicher sein, sich vor Utopismus wie Fatalismus hüten, eher den Heils- und Unheilserwartungen der Wissenschaft als den Kindern gegenüber skeptisch sein, wenn es um Fragen der seelischen Gesundheit geht.

Wir erwarten, daß die Kinder unser Zutrauen zu ihnen brauchen, damit sie ihre Widerstandskraft gegenüber Belastungen stärken und das Leben meistern. Wir möchten, daß sie Selbstvertrauen entwickeln, den an sie gestellten Anforderungen entsprechen und auf ihre Umwelt erfolgreich einwirken. Sie sollten nicht das Gefühl haben, dem Schicksal wehrlos ausgeliefert zu sein, sondern lernen, ihr Leben schließlich selbst zu gestalten. Wir wünschen, daß sie sich auf neue Situationen und die Bedürfnisse anderer Menschen anpassungsfähig einlassen. Mit Hilfe positiver Erfahrungen können sie sich auf größere Belastungen einstellen, z. B. durch kurzfristige Trennungserfahrungen auf die Berufstätigkeit der Mutter, einen Krankenhausaufenthalt oder eine längere Abwesenheit von den Eltern. Geeignete Sichtweisen von den Ereignissen, die ihnen zustoßen, werden sie befähigen, mit Belastungen umzugehen, sie eher als Herausforderungen zu erleben, etwas Neues und Anregendes zu erfahren, als sich von ihnen niederdrücken zu lassen. Unter dem Einfluß guter Beziehungen werden sie Möglichkeiten wahrnehmen, sich verantwortlich am Leben in der Familie, mit den Altersgenossen und in der Gesellschaft zu beteiligen.

Auch bei schwachen, belasteten und behinderten Kindern bleibt es dabei: Wir müssen ihnen im Rahmen ihrer Möglichkeiten ihr Leben zutrauen und – besonders wenn sie auf ständige Hilfe angewiesen sind – Bedingungen für ein menschenwürdiges Dasein verschaffen. Es geht um das Recht des Kindes, so zu sein, wie es ist, letztlich um das Recht auf Leben. Das zu respektieren, ist die grundlegende Entwicklungsaufgabe für Eltern.

Die Tätigkeit des Beraters ist dabei weniger als ein Be-handeln von Eltern und Kindern zu verstehen, sondern als ein Ver-handeln über Anliegen, in denen Eltern sich mit ihren Sorgen und Nöten um die Kinder an den Berater wenden. Das Ziel ist, die Sichtweisen des Hilfesuchenden einzunehmen und Anregungen zur Lösung des Problems zu geben, die ihn letztlich zur Selbsthilfe befähigen. Der polnische Kinderarzt JANUSCH KORCZAK (1916) hat das aus der Sicht des Helfers so ausgedrückt:

»Ich weiß nicht und kann nicht wissen, wie mir unbekannte Eltern unter mir unbekannten Bedingungen ein mir unbekanntes Kind erziehen können... Es geht mir darum, daß man begreift: Kein Buch und kein Arzt können das eigene wache Denken, die eigene sorgfältige Betrachtung ersetzen.«

Bei der Suche nach einer Lösung und beim Finden einer Entscheidung tritt der Berater hinter das Anliegen des Rat suchenden zurück. Ihm sollte bewußt sein, daß er mit dem Angebot alternativer Sichtweisen und Ursachenzuschreibungen, die als Hilfe für die Eltern gedacht sind, einen ersten Eingriff in ein kompliziertes System unternimmt. Die Funktionsfähigkeit dieses Systems aber ist eine Grundvoraussetzung für die Lösung der Entwicklungsaufgaben und für jede Art von Veränderung, für die der Berater eine besondere Verantwortung und Beweislast trägt. Vor Hochmut bewahrt ihn das Wissen um die Begrenztheit des Wissens. Wenn ihm ratsuchende Menschen aus eigener Entscheidung gegenübertreten, kann er ihnen nicht mehr nur in der Maske des professionellen Helfers gegenüberstehen. Er muß jedesmal neu begreifen, was es bedeutet, sich nicht nur einem Problem, sondern einem Menschen zu stellen.

Literaturverzeichnis

Adams, R. E., Passman, R. H., Explaining to young children about an upcoming separation from their mother: When do I tell them? Journal of Applied Developmental Psychology, 4, 1983, 35–42
Albee, G. W., A manifesto for a fourth mental health revolution. Contemporary Psychology, 23, 1978, 549–551
Ainsworth, M. D. S., Deprivation of maternal care: A reassessment of its effects. Public Health Papers No. 14. Geneva: World Health Organisation 1962
Ainsworth, M., Blehar, M., Waters, E., Wall, S., Patterns of attachment: A psychological study of the strange situation. Hillsdale, N. J.: Erlbaum 1978
Als, H., Tronik, E., Brazelton, T. B., Affective reciprocity and the development of autonomy. The study of a blind child. Journal of the American Academy of Child Psychiatry 19, 1980, 22–40
Anthony, E. J. (Ed.), Explorations in child psychiatry. New York: Plenum 1975
Apgar, V., A proposal for a new method of evaluation of the newborn infant. Current Researches in Anesthesia and Analysia 32, 1953, 260–267
Arbeitsgruppe Tagesmütter: Das Modellprojekt Tagesmütter. Stuttgart: Kohlhammer 1981
Aries, P., Geschichte der Kindheit. München: Hanser 1975 (französ. 1960)
Ayres, A. J., Lernstörungen. Sensorisch-integrative Dysfunktionen. Berlin: Springer 1979 (amerik. 1977)
Bachmann, P., Angeborene und erworbene Ursachen der minimalen cerebralen Dysfunktion. In: Nissen, S. (Hrsg.), Psychiatrie des Säuglings- und Kindesalters. Bern: Huber 1982
Baltes, P. B., Cornelius, S. W., The status of dialectics in developmental psychology: The theoretical orientation versus scientific method. In: Datan, N., Reese, H. W. (Ed.), Life-span developmental psychology. New York: Academic Press 1977
Bane, M. J., Marital disruption and the lives of children. Journal of Social Issues 1976, 32/1, 103–117
Becker, R. u. Autorenkollektiv, Früherziehung geschädigter Kinder. Berlin Ost: VEB-Verlag 1978

Beers, C. W., Eine Seele, die sich wiederfand. Basel 1941 (amerik. 1908)

Bell, R. O., A reinterpretation of the direction of effects in studies of socialization. Psychological Review 75, 1968, 81–95

Belsky, J., Steinberg, L. D., The effects of day care: A critical review. Child Development 49, 1978, 924–929

Belsky, J., Steinberg, L. D., Walker, A., The ecology of day care. In: Lamb, M. E. (Ed.), Nontraditional families. Hillsdale, N. J. Erlbaum 1982

Ben-Zeev, S., Mechanism by which childhood bilingualism affects understanding of language and cognitive structure. In: Horby, P. A. (Ed.) Bilingualism. New York: Academic Press 1977

Bergman, C. R., Problems in the developmental psycholinguistics of bilingualism: Language acquisition and language use. Ann Arbor, Mich.: University Microfilms International, Dissertation 1977

Berner, P., Gabriel, E. u. a. (World Psychiatric Association), Diagnostic criteria for schizophrenic and affective psychoses. Washington: American Psychiatric Press 1983

Bettelheim, B., Die Geburt des Selbst. Frankfurt 1983; Fischer Taschenbuch 42247 (amerik. 1974)

Biermann, G. u. R., Das kranke Kind und seine Umwelt. München: Reinhardt 1982

Binet, A., Simon, Th., Méthodes nouvelles pour le diagnostic du niveau intellectuel des anormaux. Année psychol. 11, 1905

Bischof, N., A system approach toward the functional connections of attachment and fear. Child Development 46, 1975, 801–817

Bloom, B., Stability and change in human characteristics. New York: Wiley 1964

Bloom, B. L., Hodges, W. F., Caldwell, R. A., Marital separation: The first eight months. In: Callahan, E. J., McClusky, K. A. (Ed.), Life-span developmental psychology. New York: Academic Press 1983

Bowlby, J., Fourty-four juvenile thieves. Int. J. Psychoanal. 25, 1944, 1–57

Bowlby, J., Maternal care and mental health. Geneva 1951

Bowlby, J., Ainsworth, M., Boston, M., Rosenbluth, D., The effects of mother-child-separation. A follow up study. British Journal of Medic. Psychology 29, 1956, 211–247

Bowlby, J., Bindung. München 1975 (englisch 1969); Frankfurt 1984; Fischer Taschenbuch 42210

Bowlby, J., The making and breaking of affectional bonds. British Journal of Psychology 130, 1977, 201–210

Brackbill, Y., Lasting behavioral effects of obstetrical medication on children. In: Stewart, A. (Ed.), Compulsory hospitalization or freedom of choice in childbirth? Marble Hill: Napsac 1980

Brandtstätter, J., von Eye, A., Psychologische Prävention. Grundlagen, Methoden, Programme. Bern: Huber 1982
Brazelton, T. B., Koslowski, B., Main, M., The origins of reciprocity. In: Lewis, M., Rosenblum, L. A. (Ed.), The effect of the infant on its caregiver. New York: Wiley 1974
Bronfenbrenner, U., Toward an experimental ecology of human development. American Psychologist 32, 1977, 513–531
Bronfenbrenner, U., Crouter, A. C., Work and family through time and space. In: Kamerman, S., Hayes, C. (Ed.) Families that work. Washington: Natural Academy of Sciences, 1982
Bulman, R. J., Wortman, C. B., Attributions of blame and coping in the real world: Severe accident victims react to their lot. Journal of Personality and Social Psychology 35, 1977, 351–363
Bundessozialhilfegesetz – BSHG – zuletzt geändert durch das Gesetz über die Angleichung der Leistungen zur Rehabilitation vom 7. August 1974 (BGBl. I, S. 1881)
Burchinal, L. G., Characteristics of adolescence from unbroken, broken and reconstituted families. Journal of Marriage and the Family, 1964, 26, 44–51
Burgess, R. L., Child abuse: A social interactional analysis. In: Lashly, B. B., Kazdin, A. G. (Ed.), Advances in clinical child psychology. Vol. 2. New York: Plenum 1979
Burgess, R. L., Garbarino, J., Gilstrat, B., Violence to the family. In: Callahan, E. J., McClusky, K. A. (Ed.), Life-span developmental psychology. New York: Academic Press 1983
Burlingham, D., Psychic problems of the blind. American Image 19, 1941, 95–112
Burlingham, D., Psychoanalytic studies of the sighted and the blind. New York: Intern. Univ. Press 1972
Burlingham, D., To be blind in a sighted world. Psychoanalytic Study of the Child 34, 1979, 5–30
Cairns, R. B., Valsiner, J. Child psychology. Annual Review Psychology 35, 1984, 553–577
Callahan, E. J., McClusky, K. A. (Ed.), Life-span development psychology. Nonnormative life events. New York: Academic Press 1983
Caplan, G., Support systems and community mental health. New York: Behavioral Publications 1974
Carr, J., Mongolism – telling the parents. Developmental Medicine and Child Neurology 11, 1970, 213
Casler, L., Perceptual deprivation in institutional settings. In: Newton, G., Levin, S. (Ed.), Early experience and behavior. Springfield: Thomas 1968
Chess, S., Thomas, A., Infant bonding: mystique and reality. Amer. J. Orthopsychiatry 52, 1982, 213–222

Cincona, L., Cesa-Bianchi, M., Bouquet, F., Identification with the father in the absence of a paternal model. Archivo di Psicologia, Neurologia e Psichiatria 1963, 24, 339–361
Clarke, A. M., Clarke, A. D. B., Early experience: Myth and evidence. London: Open Books 1976
Clarke-Steward, K. A., Interaction between mothers and their young children. SRCD Monographs 1973, 8
Cohen, S. E., Maternal employment and mother child interaction. Merrill-Palmer Quarterly 24, 1978, 189–197
Condon, W., Speech makes babys move. In: Lewin, R. (Ed.), Child alive. Garden City New York: Doubleday 1975
Crouter, A. C., Belsky, J. Spanier, G. B., The family context of child development: Divorce and maternal employment. Annals of Child Development, Vol. 1, 1984, 201–238
Cummins, J., The influence of bilingualism in cognitive growth. Working papers on bilingualism, 1976, 9
Cunningham, C., Sloper, P., Hilfe für ihr behindertes Baby. Frankfurt: Frankfurt 1980; Fischer Taschenbuch 3303
Czermak, H., Die erste Kindheit. Ein ärztlicher Ratgeber für das 1. und 2. Lebensjahr. Wien: Molden 1982
Danish, S. J., Smyer, M. A., Nowak, C. A., Developmental intervention: Entrancing live-event process. In: Baltes, P. B., Brim, O. G. (Ed.) Life-span development and behavior. Vol. 3 New York: Academic Press 1980
Danish, S. J., D'Augelli, A. R. Hauer, A. L., Helping skills: A basic training program. New York: Human Sciences 1980
Danish, S. J., D'Augelli, A. R., Promoting competence and enhancing development. In: Bond, L. A., Rosen, J. C. (Ed.), Competence and coping during adulthood. Hannover University Press 1980 (deutsche Übersetzung in Filipp 1981)
Darling, R. S., The birth defective child and the crisis of parenthood: Redefining the situation. In: Callahan, E. J., McClusky, K. A. (Ed.), Life-span developmental psychology. New York: Academic Press 1983
Dervoort van, R. E., Bilingualismus und Lesenlernen. Untersuchungen an deutsch-amerikanischen Schülern. Psychologie, Erziehung und Unterricht 27, 1980, 73–80
Deutsche Liga für das Kind in Familie und Gesellschaft (Hrsg.), Frühkindliche Persönlichkeitsentwicklung und ihre Berücksichtigung im Lehrplan der Sekundarstufe I. Tagungsbericht. Weißenthurm, Fährstr. 17a, Deutsche Liga für das Kind 1981
Deutscher Bildungsrat. Empfehlungen der Bildungskommision »Zur pädagogischen Förderung behinderter und von Behinderung bedrohter Kinder und Jugendlicher«. Stuttgart: E. Klett Verlag 1973

Dick-Read, G., Mutterwerden ohne Schmerz. Die natürliche Geburt. Hamburg: Hoffmann und Campe 1971
Dietrich, K. M., Starr, R. H., Kaplan, M. G., Maternal stimulation and care of abused infants. In: Field, T. M. (Ed.), High risk infants and children. New York: Academic Press 1980
Disbrow, M. A., Doerr, H. O., Caulfield, C., Measures to predict child abuse. Maternal and child health. National Institute of Mental Health. Washington March 1977
Dohrenwend, B. S., B. P. (Ed.), Stressful life events: their nature and effects. New York: Wiley 1974
Dollase, R., Sozial-emotionale Erziehung in Kindergarten und Vorklasse. Hannover: Schroedel 1979
Dörner, D., Kreuzig, H. W., Reither, F., Stäudel, T. (Hrsg.), Lohhausen. Vom Umgang mit Unbestimmtheit und Komplexität. Bern: Huber 1983
Dörner, K., Egetmeyer, A., Koenning, K., Freispruch der Familie. Psychiatrie-Verlag 1982
Dührssen, A., Psychogene Erkrankungen bei Kindern und Jugendlichen. Göttingen: Verlag für medizinische Psychologie 1954
Düren, T., Aspekte der Frühförderung sehgeschädigter Kinder. Sozialpädiatrie in Praxis und Klinik 3, 1981, 529–532
Düren, T., Strehle, W., Die besten Jahre. Sammlung »Louis-Braille-Briefe«. Frühförderung sehgeschädigter Kinder. Köln: Reinhard-Verlag 1979
Egger, K., Zweisprachigkeit in Südtirol. Bozen: Athesia 1977
Eiduson, B. T., Forsythe, A. B., Life change events in alternative family styles. In: Callahan, E. J., McClusky, K. A. (Ed.) Life span development psychology: Nonnormative life events. New York: Academic Press 1983
Elkind, D., Weiner, I. B., Development of the child. New York: Wiley 1978
Emde, R. N., Katz, E. L., Thorpe, J. K., Emotional expression in infancy II. Early deviations in Down's Syndrom. In: Lewis, M., Rosenblum, L. A. (Ed.), The development of affect. New York: Plenum 1978
Engle, P. C., Language medium in early school years for minority language groups. Review of Educational Research 45, 1975, 283–325
Erikson, E. H., Childhood and society. New York 1950; deutsch: Kindheit und Gesellschaft. Zürich: Rascher 1957
Farel, A. N., Effect of preferred maternal roles, maternal employment, and sociographic status on school adjustment and competence. Child Development 50, 1980, 1179–1186
Farthman, A., The relationship between age and second language productive ability. Language Learning 25, 1975, 245–253

Field, T. u. a. (Ed.), Infants born at risk. New York: Spectrum 1979
Filipp, S. H. (Hrsg.), Kritische Lebensereignisse. München: Urban und Schwarzenberg 1981
Filipp, S. H., Kritische Lebensereignisse als Brennpunkte einer angewandten Entwicklungspsychologie des mittleren und höheren Lebensalters. In: Oerter, R., Montada, L. (Hrsg.) Entwicklungspsychologie. München: Urban und Schwarzenberg, 1982
Fischhoff, B., Clinical decision analysis. Operation Research 28, 1980, 28–43
Fraiberg, S., Smith, M., Adelson, E., An educational program for blind infants. The Journal of Special Education 3, 1969, 121–139
Fraiberg, S., Intervention in infancy. Journal of the American Academy of Child Psychiatry 10, 1971, 380–405
Fraiberg, S., Blind infants and their mothers. In: Lewis, M., Rosenblum, L. A. (Ed.) The effect of the infant on its caregiver. New York: Wiley 1974
Fraiberg, S., Insights from the blind. New York: Basic Book 1977
Freud, A., Burlingham, D. T., Infants without families. New York: International University Press 1944
Freud, S., Abriß der Psychoanalyse. Frankfurt: S. Fischer 1953
Frey, B. S., Leahey, M., Children's perceptions of major positive and negative events and factors in single-parent families. Journal of Applied Development Psychology 4, 1983, 371–398
Fthenakis, W. E., Niesel, R., Kunze, H. R., Ehescheidung. Konsequenzen für Eltern und Kinder. München: Urban und Schwarzenberg 1982
Fthenakis, W. E., Die Vaterrolle in der neuen Familienforschung. Psychologie in Erziehung und Unterricht, 1984, 31, 1–21
Garbarino, J., A preliminary study of some ecological correlates of child abuse. Child Development 1976, 46, 178–185
Garmezy, N., Tellegen, F., Studies of stress-resistent children: Methods, variables and preliminary findings. In: Morrison, F. J. Lord, C., Keating, D. P. (Ed.) Applied Developmental Psychology. Vol. 1, New York: Academic Press 1984
Genesee, F., Summary and discussion. In: Hornby, P. A. Bilingualism. New York: Academic Press 1979
Georg, C., Main, M., Social interactions of young abused children: Approach, avoidance, and aggression. Child Development 50, 1970, 306–318
Gergen, K. J., The emerging crisis in life-span developmental theory. In: Baltes, P. B., Brim, O. G. (Ed.), Life-span development and behavior. Vol. 3. New York: Academic Press 1980
Gesell, A., Armatruda, C. S., Embryology of behavior. New York: Harper 1945

Gesell, A., Ilg, F. L., Bullis, G. E., Vision: Its development in infant and child. New York: Hoeber 1950
Gibran, K., Der Prophet von Orphalese. Freiburg: Novalis 1959 (amerik. 1923)
Gil, D. G., Violence against children. Cambridge: Harvard University Press 1970
Goebel, P., Die Bedeutung des Ausfalls des visuellen Informationssystems für die Entwicklung des blinden Säuglings. Praxis der Kinderpsychologie und Kinderpsychiatrie 24, 1975, 218–221
Goebel, P., Mögliche Gründe für das Ausbleiben des Kriechens bei blinden Kindern und Heimkindern. Prax. d. Kinderpsychologie u. Kinderpsychiatrie 25, 1976, 235–238
Goldberg, S., Social competence in infancy: A model of parent-infant interactions. Merrill-Palmer Quarterly 23, 1977, 163–177
Goldberg, S., Prematurity: Effects in parent-infant interaction. Journal of Pediatric Psychology 3, 1978, 137–144
Graber, G. H. (Hrsg.), Pränatale Psychologie. München: Endler 1974
Gray, J. D., Cutler, C. A., Dean, J. G., Kempe, C. H., Prediction and prevention of child abuse and neglect. Biannual meetings of the Society of Research in Child Development, New Orleans 1977
Greenberg, M., Rosenberg, I., Lind, J., First mother's rooming-in with their newborns: Its impact on the mothers. American Journal of Orthopsychiatry 1973, 48, 783–788
Groeben, N., Westmeyer, H., Kriterien psychologischer Forschung. Stuttgart: Kohlhammer 1975
Großmann, K. E., Emotionale und soziale Entwicklung im Kleinkindalter. In: Rauh, H. (Hrsg.): Jahrbuch für Entwicklungspsychologie 1, 1979 Stuttgart: Klett 1978
Großmann, K. E., u. K., Mutter und Kind: Auf das Zusammenspiel kommt es an. Psychologie heute 1979 (Sept.) 72–74
Großmann, K. E., Großmann, K., Huber, F., Wastner, U., German children's behavior towards their mother at 12 months and their fathers at 18 months in Ainsworth's strange situation. Int. J. Behav. Dev. 4, 1981, 157–181
Großmann, K., Vergleichende Entwicklungspsychologie. In: Silbereisen, R. K., Montada, L. (Hrsg.) Entwicklungspsychologie. München: Urban und Schwarzenberg 1983
Großmann, K. E., Lütkenhaus, P. (Hrsg.), Bericht über die 6. Tagung Entwicklungspsychologie. Universität Regensburg 1983
Harlow, H. F., Harlow, M., Learning to love. American Scientist 54, 1966, 244–272
Hartford, B., Valdman, A., Foster, C. R., Issues in international bilingual education. London: Plenum 1982

Hassenstein, B., Verhaltensbiologie des Kindes. München: Piper 1973
Havighurst, R. J., Development tasks and education. New York: McKay (3rd. ed.) 1972
Hebb, D., Organization of behavior. New York: Wiley 1949
Heckhausen, H., Motivation und Handeln. Berlin: Springer 1980
Heider, F., Psychologie der interpersonellen Beziehungen. Stuttgart: Klett 1977 (amerik. 1958)
Helfer, R. E., Kempe, C. H. (Eds.), The battered child. Chicago: University of Chicago Press 1974 (deutsch 1978)
Hellbrügge, T. (Hrsg.), Integrierte Erziehung. Fortschritte der Sozialpädiatrie Bd. 3 Urban und Schwarzenberg 1975
Hellbrügge, T., Unser Montessori-Modell. München: Kindler 1977
Hellbrügge, T. u. a., Münchener funktionale Entwicklungsdiagnostik. 1. Lebensjahr. München: Urban und Schwarzenberg 1979
Hemminger, H., Müller-Witt, E., Wegweiser zum Kind. München: Kösel 1983
Herbert, M., Sluckin, W., Sluckin, A., Mother-to-infant bonding. J. Child Psychol. Psychiat. 23, 1982, 205–221
Herzog, W., Modell und Theorie in der Psychologie. Göttingen: Hogrefe 1983
Hetherington, E. M., Effects of father absence on personality development in adolescent daughters. Development Psychology 1972, 7, 313–326
Hetherington, E. M., Divorce. A child's perspective. American Psychologist 34, 1979, 851–853
Hetherington, E. M., Children and divorce. In: Henderson, R. W. (Ed.) Parent-child-interaction. New York: Academic Press 1981
Hetherington, E. M., Cox, M., Cox, R., Beyond father absence. Paper presented at the biannual meetings of the Society for Research in Child Development. Denver, 1975
Hetherington, E. M., Duer, J., The effects of father absence on child development. In: Hartup, W. W. (Ed.) The young child: Review of research, Vol. 2 Washington, D. C.: National Association of the Education of Young Children 1972
Hock, E., Working and nonworking mothers with infants. Developmental Psychology 14, 1978, 37–43
Hock, E., Christman, K., Hock, M., Factors associated with decisions about return to work in mothers of infants. Developmental Psychology 16, 1980, 535–536
Hoffman, L. W., Effects of maternal employment on the child. Developmental Psychology 10, 1974, 204–228
Hoffman, L. W., Maternal employment 1979. American Psychologist 34, 1979, 859–865
Holzkamp, K., Kritische Psychologie. Frankfurt: Fischer 1972

Holtzman, W. H., Divergent thinking as a function for the degree of bilingualism of mexican-american and anglo fourth-grade students. Ann Arbor, Mich.: University Microfilms International, Dissertation 1980

Honzik, M. P., Life-span development. Ann. Rev. Psychol. 35, 1984, 309–331

Hudelmayer, D., Die Erziehung Blinder. In: Deutscher Bildungsrat (Hrsg.) Gutachten und Studien der Bildungskommission Band 52: Sonderpädagogik 5, Stuttgart: Klett 1975

Hunt, D. E., Sullivan, E. V., Between psychology and education. Hinsdale: The Dryden Press 1974

Hunt, J. McV., Intelligence and experience. New York: Arnold Press 1961

Hunt, J. McV., Psychological development: early experience. In: Rosenzweig, M., Port, L. (Ed.) Annual Review of Psychology 30, 1979, 103–143

Hurlock, E., Developmental Psychology. New York: McGraw Hill 1980

Immelmann, K. u. a. (Hrsg.), Verhaltensentwicklung bei Mensch und Tier. Berlin: Paul Parey 1982

Irvin, N. A., Kennell, J. H., Klaus, M. H., Betreuung der Eltern eines Neugeborenen mit angeborener Mißbildung. In: Klaus, M. H., Kennell, J. H. Mutter-Kind-Bindung. München: Kösel 1983 (amerik. 1976)

Jahoda, M., Current concepts of positive mental health. New York: Basic Books 1958

Jordan, M. K., O'Grady, D. J., Children's health believes and concepts: Implications for child health care. In: Karoly, P. et al. (Eds.) Child health psychology. New York: Pergamon Press 1982

Kagan, J., Overview: Perspectives on human infancy. In: Osofsky, J. D. (Ed.), Handbook of infant development. New York: Wiley 1979

Kanner, L., Autistic disturbances of affective contact. Nervous Child 2, 1943, 217–240

Kanner, L., Early infant autism. Journal of Pediatrics 25, 1944, 211–217

Kanner, A. E., Advances in child behavior therapy. American Psychologist 34, 1979, 981–987

Kazdin, A. E., Advances in child behavior therapy. American Psychologist 34, 1979, 981–987

Kehrer, H. E., Bibliographie über den kindlichen Autismus (1934–1981) Weinheim: Beltz 1982

Keller, H., Meyer, H. J., Psychologie der frühesten Kindheit. Stuttgart: Kohlhammer 1982

Kelley, H. H., Perceived causal structurs. In: Jaspars, J., Fincham,

F. D., Hewstone, M. (Ed.) Attribution theory and research: conceptual, developmental and social dimensions. London: Academic Press 1983
Kempe, R. C., Kempe, C. H., Child abuse. Cambridge: Harvard University Press 1978 (deutsch 1980)
Kempe, C. H., Silverman, F. N., Steele, B. F., Droegemueller, W., Silver, H. H., The battered child syndrom. Journal of the American Medical Association 1962, 181, 17–24
Kennell, J. H., Jerauld, R., Wolfe, H., Chester, D., Kreyer, N., McAlgine, W., Steffa, M., Klaus, M. H., Maternal behavior one year after early and extended postpartum contact. Dev. Med. Child Neurol. 16, 1974, 172–179
Kennell, J. H., Klaus, M. H., Betreuung der Eltern eines sterbenden Säuglings. In: Klaus, M. H., Kennell, J. H. Mutter-Kind-Bindung. München: Kösel 1983 (amerik. 1976)
Kennell, J. H., Klaus, M. H., Cramer, B., Betreuung der Eltern eines frühgeborenen oder kranken Säuglings. In: Klaus, M. H., Kennell, J. H. Mutter-Kind-Bindung. München: Kösel 1983 (amerik. 1976)
Kiphardt, E. J., Psychomotorische Elementarerziehung. Gütersloh 1975
Klauer, K. J., Reinartz, A. (Hrsg.), Sonderpädagogik in allgemeinen Schulen. Band 9, Handbuch der Sonderpädagogik. Berlin: Marhold 1978
Klaus, M. H., Kennell, J. H., Maternal infant bonding: The impact of early separation or loss on family development. Saint Louis: Morty Comp. 1976 (deutsch: Mutter-Kind-Bindung. München: Kösel 1983)
Klaus, M. H., Kennell, J. H., Parent-to-infant bonding: In: Hull, D. (Ed.) Recent advances in pediatrics. New York: Churchill Livingstone 1976
Kolers, P. A., Interlingual word associations. Journal of Verbal Learning and Verbal Behavior 2, 1963, 291–300
Kopp, C. B., Parmelee, A. H., Prenatal and perinatal influences on infant behavior. In: Osofsky, J. D. (Ed.), Handbook of infant development. New York: Wiley 1979
Korczak, J., Wie man ein Kind lieben soll. Göttingen: Vandenhoeck und Ruprecht 1967 (polnisch 1916)
Kowjetzky, K., v. Westphalen, J. (Hrsg.), Die stillenden Väter. München: Bertelsmann 1983
Kubicek, L. F., Organisation in two mother-infant-interactions involving a normal infant and its fraternal twin brother who was later diagnosed as autistic. In: Field, T. M. (Ed.), High-risk infants and children. New York: Academic Press 1980
Kuhn, T. S., Structure of scientific revolutions. Chicago 1962

Kunze, A. R., Alleinerziehende Väter. In: Großmann, K. E., Lütkenhaus, P. (Hrsg.), Bericht über die 6. Tagung Entwicklungspsychologie. Universität Regensburg 1983
Lamb, M. E. (Ed.), Nontraditional families: Parenting and child development. Hillsdale, N. J.: Erlbaum 1982
Lamb, M. E., Maternal employment and child development. In: Lamb, M. E. (Ed.) Nontraditional families. Hillsdale, N. J.: Erlbaum 1982
Lamb, M. E., Frodi, A. M., Hwang, C. P., Frodi, M., Varying degrees of paternal involvement in infant care: attitudinal and behavioral correlates. In: Lamb, M. E. (Ed.) Nontraditional families. Hillsdale, N. J. Erlbaum 1982
Lambert, W. E., Language, psychology and culture. Essay by Wallace E. Lambert. Stanford, Calif.: Stanford University Press 1972
Lambert, W. E., The effect of bilingualism on the individual: Cognitive and sociocultural consequences. In: Hornby, P. A. (Ed.) Bilingualism. New York: Academic Press 1977
Lambert, W. E., Tucker, G. R., Bilingual education in children. The St. Lambert experiment. Rowley, Mass.: Newbury House Publ. 1972
Landesman-Dwyer, A., Smoking during pregnancy. Terratology 19, 1979, 119–125
Langer, T. S., Michael, S. T., Life stress and mental health. The Midtown Manhattan study. Vol. 2 New York: Free Press of Glencoe 1963
Langmeier, J., Matejcek, P., Psychische Deprivation im Kindesalter. München: Urban u. Schwarzenberg 1977 (tschechisch 1963)
Larrance, D. T., Twentyman, C. T., Maternal attributions and child abuse. Journal of Abnormal Psychology 92, 1983, 449–457
Leboyer, F., Geburt ohne Gewalt. München: Kösel 1981
Lehr, U., Die mütterliche Berufstätigkeit und mögliche Auswirkungen auf das Kind. In: Neidhardt, F. (Hrsg.) Frühkindliche Sozialisation. Stuttgart: Enke 1975
Leidermann, P. H., Die soziale Entwicklung der Mutter zum Kind. In: Immelmann, K. u. a. (Hrsg.) Verhaltensentwicklung bei Mensch und Tier. Berlin: Paul Parey 1982
Leifer, A. D., Leidermann, P. H., Barnett, C. R., Williams, J. A., Effects of mother-infant separation on maternal attachment behavior. Child Development 1972, 43, 1203–1218
Lenneberg, E. H., Biologische Grundlagen der Sprache (engl. 1967) Frankfurt 1972
Lewis, M., Rosenblum, L. A. (Ed.), The effect of the infant on its caregiver. New York: Wiley 1974
Lifton, B. J., Adoption. Stuttgart: Klett-Cotta 1982

Lipsitt, L. P., Perinatal indicators and psychophysiological precursors of crib death. In: Horowitz, F. D. (Ed.), Early development hazards. Boulder: Westview Press 1978
Lipsitt, L. P., Field, T. (Ed.), Infant behavior and development: perinatal risk and newborn behavior. Norwood, N. J.: Alex 1982
Loeben-Sprengel, S., Soucos-Valavini, J., Voigt, F., Autistische Kinder und ihre Eltern. Weinheim: Beltz 1981
Löschenkohl, E., Umweltbewältigung bei Kindern im Krankenhaus. Psychologie in Erziehung und Unterricht 28, 1981, 161–174
Lowenfeld, B., Psychological problems of children with severely impaired vision. In: Cruickshank, W. M. (Ed.) Psychology of exceptional children and youth. Englewood Cliffs: Prentice Hall 1980 (1. Aufl. 1955)
Lucey, J. F., Dangman, B., A reexamination of the role of oxygen in retrolentale fibroplasia. Pediatrics 73, 1984, 82–96
Lutzker, J. R., Martin, J. A., Rice, J. M., Behavior therapy in rehabilitation. In: Hersen, M., Eisler, R. M., Miller, P. M. (Ed.), Progress in behavior modification. Vol. 12, New York: Academic Press 1981
Lynch, M. A., Roberts, J., Consequences of child abuse. New York: Academic Press 1982
Maccoby, E. E., Kahn, A. J., Everett, B. A., The role of psychological research in the formation of politics affecting children. American Psychologist 38, 1983, 80–84
Mahler, M., On early infantile psychosis. Journal of the American Academy of Child Psychiatry 4, 1965, 554–568
Marantz, S. A., Mansfield, A. F., Maternal employment and the development of sex role stereotyping in five-to-eleven-year-old girls. Child Development 1977, 48, 668–673
Mason, W. A., Lott, D. F., Ethology and comparative Psychology. Annual Review of Psychology 24, 1976, 129–154
Masson, J. M., »Was hat man Dir, Du armes Kind getan?« Sigmund Freuds Unterdrückung der Verführungstheorie. Reinbek: Rowohlt 1984
McCall, R., Challange to a science of developmental psychology. Child Development 48, 1977, 333-344
McCarthy, D., Language development in children. In: Carmichael, L. (Ed.), Manual of child psychology (2nd ed.) New York: Wiley 1954
McCormack, P. D., Bilingual linguistic memory: The independence-interdependence issue revisited. In: Hornby, P. A., Bilingualism. New York: Academic Press 1977
McCort, W. J., Origins of crime. New York: Columbia University Press 1959

McLaughlin, B., Second-language learning in children. Psychological Bulletin 84, 1977, 438–459
McLaughlin, B., Second language acquisition in children. Hillsdale: Erlbaum 1978
McLaughlin, B., Second language acquisition in preschool children. Hillsdale: Erlbaum 1984
Meichenbaum, D., Methoden der Selbstinstruktion. In: Kanfer, F. H., Goldstein, A. P. (Ed.) Möglichkeiten der Verhaltensänderung. München: Urban u. Schwarzenberg 1977 (amerik. 1975)
Meltzow, A., Moore, K., Imitation of facial and manual gestures by human neonantes. Science 1977, 198, 75–78
Meng, H., Praxis der seelischen Hygiene. Basel 1943
Mester-Grüner, M., Eigentlich möchte ich gar keine Kinder. In: Schöne, H. (Hrsg.), Der Widerspruch im eigenen Kopf. DFG Forschungsalmanach 1983. Bonn: Verlag Deutscher Forschungsdienst 1982
Miller, A., Das Drama des begabten Kindes und die Suche nach dem wahren Selbst. Frankfurt: Suhrkamp 1979
Miller, A., Am Anfang war Erziehung. Frankfurt: Suhrkamp 1980
Miller, A., Du sollst nichts merken. Frankfurt: Suhrkamp 1981
Montada, L., Überlegungen zu einer angewandten Entwicklungspsychologie. In: Silbereisen, R. (Hrsg.), Bericht über die 4. Tagung Entwicklungspsychologie. Berlin: Techn. Universität 1980
Montada, L., Kritische Lebensereignisse im Brennpunkt: Eine Entwicklungsaufgabe der Entwicklungspsychologie. In: Filipp, S. H. (Hrsg.), Kritische Lebensereignisse. München: Urban u. Schwarzenberg 1981
Montada, L., Filipp, S. H., Entwicklungspsychologische Grundlagen pädagogisch-psychologischer Entscheidungen. In: Brandtstätter, J., Reinert, G., Schneewind, K. H. (Hrsg.), Pädagogische Psychologie: Probleme und Perspektiven. Stuttgart: Klett-Cotta 1979
Montada, L., Schmidt, M., Angewandte Entwicklungspsychologie. In: Oerter, R., Montada, L. (Hrsg.), Entwicklungspsychologie. München: Urban u. Schwarzenberg 1982
Morrison, F. J., Lord, C., Keating, D. P. (Ed.), Applied developmental psychology. Vol. 1, New York: Academic Press 1984
Mueller, C., Pope, H., Marital instability. Journal of Marriage and Family 39, 1977, 83–93
Mussen, D. H. (Ed.), Handbook of child psychology. Vol. 4, New York: Wiley 1983
Mutters, T., Lebenshilfe für geistig Behinderte. In: Heese, G., Wegener, H. (Hrsg.), Enzyklopädisches Handbuch der Sonderpädagogik. Berlin: Marhold 1966
Natalicio, D. S., Reading and the bilingual child. In: Resnick, L. B.,

Weaver, P. A. (Ed.), Theory and practice of early reading. Vol. II. Hillsdale, N. J. Erlbaum 1979
Neidhardt, F. (Hrsg.), Frühkindliche Sozialisation. Stuttgart: Enke 1975 (2. Aufl. 1979)
Neuberger, H., Merz, J., Selg, H., Imitation bei Neugeborenen – eine kontroverse Befundlage. Zeitschrift f. Entw. psych. und Päd. Psych. 15, 1983, 267–276
Nickel, H. Schenk, M., Ungelenk, B., Erzieher- und Elternverhalten im Vorschulbereich. München: Reinhardt 1980
Nikitopoulos, C. P., Inter-lingual differences on locus of control for bicultural bilinguals. Ann Arbor, Mich.: University International Dissertation 1979
Nissen, S. (Hrsg.), Psychiatrie des Säuglings- und frühen Kindesalters. Entwicklungspsychologische, psychodynamische und psychopathologische Aspekte. Bern: Huber 1982
Norris, M., Spoilding, P. J., Bodie, F. A., Blindness in children. Chicago: University of Chicago Press 1957
Oerter, R., Montada, L. (Hrsg.), Entwicklungspsychologie. München: Urban u. Schwarzenberg 1982
Ohlmeier, S., Frühförderungsprogramme für behinderte Kinder. Dortmund: Verlag modernes Lernen 1979
Osofsky, J. D. (Ed.), Handbook of infant development. New York: Wiley 1970
Papoušek, H. u. M., Lernen im ersten Lebensjahr. In: Montada, L. (Hrsg.), Brennpunkte der Entwicklungspsychologie. Stuttgart: Kohlhammer 1979
Parke, R. D., Erziehung durch den Vater. Stuttgart: Klett-Cotta 1982 (amerik. 1981)
Parke, R. D., Collmer, C. W., Child abuse. In: Hetherington, E. M. (Ed.), Review of child development research. Vol. 5. Chicago: University of Chicago Press 1975
Parke, R. D., Lewis, N. G., The family in context: A multilevel interactional analysis of child abuse. In: Henderson, R. W. (Ed.), Parent-child interaction. New York: Academic Press 1981
Pechstein, I., Sozialpädiatrische Zentren für behinderte und entwicklungsgefährdete Kinder. Deutscher Bildungsrat. Gutachten und Studien, Sonderpädagogik 6. Stuttgart: Klett 1975
Pedersen, F. (Ed.), The father-infant relationship. New York: Praeger 1980
Pedersen, F., Anderson, B., Cain, R., Parent-infant and husbandwife interactions, observed at age five months. In: Pedersen, F. (Ed.), The father-infant relationship. New York: Praeger 1980
Pettinger, R., Bedingungen und Zielsetzungen des Projekts »Tagesmütter«. Zeitschrift für Pädagogik 1974, 20, 913–927

Pfaundler, von M., Über Anstaltsschäden bei Kindern. Monatsschrift für Kinderheilkunde 29, 1925, 611
Pfeiffer, P. u. a., Ein Strukturmodell psychologischer Intervention im Adoptionsprozeß. Zeitschrift f. Entw. psych. und Päd. Psych. 1980, 217–232
Piaget, J., Die Psychologie der Intelligenz. Zürich: Rascher 1972
Pinel, P., Abhandlungen über Geistesverwirrung oder Manie. Paris 1801
Pitz, S. F., Sachs, N. J., Judgement and decision: Theory and application. Annual Review of Psychology 35, 1984, 139–163
Portmann, A., Psychologie und das neue Bild vom Menschen. Hamburg: Rowohlt 1956
Postman, N., Das Verschwinden der Kindheit. Frankfurt: S. Fischer 1983 (amerik. 1982)
Propper, A. M., The relationship of maternal employment to adolescent roles, activities and parental relationships. Journal of Marriage and the Family 1972, 34, 417–421
Psychiatrie-Enquete: Bericht der Sachverständigenkommission über die Lage der Psychiatrie in der Bundesrepublik Deutschland. 1975 (Drucksachen 7/4200 und 7/4201)
Reese, H. W., Overton, W. F., Models, methods, and ethics of intervention. In: Turner, R. R., Reese, H. W. (Ed.), Life-span developmental psychology. Intervention. New York: Academic Press 1980
Reese, H. W., Smyer, M. A., The dimensionalisation of life events. In: Callahan, E. J., McClusky, K. A. (Ed.), Life-span developmental psychology. Nonnormative life events. New York: Academic Press 1983
Reynolds, A. G., Flagg, P. W., Cognitive Psychology. Cambridge, Mass.: Winthrop 1977
Rie, H. E., E. D. (Ed.), Handbook of minimal brain dysfunction. A critical review. New York: Wiley 1980
Riegels, V., Verminderte Fähigkeit zur sozialen Rollenübernahme bei Kindern mit leichter Hirnfunktionsstörung. Zeitschrift f. Entw. psych. und Päd. Psych. 12, 1980, 317–322
Rinnland, B., Infantile autism. New York: Appleton-Cemburg-Croft 1964
Rogers, C. R., On encounter groups. New York: Harper, Row 1970, deutsch: Encounter-Gruppen. München: Kindler 1974; Frankfurt 1984; Fischer Taschenbuch 42260
Rosenberg, M. S., Repucci, N. D., Abusive mothers: Perceptions of their own and their children's behavior. J. of Couns. a. Clin. Psych. 51, 1983, 674–682
Ross, A. O., Psychische Störungen bei Kindern. Stuttgart: Hippokrates 1982 (amerik. 1980)

Routh, D. K., Schroeder, C. S., Koocher, G. P., Psychology and primary health care for children. American Psychologist 33, 1983, 95–98
Ruppelt, H. und C., Bewegungs- und Spielanregungen für das erste Lebensjahr. Das Prager-Eltern-Kind-Programm. Geistige Behinderung 21, 1982 (Heft 4; Einlage 1–20)
Ruppenthal, G. C., Arling, G. L., Harlow, H. F., Sackett, G. P., Suomi, S. J., A 10-year perspective of motherless-mother monkey behavior. Journal of Abnormal Psychology 85, 1976, 341–349
Russel, S., Shared-caregiving families: An Australian study. In: Lamb, M. E. (Ed.), Nontraditional families. Hillsdale, N. J.. Erlbaum 1982
Rutter, M., Maternal deprivation reassessed. Hammondsworth, Middlesex: Penguin 1972
Rutter, M., Maternal deprivation 1972–1978: New Findings, new concepts, new approaches. Child Development 50, 1979, 283–300
Rutter, M. (Ed.), Scientific foundations of developmental Psychiatry. London: Heineman Medical 1980
Rutter, M., Epidemiological-longitudinal approaches to the study of development. In: Collins, W. A. (Ed.), The concept of development. The Minnesota Symposium on Child Psychology. Vol. 15. Hillsdale: Erlbaum 1982
Salk, L., Mother's heartbeat as imprinting stimulus. New York Academy of Sciences 24, 1962, 753
Sameroff, A., Transactional models in early social relations. Human Development 18, 1975, 65–79 (a)
Sameroff, A. J., Early influences on development: Fact or fancy. Merrill-Palmer Quarterly 1975, 21 / 4, 267–294 (b)
Sander, E., Berger, M., Isselstein, D., Die Wahrnehmung der eigenen Problemsituation durch alleinerziehende Mütter. Psychologie in Erziehung und Unterricht, 1983, 30, 16–23
Santrock, J. W., Warshak, R., Eliot, G., Social development and parent-child interaction in father-custody and stepmother families. In: Lamb, M. E. (Ed.), Non-traditional families. Hillsdale: Erlbaum 1982
Santrock, J. W., Warshak, R., Lindbergh, C., Meadows, L., Children's and parent's observed social behavior in stepfather families. Child Development, 53, 1982, 472–480
Schaefer, H., Vorwort in: Deutsche Liga für das Kind in Familie und Gesellschaft (Hrsg.), Frühkindliche Persönlichkeitsentwicklung und ihre Berücksichtigung im Lehrplan der Sekundarstufe I. Weißenthurm: Deutsche Liga 1981
Schenk-Danzinger, L., Zur Geschichte der Kinderpsychologie: Das Wiener Institut. Zeitschrift für Entwicklungspsychologie u. Pädagogische Psychologie 16, 1984, 85–101

Schindler, S., Erlebt das Kind die Geburt? In: Schlemmer, J. (Hrsg.), Anfang gut – alles gut? Beiträge zu einer Perinatologie. Heidelberg: Quelle und Meyer 1979
Schindler, S. (Hrsg.), Geburt – Eintritt in eine neue Welt. Göttingen: Hogrefe 1982
Schlemmer, J. (Hrsg.), Anfang gut – alles gut? Beiträge zu einer Perinatologie. Heidelberger Studio 2. Heidelberg: Quelle und Meyer 1979
Schmalohr, E., Frühe Mutterentbehrung bei Mensch und Tier. München: Reinhardt 1968 (3. Aufl. München: Kindler 1980); Fischer Taschenbuch 42092
Schmalohr, E., Möglichkeiten und Grenzen einer kognitiven Frühförderung. Zeitschrift f. Pädagogik 16, 1970, 1–25
Schmalohr, E., Den Kindern eine Chance. Aufgaben der Vorschulerziehung. München: Kösel 1971 (4. Aufl. 1975)
Schmalohr, E. (in Zusammenarbeit mit H. Fehrmann), Frühes Lesenlernen. Heidelberg: Quelle und Meyer 1973
Schmalohr, E., »Mutter«-Entbehrung in der Frühsozialisation. In: Neidhardt, F. (Hrsg.), Frühkindliche Sozialisation. Stuttgart: Enke 1975 (a) (2. Aufl. 1979)
Schmalohr, E., Evaluation of pre-school education: research in the Federal Republic of Germany. In: The Director of Education and of Cultural and Scientific Affairs (Ed.): Problems in the evaluation of pre-school education. Committee for educational research. Strasbourg: Council of Europe, Documentation Centre of Education in Europe 1975 (b)
Schmalohr, E., The changing role of the evaluator. In: The Director of Education and of Cultural and Scientific Affairs (Ed.): Problems of the evaluation of pre-school education. Committee for educational research. Strasbourg: Council of Europe, Documentation Centre of Education in Europe 1975 (c)
Schmalohr, E., Probleme der Evaluation von Vorschuluntersuchungen in der Bundesrepublik Deutschland. Zeitschrift f. Pädagogik 21, 1975 (d), 511–534
Schmalohr, E., HAWIK-Zusatzauswertung für lernbehinderte Sonderschulanwärter. Krefeld: Arbeitskreis für Sonderschulfragen 1975 (e) (Bezug: Stuttgart: Hogrefe, Testzentrale)
Schmalohr, E., Zur Forschung im Bereich frühkindlicher Entwicklung und Förderung. In: Dollase, R. (Hrsg.), Handbuch der Früh- und Vorschulpädagogik. Bd. 1, Düsseldorf: Schwann 1978 (a)
Schmalohr, E., International Research in early childhood education: Federal Republic of Germany. In: Chazan, M. (Ed.), International research in early childhood education. Social Science Research Council. Windsor: Berks.: NFER Publ. Comp. 1978 (b)
Schmalohr, E., Pädagogische Maßnahmen im Einschulungsalter und

das Problem der kompensatorischen Erziehung. In: Klauer, K. J., Reinhartz, A. (Hrsg.), Sonderpädagogik in allgemeinen Schulen. Band 9 des Handbuchs der Sonderpädagogik. Berlin: Marhold 1978 (c)

Schmalohr, E., Tier-Mensch-Vergleiche und ihre Bedeutung. In: Schlemmer, J. (Hrsg.), Anfang gut – alles gut? Beiträge zu einer Perinatologie. Heidelberg: Quelle und Meyer 1979

Schmalohr, E., Zur Anwendung der Psychologie in der pädagogischen Praxis. In: Hischer, E. (Hrsg.), Aufgaben der Psychologie in Erziehungswissenschaft und Gesellschaft. Rheinstetten: Schindele 1981 (a)

Schmalohr, E., Berücksichtigung der frühkindlichen Deprivation im Lehrplan der Sekundarstufe I. In: Deutsche Liga für das Kind in Familie und Gesellschaft (Hrsg.), Frühkindliche Persönlichkeitsentwicklung und ihre Berücksichtigung im Lehrplan der Sekundarstufe I. Tagungsbericht. Weißenthurm: Deutsche Liga für das Kind 1981 (b)

Schmalohr, E., Entwicklungspsychologische Neueinschätzung der frühen Lernfähigkeit von Kindern, insbesondere hochgradig sehgeschädigten und blinden Kindern. In: Arbeitsgemeinschaft Früherziehung (Hrsg.), Frühförderung sehgeschädigter Kinder. 6. Fortbildungstagung in Wuppertal 1982. Hannover: Verein zur Förderung der Blindenbildung 1982 (a)

Schmalohr, E., Aspetti psico-evolutivi nell'apprendimento di una seconda lingua. In: Provincia Autonoma Di Bolzano-Alto Adige (Ed.), Atti del couvegno internazionale: L'apprendimento precoce della seconda lingua. (Educatione Bilingue 8) Bolzano, 13–15 Maggio 1982 (b)

Schmalohr, E., Frühe Verhaltensdialoge zwischen blinden Kindern und ihren Müttern. Zeitschr. für das Sehgeschädigten-Bildungswesen 104, 1984, 4–16 (a)

Schmalohr, E., Ursachenzuschreibungen von Eltern bei Schulschwierigkeiten ihrer Kinder. Psych., Erz., Unterricht 31, 1984, 241–246 (b)

Schmalohr, E., Ursachenzuschreibungen in der Elternberatung bei frühgeborenen sehgeschädigten Kindern. In: Arb.-gem. Früherziehung (Hrsg.), Frühförderung sehgeschädigter Kinder. 7. Fortb.-tagung. Hannover: Verlag zur Förderung der Blindenbildung 1984 (c)

Schmalohr, E., Frühe Mutter-Kind-Beziehungen und seelische Gesundheit. Wiener Medizinische Wochenschrift 134, 1984, 187–193 (d)

Schmalohr, E., Kindliche Gefühlsentwicklung in sozialen Belastungssituationen. In: Eggers, C. (Hrsg.), Emotionalität und Motivation im Kindes- und Jugendalter. Frankfurt: Fachbuchhandlung für Psychologie 1985

Schmidt-Denter, U., Die soziale Umwelt des Kindes. Berlin: Springer 1984
Schneewind, K. A., Beckmann, M., Enster, A., Eltern und Kinder. Stuttgart: Kohlhammer 1983
Schönpflug, U., Psychologie des Erst- und Zweitspracherwerbs. Stuttgart: Kohlhammer 1977
Schottländer, F., Die Mutter als Schicksal. Stuttgart 1949
Sieber, M. u. a., Verschwinden der Beeinträchtigung leicht hirngeschädigter Kinder bei Schulabschluß? – Eine Nachuntersuchung. Zeitschrift f. Entw. Psych. u. Päd. Psych. 16, 1984, 12–22
Singer, L. M., Brodzinsky, D. M., Braff, A. M., Children's beliefs about adoptions. Journal of Applied Developmental Psychology 3, 1982, 285–294
Skeels, H. M., Adult status of children with contrasting early life experiences. Monographs of the Society for Research in Child Development 31, 3, 1966
Skotko, D. J., Bilingualism: an educational and information processing perspective. Ann Arbor, Mich.: University Microfilms International, Dissertation 1979
Smetana, J. J., Rearing in the personal and moral domains: adolescent and young adult women's decision making regarding abortion. Journal of Applied Developmental Psychology 2, 1981, 221–226
Sontag, L. W., Steele, W. G., Lewis, M., The fetal and maternal cardiac response to environmental stress. Human Development 1960, 12, 1–9
Speck, O., Frühförderung entwicklungsgefährdeter Kinder. München: Reinhardt 1977
Speck, O., Warnke, A. (Hrsg.), Frühförderung mit den Eltern. München: Reinhardt 1983
Spitz, R. A., Hospitalism: An inquiry into the genesis of psychiatric conditions in early childhood. In: Freud, A. et al. (Ed.), The Psychoanalytic Study of the Child 1, 1945, 53–74
Spitz, R. A., Vom Säugling zum Kleinkind. Stuttgart: Klett 1967 (amerik. 1965)
Sroufe, L. A., Socioemotional development. In: Osofsky, J. D. (Ed.), Handbook of infant development. New York: Wiley 1979
Sroufe, L. A., The coherence of individual development: Early care, attachment and subsequent developmental issues. American Psychologist 34, 1979, 834–841
Stake, C. B., Who owns the child? Divorce and child custody decisions in middle class families. Social Problems 1976, 23, 505–515
Starr, R. H., Child abuse. American Psychologist 34, 1979, 872–878
Stayton, D. J., Hogan, R., Ainsworth, M. D. S., Infant obedience and maternal behavior. Child Development 42, 1971, 1057–1069

Stechler, G., Halton, A., Prenatal influences on human development. In: Wolman, B. B. (Ed.), Handbook of developmental psychology. Englewood Cliffs, N. J.: Prentice-Hall 1982
Steele, B. F., Pollock, C. B., A psychiatric study of parents who abuse infants and small children. In: Helfer, R. E., Kempe, C. H. (Ed.), The battered child. Chicago: University of Chicago Press (2. ed.) 1974
Stern, D. N., Jaffe, J., Beebe, B., Bennet, S. L., Vocalizing in unison and in alternation. Annals of the New York Academy of Sciences 1975, 263, 89–100
Stern, W., Die Erlernung und Beherrschung fremder Sprachen. Zeitschrift für Päd. Psychologie 20, 1919, 104–108
Stollenwerk, H. J., Das Übergangsproblem Familie–Kindergarten. In: Dollase R. (Hrsg.), Handbuch der Früh- und Vorschulpädagogik Band 1, Düsseldorf: Schwann 1978
Streissguth, A., Maternal alcoholism and the outcome of pregnancy. In: Greenblatt, M. (Ed.), Alcohol problems in women and children. New York: Grove and Straton 1977
Stuckey, M. F., McGhee, P. E., Bell, N. J., Parent-child interaction: The influence of maternal employment. Developmental Psychology 18, 1982, 635–644
Suomi, S. J., Harlow, H. F., Social rehabilitation of isolated reared monkeys. Developmental Psychology 6, 1972, 487–496
Svedja, M. J., Campos, I. J., Emde, R. N., Mother-infant bonding: failure to generalize. Child Development 51, 1980, 775–779
Swift, J. (Hrsg.), Bilinguale und interkulturelle Erziehung. Würzburg: Küngshausen und Neumann 1982
Taeschner, T., The sun is feminin: a study on language acquisition in bilingual children. New York: Springer 1983
Thiessen-Hutter, M., Psychologie und Neurophysiotherapie Vojtas. Stuttgart: Enke 1982
Thomas, A., Chess, S., Temperament and development. New York: Brunner, Mazel 1977
Thomas, A., Chess, S., Genesis and evolution of behavior disorders: From infancy to early adult life. Am. J. Psychiatry 141, 1984, 1–9
Tiller, P. O., Father absence and the personality development of children in sailors families. II. In: A. Anderson (Ed.), Studies of the family. Göttingen: Vandenhoeck & Ruprecht 1957
Tizard, B., Hodges, J., The effect of early institutional rearing on the development of eight-year-old children. Journal of Child Psychology and Psychiatry 19, 1978, 99–118
Trube-Becker, E., Die Kindesmißhandlung und ihre Folgen. Pädiatrische Praxis 12, 1973, 389–399
Tucker, G. R., Lambert, W. E., d'Anglejan, A., Cognitive and attitudinal consequences of bilingual schooling. The St. Lambert pro-

ject through grade five. Journal of Educational Psychology 63, 1973, 141–159
Victor, G., The riddle of autism. A psychological analysis. Lexington: Lexington Books 1983
Vietze, P. M., Falsey, S., O'Connor, G. u. a., Newborn behavioral and interaction characteristic failure-to-thrive infants. In: Field, T. M. (Ed.), High-risk infants and children. New York: Academic Press 1980
Vogel, C., Eine potentielle neue Kontaktperspektive in Anthropologie und Entwicklungspsychologie. Zeitschr. f. Entwicklungspsych. u. Päd. Psych. 16, 1984, 119–133
Wachs, T. D., Gruen, G. E. Early experience and human development. New York: Plenum 1982
Wallerstein, J. S., Kelly, J., Surviving the break up: How children and parents cope with divorce. New York: Basic Books 1980
Warshak, R. A., Santrock, J. W., Children of divorce: Impact of custody disposition on social development. In: Callahan, E. J., McClusky, K. A. (Ed.), Life-span developmental psychology. New York: Academic Press 1983
Waters, E., The reliability of individual differences in infant-mother attachment. Child Development 49, 1978 483–493
Waters, E., Traits, relationships and behavioral systems. The attachment construct and the organisation of behavior and development. In: Immelmann, K., Barlow, E., Main, M., Patrinowitsch, L. (Ed.), Development of behavior. New York 1982 (deutsch: siehe Immelmann)
Watzlawik, P., Beavin, J. H., Jackson, D. D., Menschliche Kommunikation. Bern: Huber 1969 (amerik. 1967)
Weiner, B. A, theory of motivation for some classroom experiences. Journal of Educational Psychology 71, 1979 3–25
Werner, E. E., Bierman J. M., French, F. E., The children of Kauai. Honolulu: University Hawaii Press 1971
Werner, E. E., Smith, R. S., Vulnerable but invincible. New York: McGraw Hill 1982
Wertlieb, D., Some foundations and directions for applied developmental psychology. Journal of Applied Developmental Psychology 4, 1983, 349–358
Wieczerkowski, W., Frühe Zweisprachigkeit. München: Huber 1965
Wieczerkowski, W., Erwerb einer zweiten Sprache im Unterricht. Hannover: Schroedel 1971
Wilson, J. W., Halversen, H. M., Development of a young blind child. Journal of Genetic Psychology 71, 1947, 115–175
Wilson, K. L., Zurcher, L. A., McAdams, D. C., Curtis, R. L., Stepfather and stepchildren. Journal of Marriage and the Family 1975, 37, 526–536

Wing, J. K. (Ed.), Schizophrenia. Towards a new synthesis. London: Academic Press 1978

Wohlwill, J. H., Strategien entwicklungspsychologischer Forschung. Stuttgart: Klett 1977 (amerik. 1973)

Wolman, B. B. (Ed.), Handbook of developmental psychology. Englewood Cliffs, New York: Prentice Hall 1982

Woods, M. B., The unsupervised child of the working mothers. Developmental Psychology 1972, 6, 14–25

World Health Organisation (Weltgesundheitsorganisation) Alma-Ata 1978: Primary health care. Geneva, WHO 1978

Yancy, S. W., Repetitive movements. In: Gabel, S. (Ed.), Behavioral problems in childhood. New York: Grune and Stratton 1981

Yang, R. K., Federman, E. J., Neonatal functioning and the sudden infant death syndrom. Journal of Applied Developmental Psychology 1, 1980, 163–174

Yarrow, L. J., Maternal deprivation: Towards an empirical and conceptual reevaluation. Psychological Bulletin 9, 1961, 104–114

Yarrow, L. J. u. a., Infancy experiences and cognitive and personality development at ten years. Paper presented at the annual meeting of the American Orthopsychiatric Association. Washington, D. C., March 1971

Yarrow, L. J., Historical perspectives and future directions in infant development. In: Osofsky, J. R. (Ed.), Handbook on infant development. New York: Wiley 1979

Yarrow, M. R., Scott, P., deLeeuw, L., Heinig, C., Child rearing in families of working and non-working mothers. Sociometry: 1962, 25, 122–140

Zielniok, W. J., Anstöße zur Selbständigkeit. Die Gestaltung von Funktionstrainingsprogrammen für geistig Behinderte im Freizeitbereich. Freiburg: Lambertus 1977

Zigler, E., Welcoming a new journal. Journal of Applied Developmental Psychology 1, 1980, 1–6

Zigler, E., Berman, W., Discerning the future of early childhood intervention. American Psychologist 37, 1983, 894–906

Zimmer, K., Das Leben vor dem Leben. In: ZEIT-Magazin Nr. 48 bis 50, 1983

Namenregister

Sachregister